재봉틀로 쉽게 만드는

80 의상 패턴 대백과

원피스 · 블라우스 · 스커트 · 팬츠 · 아우터 · 탑

노나카 게이코 · 스기야마 요코 지음

완전판

한스미디어

contents

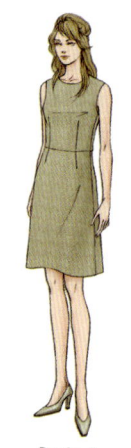

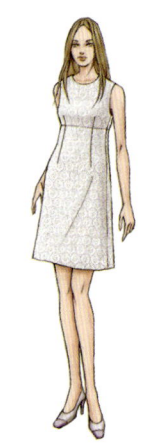

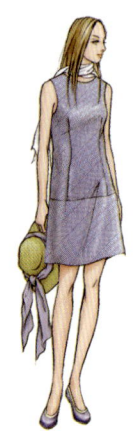

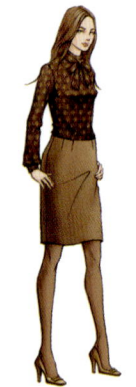

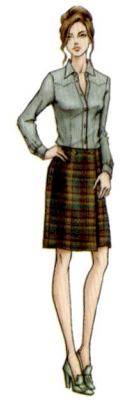

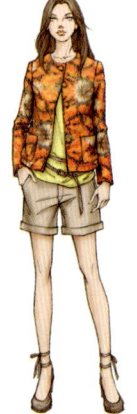

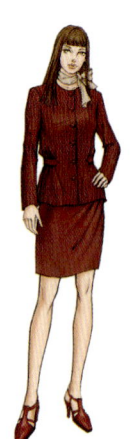

Chapter 1

Dress
원피스

Style 1 Basic

Style 2 High-waisted

Style 3 Low-waisted

Style 4 A-line 1

요즘은 단품 아이템을 다양하게 코디하여 패션 감각을 발휘합니다. 하지만 원피스 드레스는 단 한 벌로도 멋진 코디가 가능한 편리한 아이템입니다. 우리나라에서는 흔히 원피스라고 부르고 있으며 디자인, 소재, 색 무늬에 따라 매우 다양한 스타일을 완성할 수 있습니다.

이 장에서는 초보자도 쉽게 만들 수 있는 8가지 기본 스타일의 원피스를 일러스트를 사용하여 자세하게 설명하고 있습니다. 또한 기본 스타일을 부분적으로 응용한 새로운 디자인, 특히 체형의 단점을 커버하여 입은 사람이 아름답게 보이는 디자인을 소개하고 있습니다. 각 스타일에 맞는 옷감도 추천하고 있어 여러분들이 실제로 천을 고르고 옷을 만들 때 참고하거나 자유롭게 응용할 수 있습니다. 이제 손쉽고 간편하게 원피스 한 벌만으로 멋을 내 보는 건 어떨까요?

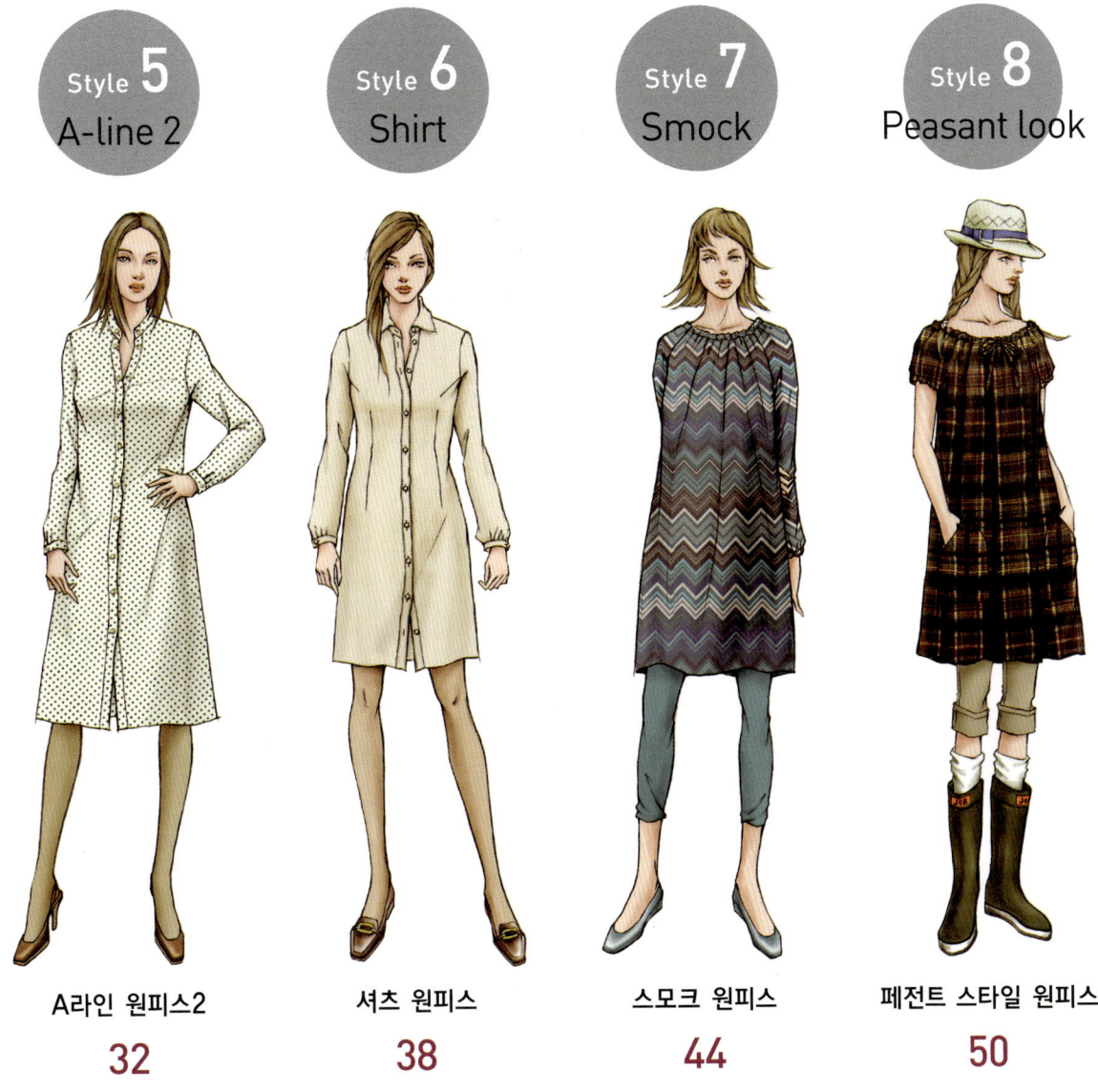

Basic

Style 1 베이직 원피스

기본

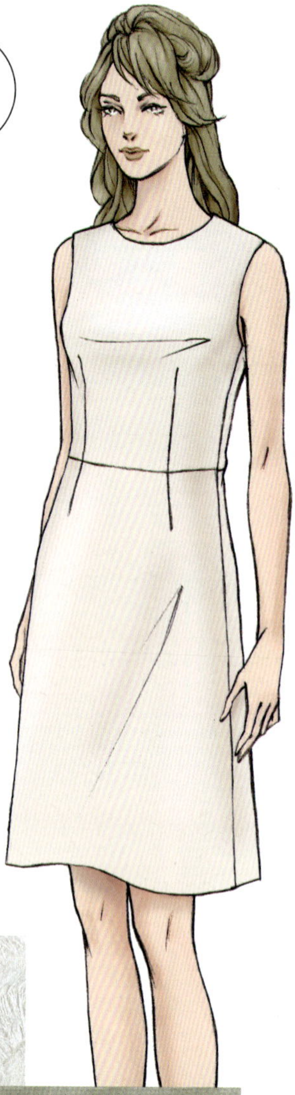

응용 1

허리 부분에서 절개가 들어간 베이직 원피스. 소재와 옷깃에 변화를 주는 것만으로 캐주얼 스타일에서 정장 느낌까지 다양한 분위기를 낼 수 있습니다.

Style 1 * Basic

기본

허리 부분에 다트를 넣어 몸에 딱 맞춘 노 슬리브, 노 칼라의 기본 디자인입니다.

How to make ⇨ 58쪽

기본 패턴(A–1)

어깨와 허리에 각각 다트를 넣습니다.
스커트는 세미타이트 라인입니다

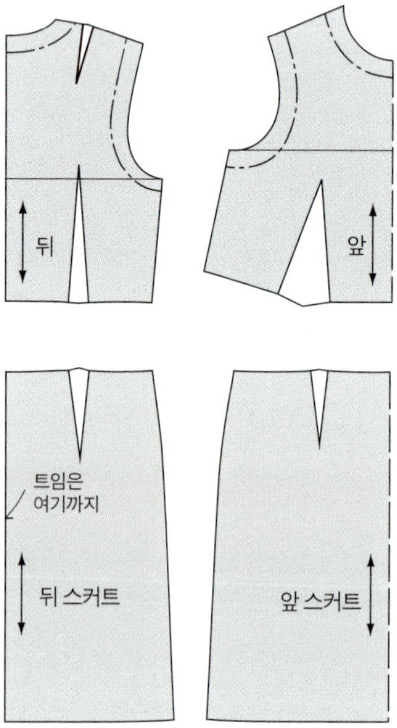

Style 1 * Basic

응용 1

기본 스타일에 레이스를 달아서 파티용 원피스로 만듭니다.

How to make ⇨ 59쪽

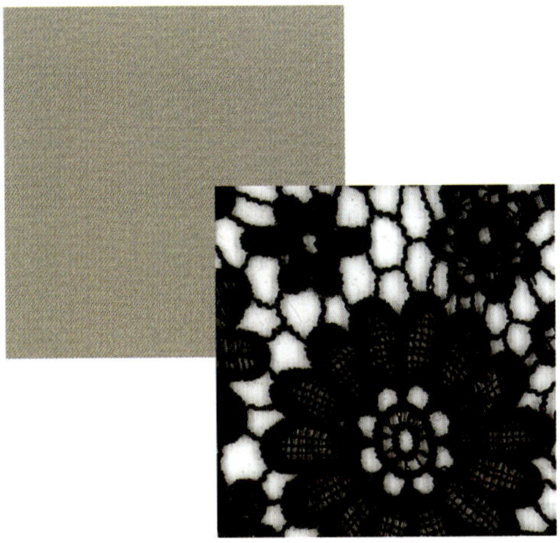

패턴 응용

레이스는 기본 패턴을 그대로 사용하며 몸판에 다는 위치는 앞뒤로 맞춥니다.

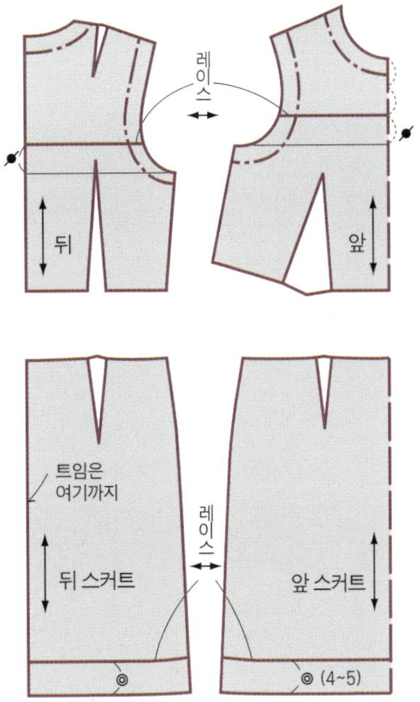

Style 1 * Basic

응용 2

롤 칼라의 뒤를 넥타이처럼 묶은, 뒤태가 사랑스러운 디자인입니다.

How to make ⇨ 60쪽

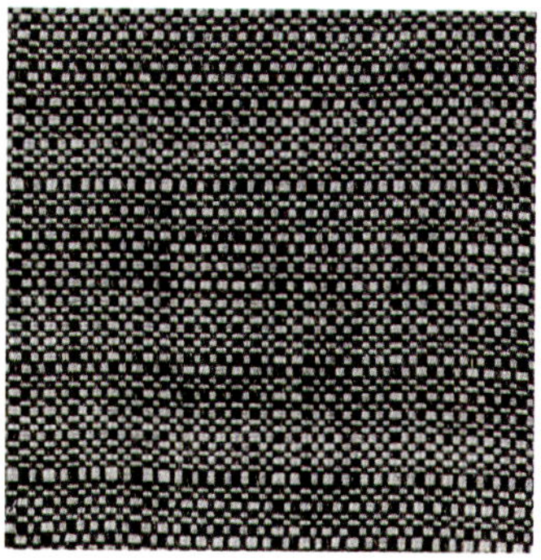

패턴 응용

네크라인은 앞은 보트 네크라인, 뒤는 브이 네크라인으로 자릅니다. 옷깃은 몸판에 다는 부분까지를 골선에 바깥선으로 표시합니다.

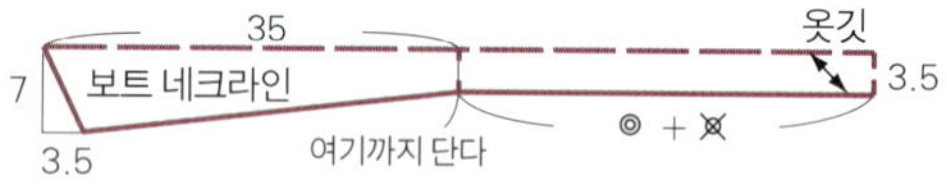

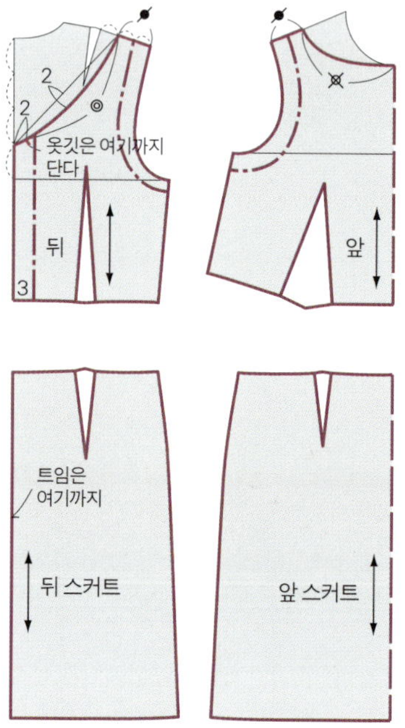

Style 1 * Basic

응용 3

어깨 부분을 커트한 캐미솔 라인의 원피스로 자칫 가벼워 보일 수 있는 인상을 폭이 넓은 어깨끈으로 보완합니다.

How to make ⇨ 61쪽

패턴 응용

몸판은 가슴선 위에서 자릅니다. 어깨끈은 몸판에 다는 위치의 치수를 재서 제도합니다.

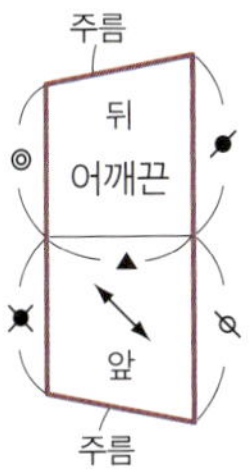

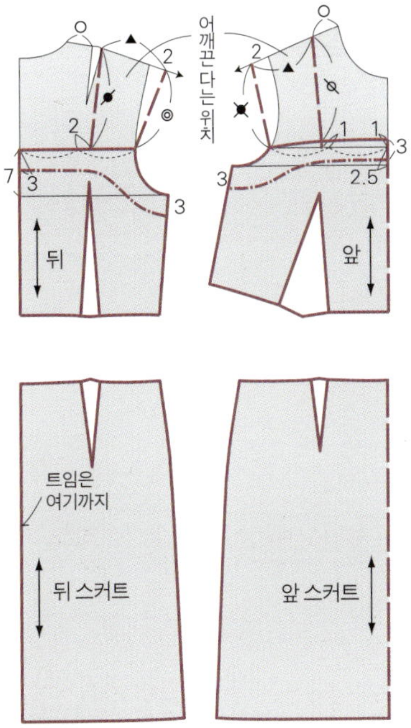

High-waisted

Style 2 하이 웨이스트 원피스

허리보다 높은 위치에서 절개가 들어간 하이 웨이스트 원피스. 아름다운 가슴을 강조하는 턱과 주름이 적당한 여유감을 주며, 네크라인을 자르는 방식에 따라서 다양하게 변화를 줄 수 있습니다.

Style 2 ＊ High-waisted
기본

가슴 부분의 절개는 허리선에 집중되는 시선을 분산시키는 효과가 있습니다.

How to make ⇨ 62쪽

기본 패턴(A–1)

하이 웨이스트의 절개는 가슴과 허리의 중간에 위치합니다. 스커트는 세미 타이트입니다.

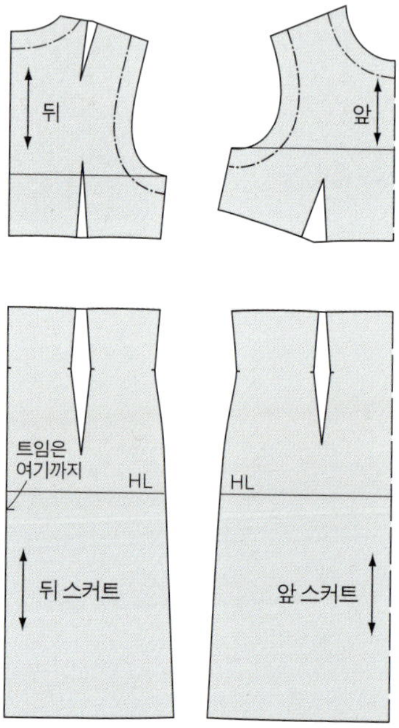

Style 2 * High-waisted

응용 1

스커트의 앞 중심을 박스 플리츠로 하면 운동량이 늘어나서 걸음이 편해집니다.

How to make ⇨ 63쪽

패턴 응용

어깨 다트는 네크라인으로 옮기고 가슴 다트를 턱으로 처리합니다. 추가한 플리츠분은 중간까지만 박아도 안정적입니다.

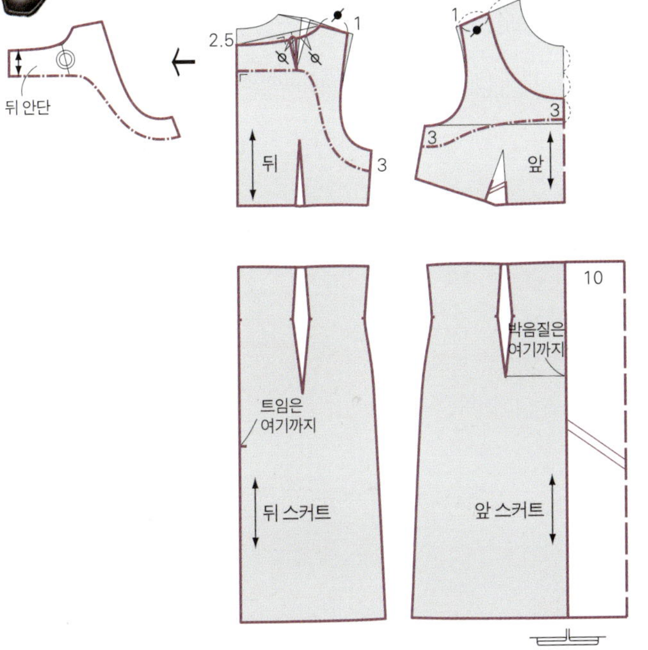

Style 2 * High-waisted

응용 2

스커트를 타이트 실루엣으로 하면 가슴 부분의 주름이 더욱 강조됩니다.

How to make ⇨ 64쪽

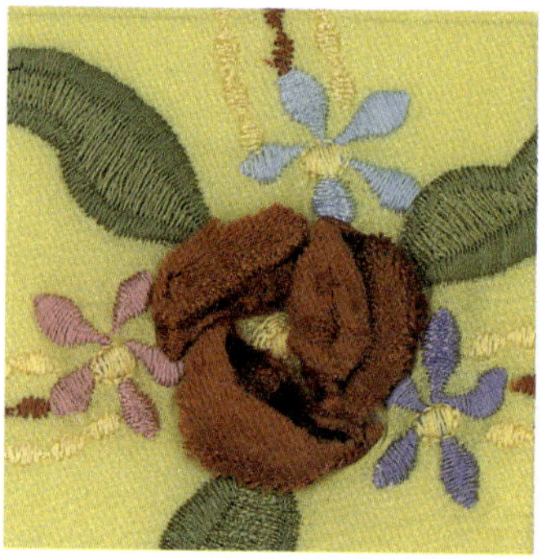

패턴 응용

가슴의 다트는 주름으로 처리합니다. 스커트는 HL에서 옆선을 바로 내리고 뒤 중심에 트임을 넣습니다.

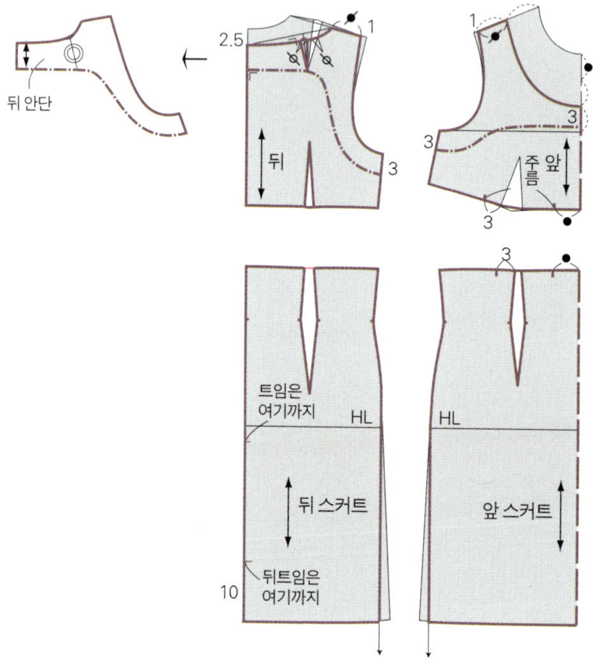

Style 2 * High-waisted

응용 3

가슴 부분과 스커트는 모양이 다른 주름으로 볼륨감을 한층 더 살립니다. 얇은 천으로 여성스러움을 살린 스타일을 만듭니다.

How to make ⇨ 65쪽

패턴 응용

앞은 다트를 접어서 중심에서 벌립니다. 스커트는 주름분을 추가한 사각형 형태입니다. b는 이음매에 트리밍 테이프를 끼워 넣습니다.

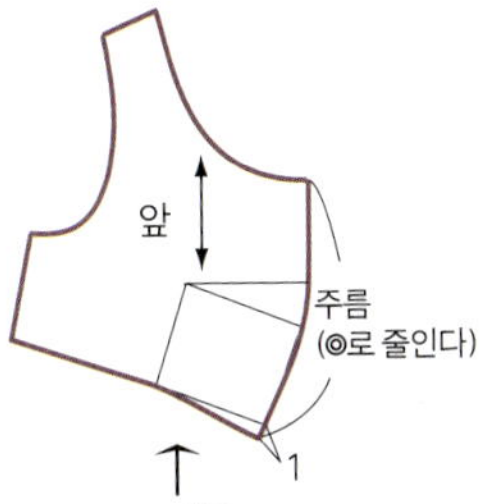

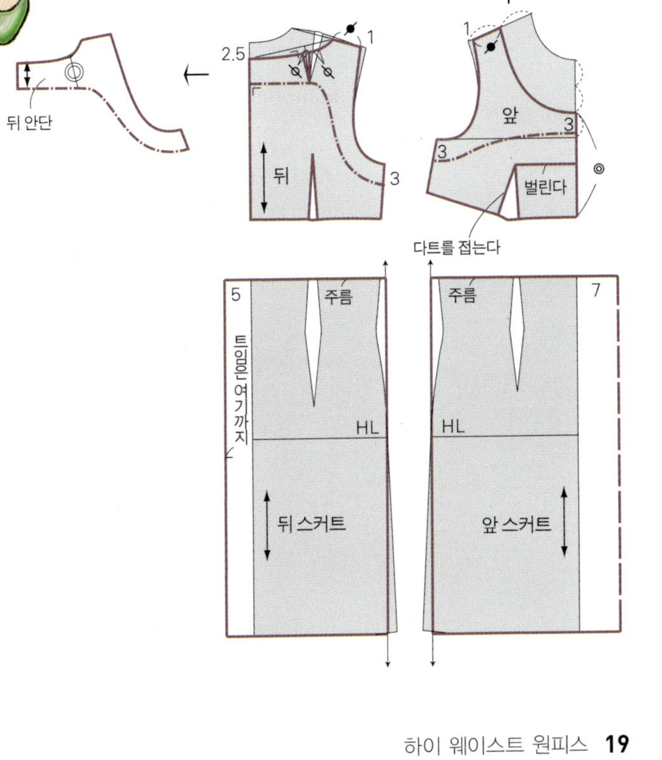

Low-waisted

Style 3 로 웨이스트 원피스

허리선보다 낮은 위치에서 절개가 들어간 원피스입니다. 하이 웨이스트와 마찬가지로 허리에 집중되는 시선을 분산시키는 효과가 있습니다. 스커트의 패턴 변화만으로도 다양한 스타일을 즐길 수 있습니다.

응용 2

응용 3

Style 3 * Low-waisted

기본

허리 부분에 다트를 넣은 노 슬리브, 노 칼라 원피스입니다.
엉덩이선 위치에서 스커트로 이어집니다.

How to make ⇨ 66쪽

기본 패턴(A-1)

스커트의 절개까지 들어간 큰 앞 다트는
진동둘레(암홀)를 들뜨지 않게 해줍니다.

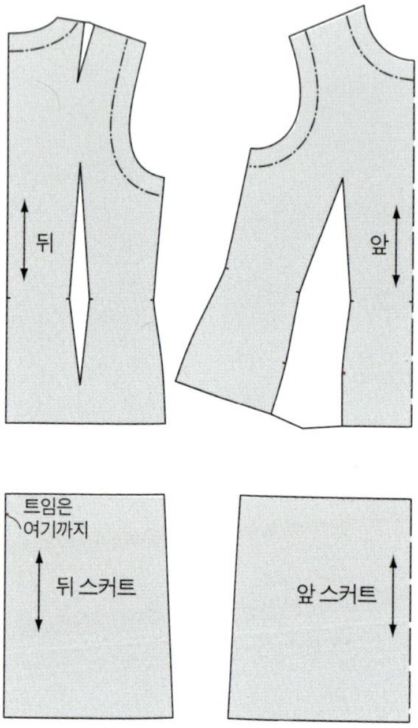

Style 3 * Low- waisted

응용 1

몸판은 그대로 하고 앞 스커트의 양쪽에
플리츠를 2개 넣습니다.

How to make ⇨ 67쪽

패턴 응용

스커트 양쪽에 플리츠를 넣는 위치는
몸판의 다트 위치와 맞춥니다.

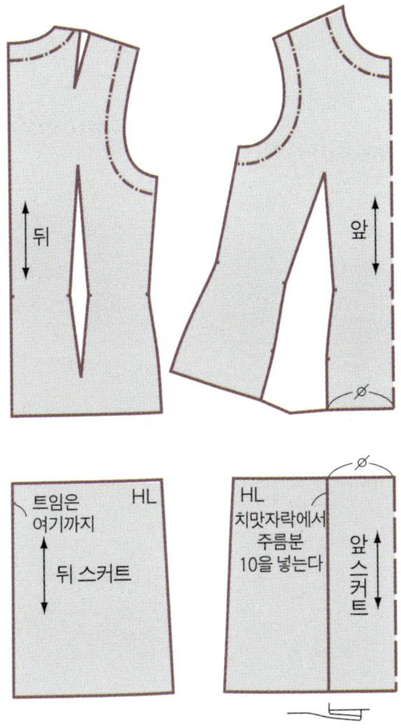

Style 3 * Low-waisted

응용 2

몸판은 그대로이고 스커트에 4단 프릴을
겹쳐서 변화를 준 드레시한 디자인입니다.

How to make ⇨ 68쪽

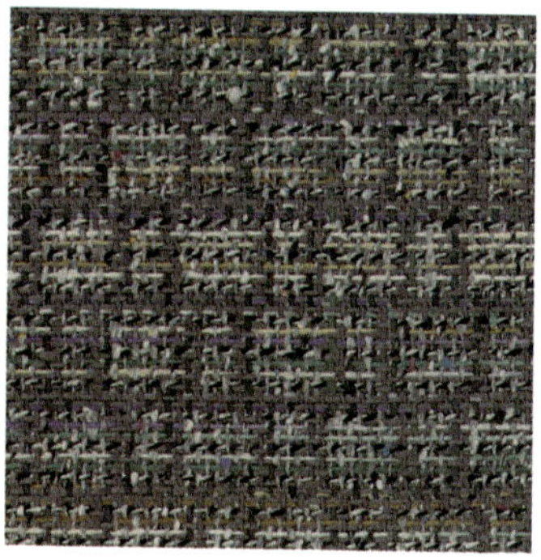

패턴 응용

프릴은 앞뒤에 붙는 치수에 맞춰서 제도하고 플레어분을 벌립니다. 같은 크기의 프릴을 4장 달아서 스커트는 사각형 형태가 됩니다.

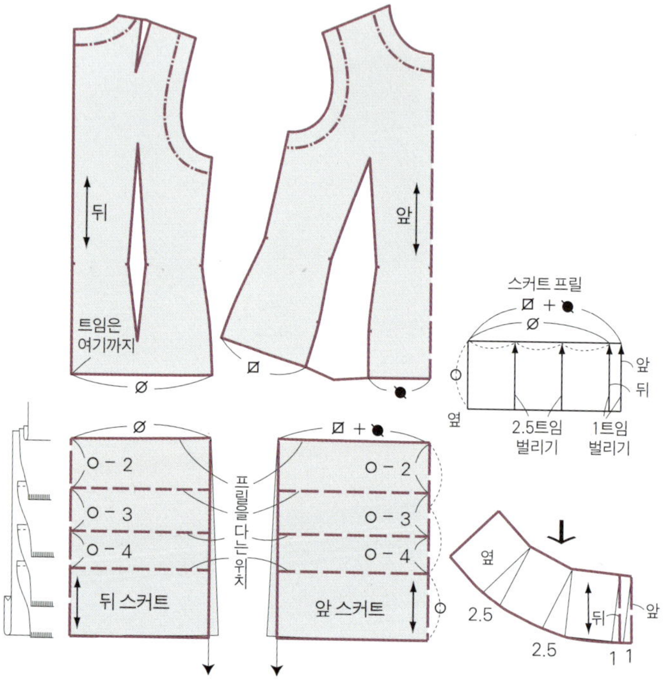

Style 3 * Low-waisted

응용 3

캐스케이드 스타일로 배치한 프릴로 심플한 가슴 부분을 멋지게 장식합니다.

How to make ⇨ 69쪽

패턴 응용

앞 중심에 원 모양의 프릴을 3개 답니다. 패턴은 부록에 있습니다. 스커트 부분은 기본 스타일입니다.

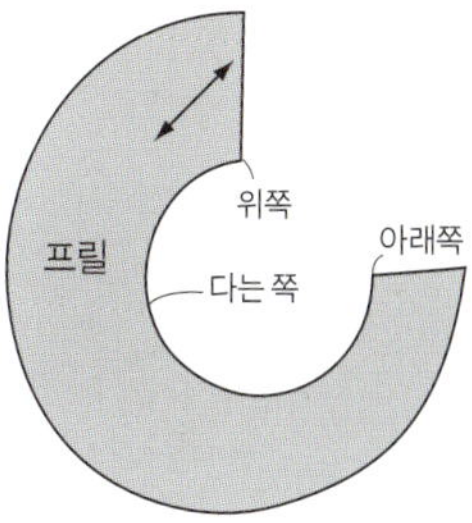

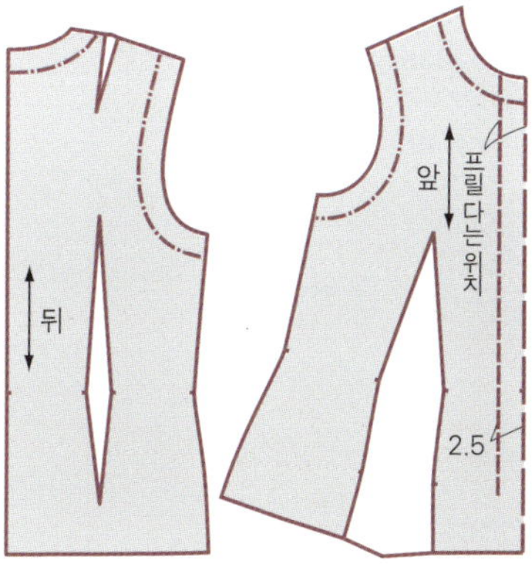

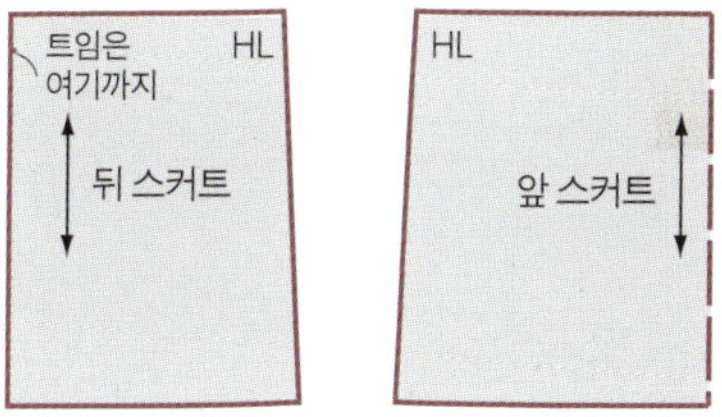

A-line 1

Style 4 A라인 원피스1(노 슬리브)

몸판에서 스커트의 라인이 A자처럼 퍼지는 실루엣의 원피스로 네크라인과 진동둘레의 트임의 균형이 중요합니다.

응용 2

응용 3

Style 4 * A-line 1

기본

노 칼라와 노 슬리브의 A라인을 강조한 심플한 실루엣입니다.

How to make ⇨ 70쪽

기본 패턴(A-1)

앞은 진동둘레가 뜨는 것을 방지하며, 가슴에서 치맛자락까지 자연스러운 A라인 실루엣이 나오도록 진동둘레에 다트를 넣습니다.

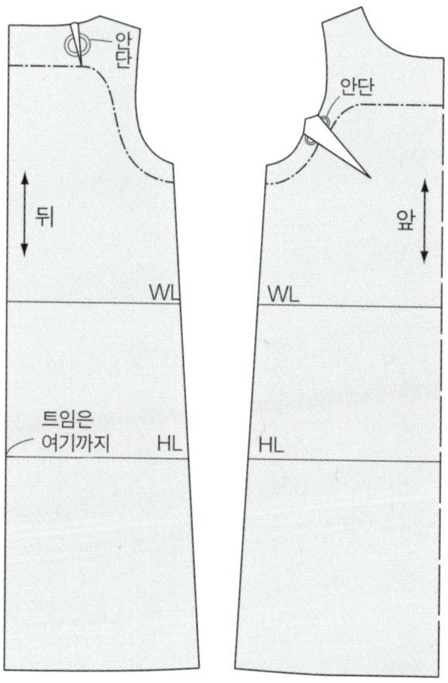

Style 4 * A-line 1

응용 1

가슴 부분에 핀턱과 턱을 접고 작은 캡 슬리브를 답니다.

How to make ⇨ 71쪽

패턴 응용

턱분은 재단할 때 추가합니다. a는 핀턱 5개, b는 턱 1개로 처리합니다. 캡 슬리브의 패턴은 부록에 있습니다.

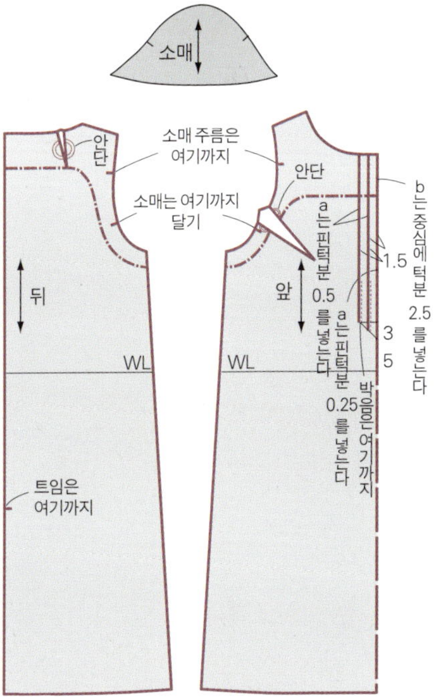

Style 4 ＊ A-line 1

응용 2

다른 천으로 절개한 트임 부분에 X자 모양으로 엮어 올린 장식과 케이프 스타일의 사각형 소매를 달아서 민속적인 느낌을 줍니다.

How to make ⇨ 72쪽

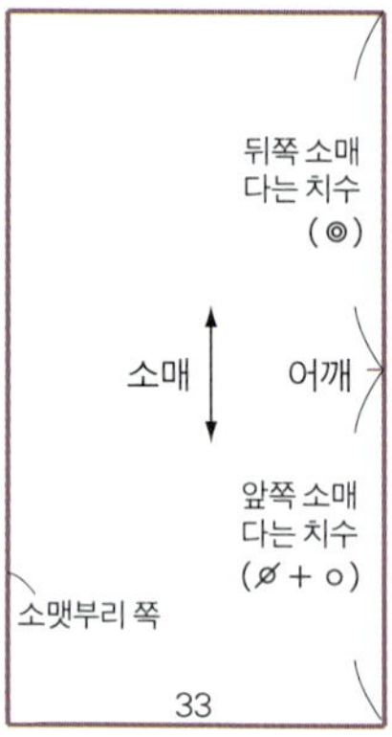

패턴 응용

앞 중심에 트임을 넣습니다. 소매를 다는 위치를 넓고 그 치수를 사용해서 사각형 소매를 제도합니다.

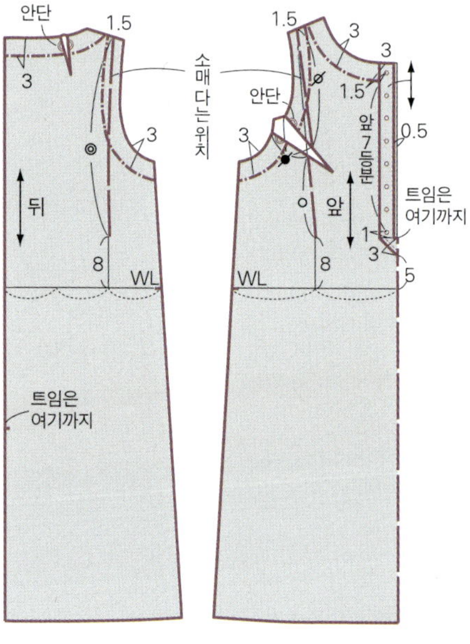

Style 4 * A-line 1

응용 3

절개 부분을 천과 단추를 이용하여 변화를 주거나 케이프 스타일의 소매로 이국적인 인상을 줍니다.

How to make ⇨ 73, 90쪽

패턴 응용

응용 2번과 마찬가지로 앞 트임을 만들고, 뒤 중심은 골선으로 합니다. 소매 다는 치수를 사용해 삼각 모양의 소매를 제도합니다. a의 튜닉은 길이를 잘라 슬릿을 넣고, 치맛자락에 레이스를 답니다. b는 트임에 꽃 모양의 단추를 답니다.

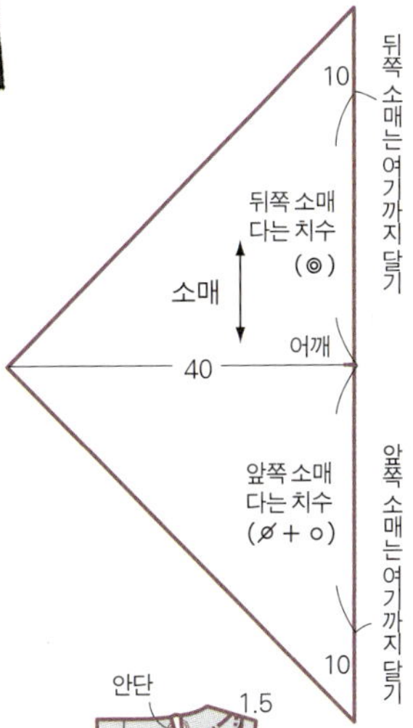

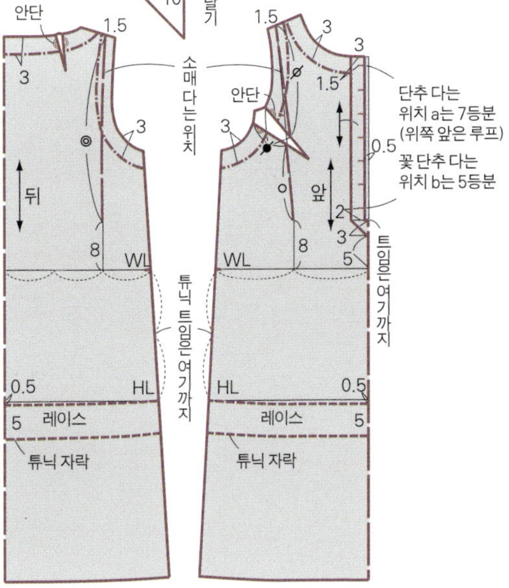

A-line 2

Style 5 A라인 원피스2

베이직한 세트인 슬리브의 A라인 원피스입니다. 여유가 있는 실루엣은 롱 카디건이나 코트 원피스 등의 아우터로 편리하게 활용할 수 있습니다.

응용 2

응용 3

Style 5 ＊ A-line 2

기본

가슴 부분에 다트가 없는 여유 있는 실루엣으로 스탠드칼라와 덧단이 스포티한 디자인입니다.

How to make ⇨ 74쪽

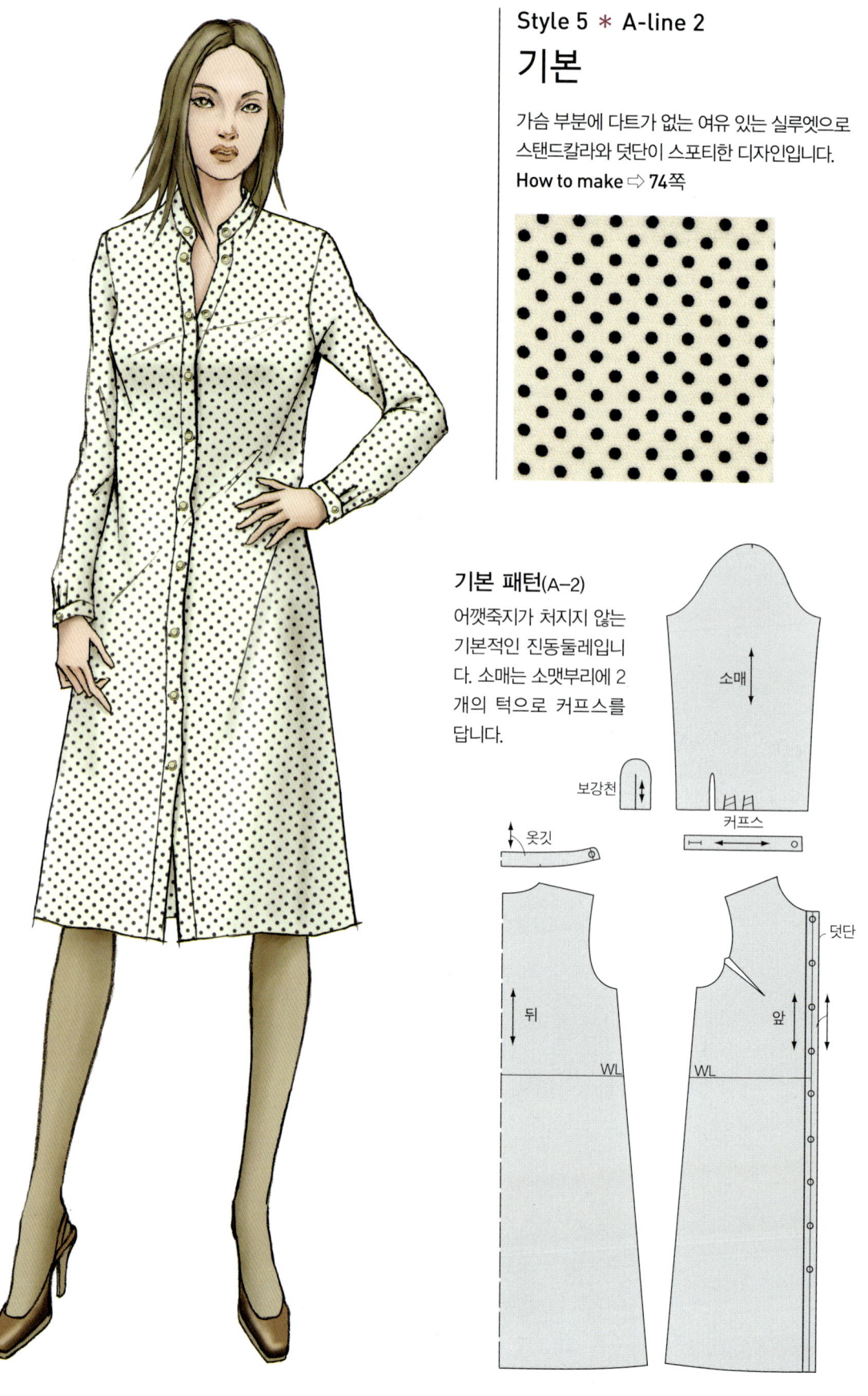

기본 패턴(A-2)

어깻죽지가 처지지 않는 기본적인 진동둘레입니다. 소매는 소맷부리에 2개의 턱으로 커프스를 답니다.

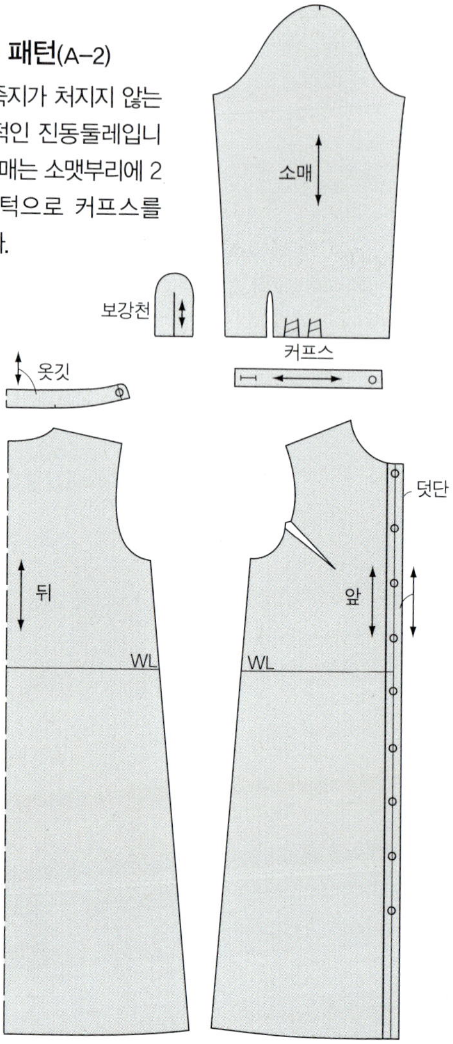

Style 5 * A-line 2

응용 1

옷깃이 없는 라운드 네크라인을 트리밍으로 바꿉니다.

How to make ⇨ 75, 90쪽

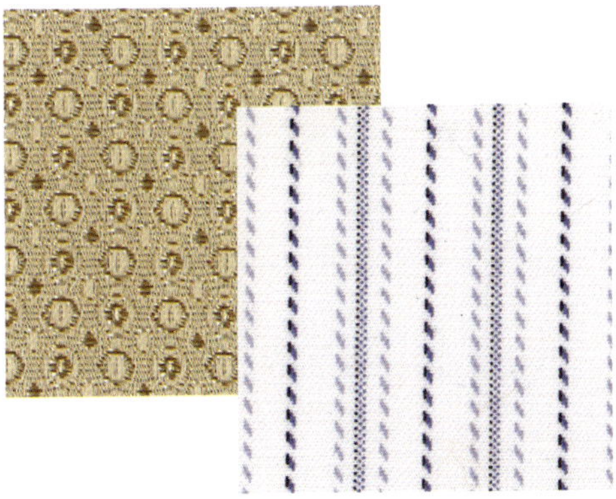

패턴 응용

네크라인의 어깨와 앞 중심, 트임이 겹치는 부분을 자르고 트리밍선을 평행으로 그립니다. 소매는 소맷부리를 곧바로 내려서 주름으로 처리합니다. *a*는 다트를 접고 가슴 부위에 바대를 댑니다.

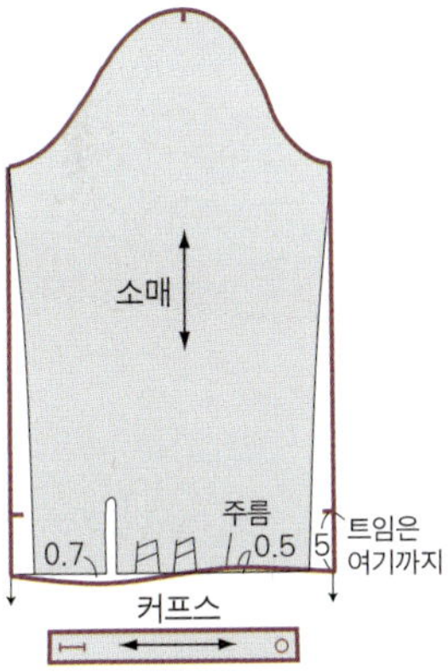

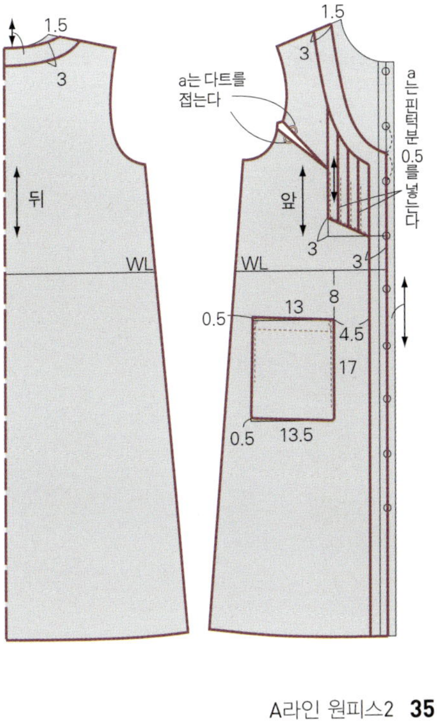

Style 5 * A-line 2

응용 2

쇄골을 아름답고 시원하게 보여주는 스쿠프트 네크라인은 뒤 파스너 트임에서 만듭니다.

How to make ⇨ 76쪽

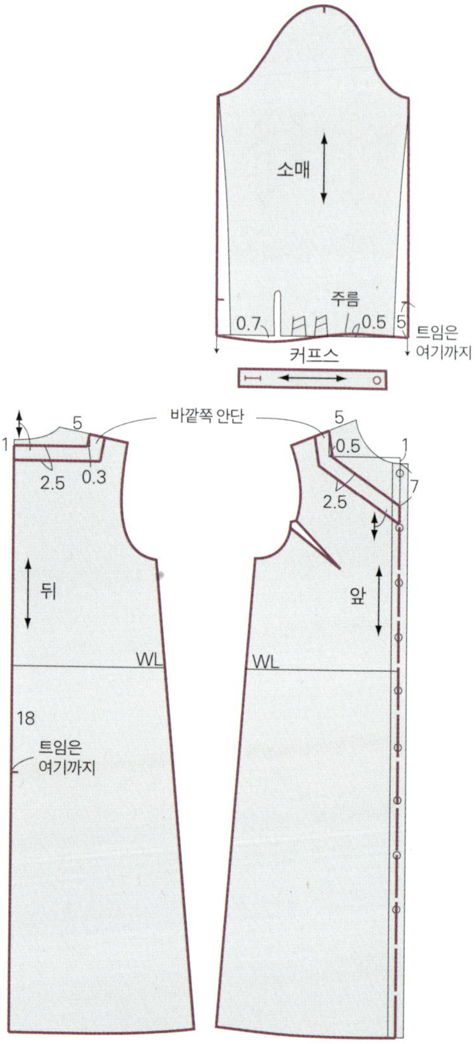

패턴 응용

앞 중심을 골선으로 하고 뒤에 트임을 만들어 네크라인의 어깨와 앞 중심을 깊게 자릅니다. 소매는 응용1과 동일하게 만듭니다. a는 네크라인의 바깥쪽 안단과 커프스를 다른 천으로 합니다.

Style 5 * A-line 2

응용 3

앞을 랩 스타일로 겹쳐서 옆구리에서 겹쳐 박는, 드레이프가 아름답게 정리되는 디자인입니다.

How to make ⇨ 77, 90쪽

패턴 응용

앞은 다트를 접고 어깨에서 벌려서 네크라인에 여유를 만듭니다. 제 6버튼과 옷자락의 위치에서 좌우 같은 치수로 벌리고 어깨와 연결합니다. a의 소매는 타이트 슬리브로, b는 반소매로 해서 리본 매듭의 커프스를 답니다.

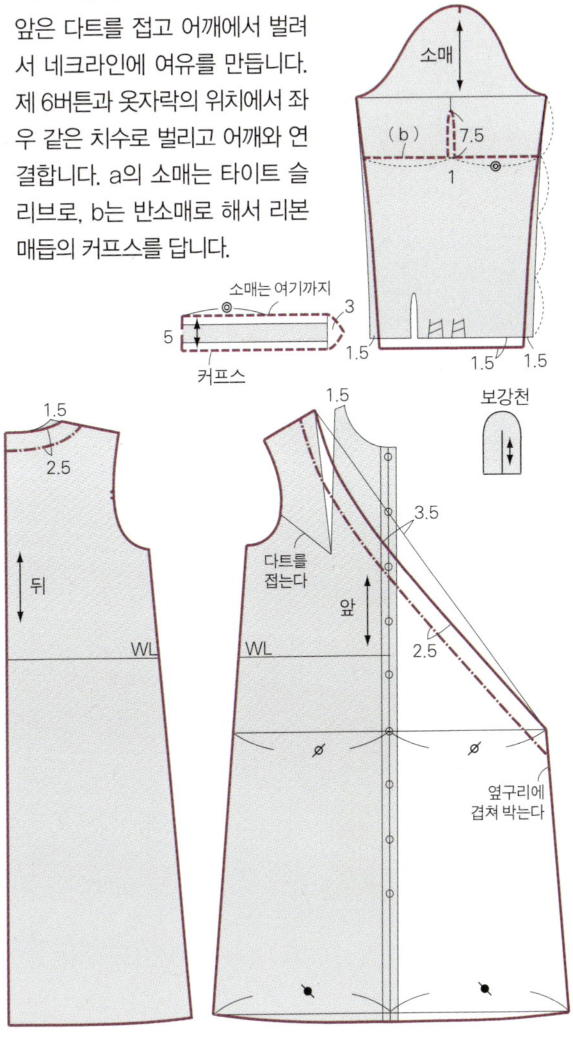

Shirt

Style 6 셔츠 원피스

셔츠의 옷자락을 그대로 늘린 디자인으로 소재에 따라 이미지가 180도 바뀌며 다양한 맵시를 즐길 수 있는 셔츠 원피스입니다.

응용 2

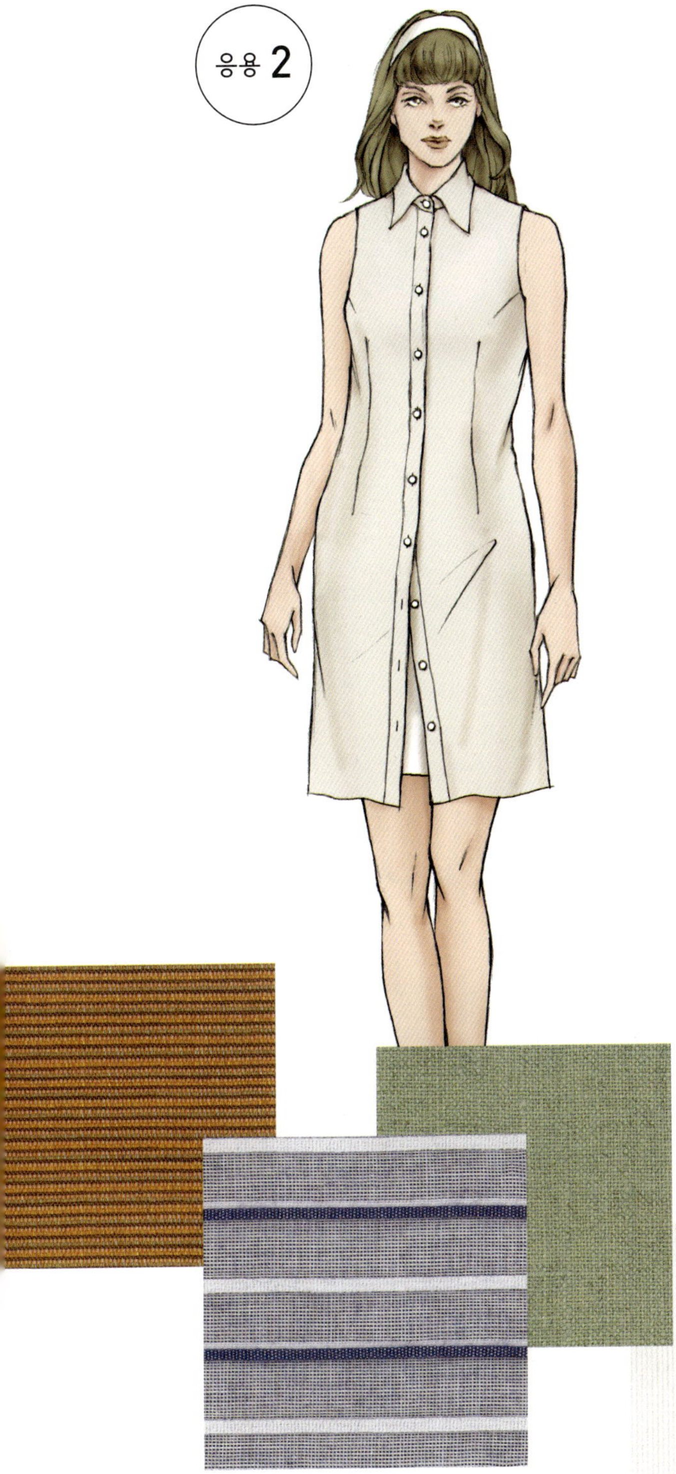

응용 3

Style 6 * Shirt

기본

허리 부분에 다트를 넣어 몸에 딱 맞춘 실루엣에 옷깃은 기본적인 레귤러 칼라 디자인입니다.

How to make ⇨ 78쪽

기본 패턴(A-2)

몸판의 허리, 네크라인, 어깨 부분에 다트를 넣습니다. 덧단에 깃고대(스탠드분)와 윗깃을 답니다.

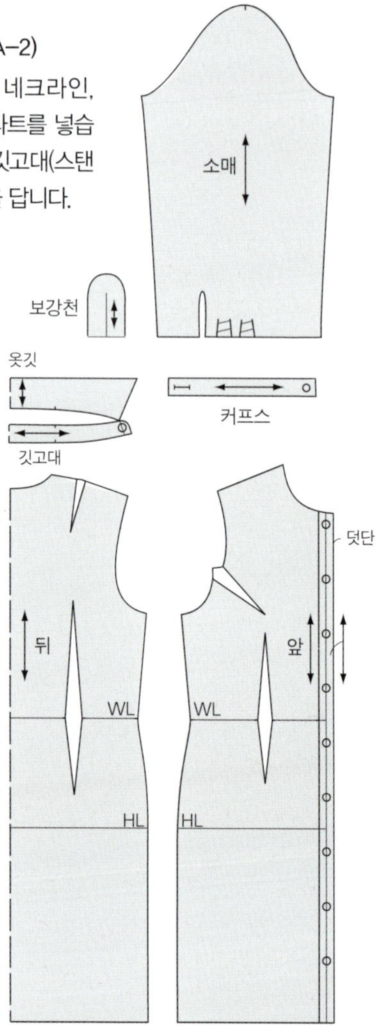

a

b

Style 6 * Shirt

응용 1

소매 길이를 짧게 자른 반소매는 더 캐주얼하고 스포티한 인상을 줍니다.

How to make ⇨ 79쪽

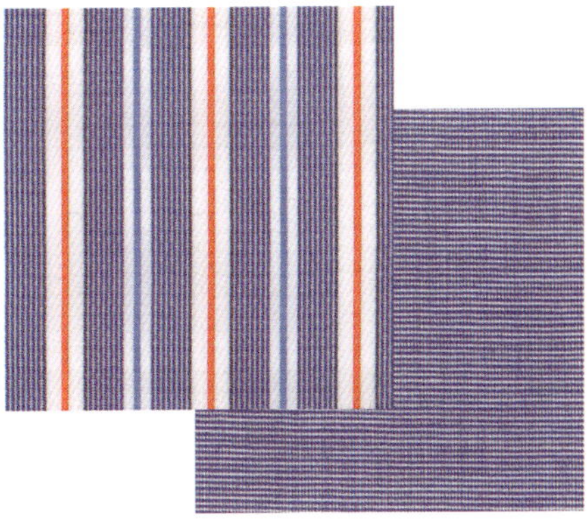

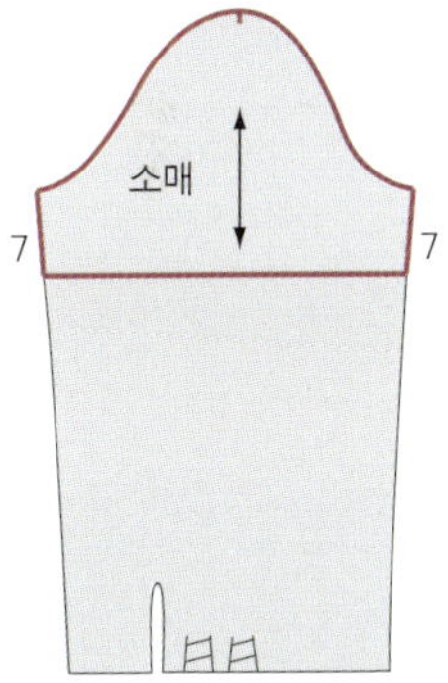

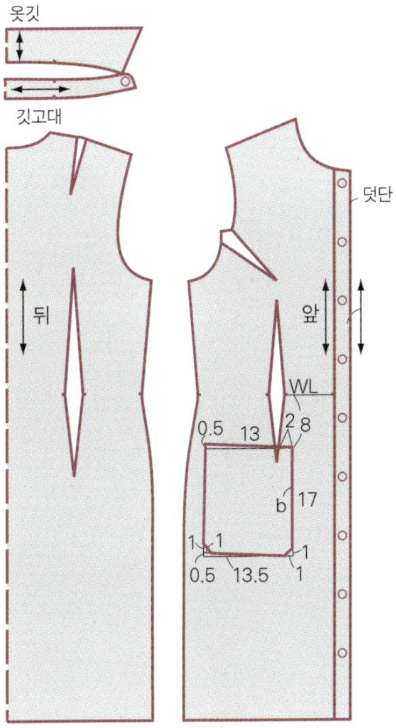

패턴 응용

소매 길이를 자릅니다. 주머니를 추가한 디자인에 스티치를 효과적으로 사용합니다. a는 옷깃, 깃고대, 덧단을 다른 천으로 합니다.

Style 6 * Shirt

응용 2

소매를 뗀 노 슬리브에 네크라인은 어깨 끝을 잘라서 시원하게 합니다.

How to make ⇨ 80쪽

패턴 응용

네크라인을 자를 때는 패턴인 네크라인 다트를 실제로 접어서 당깁니다. a는 덧단을 다른 천으로 하고, b는 덧단에 프릴을 끼웁니다.

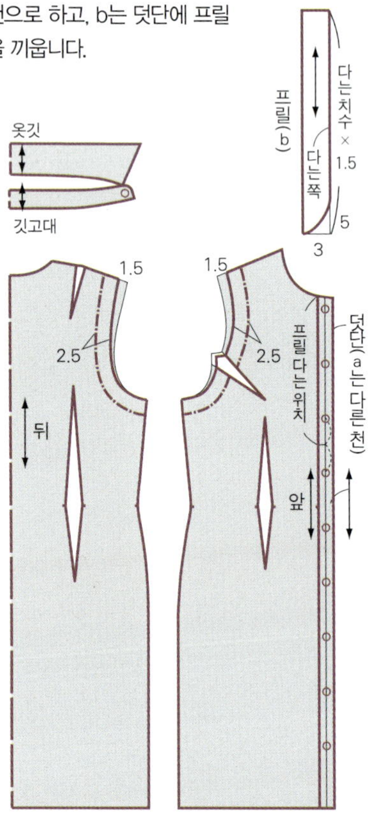

Style 6 * Shirt

응용 3

엉덩이선에서 절개해 스커트에 플리츠를 넣은 디자인입니다.

How to make ⇨ 81쪽

패턴 응용

스커트는 HL에 절개선을 넣고, 다트의 끝을 수직으로 내린 라인에 주름을 넣습니다. 접어서 뒤집는 더블 커프스의 양쪽에 단춧구멍을 만듭니다.

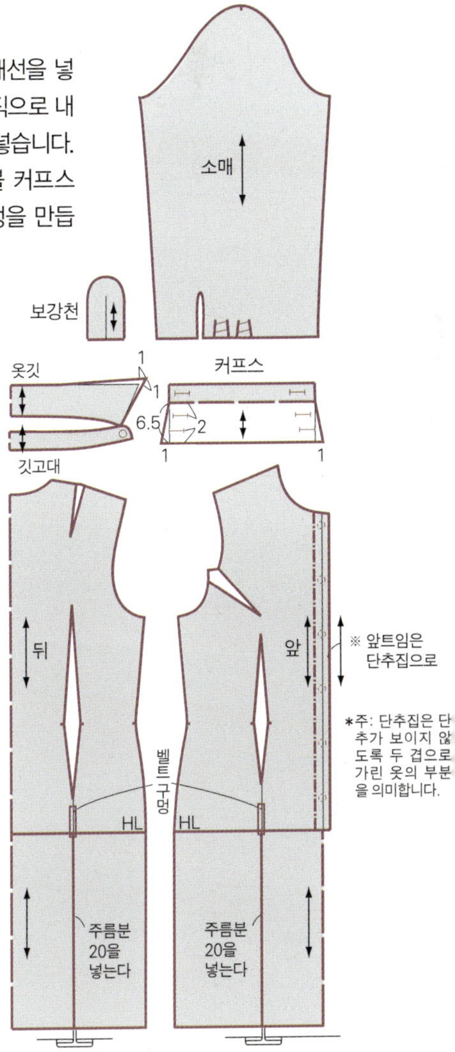

Smock

Style 7 스모크 원피스

움직임이 편한 래글런 슬리브는 만들기도 편합니다. 주름을 많이 넣은 스모크 원피스는 옷감을 고를 때 너무 아이 같아 보이지 않도록 소재를 잘 선택해서 맵시 있게 입습니다.

응용 2

응용 3

Style 7 * Smock
기본

래글런 슬리브로 네크라인과 소맷부리에 고무테이프를 끼운 여유 있는 실루엣입니다. 트임이 없어 만들기 쉬운 디자인입니다.

How to make ⇨ 82쪽

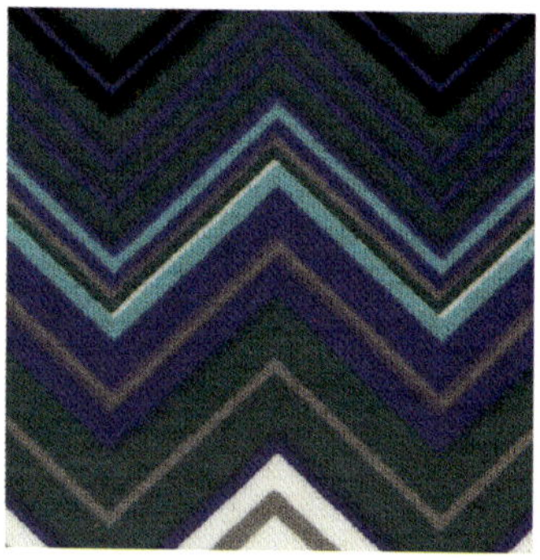

기본 패턴(A–2)

네크라인은 안단을 붙이지 않고 시접을 두 겹으로 접어서 정리합니다. 편하게 두 겹으로 접을 수 있는 커브로 하고 있습니다.

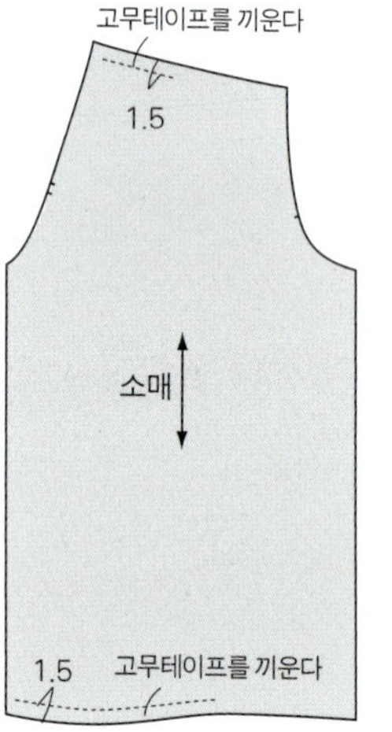

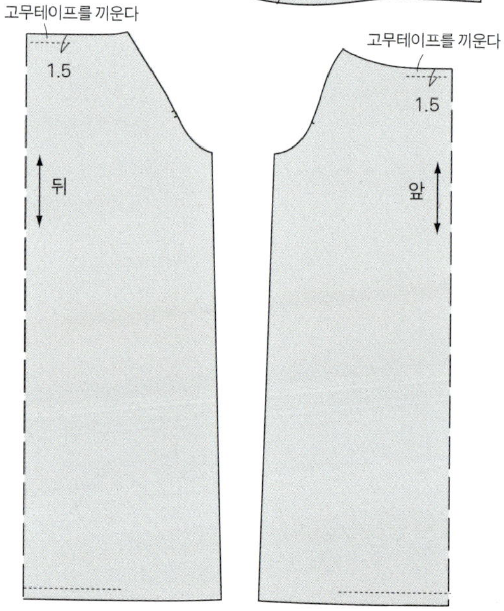

Style 7 * Smock

응용 1

앞을 개방하면 카디건처럼 걸쳐서 입을 수 있습니다.

How to make ⇨ 83쪽

패턴 응용

앞 중심에 덧단 폭의 절반을 추가합니다. 네크라인과 5부 길이로 자른 소맷부리의 가장자리에 바이어스 천을 댑니다.

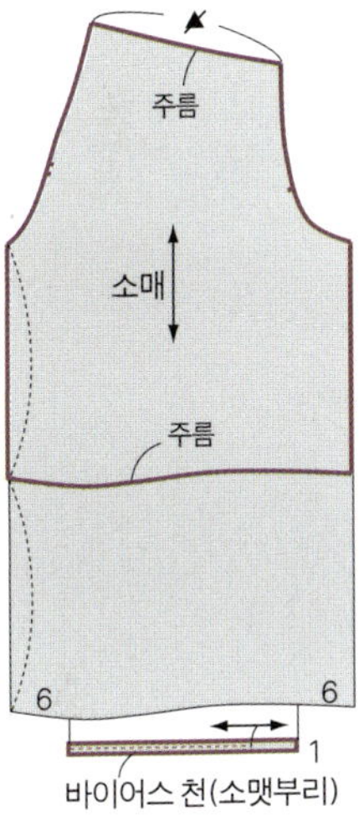

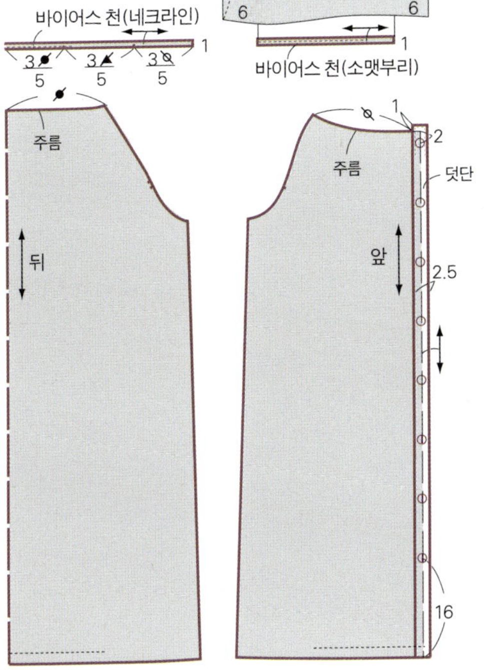

Style 7 * Smock

응용 2

로 웨이스트에도 고무테이프를 끼워 더욱 스포티한 맵시를 낼 수 있으며 소매에 다른 천을 사용하는 것만으로도 인상이 달라집니다.

How to make ⇨ 84쪽

패턴 응용

로 웨이스트의 블라우싱(blousing)은 HL을 기준으로 합니다. 네크라인의 트임 정도와 블라우싱의 치수는 고무테이프로 조절합니다.

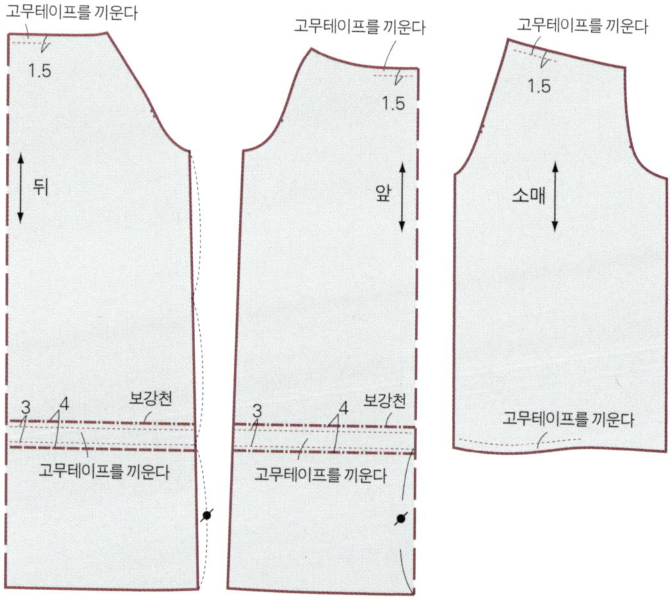

a

b

Style 7 * Smock

응용 3

소매 길이를 짧게 자른 반소매는 플레어 슬리브로, b는 소맷부리와 옷자락에 리브짜기를 달아 스포티하게 입을 수 있습니다.

How to make ⇨ 85, 91쪽

패턴 응용

소매는 기본 소매에 디자인 선을 넣고 그것을 잘라서 벌립니다. 플레어분은 뒤쪽 소매쪽을 많이 넣습니다.
b는 옷자락을 잘라 소맷부리와 옷자락에 리브짜기를 답니다.

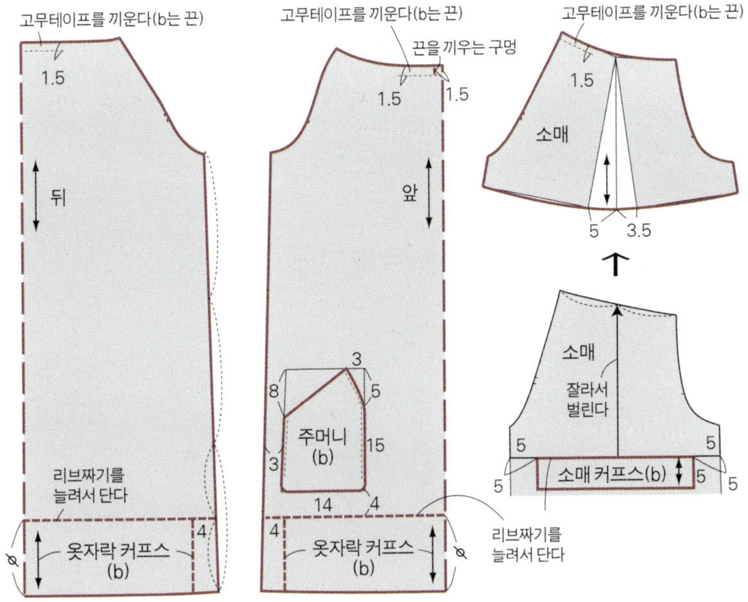

Peasant look

Style 8 페전트 스타일 원피스

볼륨감이 있는 페전트 스타일 원피스는 원래는 농민들이 입던 움직임이 편한 원피스에서 유래한 디자인입니다. 소재도 자수나 레이스 등의 소박한 천연 소재가 잘 어울립니다.

Style 8 * Peasant look

기본

네크라인에 끈을 끼우고 입구를 비스듬하게 자른 주머니를 허리 부분에 답니다.

How to make ⇨ 86쪽

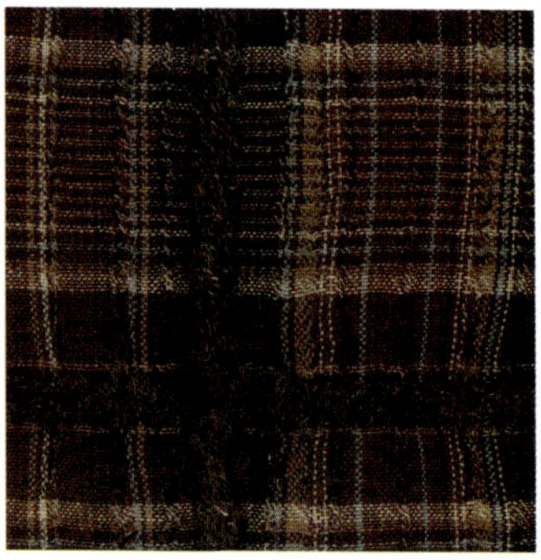

기본 패턴(A-2)

소매를 따로 달지 않고 몸판의 천이 이어져서 그대로 소매가 된 기모노 슬리브입니다. 기모노 슬리브에 자주 보이는 네크라인의 뒤쪽 쏠림 현상은 앞의 어깨 경사를 강조해서 방지합니다.

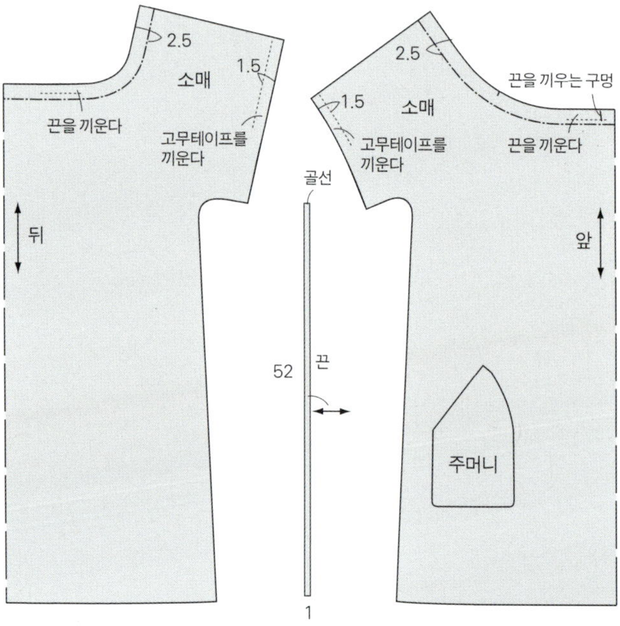

Style 8 * Peasant look

응용 1

가슴 부분을 고무셔링으로 처리해서 주름을 잡은 여성스러운 디자인입니다. 레이스 원단의 스캘럽을 옷자락으로 사용합니다.

How to make ⇨ 87쪽

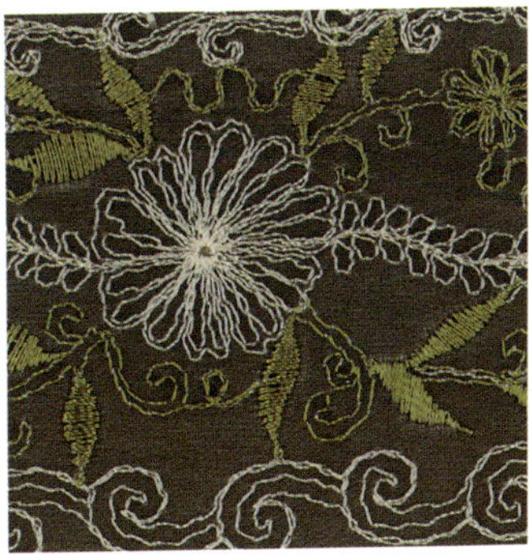

패턴 응용

소맷부리는 안단에 주름을 잡습니다. 안단에 주름분을 자릅니다.

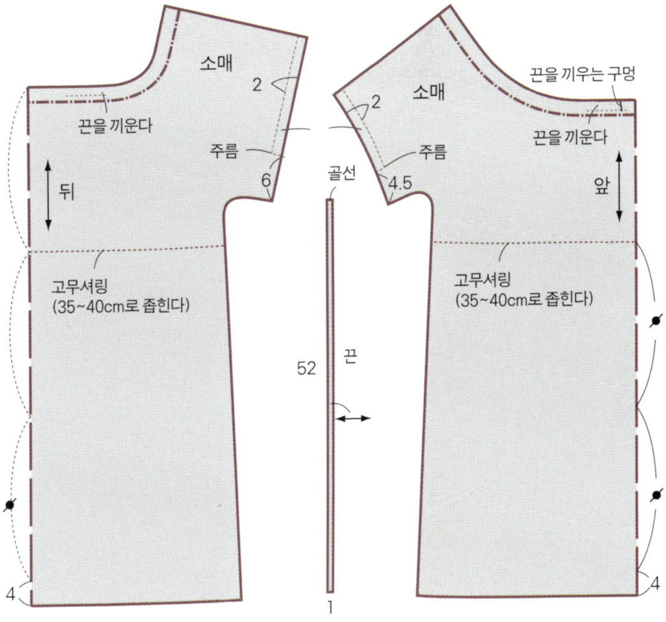

a

b

Style 8 * Peasant look

응용 2

몸판을 티어드(단, 층)로 절개해서 편안한 레이어드룩을 즐길 수 있습니다.

How to make ⇨ 88쪽

패턴 응용

티어드의 균형은 절개 위치를 아랫단에서 길게 하고 주름분은 붙이는 치수의 1.5배로 해서 잡습니다. b는 절개 위치에 주름 레이스를 답니다.

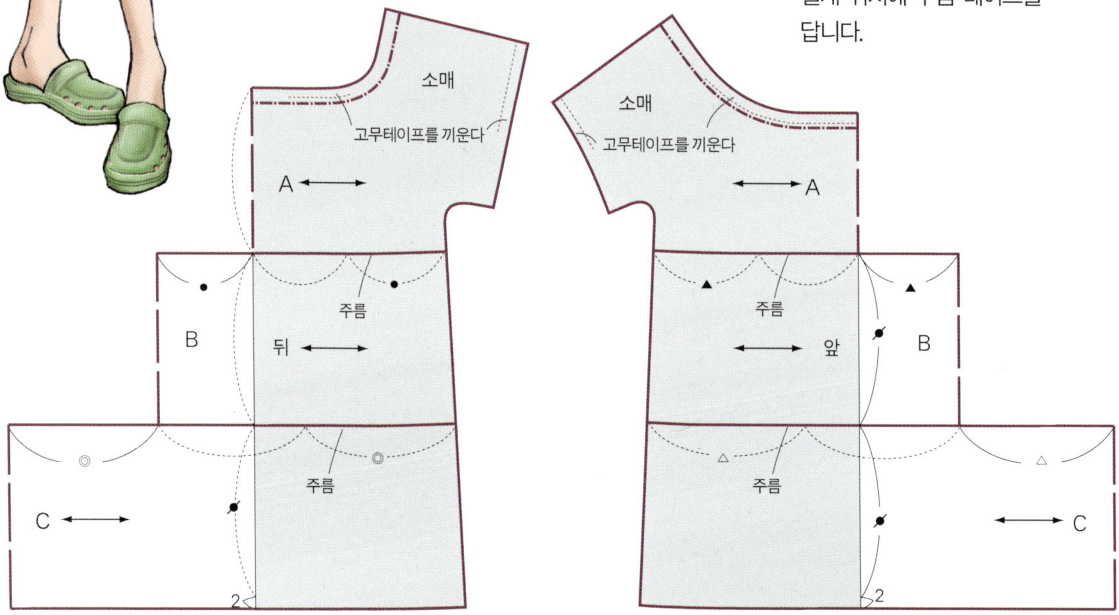

a

b

Style 8 * Peasant look

응용 3

가슴 부분을 V자로 절개합니다. b는 흘러서 떨어지는 캐스케이드 스타일의 프릴을 답니다.

How to make ⇨ 89, 91쪽

패턴 응용

절개천을 다는 네크라인을 크게 자르고 옷의 길이를 늘립니다. b는 앞 중심에 프릴을 답니다. 절개천과 프릴의 패턴은 부록에 있습니다.

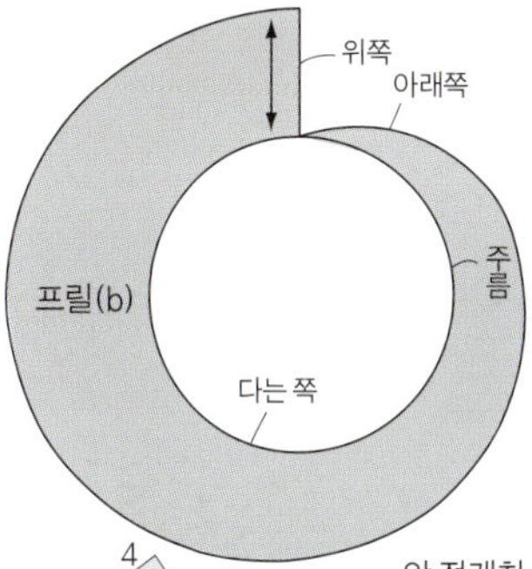

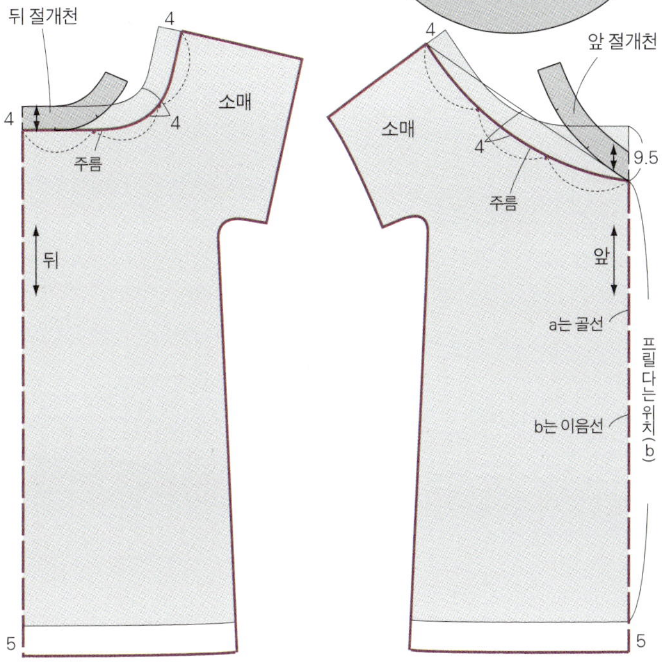

How to make

실물 크기 패턴의 사용법과 작품 만드는 방법

이 장은 원피스의 8가지 기본 스타일과 그 응용 디자인을 일러스트로 소개하고 있습니다.
8가지 기본 스타일에는 S, M, ML, L 사이즈의 실물 크기 패턴이 부록으로 함께 제공되고 있습니다.

실물 크기 패턴을 사용하는 방법

1. 디자인을 고른다

8가지 기본 스타일의 원피스 일러스트에서 만들고 싶은 디자인을 고릅니다.

2. 패턴을 복사한다

●기본 스타일을 고른 경우

실물 크기 패턴의 S, M, ML, L 사이즈 중에서 자기 사이즈의 패턴을 파트론지 등의 다른 종이에 옮겨 그립니다.
그때 안단선과 맞춤 표시도 빠뜨리지 말고 옮겨 그립니다.

3. 패턴을 응용한다

●기본 스타일 이외의 응용 디자인을 고른 경우

① 먼저 선택한 디자인 기본 스타일의 실물 크기 패턴을 다른 종이에 옮겨 그립니다.
② ①에서 옮겨 그린 기본 패턴선을 사용해서 선택한 디자인의 패턴을 응용합니다.
패턴 응용 방법은 각 디자인의 일러스트 옆에 소개하고 있습니다.

(옅은 회색 상자) 기본 스타일 패턴

(진한 회색 상자) 응용 디자인 패턴으로 부록에 실물 크기 패턴이 있는 것

(선) 응용 디자인의 패턴 응용선과 완성선

이때의 치수는 정치수가 아닌 등분선을 많이 이용하는데, 그 이유는 각 사이즈별로 균형을 유지하기 위해서입니다.
안단선과 맞춤 표시는 완성선을 응용하고 나서 그립니다. 소매 붙임 등 새로운 맞춤 표시는 치수를 재서 반드시 표시를 해야 합니다.
옷의 길이와 소매 길이는 패턴을 완성한 후 옷자락선과 소맷부리선을 평행하게 증감합니다.

4. 패턴을 완성시킨다

주머니와 안단 등 겹치는 패턴은 각각 파트론지 등의 다른 종이에 옮겨 그립니다.
이때 다트 등의 끝 맞춤 표시가 있는 것은 맞추면서 옮겨 그립니다.
또 맞춤 부분과 앞뒤 어깨, 옆선 등은 각각의 패턴 박음질 선을 맞춘 다음 선을 자연스럽게 이어서 패턴을 완성합니다.

재료와 패턴 배치도

재료는 실제로 천으로 만들 경우를 예상해서 일반적인 천의 폭(110cm)으로 견적을 냅니다.
디자인과 패턴의 모양에 따라 폭을 넓게 하는 경우도 있습니다.
패턴 배치도는 M사이즈에 맞춰서 배치한 것입니다.
패턴 사이즈와 천의 폭이 다른 경우, 옷의 길이와 소매 길이를 조절하면 필요한 옷감 길이도 바뀌므로 주의합니다.
응용 디자인의 a, b는 패턴 응용으로 패턴 형태나 패턴 배치도가 다를 수 있으므로 주의합니다.

※ 주: 패턴 배치도에서 지정 이외의 시접분은 1cm입니다.
패턴 배치도에서 (점무늬 상자)는 접착심을 붙이는 위치를 나타냅니다.

실물 크기 패턴 A-1

Style 1
베이직 원피스
기본

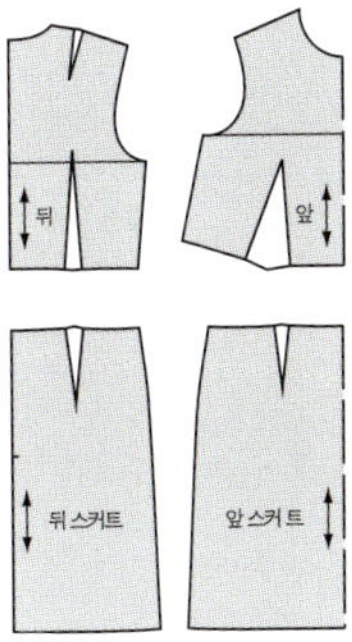

Style 2
하이 웨이스트 원피스
기본

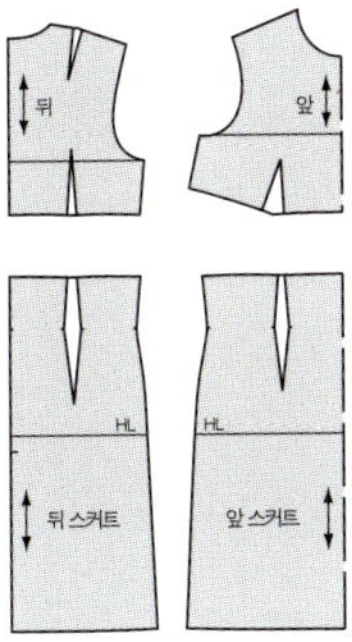

Style 3
로 웨이스트 원피스
기본

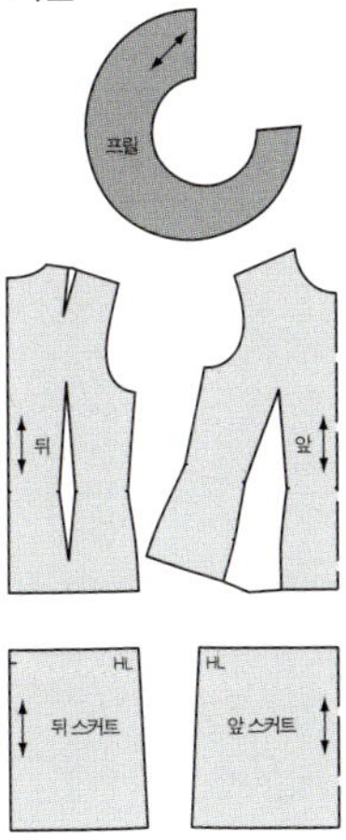

Style 4
A라인 원피스1
기본, 응용1-소매

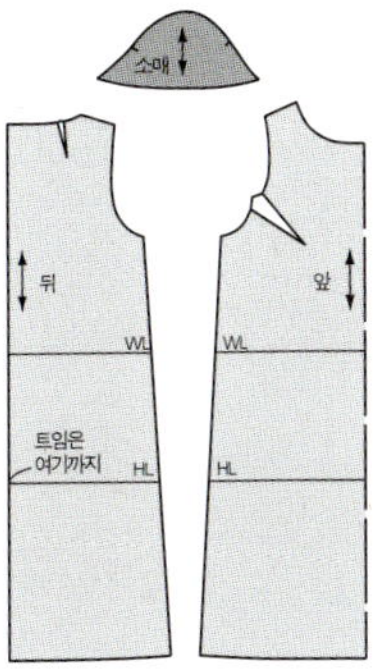

실물 크기 패턴 A-2

Style 5
A라인 원피스2
기본

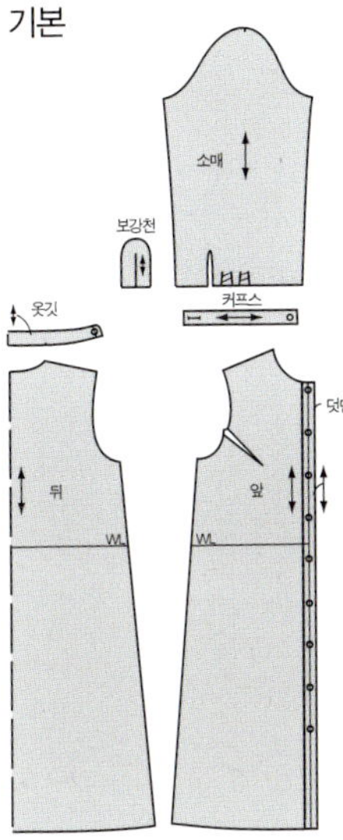

Style 6
셔츠 원피스
기본

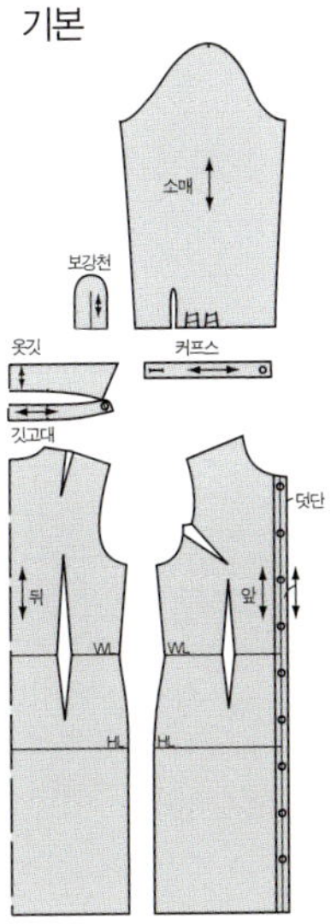

Style 7
스모크 원피스
기본

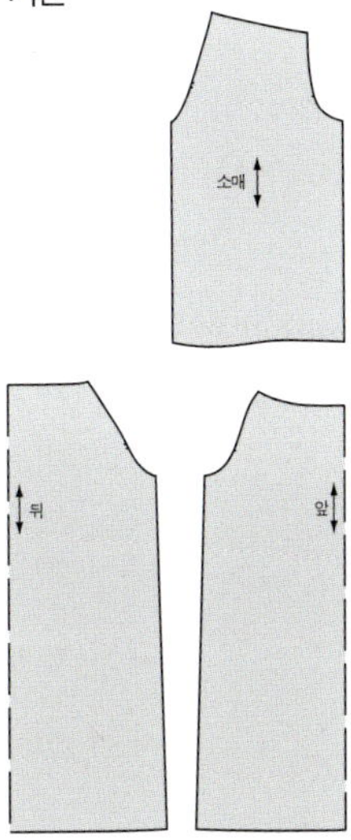

Style 8
페전트 스타일 원피스
기본, 응용3-프릴, 절개천

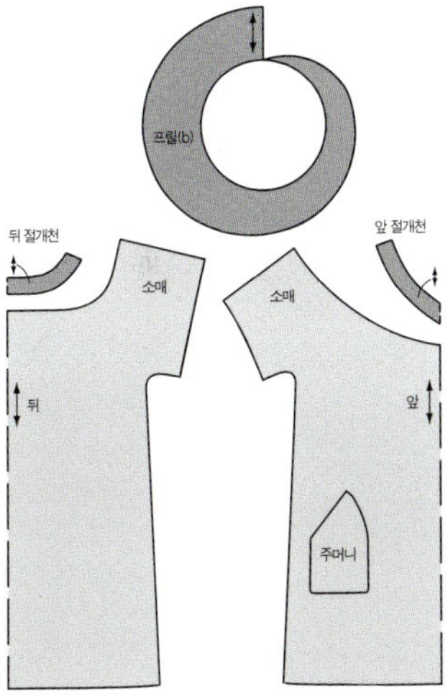

사이즈 표(누드치수)

(단위 cm)

명칭 \ 사이즈	S	M	ML	L
키	156	160	164	168
가슴	79	83	87	91
허리	60	64	68	72
엉덩이	86	90	94	98

Basic

Style 1 베이직 원피스

기본 10쪽

●필요한 패턴(A-1)

뒤, 앞, 뒤 스커트, 앞 스커트, 뒤 네크라인 안단, 앞 네크라인 안단, 앞 진동둘레 안단, 뒤 진동둘레 안단

●재료

천 = 폭 110cm
(S, M) 2m (ML, L) 2m 20cm
접착심 = 90cm 폭 30cm
컨실 파스너 56cm 1개
스프링 후크 1쌍

●준비

안단에 접착심을 붙인다. 앞뒤 몸판, 앞뒤 스커트의 시접(어깨, 옆, 뒤 중심, 옷자락), 앞뒤 안단의 안(네크라인, 진동둘레)에 M
※M은 '오버로크를 친다'의 뜻

●만드는 순서

1 앞뒤 몸판의 다트를 박는다.
2 앞뒤 몸판, 앞뒤 네크라인 안단, 앞뒤 진동둘레 안단의 어깨를 각각 박는다.
3 몸판과 안단의 겉을 맞대어 네크라인과 진동둘레를 박는다.
4 겉으로 뒤집어서 안단이 안 보이도록 정리한다.
5 몸판과 안단의 옆을 이어서 박는다.
6 앞뒤 스커트의 다트를 박는다.
7 스커트의 옆을 박는다.
8 몸판과 스커트를 박아서 맞춘다(시접은 2장 모두 M).
9 뒤 중심을 박고 트임에 파스너를 붙인다(70쪽 참고).
10 옷자락을 접어서 안을 감친다.
11 후크를 단다.

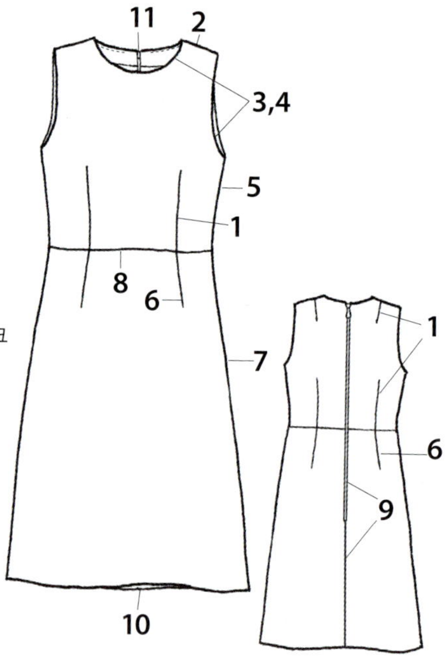

패턴 배치도

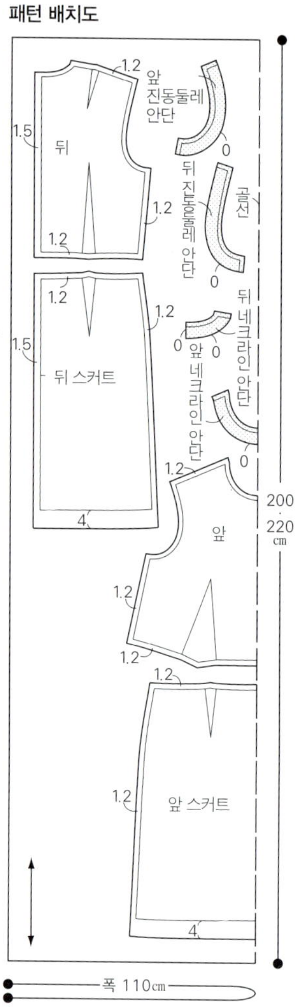

3,4,5 네크라인과 진동둘레 재봉법

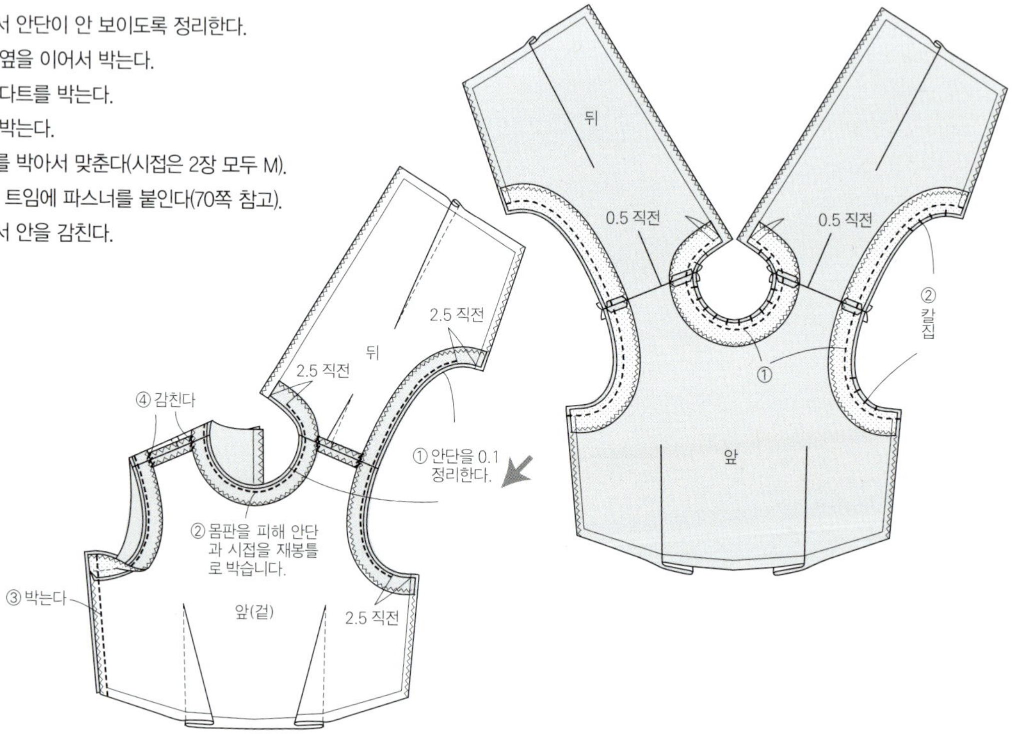

Basic

Style 1 베이직 원피스

응용 1 11쪽

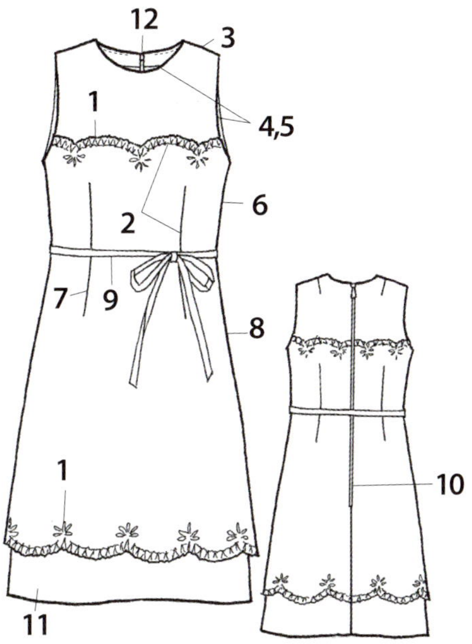

●필요한 패턴(A–1)

뒤, 앞, 뒤 스커트, 앞 스커트, 뒤 네크라인 안단, 앞 네크라인 안단, 앞 진동둘레 안단, 뒤 진동둘레 안단

●재료

천 = 폭 110cm
(S, M) 2m (ML, L) 2m 20cm
레이스 = 폭 110cm
(S, M) 1m 30cm (ML, L) 1m 50cm
접착심 = 90cm 폭 30cm
컨실 파스너 56cm 1개
스프링 후크 1쌍
리본 = 1.5cm 폭 1m 50cm

●준비

안단에 접착심을 붙인다. 앞뒤 몸판, 앞뒤 스커트의 시접(어깨, 옆, 뒤 중심, 옷자락), 앞뒤 안단의 안(네크라인, 진동둘레)에 M
※M은 '오버로크를 친다'의 뜻

●만드는 순서

1 앞뒤 몸판, 앞뒤 스커트의 천에 레이스를 겹치고 시접을 시침질로 고정한다.
2 몸판의 다트를 박고 레이스의 스캘럽을 천에 감친다.
3 앞뒤 몸판, 앞뒤 네크라인 안단, 앞뒤 진동둘레 안단의 어깨를 각각 박는다.
4 몸판과 안단의 겉을 맞대어 네크라인과 진동둘레를 박는다(58쪽 참고).
5 겉으로 뒤집어서 안단이 안 보이도록 정리한다.
6 몸판과 안단의 옆을 이어서 박는다.
7 앞뒤 스커트의 다트를 박는다.
8 스커트의 옆을 박는다.
9 몸판과 스커트를 맞춰서 박는다
(시접은 2장 모두 M).
10 뒤 중심을 박고 트임에 파스너를 단다.
(70쪽 참고. 레이스 부분은 파스너가 끼지 않도록 숨은상침을 한다)
11 옷자락을 접어서 안을 감친다.
12 후크를 단다.

1 레이스 다는 방법

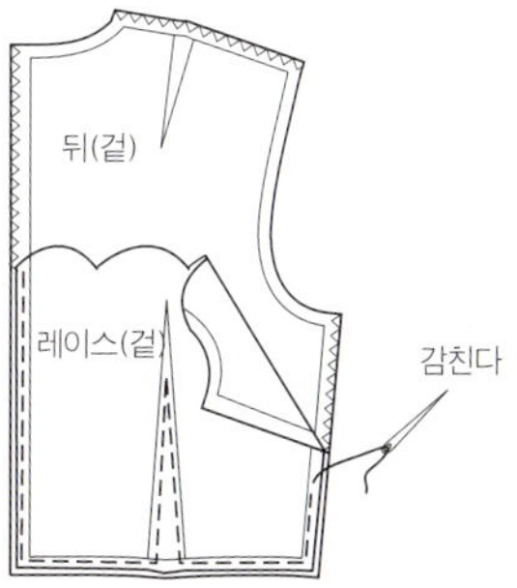

패턴 배치도

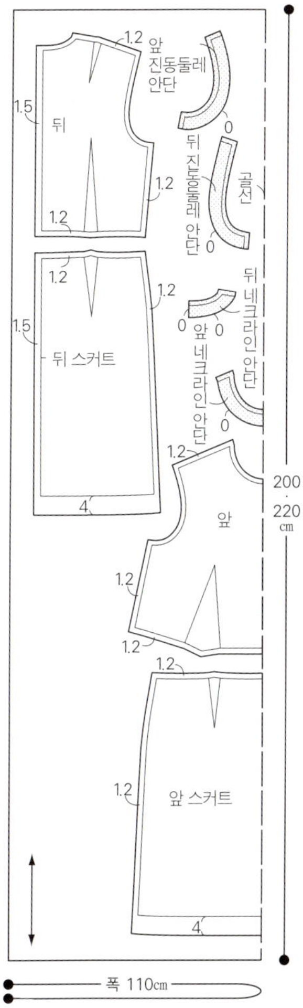

패턴 배치도(레이스) ※ 겉감의 패턴을 이용

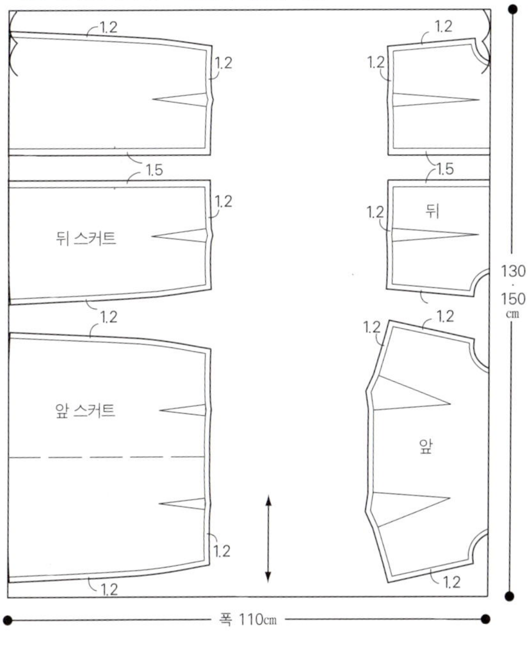

Basic

Style 1 베이직 원피스

응용 2 12쪽

● 필요한 패턴(A-1)

뒤, 앞, 뒤 스커트, 앞 스커트, 뒤 진동둘레 안단, 앞 진동둘레 안단, 옷깃

● 재료

천 = 폭 110cm

(S, M) 2m 60cm (ML, L) 2m 90cm

접착심 = 90cm 폭 30cm

컨실 파스너 56cm 1개

스프링 후크 1쌍

● 준비

안단에 접착심을 붙인다. 앞뒤 몸판, 앞뒤 스커트의 시접(어깨, 옆, 뒤 중심, 옷자락), 앞뒤 진동둘레 안단의 안에 M

※M은 '오버로크를 친다'의 뜻

● 만드는 순서

1 몸판의 다트를 박는다.
2 앞뒤 몸판, 앞뒤 진동둘레 안단의 어깨를 각각 박는다.
3 몸판과 안단의 겉을 맞대어 진동둘레를 박는다(58쪽 참고).
4 겉으로 뒤집어서 안단이 안 보이도록 정리한다.
5 몸판과 안단의 옆을 이어서 박는다.
6 앞뒤 스커트의 다트를 박는다.
7 스커트의 옆을 박는다.
8 몸판과 스커트를 서로 박는다(시접은 2장 모두 M).
9 뒤 중심을 박고 트임에 파스너를 단다(70쪽 참고).
10 옷깃의 리본 부분을 박아서 뒤집는다.
11 옷깃을 단다.
12 옷자락을 접어서 안쪽에서 감친다.
13 후크를 단다.

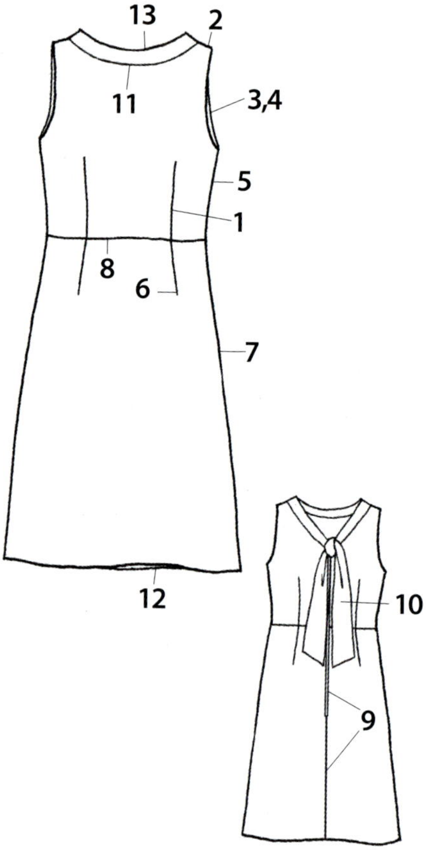

패턴 배치도

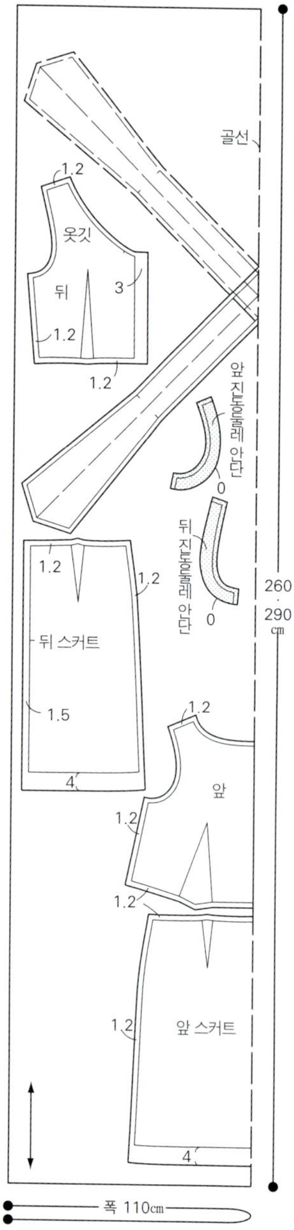

10 옷깃 만드는 방법

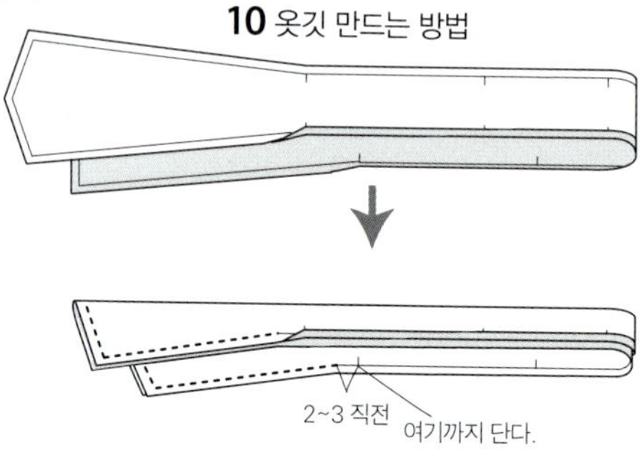

11 옷깃 다는 방법

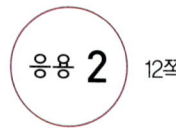

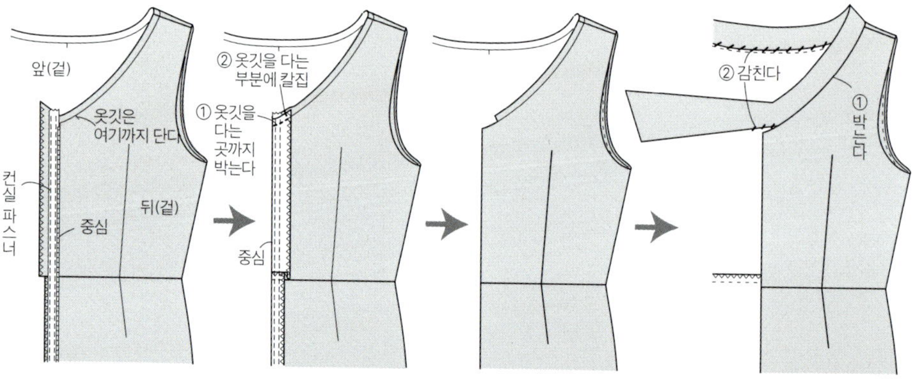

Basic

Style 1 베이직 원피스

응용 3 13쪽

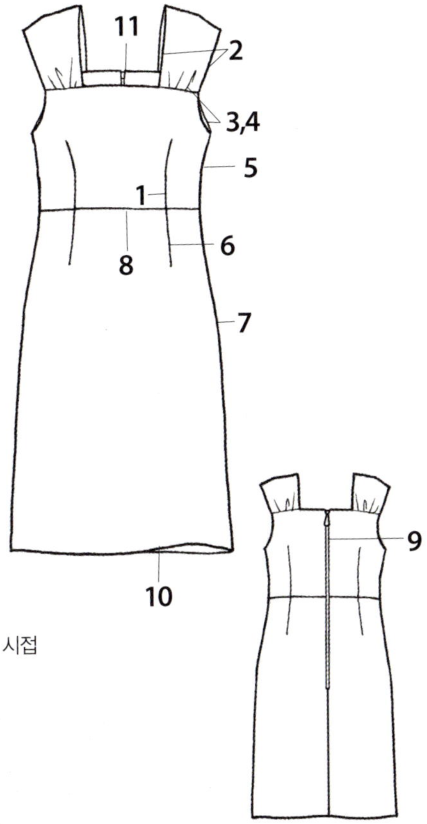

●필요한 패턴(A-1)

뒤, 앞, 뒤 스커트, 앞 스커트, 뒤 안단, 앞 안단, 어깨천

●재료

천 = 폭 110cm
(S, M) 2m 20cm (ML, L) 2m 40cm
접착심 = 90cm 폭 30cm
컨실 파스너 56cm 1개
스프링 후크 1쌍

●준비

안단에 접착심을 붙인다. 앞뒤 몸판, 앞뒤 스커트의 시접(옆, 뒤 중심, 옷자락), 앞뒤 안단의 안에 M
※M은 '오버로크를 친다'의 뜻

●만드는 순서

1 앞뒤 몸판의 다트를 박는다.
2 어깨천의 목 쪽, 어깨 쪽을 두 번 접어서 박는다.
3 몸판과 안단의 겉을 맞대고 그 사이에 어깨 천을 넣어 네크라인과 진동둘레를 박는다.
4 겉으로 뒤집어서 안단이 안 보이도록 정리한다.
5 몸판과 안단의 옆을 이어서 박는다.
6 앞뒤 스커트의 다트를 박는다.
7 스커트의 옆을 박는다.
8 몸판과 스커트를 서로 박는다(시접은 2장 모두 M).
9 뒤 중심을 박고 트임에 파스너를 단다(70쪽 참고).
10 옷자락을 접어 올려서 안에서 감친다.
11 후크를 단다.

패턴 배치도

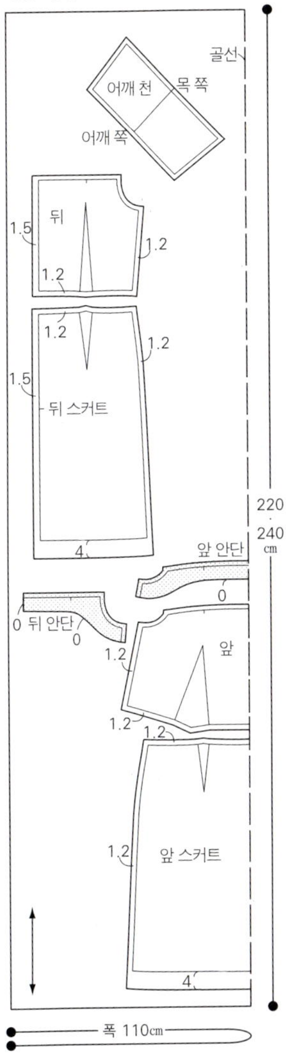

2,3,4 어깨 천 다는 방법

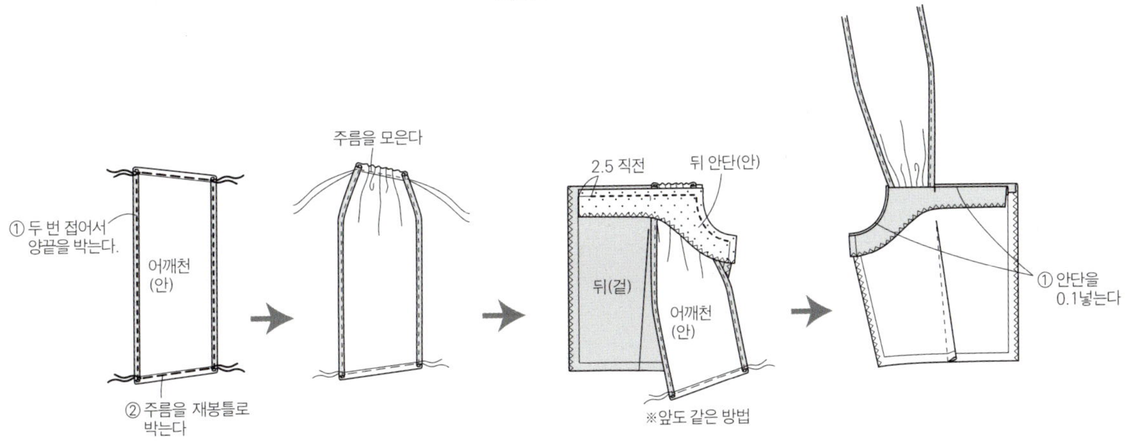

High-waisted

Style 2 하이 웨이스트 원피스

기본 16쪽

●필요한 패턴(A-1)

뒤, 앞, 뒤 스커트, 앞 스커트, 뒤 네크라인 안단, 앞 네크라인 안단, 앞 진동둘레 안단, 뒤 진동둘레 안단

●재료

천 = 폭 110cm
(S, M) 2m (ML, L) 2m 20cm
접착심 = 90cm 폭 30cm
컨실 파스너 56cm 1개
스프링 후크 1쌍

●준비

안단에 접착심을 붙인다. 앞뒤 몸판, 앞뒤 스커트의 시접(어깨, 옆, 뒤 중심, 옷자락), 앞뒤 안단의 안(네크라인, 진동둘레)에 M
※M은 '오버로크를 친다'의 뜻

●만드는 순서

1 몸판의 다트를 박는다.
2 앞뒤 몸판, 앞뒤 네크라인 안단, 앞뒤 진동둘레 안단의 어깨를 각각 박는다.
3 몸판과 안단의 겉을 맞대어 네크라인과 진동둘레를 박는다(58쪽 참고).
4 겉으로 뒤집어서 안단이 안 보이도록 정리한다.
5 몸판과 안단의 옆을 이어서 박는다.
6 앞뒤 스커트의 다트를 박는다.
7 스커트의 옆을 박는다.
8 몸판과 스커트를 서로 박는다 (시접은 2장 모두 M).
9 뒤 중심을 박고 트임에 파스너를 단다(70쪽 참고).
10 옷자락을 접어서 안쪽에서 감친다.
11 후크를 단다.

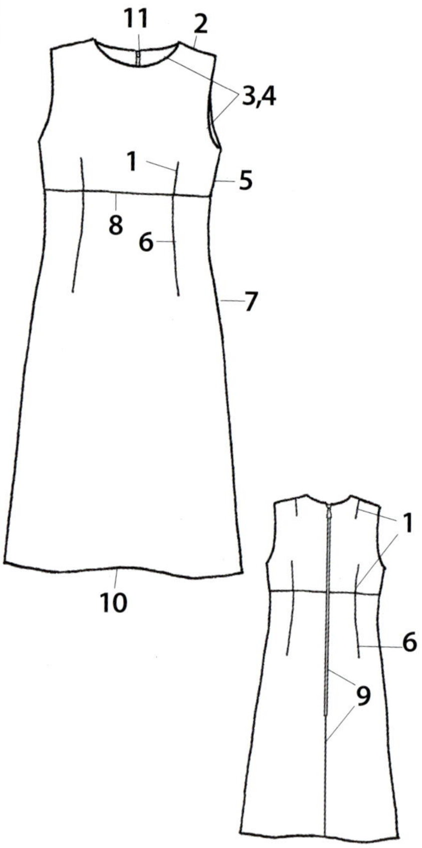

패턴 배치도

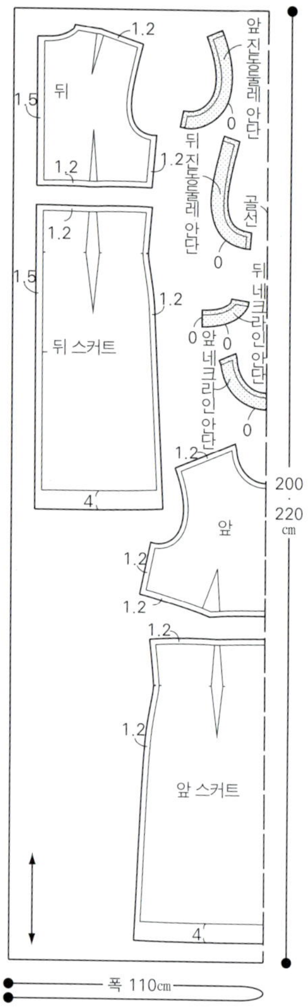

1,6 다트 재봉법

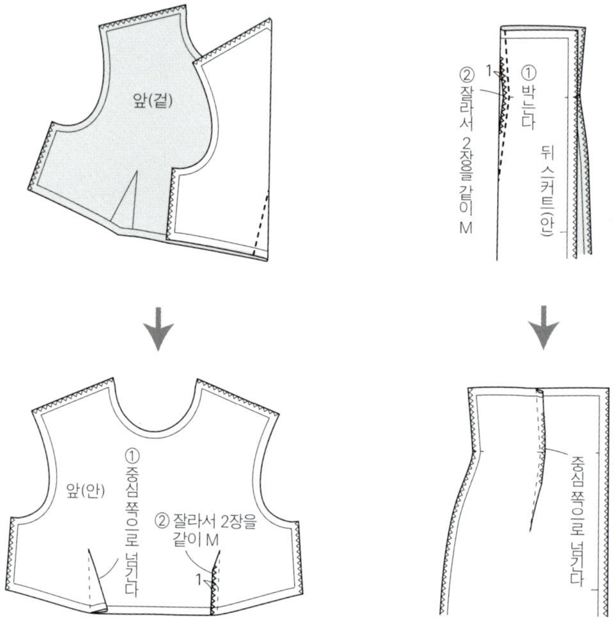

High-waisted

Style 2 하이 웨이스트 원피스

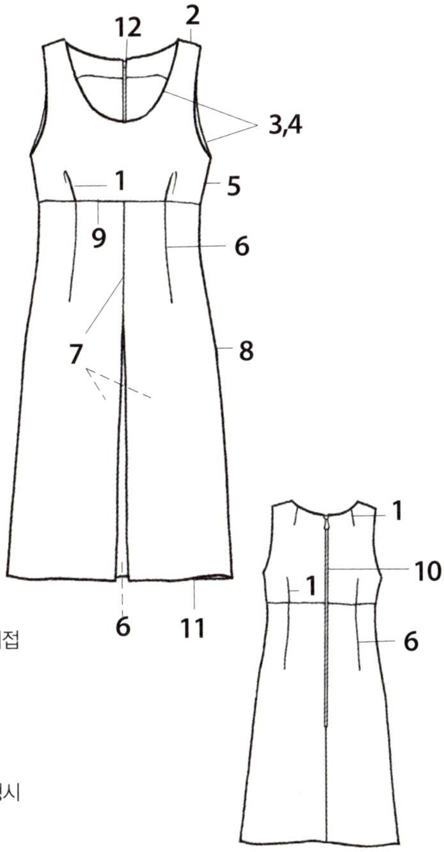

응용 1 17쪽

●필요한 패턴(A–1)

뒤, 앞, 뒤 스커트, 앞 스커트, 뒤 안단, 앞 안단

●재료

천 = 폭 110cm
(S, M) 2m (ML, L) 2m 20cm
접착심 = 90cm 폭 40cm
컨실 파스너 56cm 1개
스프링 후크 1쌍

●준비

안단에 접착심을 붙인다. 앞뒤 몸판, 앞뒤 스커트의 시접(어깨, 옆, 뒤 중심, 옷자락), 앞뒤 안단의 안에 M
※M은 '오버로크를 친다'의 뜻

●만드는 순서

1 몸판의 다트를 박고 앞 몸판의 턱을 접어서 고정시킨다.
2 앞뒤 몸판, 앞뒤 안단의 어깨를 박는다.
3 몸판과 안단의 겉을 맞대어 네크라인과 진동둘레를 박는다.
4 뒤 몸판을 어깨를 통해 겉으로 뒤집고 안단이 안 보이도록 정리한다.
5 몸판과 안단의 옆을 이어서 박는다.
6 앞뒤 스커트의 다트를 박고 플리츠분의 치맛자락을 접어 올려서 감친다(67쪽 참고).
7 앞 스커트의 플리츠를 접고 박음질이 끝나는 부분과 감춰지는 주름을 박는다.
8 스커트의 옆을 박는다.
9 몸판과 스커트를 맞춰서 박는다
(시접은 2장 모두 M).
10 뒤 중심을 박고 트임에 파스너를 단다(70쪽 참고).
11 남은 옷자락을 접어서 안쪽에서 감친다.
12 후크를 단다.

패턴 배치도

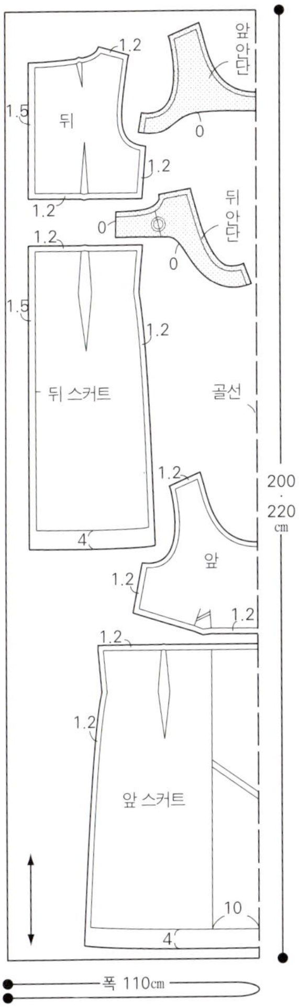

3,4 안단 다는 법

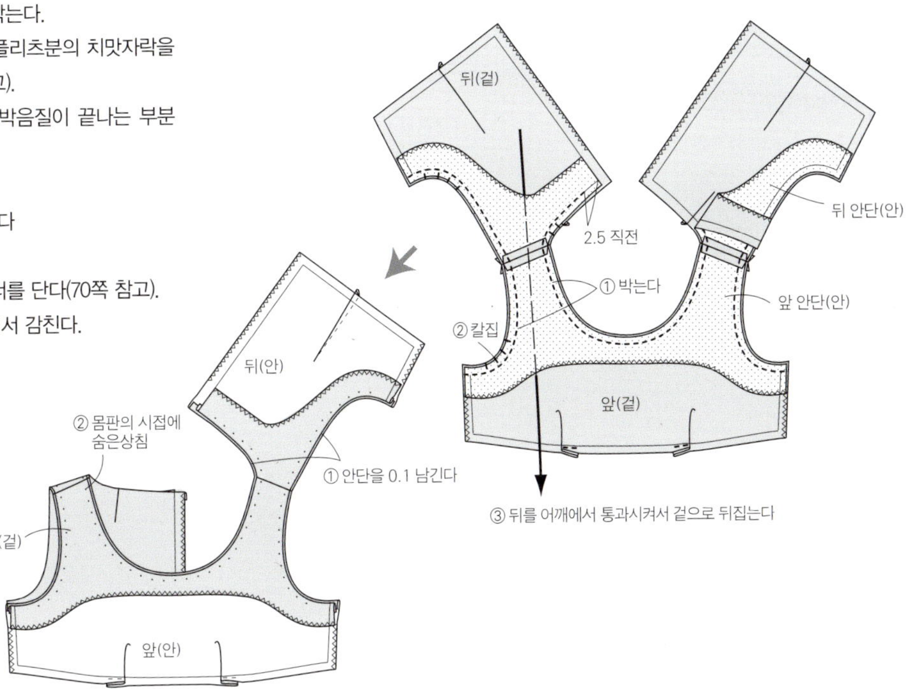

High-waisted

Style 2 하이 웨이스트 원피스

응용 2 18쪽

●필요한 패턴(A-1)

뒤, 앞, 뒤 스커트, 앞 스커트, 앞 안단, 뒤 안단

●재료

천 = 폭 110cm

(S, M) 2m (ML, L) 2m 20cm

접착심 = 90cm 폭 40cm

컨실 파스너 56cm 1개

스프링 후크 1쌍

●준비

안단에 접착심을 붙인다. 앞뒤 몸판, 앞뒤 스커트의 시접(어깨, 옆, 뒤 중심, 옷자락), 앞뒤 안단의 안에 M

※M은 '오버로크를 친다'의 뜻

●만드는 순서

1 뒤 몸판의 다트를 박고 앞 몸판에 주름을 재봉틀로 박는다.

2 앞뒤 몸판, 앞뒤 안단의 어깨를 각각 박는다.

3 몸판과 안단의 겉을 맞대어 네크라인과 진동둘레를 박는다(63쪽 참고).

4 뒤 몸판을 어깨를 통해 겉으로 뒤집어서 안단이 안 보이도록 정리한다.

5 몸판과 안단의 옆을 이어서 박는다.

6 스커트의 다트, 옆을 박는다.

7 몸판과 스커트를 맞춰서 박는다
(시접은 2장 모두 M)

8 뒤 중심을 트임 부분까지 박고 트임에 파스너를 단다(70쪽 참고).

9 슬릿을 만든다.

10 옷자락을 접어서 안쪽에서 감친다.

11 후크를 단다.

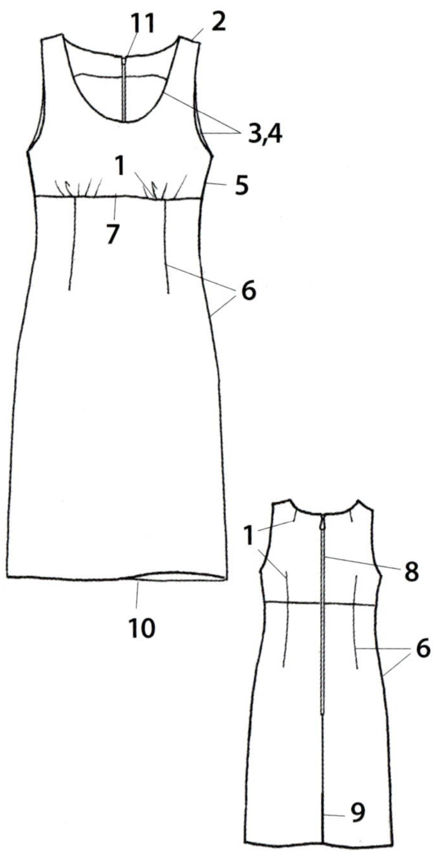

패턴 배치도

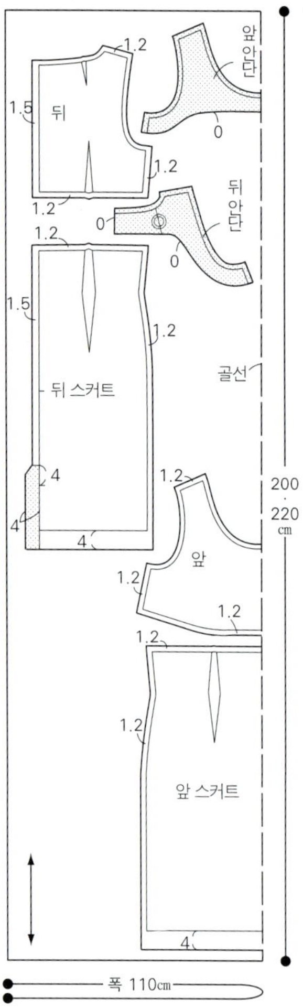

9,10 슬릿 정리

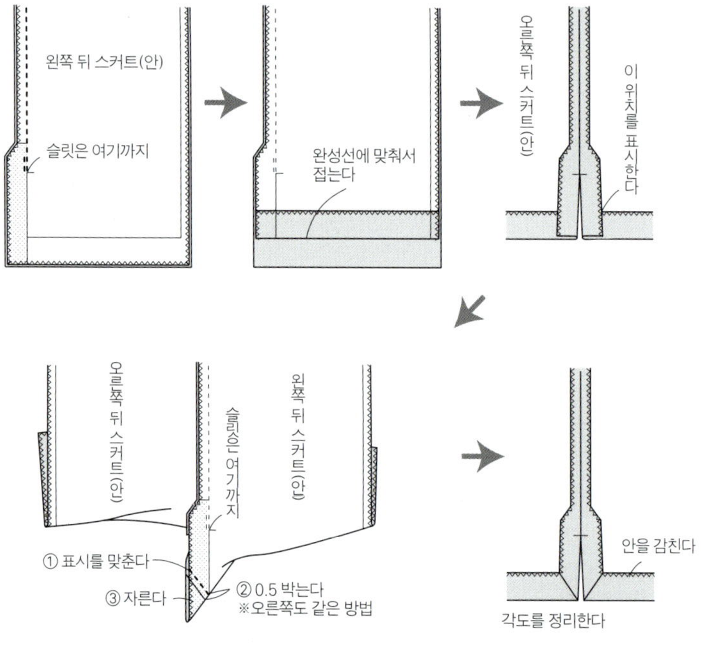

High-waisted

Style 2 하이 웨이스트 원피스

응용 3 19쪽

●필요한 패턴(A-1)

뒤, 앞, 뒤 스커트, 앞 스커트, 앞 안단, 뒤 안단, 안 뒤, 안 앞, 안 뒤 스커트, 안 앞 스커트

●재료(트리밍 테이프 이외는 a, b 공통)

천 = 폭 110cm

(S, M) 2m 10cm (ML, L) 2m 30cm

안감 = 90cm 폭 1m 90cm

접착심 = 90cm 폭 40cm

컨실 파스너 56cm 1개

스프링 후크 1쌍

b는 트리밍 테이프 적당량

●준비

안단에 접착심을 붙인다. 스커트의 뒤 중심과 옆, 옷자락에 M

※M은 '오버로크를 친다'의 뜻

●만드는 순서

1 뒤 몸판의 다트를 박고 앞 몸판에 주름을 재봉틀로 박는다.
2 앞뒤 몸판, 앞뒤 안단의 어깨를 각각 박는다.
3 몸판과 안단의 겉을 맞대어 네크라인과 진동 둘레를 박는다(63쪽 참고).
4 겉으로 뒤집어서 안단이 안 보이도록 정리한다.
5 몸판과 안단의 옆을 이어서 박는다.
6 몸판의 안감을 박고 안단과 맞춰서 박는다.
7 스커트의 옆을 박고 허리의 시접에 주름을 재봉틀로 박는다.
8 스커트의 안감을 박고 스커트의 허리 시접을 고정한다.
9 몸판의 안감을 떼고 스커트를 맞춰서 박는다.
10 뒤 중심선을 박고 트임에 파스너를 단다 (70쪽 참고).
11 몸판의 안감 허리를 완성선에 맞춰서 접고 허리 시접을 감친다.
12 옷자락을 접어서 안쪽에서 감친다.
13 후크를 단다.

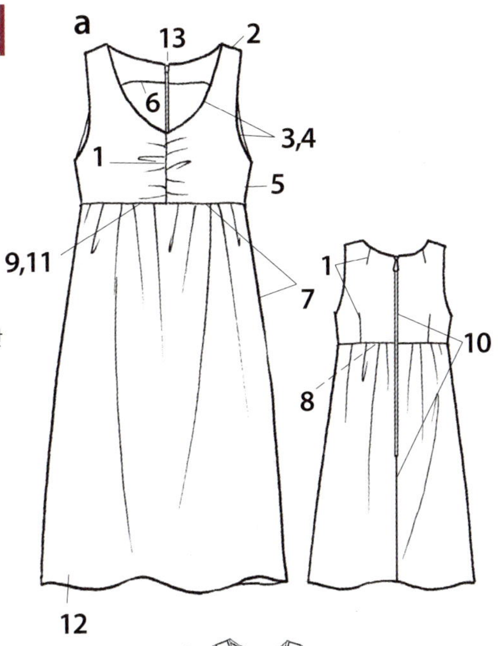

1 주름 재봉법

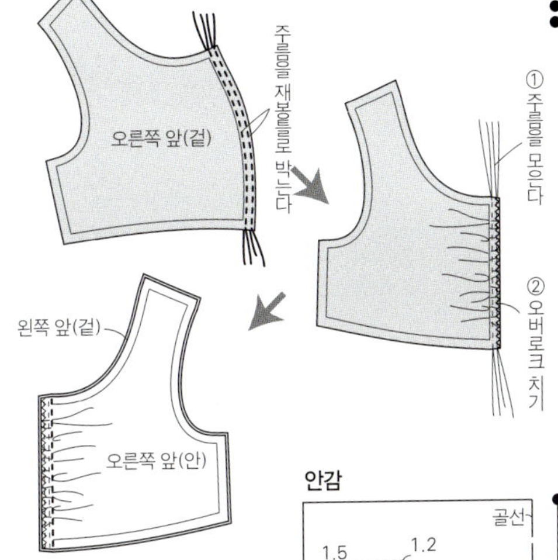

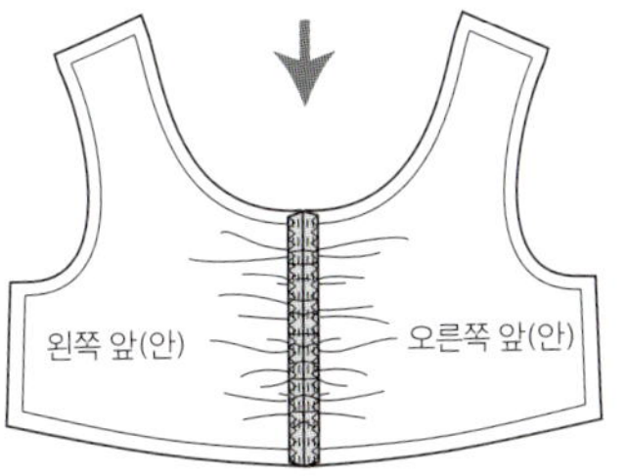

패턴 배치도(겉감, a, b 공통)

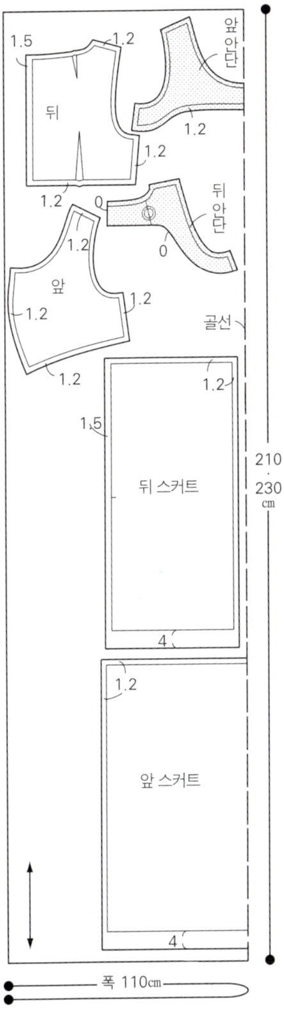

패턴 배치도(안감 · a, b 공통)

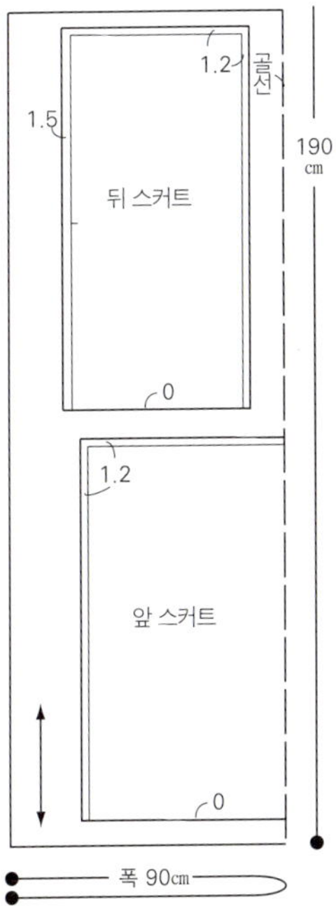

안감

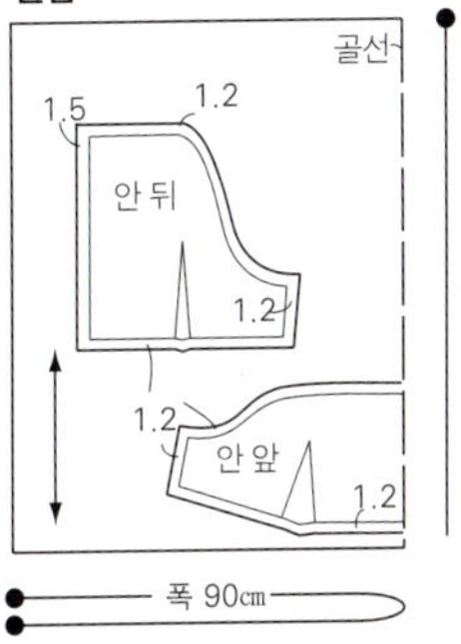

※ 안감은 잘라서 펼치기 전의 겉감 패턴을 이용한다

Low-waisted

Style 3 로 웨이스트 원피스

기본 22쪽

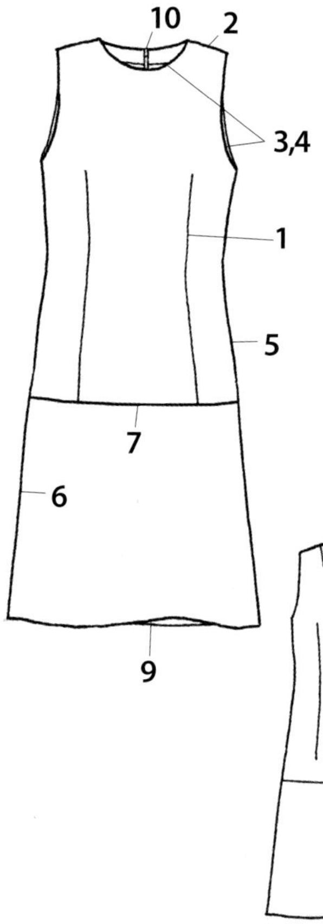

●필요한 패턴(A-1)

뒤, 앞, 뒤 스커트, 앞 스커트, 뒤 네크라인 안단, 앞 네크라인 안단, 앞 진동둘레 안단, 뒤 진동둘레 안단

●재료

천 = 폭 110cm

(S, M) 2m (ML, L) 2m 20cm

접착심 = 90cm 폭 30cm

컨실 파스너 56cm 1개

스프링 후크 1쌍

●준비

안단에 접착심을 붙인다. 앞뒤 몸판, 앞뒤 스커트의 시접(어깨, 옆, 뒤 중심, 옷자락), 앞뒤 안단의 안(네크라인, 진동둘레)에 M

※M은 '오버로크를 친다'의 뜻

●만드는 순서

1 몸판의 다트를 박는다(앞 다트는 2장 모두 M).

2 앞뒤 몸판, 앞뒤 네크라인 안단, 앞뒤 진동둘레 안단의 어깨를 각각 박는다.

3 몸판과 안단의 겉을 맞대어 네크라인과 진동둘레를 박는다(58쪽 참고).

4 겉으로 뒤집어서 안단이 안 보이도록 정리한다.

5 몸판과 안단의 옆을 이어서 박는다.

6 스커트의 옆을 박는다.

7 몸판과 스커트를 박아서 맞춘다 (시접은 2장 모두 M).

8 뒤 중심을 박고 트임에 파스너를 단다(70쪽 참고).

10 옷자락을 접어서 안을 감친다.

11 후크를 단다.

패턴 배치도

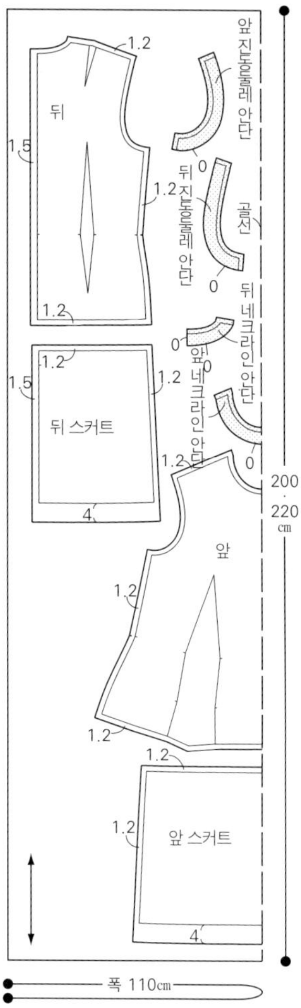

1 앞 몸판 다트 재봉법

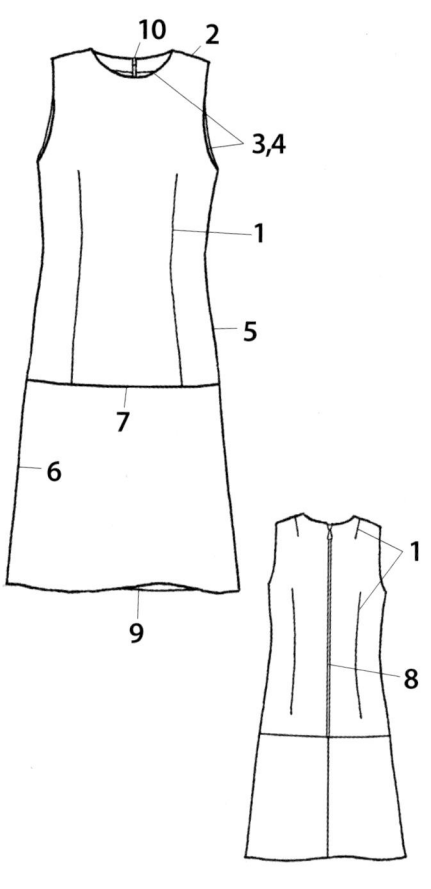

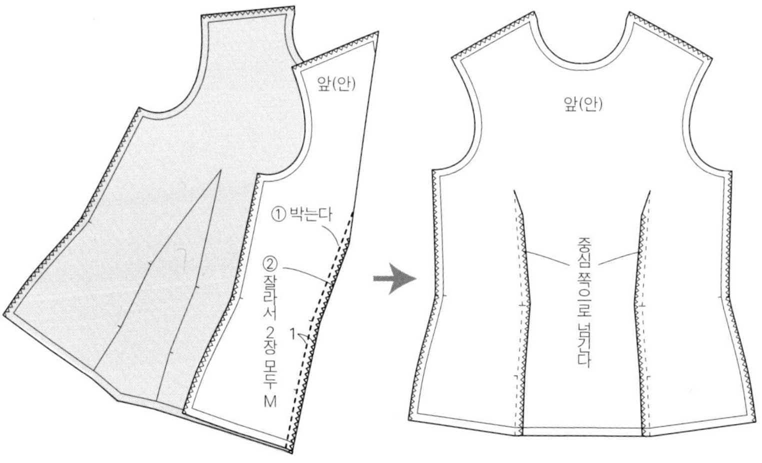

Low-waisted

Style 3 로 웨이스트 원피스

응용 1 23쪽

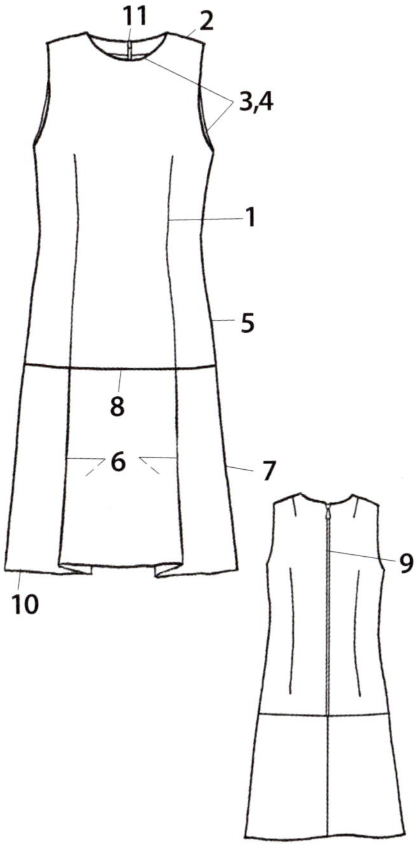

●필요한 패턴(A-1)

뒤, 앞, 뒤 스커트, 앞 스커트, 뒤 네크라인 안단, 앞 네크라인 안단, 앞 진동둘레 안단, 뒤 진동둘레 안단

●재료

천 = 폭 110cm

(S, M) 2m (ML, L) 2m 20cm

접착심 = 90cm 폭 30cm

컨실 파스너 56cm 1개

스프링 후크 1쌍

●준비

안단에 접착심을 붙인다. 앞뒤 몸판, 앞뒤 스커트의 시접(어깨, 옆, 뒤 중심, 옷자락), 앞뒤 안단의 안(네크라인, 진동둘레)에 M

※M은 '오버로크를 친다'의 뜻

●만드는 순서

1 몸판의 다트를 박는다.
(66쪽 참고. 앞 다트는 2장 모두 M)
2 앞뒤 몸판, 앞뒤 네크라인 안단, 앞뒤 진동둘레 안단의 어깨를 각각 박는다.
3 몸판과 안단의 겉을 맞대어 네크라인과 진동둘레를 박는다(58쪽 참고).
4 겉으로 뒤집어서 안단이 안 보이도록 정리한다.
5 몸판과 안단의 옆을 이어서 박는다.
6 앞 스커트의 플리츠를 접고 감춰지는 주름을 박는다.
7 스커트의 옆을 박는다.
8 몸판과 스커트를 박아서 맞춘다
(시접은 2장 모두 M).
9 뒤 중심을 박고 트임에 파스너를 단다(70쪽 참고).
10 남은 옷자락을 접어서 안을 감친다.
11 후크를 단다.

패턴 배치도

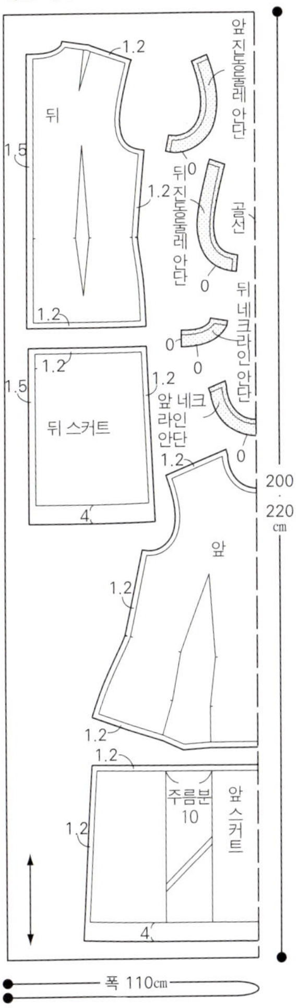

6 앞 스커트 플리츠 재봉법

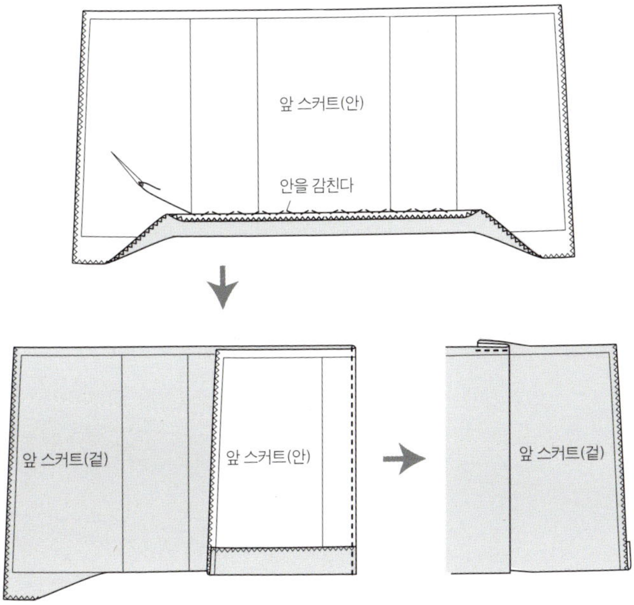

Low-waisted

Style 3 로 웨이스트 원피스

응용 2 24쪽

●필요한 패턴(A-1)

뒤, 앞, 뒤 스커트, 앞 스커트, 뒤 프릴, 앞 프릴, 뒤 네크라인 안단, 앞 네크라인 안단, 앞 진동둘레 안단, 뒤 진동둘레 안단

●재료

천 = 폭 110cm

(S, M) 3m (ML, L) 3m 20cm

접착심 = 90cm 폭 30cm

컨실 파스너 56cm 1개

스프링 후크 1쌍

●준비

안단에 접착심을 붙인다. 앞뒤 몸판, 앞뒤 스커트의 시접(어깨, 옆, 뒤 중심, 옷자락), 앞뒤 프릴의 옆, 앞뒤 안단의 안(네크라인, 진동둘레)에 M

※M은 '오버로크를 친다'의 뜻

●만드는 순서

1 몸판의 다트를 박는다.
2 앞뒤 몸판, 앞뒤 안단의 어깨를 각각 박는다.
3 몸판과 안단의 겉을 맞대어 네크라인과 진동둘레를 박는다(58쪽 참고).
4 겉으로 뒤집어서 안단이 안 보이도록 정리한다.
5 몸판과 안단의 옆을 이어서 박는다.
6 스커트의 옆을 박는다.
7 스커트 프릴의 옆을 각각 박는다.
8 스커트에 프릴을 박아서 단다.
9 뒤 중심에 파스너를 단다(70쪽 참고).
10 몸판과 스커트를 박아서 맞춘다 (시접은 2장 모두 M).
11 옷자락을 접어서 안을 감친다.
12 후크를 단다.

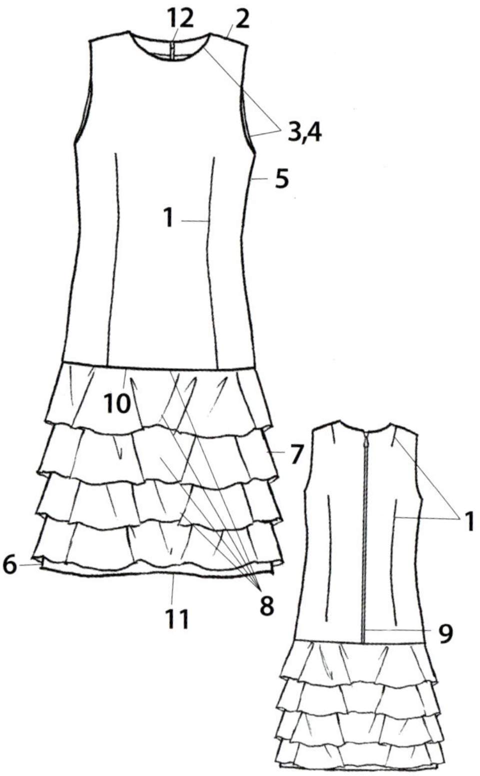

7,8 스커트 프릴 재봉법

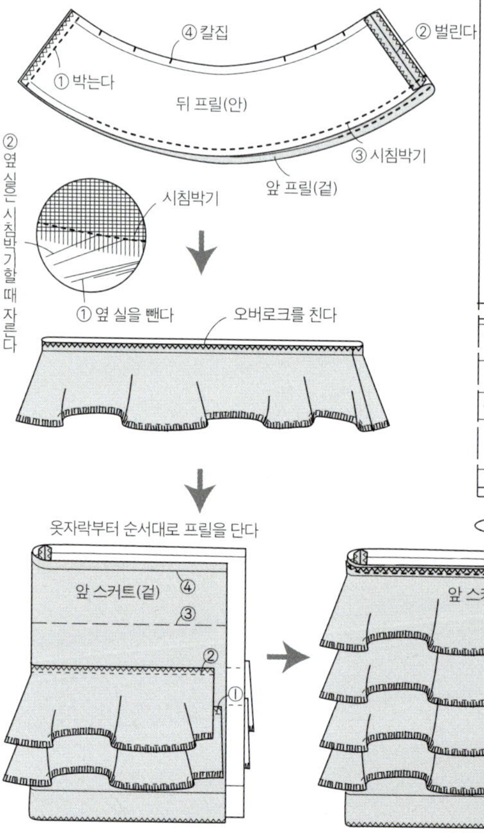

패턴 배치도

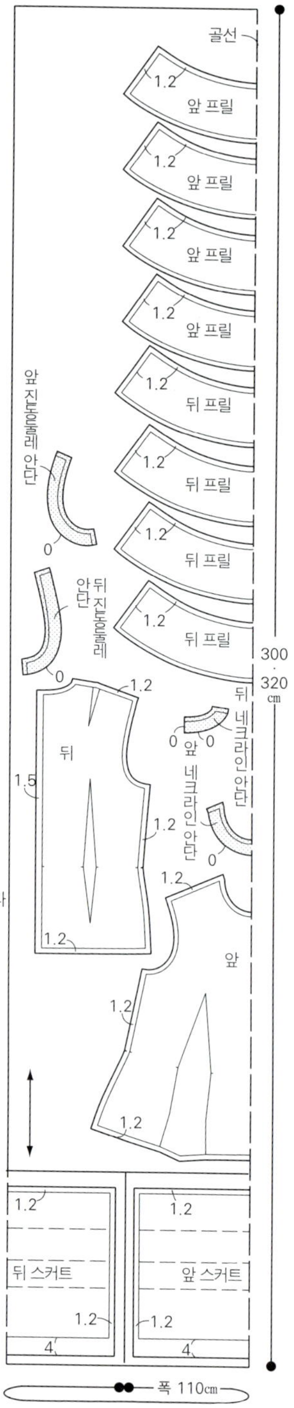

Low-waisted

Style 3 로 웨이스트 원피스

응용 3 25쪽

●필요한 패턴(A-1)

뒤, 앞, 뒤 스커트, 앞 스커트, 뒤 네크라인 안단, 앞 네크라인 안단, 앞 진동둘레 안단, 뒤 진동둘레 안단, 프릴

●재료

천 = 폭 110cm
(S, M) 2m 30cm (ML, L) 2m 50cm
접착심 = 90cm 폭 30cm
컨실 파스너 56cm 1개
스프링 후크 1쌍

●준비

안단에 접착심을 붙인다. 앞뒤 몸판, 앞뒤 스커트의 시접(어깨, 옆, 뒤 중심, 옷자락), 앞뒤 안단의 안(네크라인, 진동둘레)에 M, 프릴 바깥쪽으로 말아서 오버로크를 친다.
※M은 '오버로크를 친다'의 뜻

●만드는 순서

1 몸판의 다트를 박는다.
2 앞 몸판에 프릴을 박아서 단다.
3 앞뒤 몸판, 앞뒤 안단의 어깨를 각각 박는다.
4 몸판과 안단의 겉을 맞대어 네크라인과 진동둘레를 박는다(58쪽 참고).
5 겉으로 뒤집어서 안단이 안 보이도록 정리한다.
6 몸판과 안단의 옆을 이어서 박는다.
7 스커트의 옆을 박는다.
8 몸판과 스커트를 박아서 맞춘다
(시접은 2장 모두 M).
9 뒤 중심을 박고 트임에 파스너를 단다(70쪽 참고).
10 옷자락을 접어 올려서 안을 감친다.
11 후크를 단다.

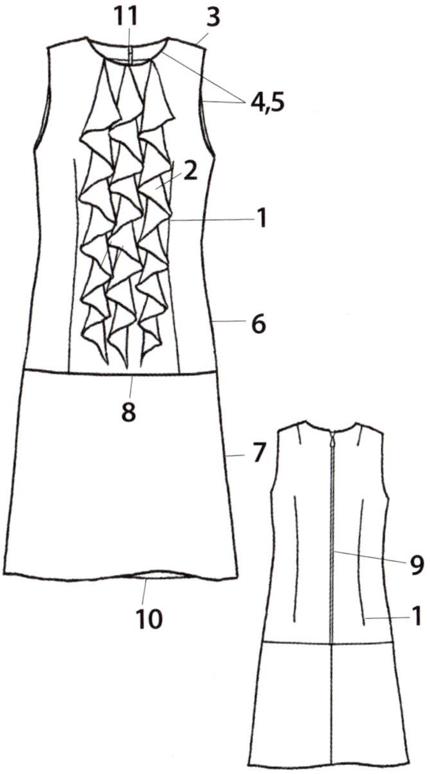

패턴 배치도

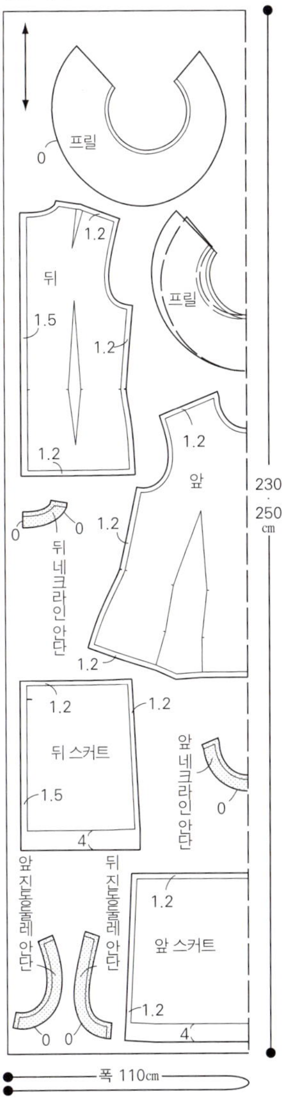

2 프릴 재봉법

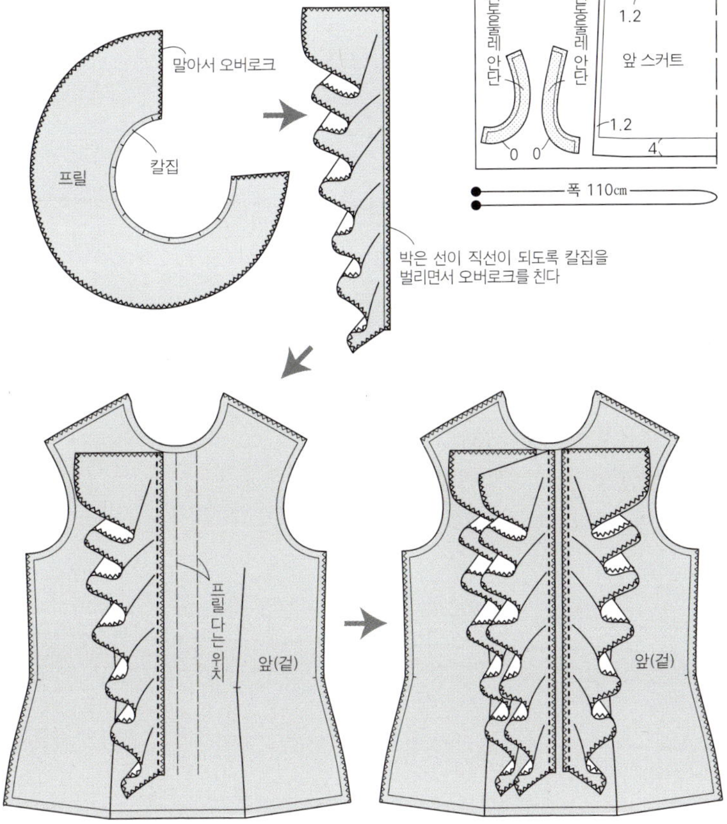

A-line1

Style 4 A라인 원피스1

기본 28쪽

●**필요한 패턴(A-1)**

뒤, 앞, 뒤 안단, 앞 안단

●**재료**

천 = 폭 110cm

(S, M) 2m (ML, L) 2m 20cm

접착심 = 90cm 폭 40cm

컨실 파스너 56cm 1개

스프링 후크 1쌍

●**준비**

안단에 접착심을 붙인다. 앞뒤 몸판(어깨, 옆, 뒤 중심, 옷자락), 앞뒤 안단의 안에 M

※M은 '오버로크를 친다'의 뜻

●**만드는 순서**

1 몸판의 다트를 박는다.

2 앞뒤 몸판, 앞뒤 안단의 어깨를 각각 박는다.

3 몸판과 안단의 겉을 맞대어 네크라인과 진동둘레를 박는다(63쪽 참고).

4 겉으로 뒤집어서 안단이 안 보이도록 정리한다.

5 몸판과 안단의 옆을 이어서 박는다.

6 뒤 중심을 박고 트임에 파스너를 단다.

7 옷자락을 접어 올려서 안을 감친다.

8 후크를 단다.

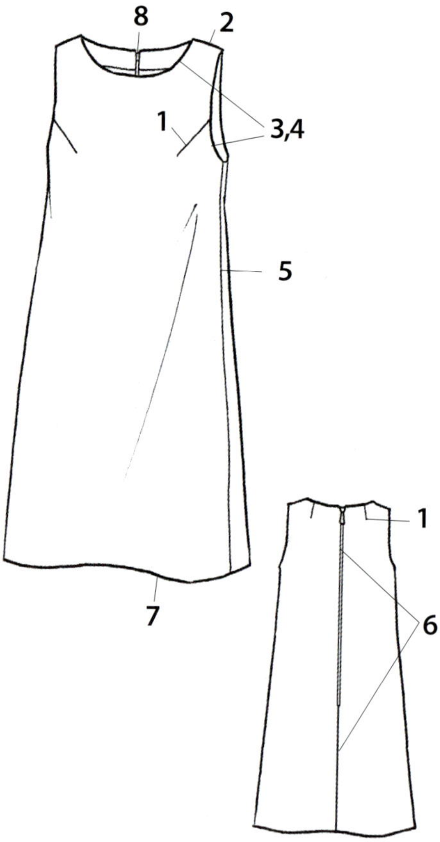
8
2
1
3,4
5
7
1
6

패턴 배치도

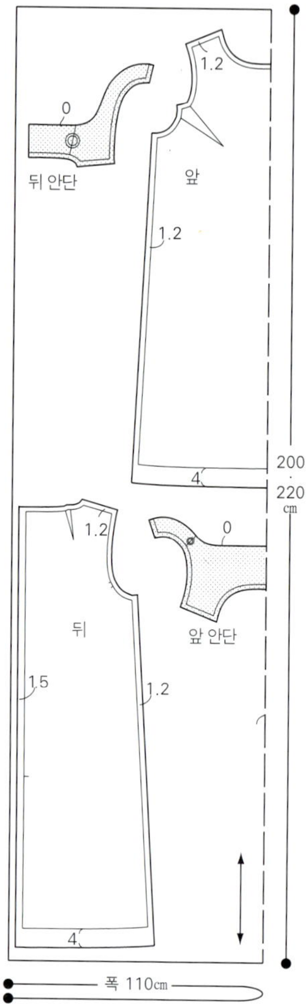
1.2
0
뒤 안단
앞
1.2
4
200
220
cm
1.2
0
앞 안단
뒤
1.5
1.2
4
폭 110cm

6 파스너 다는 법

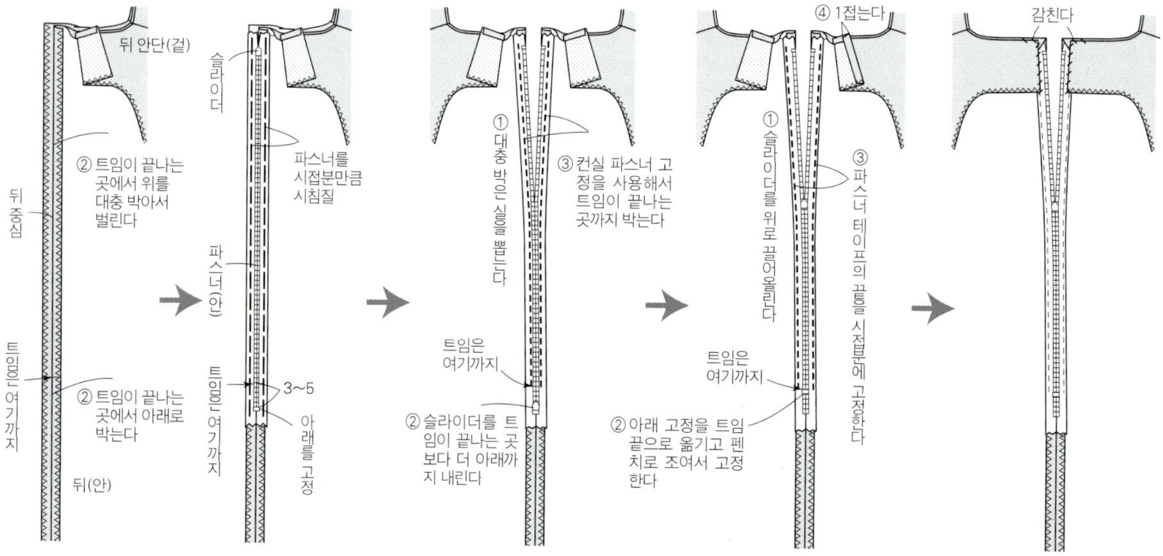
뒤 안단(겉)
② 트임이 끝나는 곳에서 위를 대충 박아서 벌린다
뒤 중심
트임은 여기까지
② 트임이 끝나는 곳에서 아래로 박는다
뒤(안)
슬라이더
파스너를 시접분만큼 시침질
파스너(안)
트임은 여기까지
3~5
아래를 고정
① 대충 박은 실을 뽑는다
③ 컨실 파스너 고정을 사용해서 트임이 끝나는 곳까지 박는다
트임은 여기까지
② 슬라이더를 트임이 끝나는 곳보다 더 아래까지 내린다
④ 1접는다
① 슬라이더를 위로 끌어올린다
③ 파스너 테이프의 끝을 시접분에 고정한다
트임은 여기까지
② 아래 고정을 트임 끝으로 옮기고 펜치로 조여서 고정한다
감친다

A-line1

Style 4 A라인 원피스1

응용 1 29쪽

●필요한 패턴(A-1)

뒤, 앞, 뒤 안단, 앞 안단, 소매

●재료(a, b 공통)

천 = 폭 110cm

(S, M) 2m (ML, L) 2m 20cm

접착심 = 90cm 폭 40cm

컨실 파스너 56cm 1개

스프링 후크 1쌍

●준비

안단에 접착심을 붙인다. 앞뒤 몸판(어깨, 옆, 뒤 중심, 옷자락), 소맷부리, 앞뒤 안단의 안에 M

※M은 '오버로크를 친다'의 뜻

●만드는 순서

1 a는 0.5 핀턱을 5개 박는다.
b는 2.5 턱 1개를 박는다.

2 앞뒤 몸판의 다트를 박는다.

3 소맷부리를 접어 올려서 안을 감치고 소매가 솟아 오른 부분에 주름을 재봉틀로 박습니다.

4 몸판과 안단을 겉을 맞대어 소매를 끼우고 네크라인과 진동둘레를 박는다(63쪽 참고).

5 겉으로 뒤집어서 안단이 안 보이도록 정리한다.

6 몸판과 안단의 옆을 이어서 박는다.

7 뒤 중심을 박고 트임에 파스너를 단다(70쪽 참고).

8 옷자락을 접어 올려서 안을 감친다.

9 후크를 단다.

a

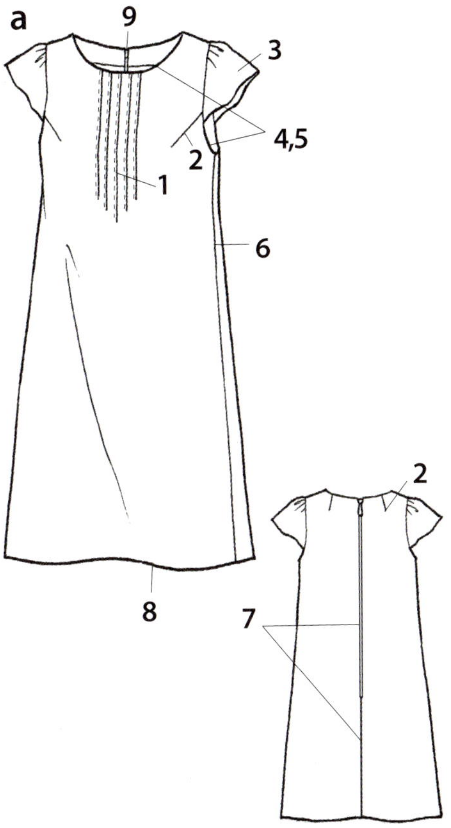

패턴 배치도

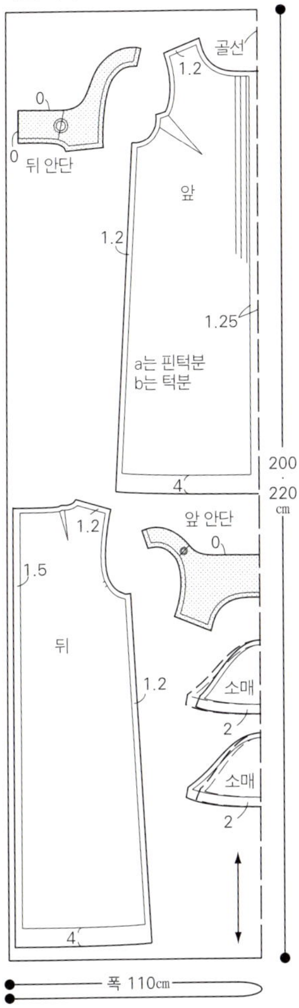

b

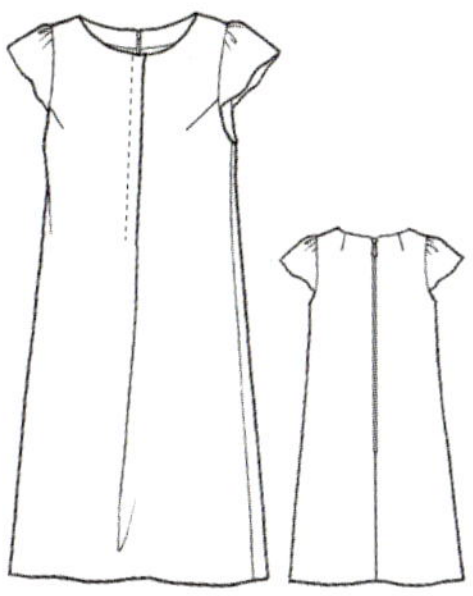

1 a의 핀턱 재봉법

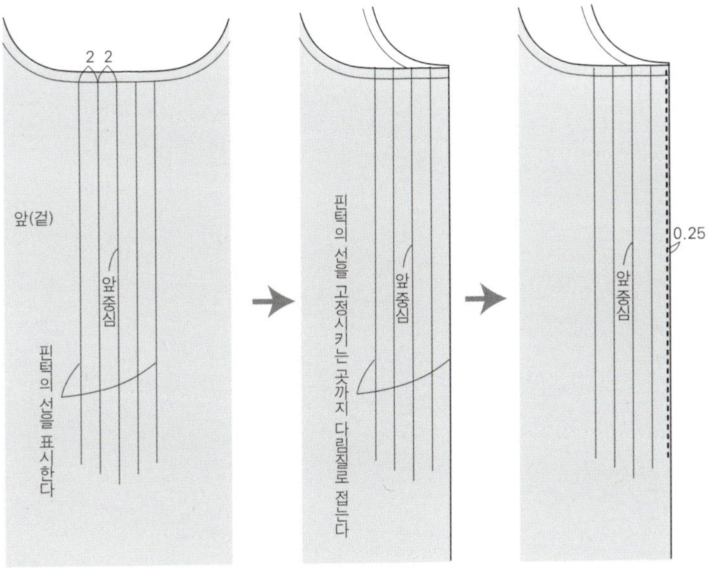

A-line1

Style 4　A라인 원피스1

응용 2　30쪽

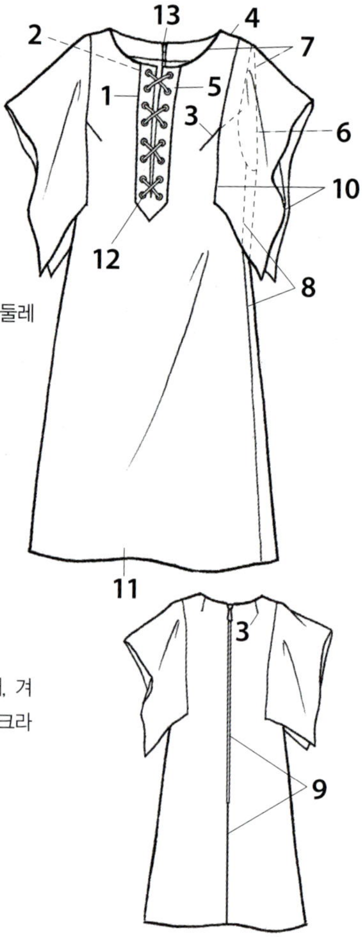

●필요한 패턴(A-1)

뒤, 앞, 뒤 네크라인 안단, 앞 네크라인 안단, 뒤 진동둘레 안단, 앞 진동둘레 안단, 앞 중심천, 소매

●재료

천 = 폭 110cm

(S, M) 2m 20cm　(ML, L) 2m 40cm

다른 천(앞 중심 겉감분) = 10×40cm

접착심 = 90cm 폭 50cm

컨실 파스너 56cm 1개

새눈구멍(안지름 0.5cm) 16개, 둥근 끈 1m

●준비

안단, 앞 중심천에 접착심을 붙인다. 앞뒤 몸판(어깨, 겨드랑이, 옷자락), 소매의 이음매, 앞뒤 안단의 안(네크라인, 진동둘레), 앞 중심 안감에 M

※M은 '오버로크를 친다'의 뜻

●만드는 순서

1 앞트임에 다른 천을 시침질해서 고정해둔다.
2 앞 중심 안감과 앞 네크라인 안단을 박는다.
3 앞뒤 몸판의 다트를 박는다.
4 앞뒤 몸판, 앞뒤 네크라인 안단, 앞뒤 진동둘레 안단의 어깨를 각각 박는다.
5 앞 중심의 트임을 정리한다.
6 몸판과 안단의 겉을 맞대어 소맷부리를 박는다.
7 겉으로 뒤집어서 안단이 안 보이도록 정리한다.
8 몸판과 안단의 옆을 이어서 박는다.
9 뒤 중심을 박고 트임에 파스너를 단다(70쪽 참고).
10 소매의 세변을 두 번 접어 박아서 정리하고 단다.
11 옷자락을 접어 올려서 안을 감친다.
12 앞트임에는 새눈구멍을 달고 둥근 끈을 끼운다.
13 후크를 단다.

패턴 배치도

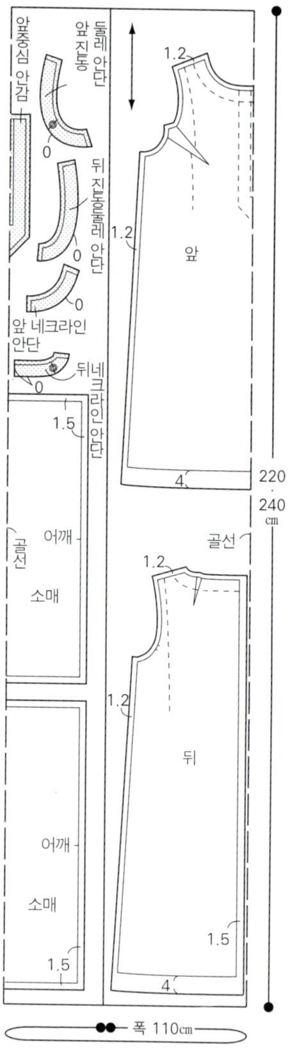

1,2,5,6,7 앞트임 재봉법

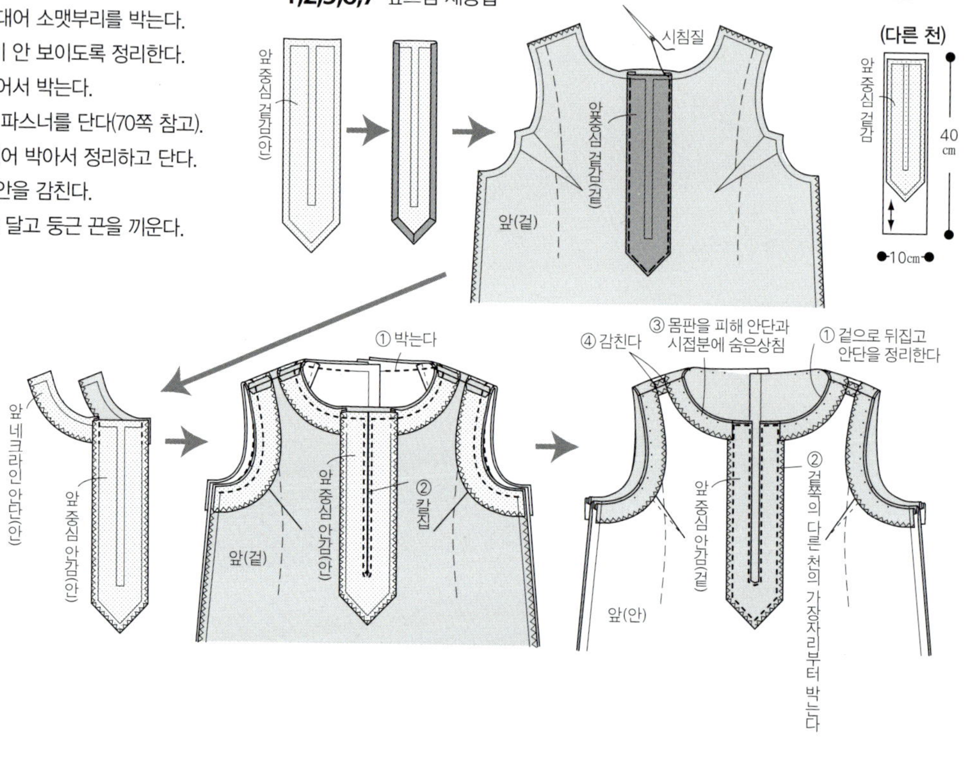

A-line1

Style 4 A라인 원피스1

응용 3 31쪽

●필요한 패턴(A-1)

뒤, 앞, 뒤 네크라인 안단, 앞 네크라인 안단, 뒤 진동둘레 안단, 앞 진동둘레 안단, 앞 중심천, 소매

●재료

천 = 폭 110cm

(S, M) 2m 40cm (ML, L) 2m 60cm

다른 천(앞 중심 겉감분) = 10×40cm

접착심 = 90cm 폭 50cm

꽃 단추 4쌍

●준비

안단, 앞 중심천에 접착심을 붙인다. 앞뒤 몸판(어깨, 옆, 옷자락), 소매의 이음매, 앞뒤 안단의 안(네크라인, 진동둘레), 앞 중심 안감에 M

※M은 '오버로크를 친다'의 뜻

●만드는 순서

1 앞트임에 다른 천을 시침질해서 고정한다(72쪽 참고).
2 앞 중심 안감과 앞 네크라인 안단을 박는다.
3 앞뒤 몸판의 다트를 박는다.
4 앞뒤 몸판, 앞뒤 네크라인 안단, 앞뒤 진동둘레 안단의 어깨를 각각 박는다.
5 앞 중심의 트임을 정리한다.
6 몸판과 안단의 겉을 맞대어 진동둘레를 박는다.
7 겉으로 뒤집어서 안단이 안 보이도록 정리한다.
8 몸판과 안단의 옆을 이어서 박는다.
9 소매를 만들어 단다.
10 옷자락을 접어 올려서 안을 감친다.
11 앞트임에 꽃 단추를 단다.

* a의 필요한 패턴과 재료는 90쪽 참고

b

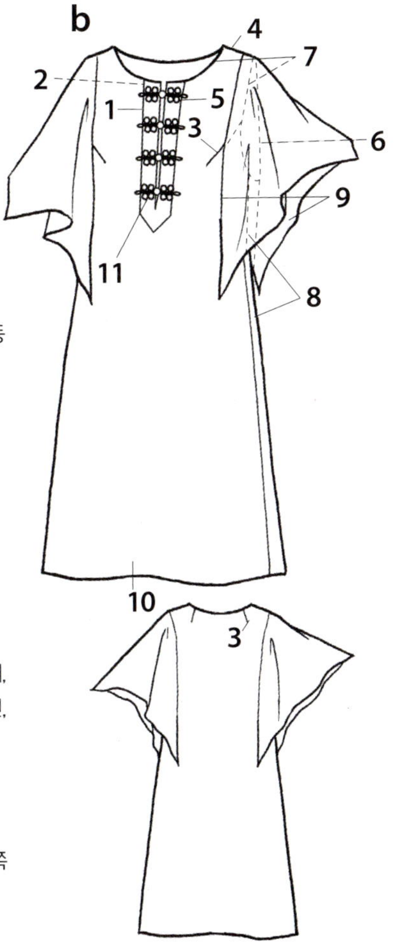

a

패턴 배치도(겉감)

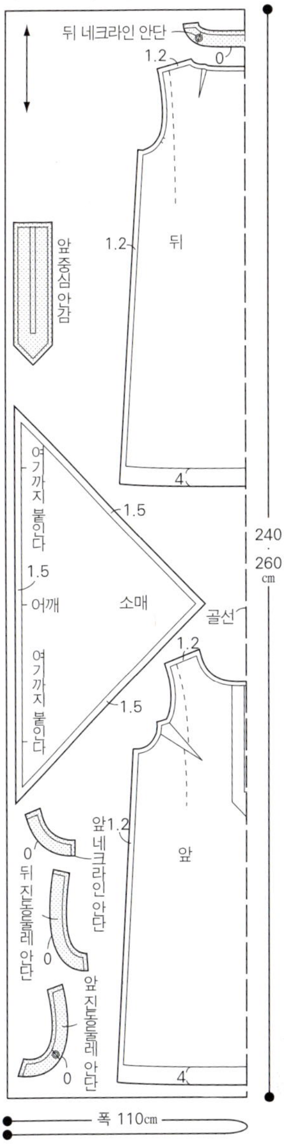

(다른 천)

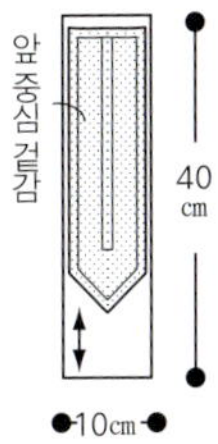

9 소매 다는 방법

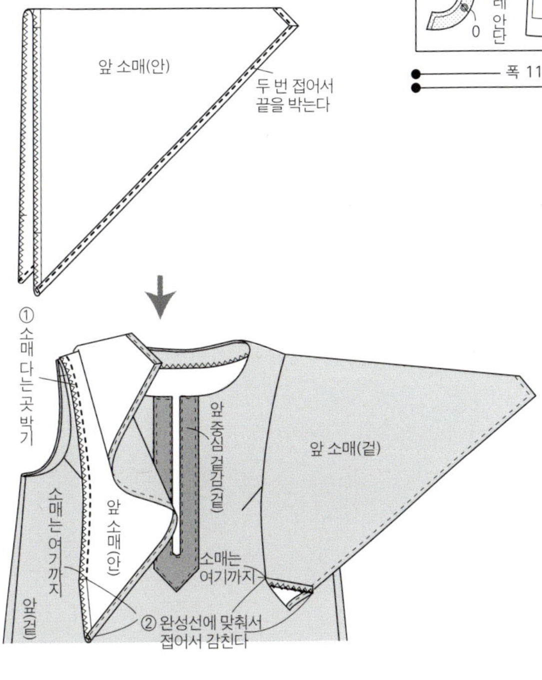

A-line2

Style 5 A라인 원피스2

기본 34쪽

●필요한 패턴(A-2)

뒤, 앞, 소매, 옷깃, 덧단, 커프스, 보강천

●재료

천 = 폭 110cm

(S, M) 2m 50cm (ML, L) 2m 70cm

접착심 = 90cm 폭 1m 10cm

직경 1.2cm의 똑딱단추 12쌍

●준비

옷깃, 덧단, 커프스, 보강천에 접착심을 붙인다. 앞뒤 몸판의 시접(어깨, 옆, 옷자락), 보강천의 안에 M

※M은 '오버로크를 친다'의 뜻

●만드는 순서

1 앞몸판의 다트를 박는다.
2 앞단에 덧단을 단다.
3 어깨를 박는다.
4 옆을 박는다.
5 옷깃을 만든다.
6 옷깃을 단다.
7 소매를 만든다(소매단 시접은 2장 모두 M).
8 소매를 단다(시접은 2장 모두 M).
9 옷자락을 접어 올려서 안을 감친다.
10 똑딱단추를 단다.

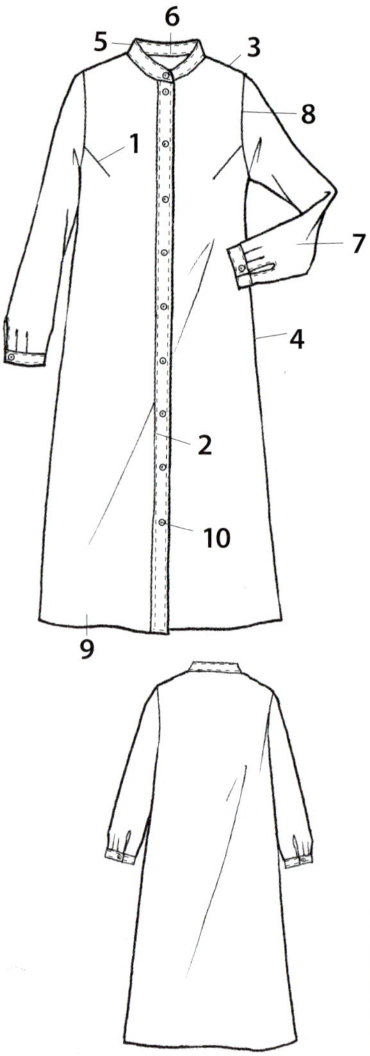

패턴 배치도

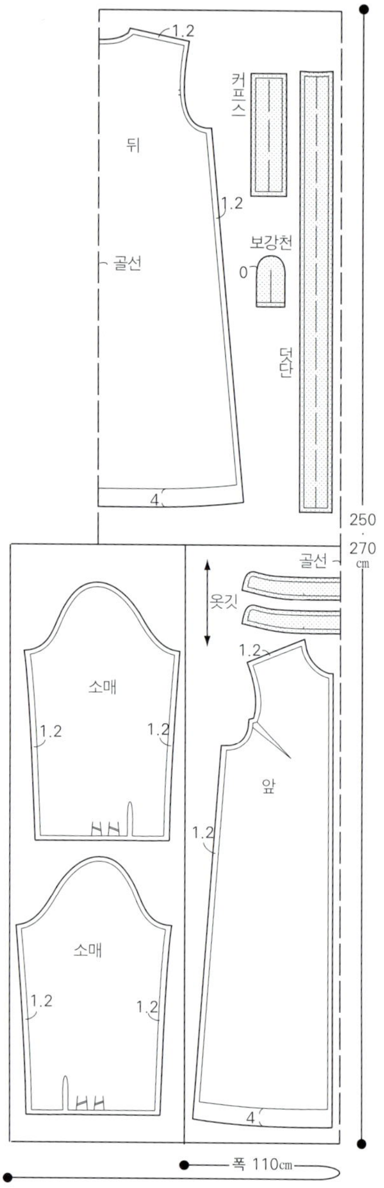

2 덧단 다는 방법

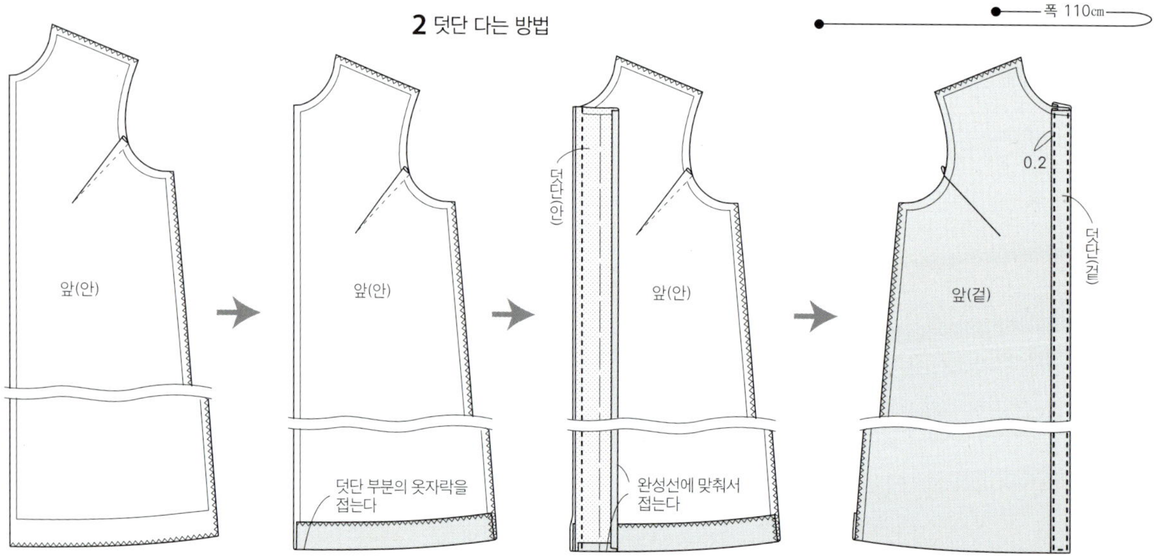

A-line2

Style 5　A라인 원피스2

응용 1　35쪽

● 필요한 패턴(A-2)

뒤, 앞, 바대, 소매, 뒤 절개천,
앞 절개천, 커프스, 주머니

● 재료

천 = 폭 110cm
(S, M) 2m 40cm　(ML, L) 2m 60cm
다른 천(앞뒤 절개천) = 90cm 폭 1m10cm
접착심 = 90cm 폭 1m10cm
직경 1.2cm의 단추 2쌍

● 준비

뒤 절개천, 앞 절개천, 커프스, 주머니 입구에 접착심을 붙인다. 앞뒤 몸판의 시접(어깨, 옆, 옷자락, 소매단, 바대 절개선)에 M
※M은 '오버로크를 친다'의 뜻

● 만드는 순서

1 바대의 핀턱을 박는다.
2 바대을 댄다.
3 주머니를 만들어서 단다.
4 앞몸판과 앞 절개천을 맞춰서 박는다.
5 뒤 몸판과 뒤 절개천을 맞춰서 박는다.
6 앞뒤 몸판, 앞뒤 안 절개천의 어깨를 각각 박는다.
7 몸판과 안 절개천을 맞춰서 네크라인부터 앞단을 박는다.
8 겉으로 뒤집어서 안 절개천 쪽을 안 보이도록 정리하고 안을 완성선에 맞춰서 접고 감친다.
9 옆을 박는다.
10 소매를 만든다.
11 소매를 단다(79쪽 참고. 시접은 2장 모두 M).
12 옷자락을 접어 올려서 안에서 감친다.
13 단춧구멍을 만들어 단추를 단다.

* b의 필요한 패턴과 재료는 90쪽 참고

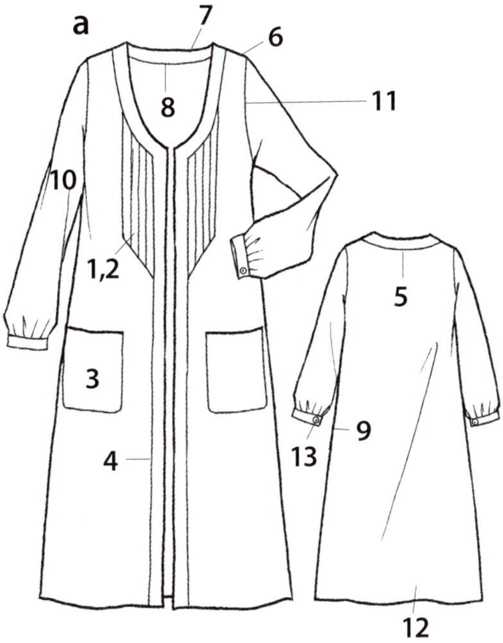

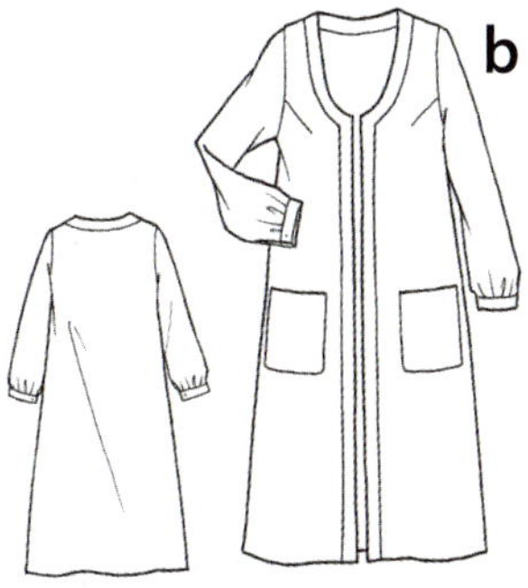

4 앞몸판과 앞 절개천 맞춰서 박는 방법

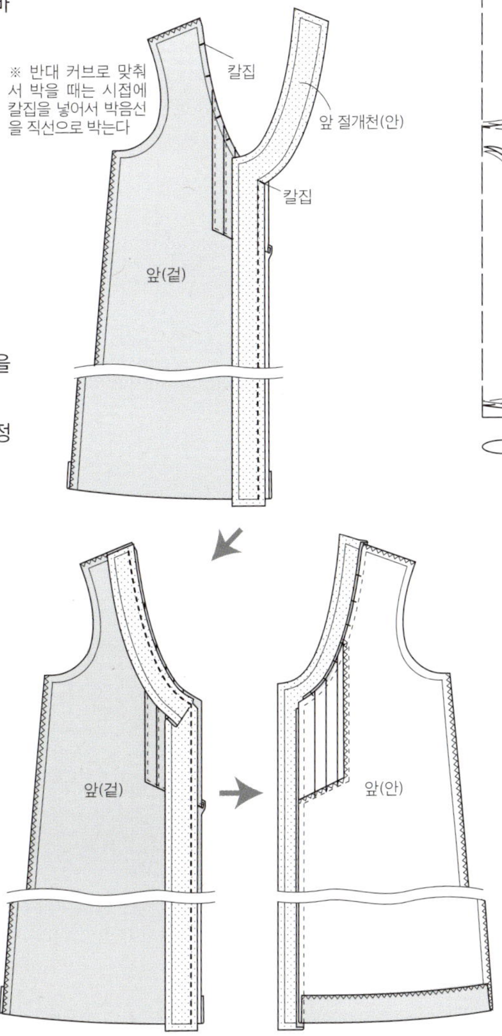

패턴 배치도(겉감, a)

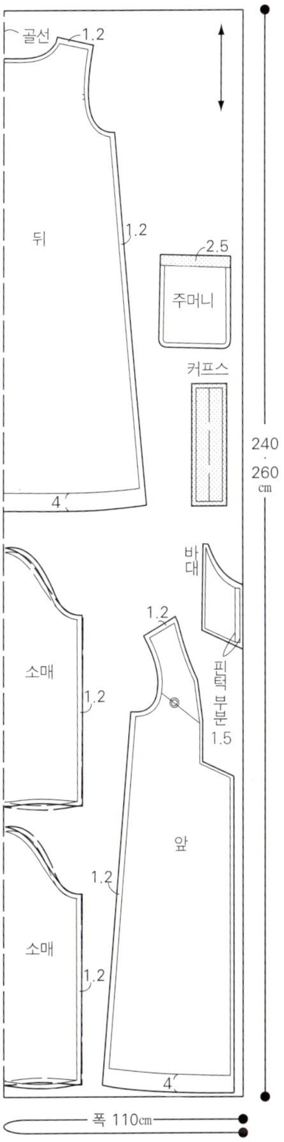

패턴 배치도(다른 천·a, b 공통)

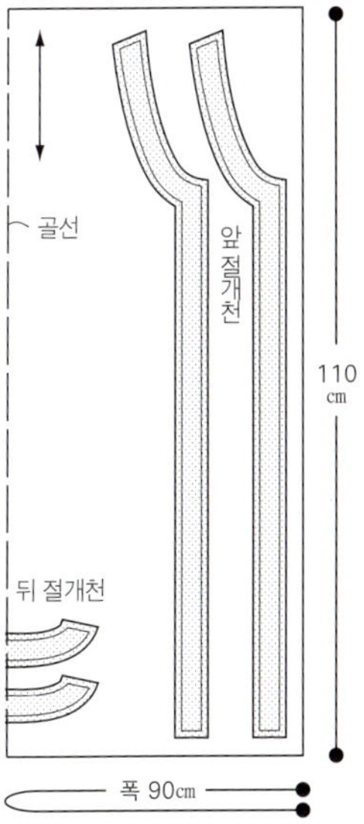

A-line2

Style 5 A라인 원피스2

응용 **2** 36쪽

●필요한 패턴(A–2)

뒤, 앞, 소매, 커프스, 뒤 네크라인 바깥쪽 안단, 앞 네크라인 바깥쪽 안단

●재료(다른 천 이외는 a, b 공통)

천 = 폭 110cm
(S, M) 2m 30cm (ML, L) 2m 40cm
접착심 = 90cm 폭 30cm
컨실 파스너 56cm 1개
스프링 후크 1쌍
직경 1.2cm의 단추 2쌍
a는 다른 천 (바깥쪽 안단, 커프스분) = 50×30cm

●준비

바깥쪽 안단, 커프스에 접착심을 붙인다. 앞뒤 몸판과 소매의 시접(어깨, 옆, 뒤 중심, 옷자락, 소매단)에 M
※M은 '오버로크를 친다'의 뜻

●만드는 순서

1 앞 몸판의 다트를 박는다.
2 앞뒤 몸판, 앞뒤 네크라인 바깥쪽 안단의 어깨를 각각 박는다.
3 뒤 중심을 박고 트임에 파스너를 단다.
4 바깥쪽 안단의 외부를 완성선에 맞춰 접고 몸판 안쪽에 바깥 안단을 올려서 네크라인을 박는다.
5 겉으로 뒤집어서 몸판 쪽을 안 보이도록 정리한다.
6 옆을 박는다.
7 소매를 만든다.
8 소매를 단다(시접은 2장 모두 M).
9 옷자락을 접어서 안에서 감친다.
10 단춧구멍을 만들어 단추를 단다.
11 후크를 단다.

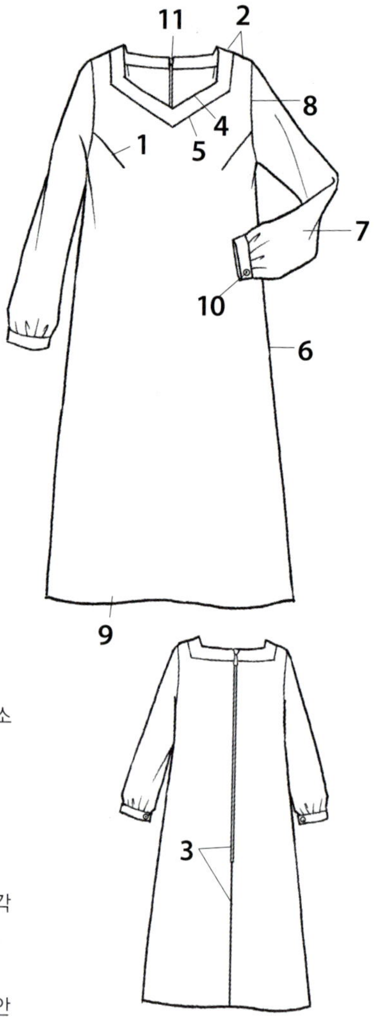

패턴 배치도(네크라인 바깥쪽 안단과 커프스 이외는 a, b 공통)

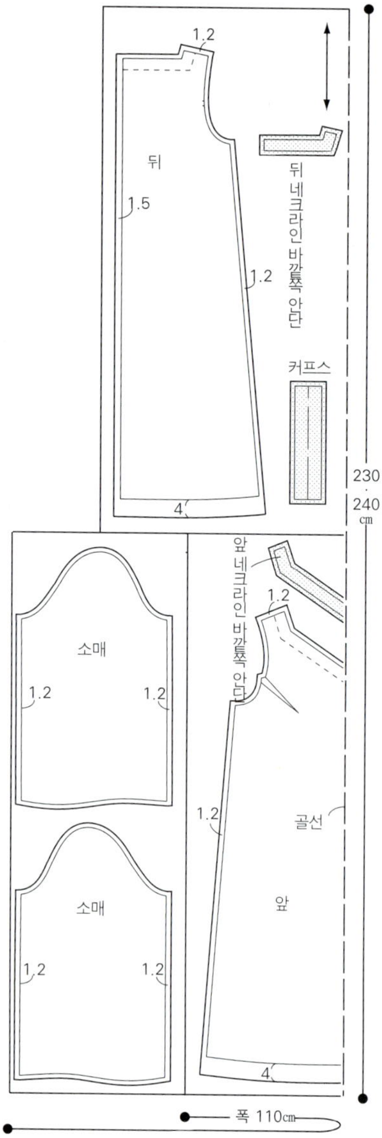

4,5 바깥쪽 안단 다는 방법

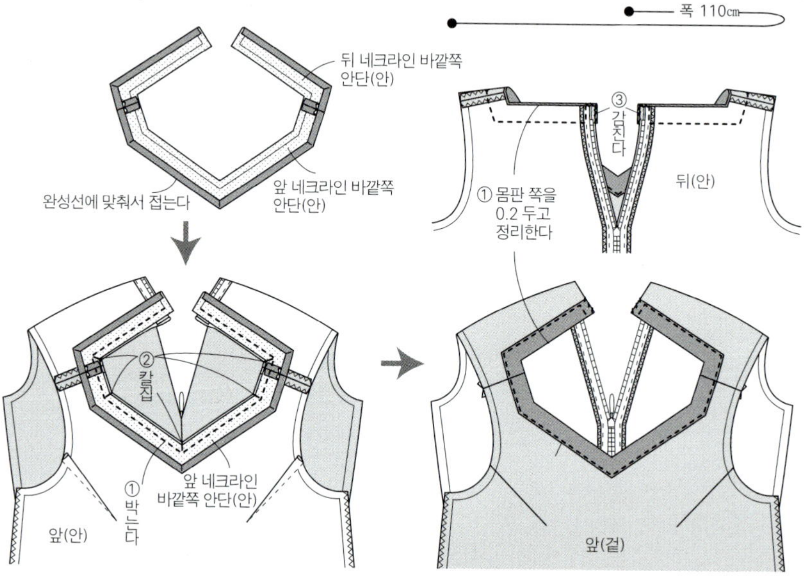

A-line2

Style 5 A라인 원피스2

응용 3 37쪽

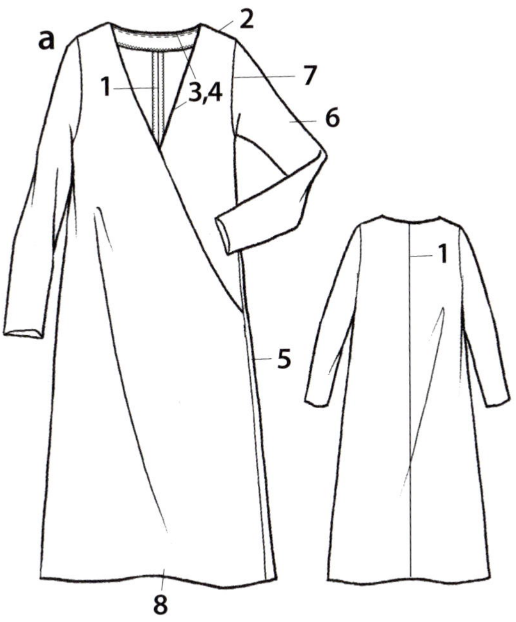

● 필요한 패턴(A-2)

뒤, 앞, 소매, 뒤 네크라인 안단, 앞 네크라인 안단

● 재료

천 = 폭 110cm

(S, M) 3m (ML, L) 3m 20cm

접착심 = 90cm 폭 80cm

● 준비

안단에 접착심을 붙인다. 앞뒤 몸판과 소매 시접(어깨, 뒤 중심, 옷자락, 소매단, 소맷부리), 안단의 안에 M

※M은 '오버로크를 친다'의 뜻

● 만드는 순서

1 뒤 중심을 박는다.

2 앞뒤 몸판, 앞뒤 네크라인 안단의 어깨를 각각 박는다.

3 몸판과 안단을 맞춰서 네크라인을 박는다.

4 겉으로 뒤집고 안단 쪽을 정리한다.

5 앞을 겹치고 옆구리를 박는다(시접은 3장 모두 M).

6 소매를 만든다.

7 소매를 단다

(79쪽 참고. 시접은 2장 모두 M).

8 옷자락을 접어 올려서 안을 감친다.

* b의 필요한 패턴과 재료는 90쪽 참고

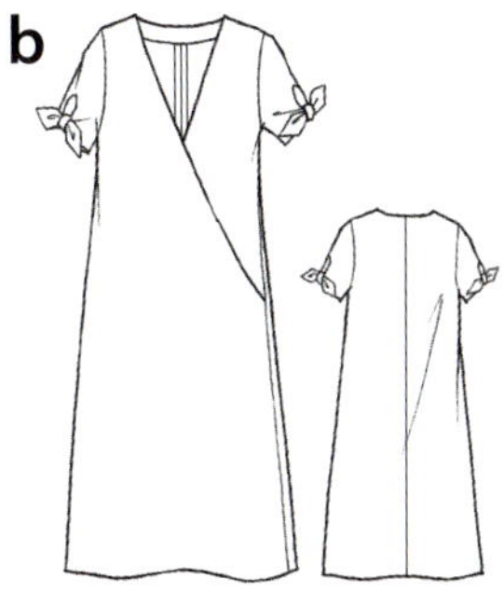

5 옆구리 재봉법

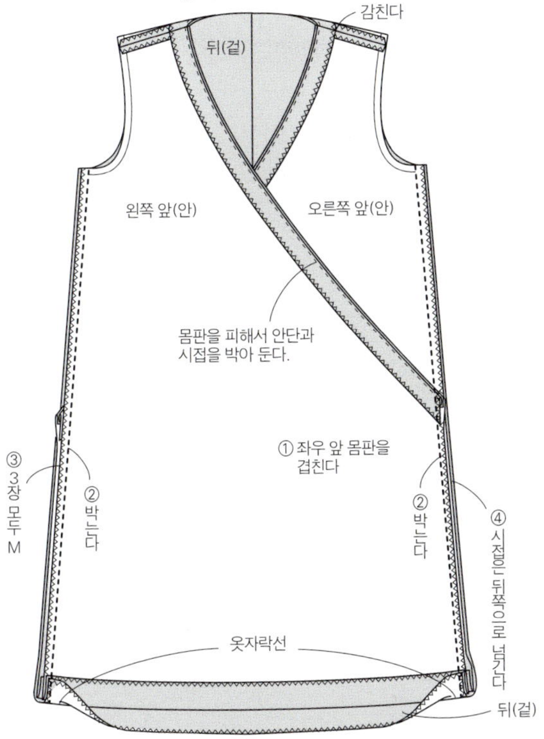

패턴 배치도(a)

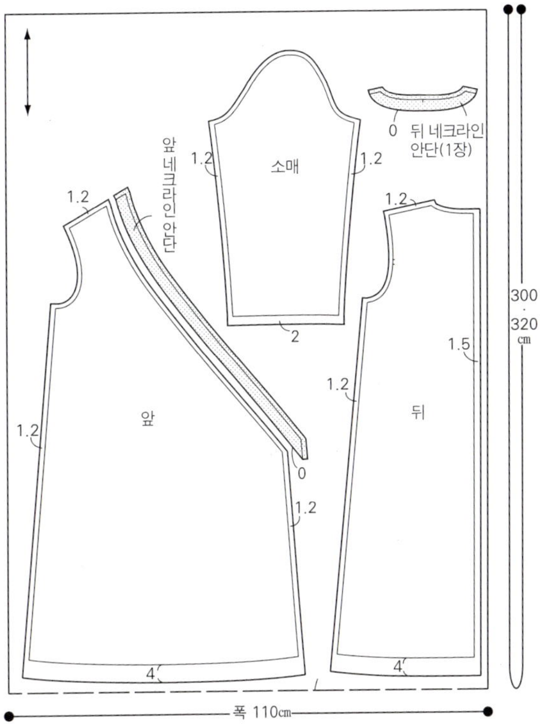

Shirt

Style 6 셔츠 원피스

기본 40쪽

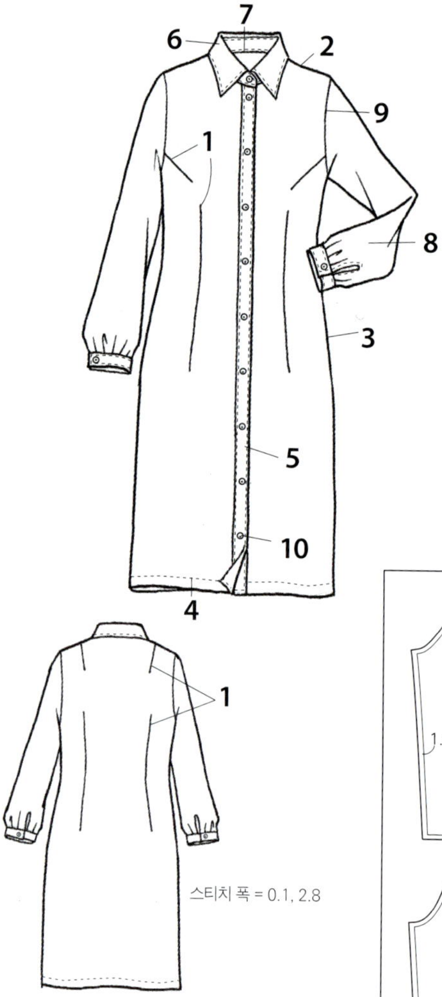

● 필요한 패턴(A-2)

뒤, 앞, 덧단, 옷깃, 깃고대, 소매, 커프스, 보강천

● 재료

천 = 폭 110cm

(S, M) 2m 40cm　(ML, L) 2m 60cm

접착심 = 90cm 폭 1m

직경 1.2cm의 단추 12쌍

● 준비

옷깃, 깃고대, 보강천, 덧단, 커프스에 접착심을 붙인다. 앞뒤 몸판과 소매의 시접(어깨, 옆, 소매단)의 보강천 안쪽에 M

※M은 '오버로크를 친다'의 뜻

● 만드는 순서

1 앞뒤 몸판의 다트를 박는다.
2 어깨를 박는다.
3 옆을 박는다.
4 옷자락을 두 번 접어서 정리한다.
5 앞단에 덧단을 댄다(74쪽 참고).
6 옷깃을 만든다.
7 옷깃을 단다.
8 소매를 만든다.
9 소매를 단다(79쪽 참고. 시접은 2장 모두 M).
10 단춧구멍을 만들고 단추를 단다.

패턴 배치도

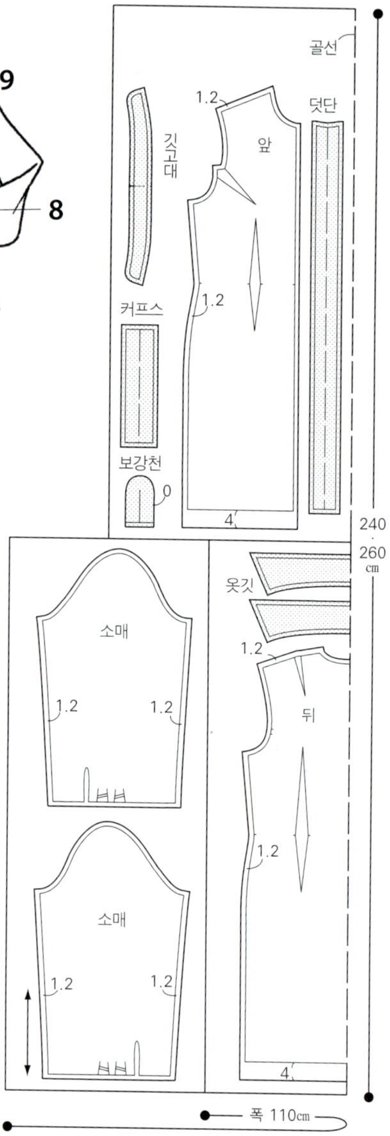

7 옷깃 만드는 법

※ 옷깃 다는 방법은 80쪽 참고

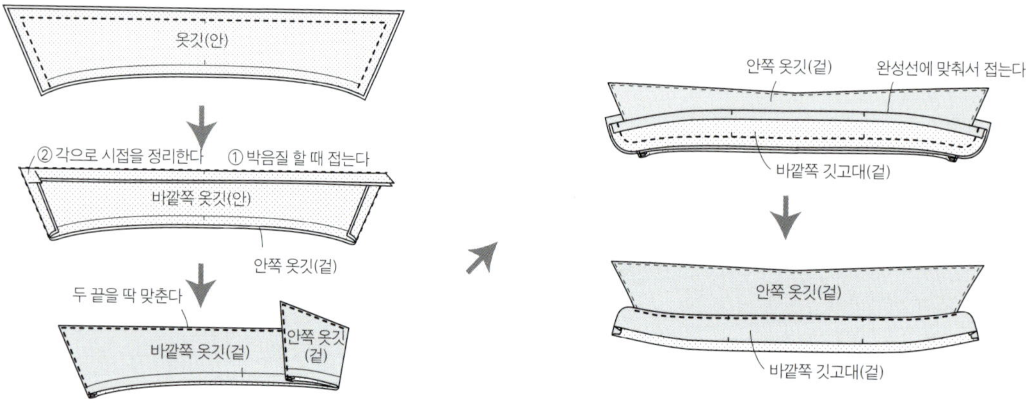

Shirt

Style 6 셔츠 원피스

응용 1 41쪽

●필요한 패턴(A-2)

뒤, 앞, 덧단, 옷깃, 깃고대, 소매, 주머니(b)

●재료(다른 천 이외는 a, b 공통)

천 = 폭 110cm

(S, M) 2m 20cm (ML, L) 2m 40cm

접착심 = 90cm 폭 1m

직경 1.2cm의 단추 10쌍

a의 다른 천(옷깃, 깃고대, 덧단분) = 90cm 폭 1m

●준비

옷깃, 깃고대, 덧단에 접착심을 붙인다. 앞뒤 몸판과 소매의 시접(어깨, 옆, 소매단)에 M

※M은 '오버로크를 친다'의 뜻

●만드는 순서

1 앞뒤 몸판의 다트를 박는다(b는 주머니를 단다).
2 어깨를 박는다.
3 옆을 박는다.
4 옷자락을 두 번 접어서 정리한다.
5 앞단에 덧단을 단다(74쪽 참고).
6 옷깃을 만든다(76쪽 참고).
7 옷깃을 단다(80쪽 참고).
8 소매를 만든다.
9 소매를 단다(시접은 2장 모두 M).
10 단춧구멍을 만들고 단추를 단다.

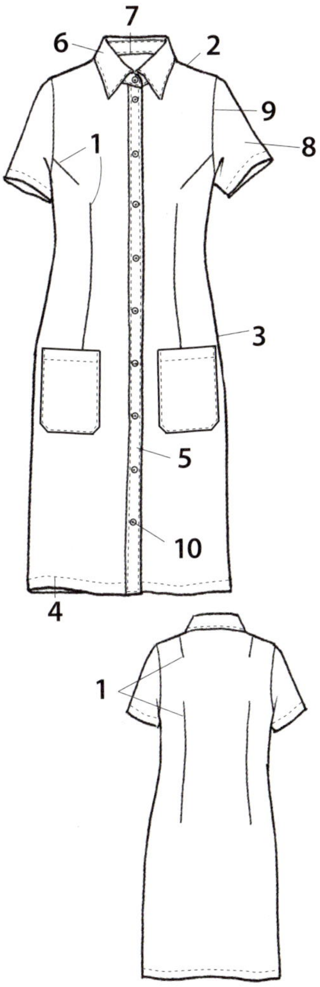

스티치 폭=0.1, 1.3, 2.8

패턴 배치도(옷깃, 깃고대, 덧단, 주머니 이외에는 a, b 공통)

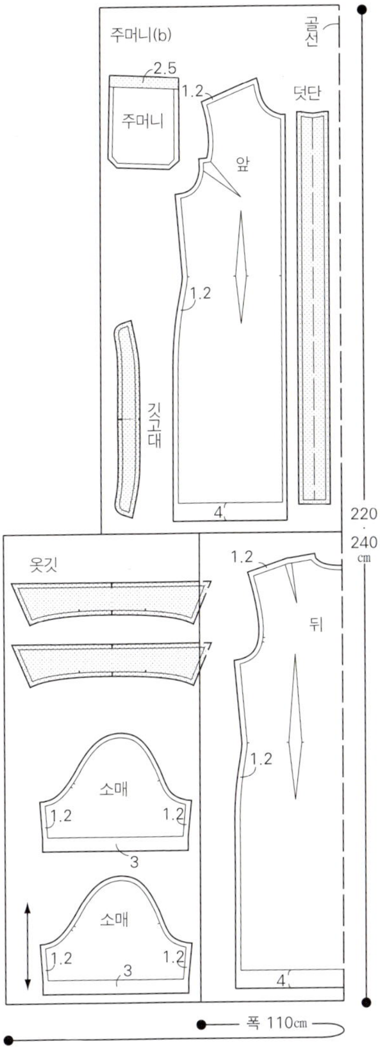

7,8 소매 만드는 방법과 다는 방법

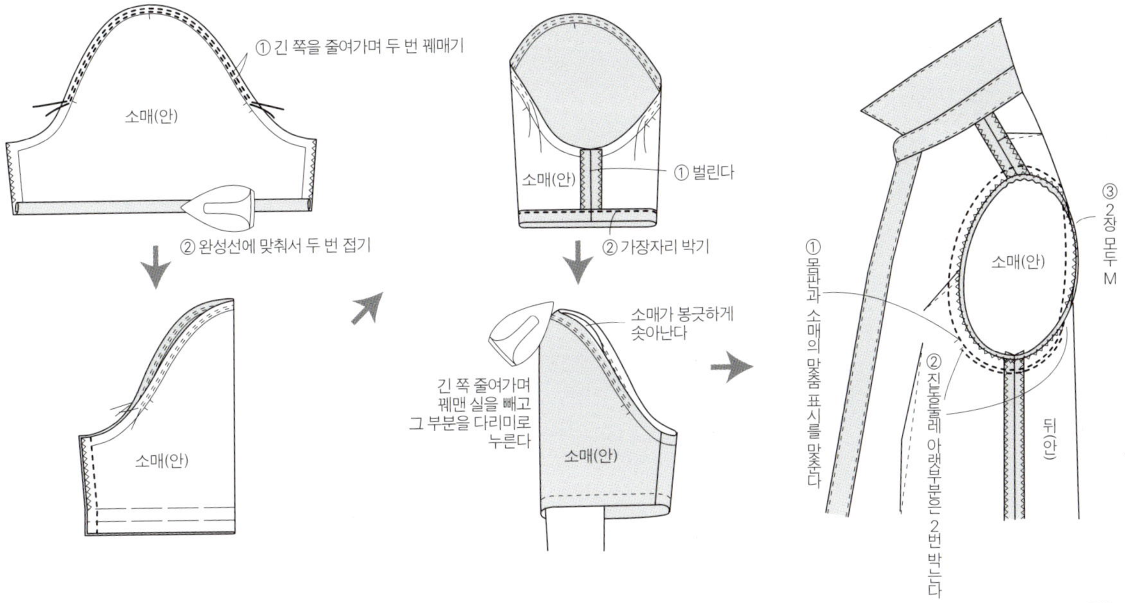

Shirt

Style 6 셔츠 원피스

응용 2 42쪽

●필요한 패턴(A-2)

뒤, 앞, 덧단, 옷깃, 깃고대, 뒤 진동둘레 안단, 앞 진동둘레 안단, 프릴(b)

●재료(다른 천 이외는 a, b공통)

천 = 폭 110cm
(S, M) 2m (ML, L) 2m 20cm
접착심 = 90cm 폭 1m
직경 1.2cm의 단추 10쌍
a의 다른 천(덧단분) = 90cm 폭 1m

●준비

옷깃, 깃고대, 덧단, 안단에 접착심을 붙인다. 앞뒤 몸판의 시접(어깨, 옆), 안단의 안에 M
※M은 '오버로크를 친다'의 뜻

●만드는 순서

1 앞뒤 몸판의 다트를 박는다.
2 앞뒤 몸판, 앞뒤 진동둘레 안단의 어깨를 각각 박는다.
3 몸판과 안단의 겉을 맞대고 진동둘레를 박는다.
4 겉으로 뒤집어서 안단을 눈에 안 띄게 정리한다.
5 몸판과 안단의 옆을 이어서 박는다.
6 옷자락을 두 번 접어서 정리한다.
7 앞단에 덧단을 단다
(74쪽을 참고, b는 프릴을 끼운다).
8 옷깃을 만든다.
9 옷깃을 단다.
10 단춧구멍을 만들고 단추를 단다.

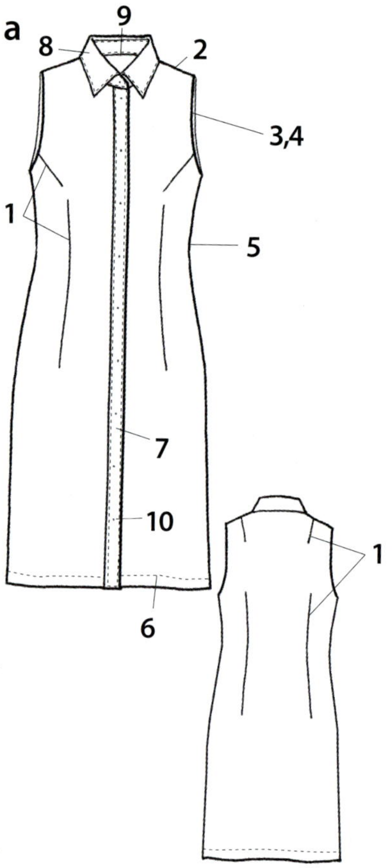

스티치 폭=0.1, 2.8

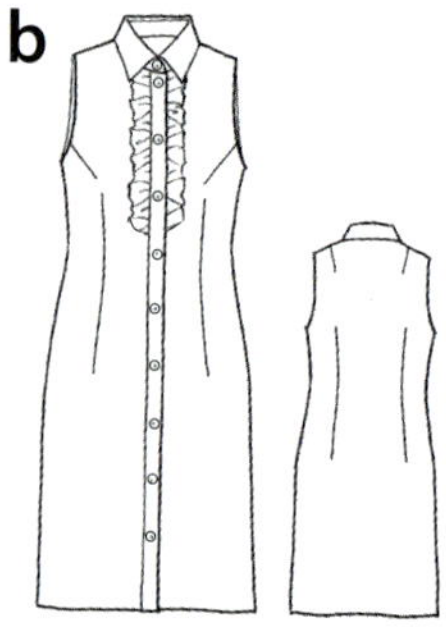

패턴 배치도

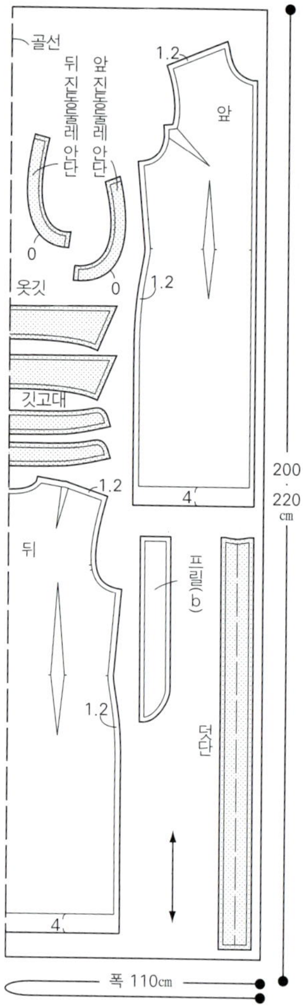

8 옷깃 다는 방법

※ 옷깃 만드는 방법은 78쪽 참고

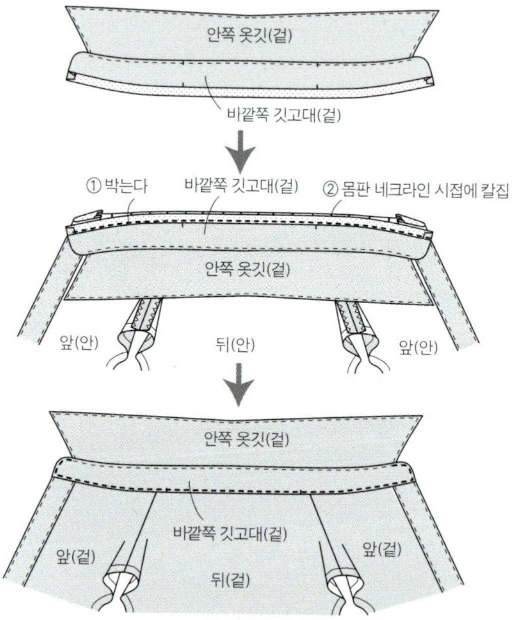

Shirt

Style 6 셔츠 원피스

응용 3 43쪽

● 필요한 패턴(A-2)

뒤, 앞, 옷깃, 깃고대, 소매, 커프스, 보강천, 뒤 스커트, 앞 스커트

● 재료

천 = 폭 110cm
(S, M) 3m (ML, L) 3m 20cm
다른 천 = 110cm 폭
(S, M) 60cm (ML, L) 70cm
접착심 = 90cm 폭 70cm
직경 1.2cm의 단추 15개(단추집용 6개)

● 준비

옷깃, 깃고대, 덧단, 앞단, 커프스에 접착심을 붙인다. 앞뒤 몸판, 앞뒤 스커트와 소매의 시접(어깨, 옆, 소매단, 옷자락), 보강천 안에 M
※M은 '오버로크를 친다'의 뜻

● 만드는 순서

1 앞뒤 몸판의 다트를 박는다.
2 왼쪽 앞단을 정리한다. 오른쪽 앞단에 단추구멍을 만들고 단추집을 만든다.
3 어깨를 박는다.
4 옆을 박는다.
5 옷깃을 만든다(78쪽 참고).
6 옷깃을 단다(80쪽 참고).
7 앞뒤 스커트의 플리츠를 접고 감춰지는 주름을 박는다(67쪽 참고).
8 스커트 옆을 박는다.
9 벨트 구멍을 만든다.
10 벨트 구멍을 끼우고 몸판과 스커트를 맞춰서 박는다(시점은 2장 모두 M).
11 소매를 만든다.
12 소매를 단다(79쪽 참고. 시접은 모두 M).
13 남은 옷자락을 접어 올려서 안쪽을 감친다.
14 단추를 단다.

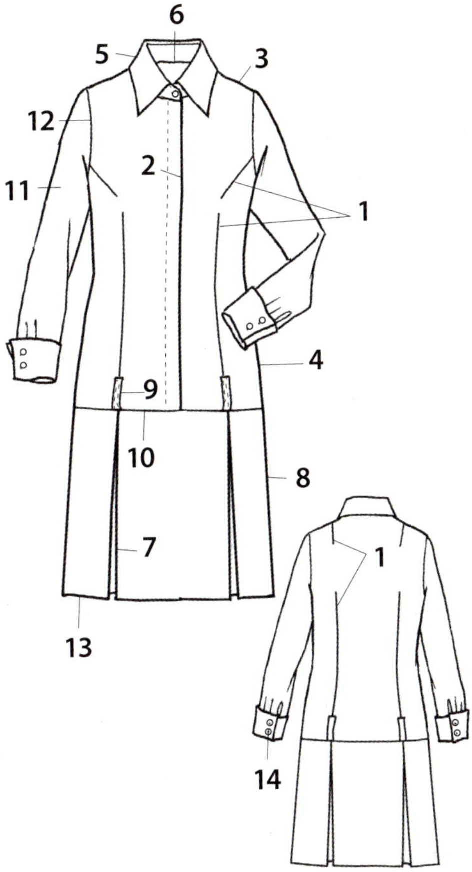

2 오른쪽 앞단에 단추집 재봉법

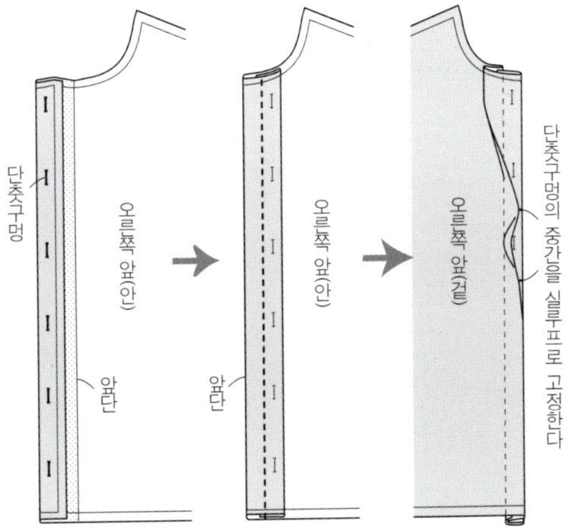

패턴 배치도(겉감)

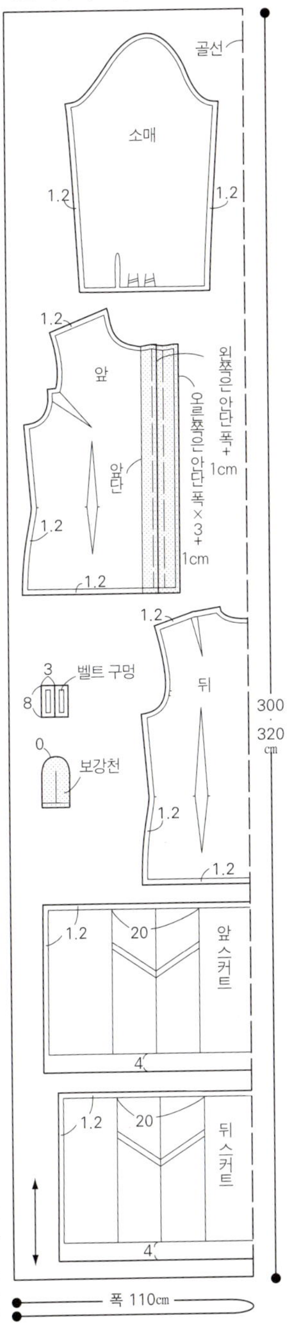

패턴 배치도(다른 천)

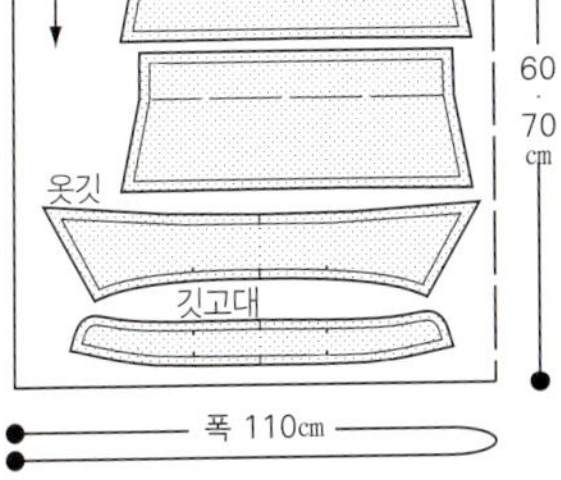

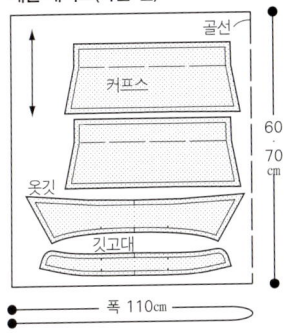

Smock

Style 7 스모크 원피스

기본 46쪽

●필요한 패턴(A-2)

뒤, 앞, 소매

●재료

천 = 폭 110cm

(S, M) 2m 80cm (ML, L) 3m

고무테이프 = 0.5cm 폭 1m

●준비

앞뒤 몸판과 소매의 시접(옆, 옷자락, 네크라인, 소매단, 소맷부리)에 M

※M은 '오버로크를 친다'의 뜻

●만드는 순서

1 앞뒤 몸판의 옆을 박는다.
2 옷자락을 두 번 접어서 정리한다.
3 소매를 만든다.
4 소매를 단다(시접은 2장 같이 M).
5 네크라인을 박는다.
6 소맷부리를 박는다.
7 네크라인과 소맷부리에 고무테이프를 끼운다.

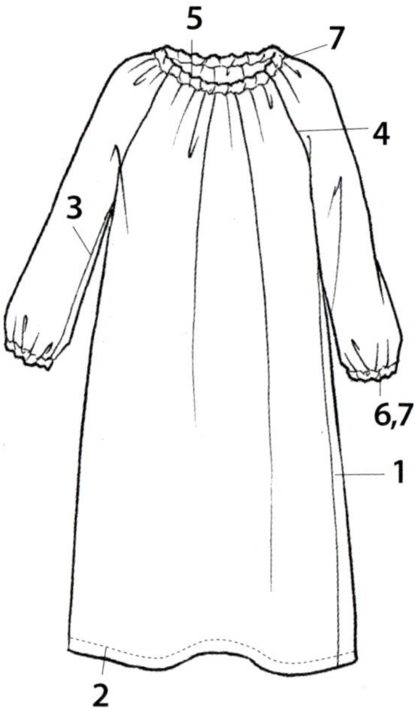

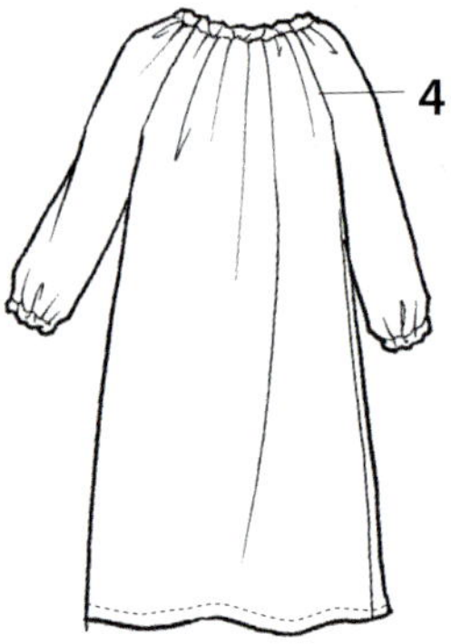

스티치 폭=1.5, 2.8

패턴 배치도

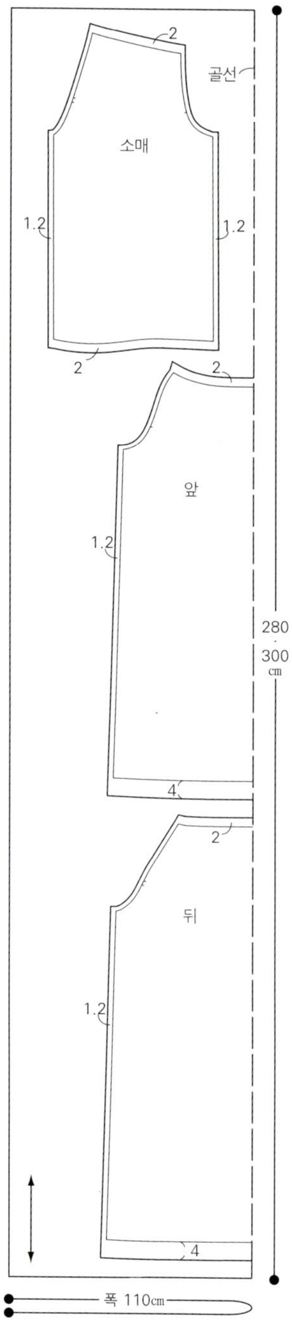

4,5,7 네크라인 재봉법

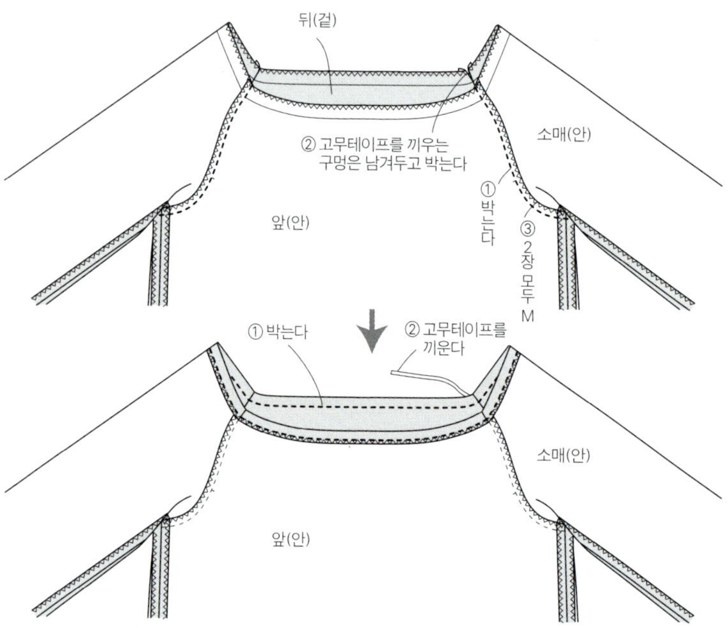

Smock

Style 7 스모크 원피스

응용 1 47쪽

●필요한 패턴(A-2)
뒤, 앞, 소매, 덧단

●재료
천 = 폭 110cm
(S, M) 2m 60cm (ML, L) 2m 80cm
접착심 = 90cm 폭 1m
직경 1.2cm의 단추 8개

●준비
덧단에 접착심을 붙인다. 앞뒤 몸판과 소매의 시접(옆, 옷자락, 소매단)에 M
※M은 '오버로크를 친다'의 뜻

●만드는 순서
1 앞뒤 몸판의 옆을 박는다.
2 소매단을 박는다.
3 소매를 단다(시접은 2장 같다).
4 네크라인, 소맷부리에 주름을 재봉틀로 박는다.
5 네크라인과 소맷마루를 바이어스 천으로 정리한다.
6 옷자락을 두 번 접어서 정리한다.
7 덧단을 단다(74쪽 참고).
8 단춧구멍을 만들고 단추를 단다.

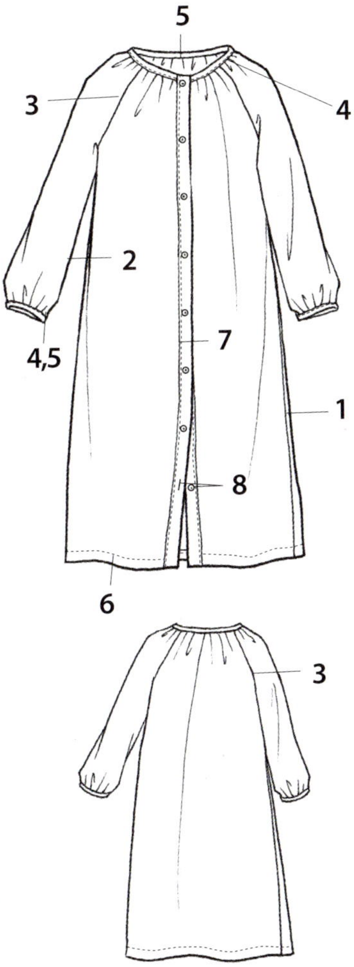

스티치 폭=0.1, 2.8

패턴 배치도

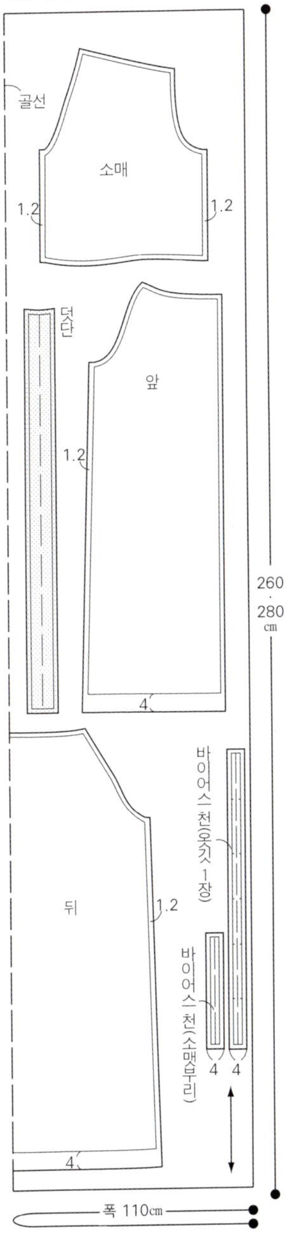

5 네크라인 바이어스 천 재봉법
(소맷부리 재봉법도 동일)

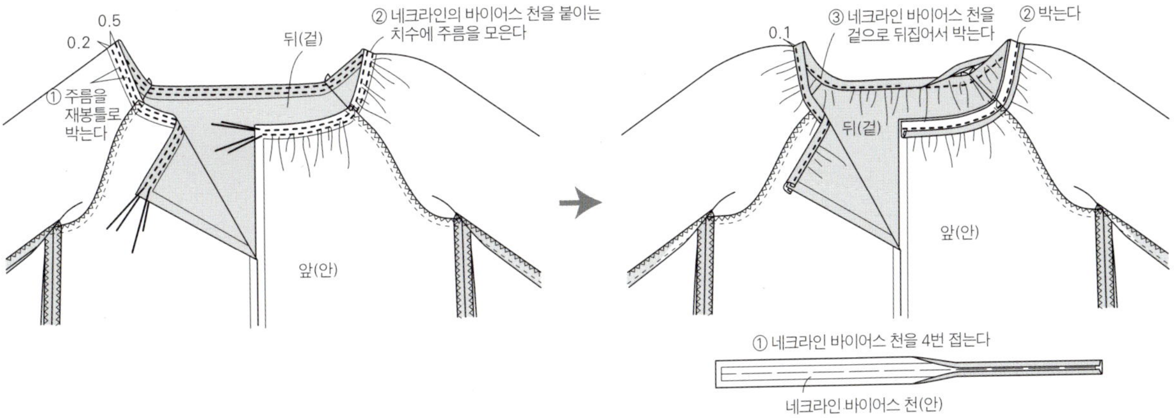

Smock

Style 7 스모크 원피스

응용 2 48쪽

●필요한 패턴(A-2)

뒤, 앞, 소매, 뒤 보강천, 앞 보강천

●재료

천 = 폭 110cm
(S, M) 2m (ML, L) 2m 10cm
다른 천(소매분) = 110cm 폭 80cm
고무테이프 = 0.5cm 폭 1m, 2cm 폭 1m

●준비

앞뒤 몸판과 소매의 시접(옆, 네크라인, 소매단, 소맷부리)에 M
※M은 '오버로크를 친다'의 뜻

●만드는 순서

1 앞뒤 몸판의 옆을 박는다.
2 앞뒤 보강천을 단다.
3 옷자락을 두 번 접어서 정리한다.
4 소매단를 박는다.
5 소매를 단다(82쪽 참고. 시접은 2장 모두 M).
6 네크라인을 박는다.
7 소맷부리를 박는다.
8 네크라인, 소맷부리, 허리에 고무테이프를 끼운다.

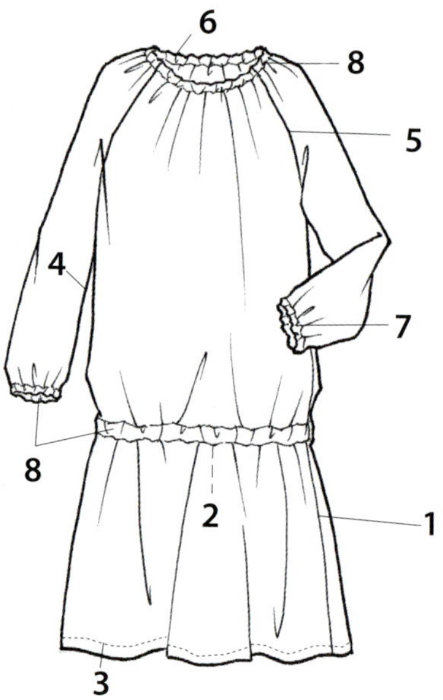

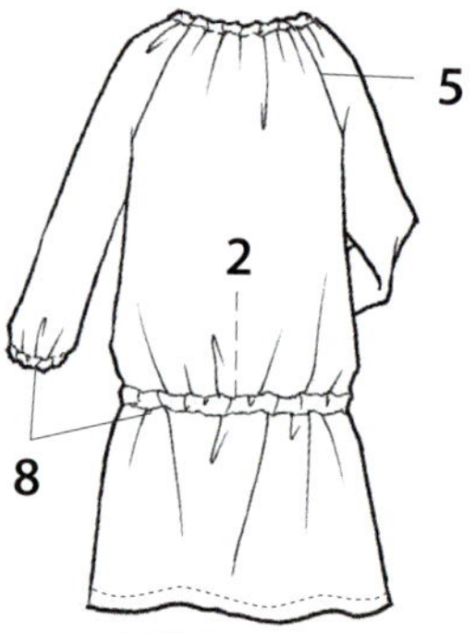

스티치 폭=1.5, 2.8

패턴 배치도(다른 천)

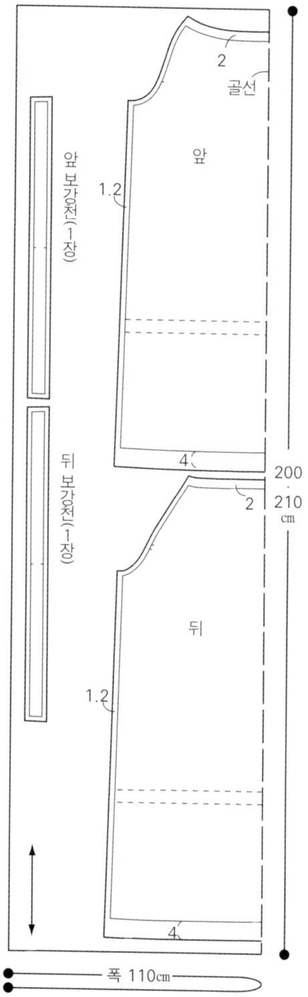

2 앞뒤 보강천 다는 방법

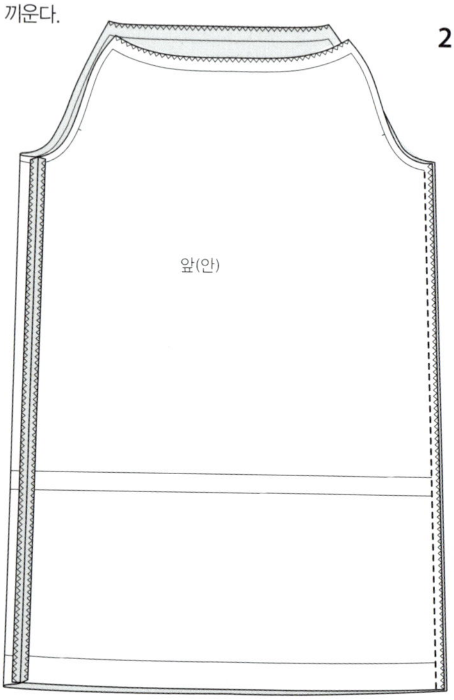

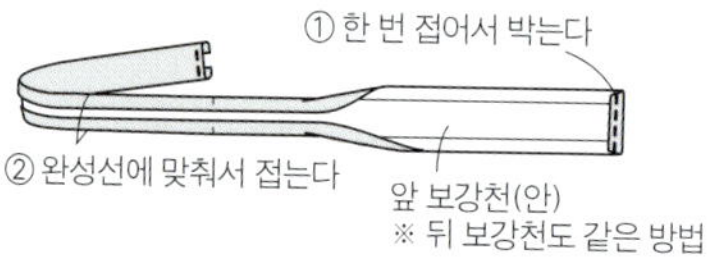

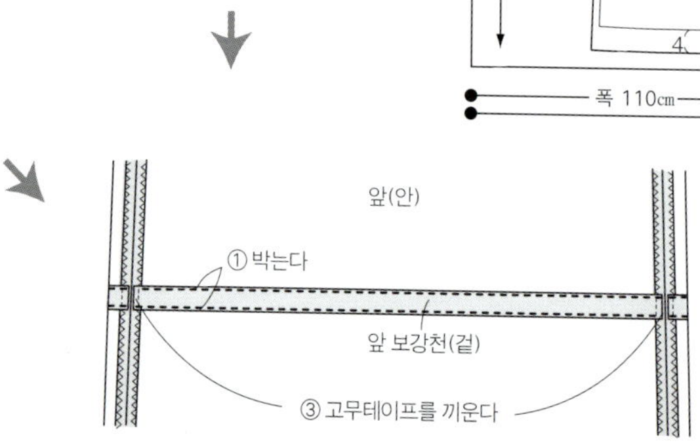

Smock

Style 7 스모크 원피스

응용 **3** 49쪽

● 필요한 패턴(A-2)

뒤, 앞, 소매

● 재료

천 = 폭 110cm

(S, M) 2m 40cm (ML, L) 2m 60cm

고무테이프 = 0.5cm 폭 60cm

● 준비

앞뒤 몸판과 소매의 시접(옆, 네크라인, 소매단)에 M

※M은 '오버로크를 친다'의 뜻

● 만드는 순서

1 앞뒤 몸판의 옆을 박는다.

2 소매를 만든다.

3 소매를 단다(82쪽 참고. 시접은 2장 같다).

4 네크라인을 박는다.

5 네크라인에 고무테이프를 끼운다.

6 옷자락을 두 번 접어서 정리한다.

* b에 필요한 패턴과 재료는 91쪽 참고

a

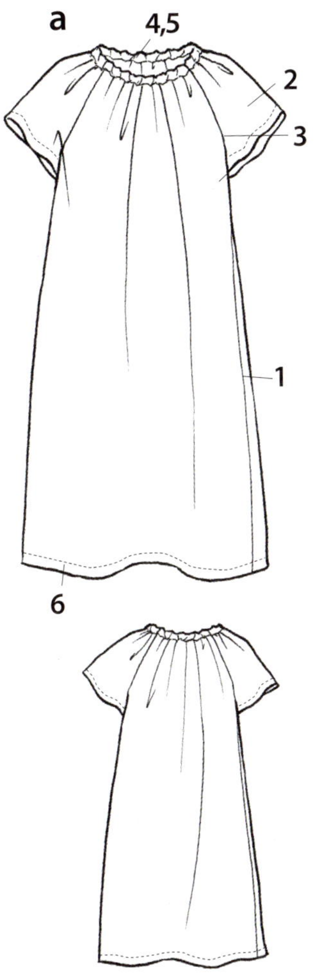

스티치 폭=1.5, 2.8

b

패턴 배치도

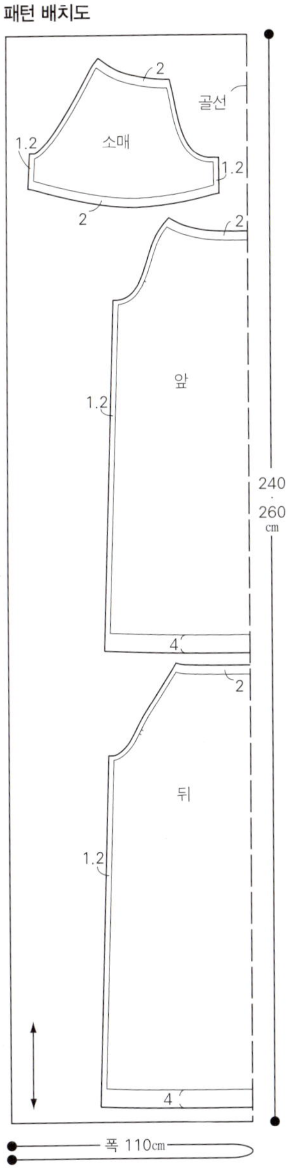

2 소매 만드는 방법

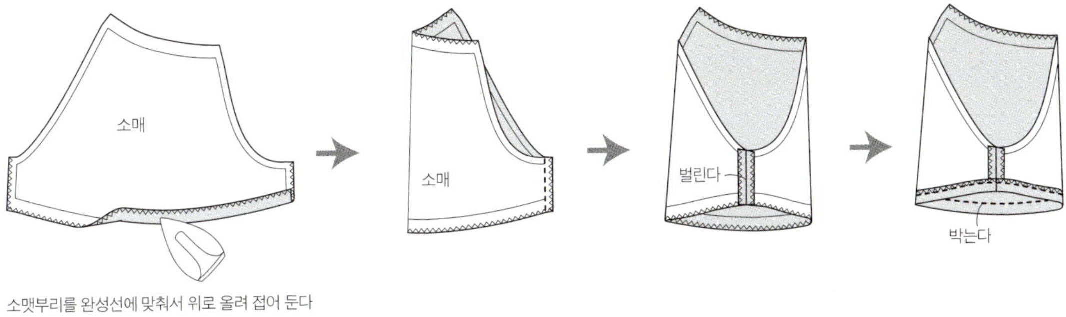

Peasant look

Style 8 페전트 스타일 원피스

기본 52쪽

● 필요한 패턴(A-2)

뒤, 앞, 뒤 네크라인 안단, 앞 네크라인 안단, 주머니, 끈

● 재료

천 = 폭 140cm

(S, M) 2m 40cm (ML, L) 2m 60cm

접착심 = 20cm 사방

고무테이프 = 0.5cm 폭 50cm

● 준비

주머니 입구에 접착심을 붙인다. 앞뒤 몸판의 시접(어깨, 소맷부리)과 주머니 입구에 M

※M은 '오버로크를 친다'의 뜻

● 만드는 순서

1 주머니를 만들고 앞 몸판에 단다.
2 앞뒤 몸판, 앞뒤 네크라인 안단의 어깨를 각각 박는다.
3 끈을 끼우는 구멍을 만든다.
4 몸판과 안단의 겉을 맞대어 네크라인을 박는다.
5 겉으로 뒤집어 안단을 정리해서 스티치를 놓는다.
6 옆을 박는다(소매단 시접의 커브에 칼집을 넣어서 2장 같이 M).
7 소맷부리를 접어 올려서 정리한다.
8 옷자락을 두 번 접어서 정리한다.
9 끈을 만든다.
10 네크라인에 끈을 끼운다.
11 소맷부리에 고무테이프를 끼운다.

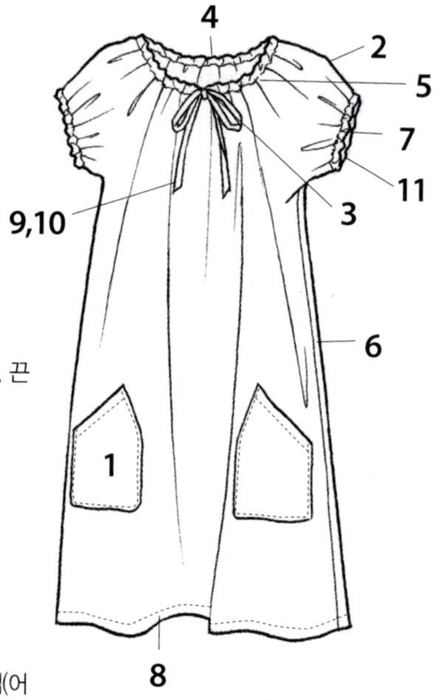

스티치 폭=1.5, 2.8

패턴 배치도

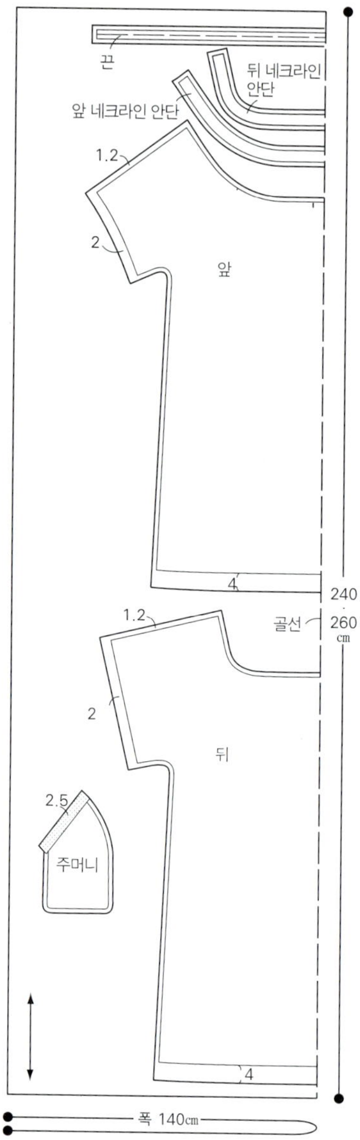

1 주머니 만드는 방법

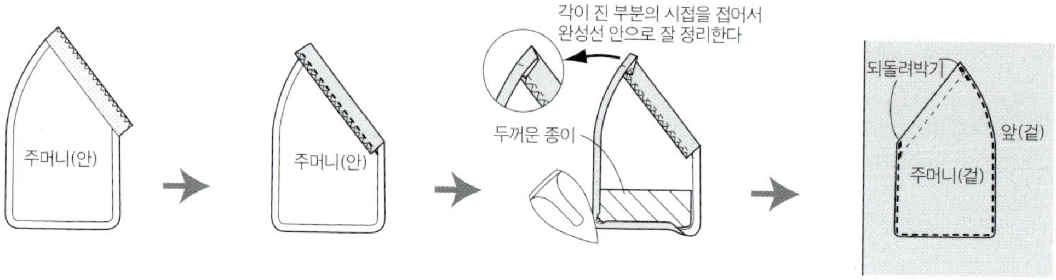

Peasant look

Style 8 페전트 스타일 원피스

응용 1 53쪽

● 필요한 패턴(A-2)

뒤, 앞, 뒤 네크라인 안단, 앞 네크라인 안단, 끈

● 재료

천 = 폭 110cm

(S, M) 2m 50cm (ML, L) 2m 70cm

고무테이프 = 1.5cm 폭 40cm

셔링용 실고무

● 준비

앞뒤 몸판의 어깨 시접에 M

※M은 '오버로크를 친다'의 뜻

● 만드는 순서

1 앞뒤 몸판, 앞뒤 네크라인 안단의 어깨를 각각 박는다.
2 끈을 끼우는 구멍을 만든다.
3 몸판과 안단의 겉을 맞대어 네크라인을 박는다.
4 겉으로 뒤집어서 안단을 안 보이도록 정리해서 스티치를 놓는다.
5 옆을 박는다(소매단 시접의 커브에 칼집을 넣어서 2장 모두 M).
6 소맷부리를 접어 올려서 소맷부리에 고무테이프를 끼우고 정리한다.
7 가슴 부위에 고무셔링을 한다.
8 끈을 만든다.
9 네크라인에 끈을 끼운다.

패턴 배치도

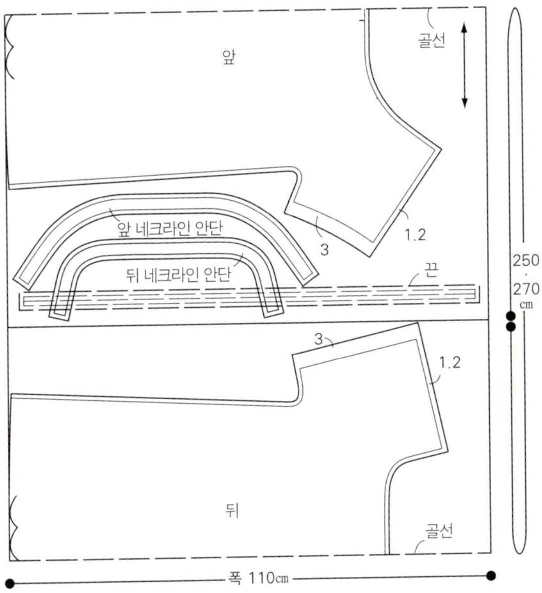

6 소맷부리 재봉법

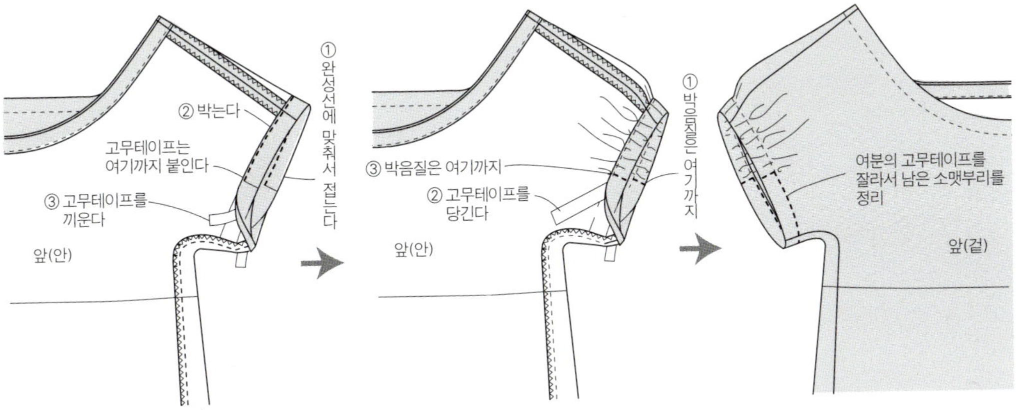

Peasant look

Style 8 페전트 스타일 원피스

응용 2 54쪽

●필요한 패턴(A-2)

뒤(A, B, C), 앞(A, B, C), 뒤 네크라인 안단, 앞 네크라인 안단

●재료(주름 레이스 이외는 a, b 공통)

천 = 폭 90cm

(S, M) 4m 50cm (ML, L) 4m 70cm

고무테이프 = 0.5cm 폭 1m

b는 주름 레이스 5cm 폭 적당

●준비

앞뒤 몸판의 시접(B, C의 옆, A의 어깨, 소맷부리), 앞뒤 네크라인 안단의 안에 M

※M은 '오버로크를 친다'의 뜻

●만드는 순서

1 앞뒤 몸판 A, 앞뒤 안단의 어깨를 각각 박는다.

2 몸판 A와 안단의 겉을 맞대어 네크라인을 박는다.

3 겉으로 뒤집어서 안단을 안 보이도록 정리해서 스티치를 놓는다.

4 몸판 A의 옆을 박는다(소매단 시접의 커브에 칼집을 넣어서 2장 같이 M).

5 소맷부리를 접어 올려서 정리한다.

6 몸판 B,C의 옆을 각각 박는다.

7 몸판 C의 옷자락을 두 번 접어서 정리한다.

8 몸판 B, C의 시접분에 주름을 재봉틀로 박는다.

9 몸판 A와 B, B와 C를 각각 박는다 (시접분은 2장 같이 M).

10 네크라인과 소맷부리에 고무테이프를 끼운다.

패턴 배치도(a, b 공통)

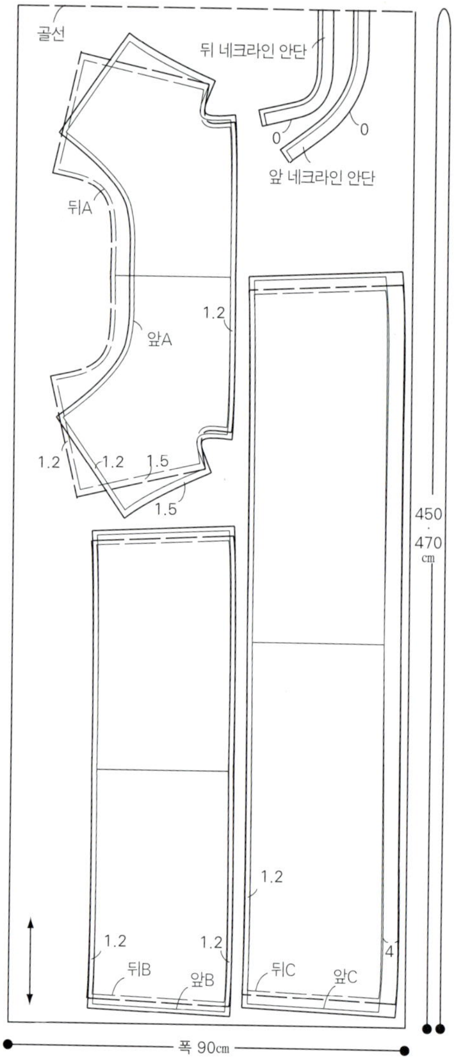

b

9 박음질을 이용한 주름 잡기

※ 주름을 길게 잡을 때는 박음질할 실을 무리 없이 당길 수 있는 길이로 한다

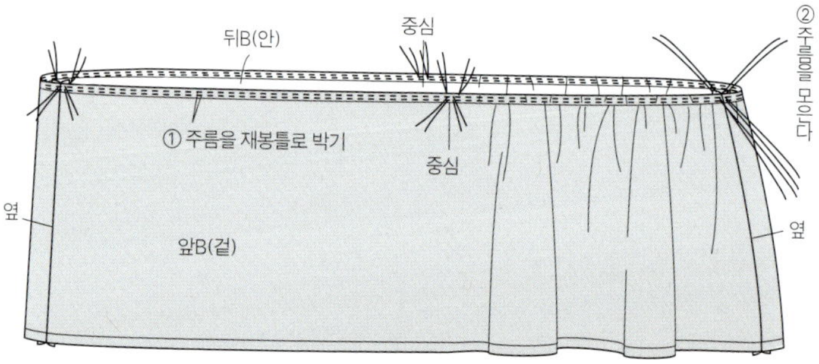

Peasant look

Style 8 페전트 스타일 원피스

응용 3 55쪽

●필요한 패턴(A-2)

뒤, 앞, 뒤 절개천,
앞 절개천

●재료

천 = 폭 140cm
(S, M) 2m 30cm (ML, L) 2m 50cm
접착심 = 90cm 폭 40cm

●준비

앞뒤 절개천에 접착심을 붙인다. 앞뒤 몸판의 시접(어깨, 소맷부리), 안쪽 절개천 안에 M
※M은 '오버로크를 친다'의 뜻

●만드는 순서

1 앞뒤 몸판, 앞뒤 절개천의 어깨를 각각 박는다(b의 몸판의 어깨는 완성선에 맞춰서 접는다).
2 몸판 네크라인에 주름을 맞춰서 재봉틀로 박는다.
3 몸판과 바깥쪽 절개천을 맞춰서 박는다.
4 바깥쪽 절개천과 안쪽 절개천의 겉을 맞대어 네크라인을 박는다.
5 겉으로 뒤집어서 안쪽 절개천을 정리해서 숨겨박기를 한다.
6 옆을 박는다(소매단 시접분의 커브에 칼집을 넣어 2장 같이 M).
7 소맷부리를 접어 올려서 정리한다.
8 옷자락을 두 번 접어서 정리한다.
b의 필요한 패턴과 재료는 91쪽 참고

b

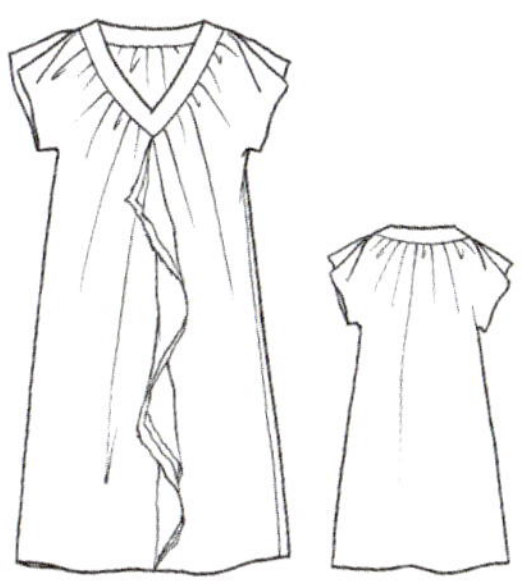

패턴 배치도

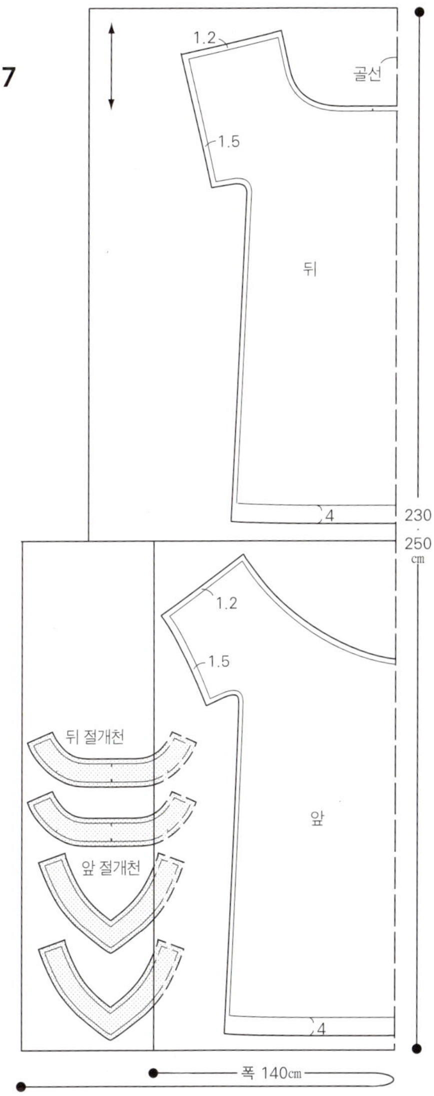

3,4,5 몸판과 절개천을 맞춰서 박기

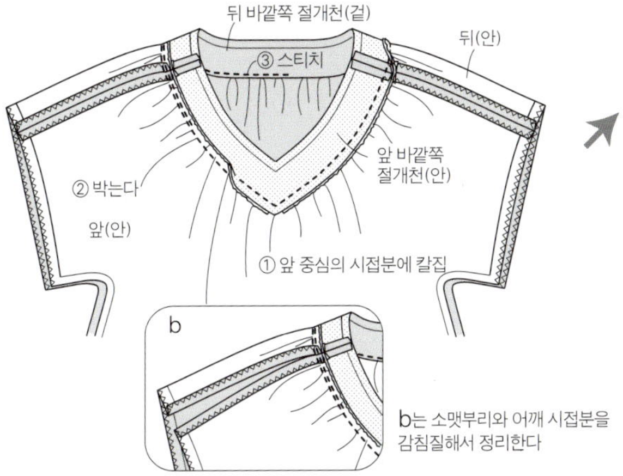

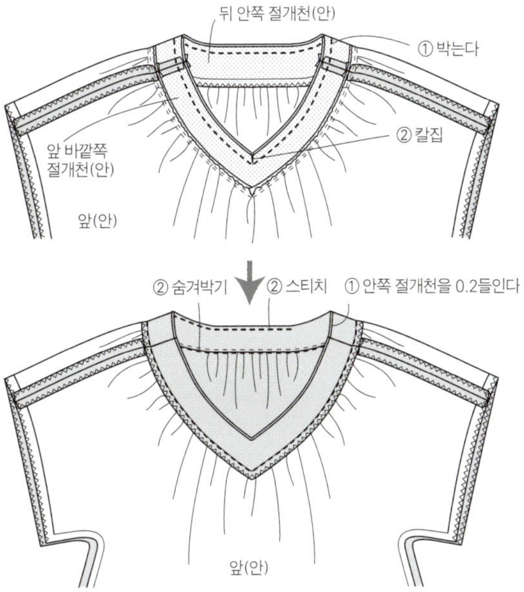

A라인 원피스1 응용3-a

31쪽

●필요한 패턴(A-1)

뒤, 앞, 뒤 네크라인 안단, 앞 네크라인 안단, 뒤 진동둘레 안단, 앞 진동둘레 안단, 앞 중심 천, 소매

●재료

천 = 폭 110cm

(S, M) 2m, (ML, L) 2m 20cm

다른 천(앞 중심 겉감분)= 10×40cm

접착심 = 90cm 폭 50cm

직경 1.2cm의 콩 단추 8개

레이스 = 6cm폭이 적당

다른 천

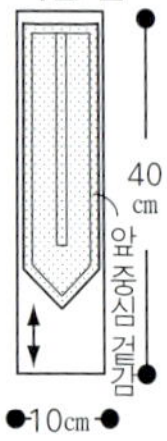

패턴 배치도(겉감)

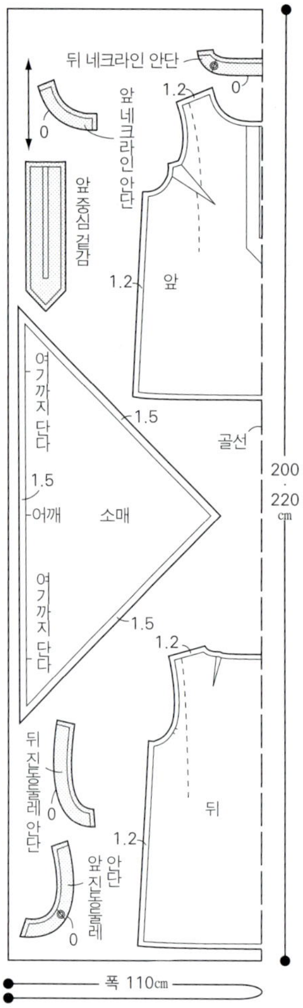

A라인 원피스2 응용 1-b

35쪽

●필요한 패턴(A-2)

뒤, 앞, 소매, 뒤 절개천, 앞 절개천, 커프스, 주머니

●재료

천 = 폭 110cm

(S, M) 2m 40cm (ML, L) 2m 40cm

다른 천(앞뒤 절개천) = 90cm 폭 1m 10cm

접착심 = 90cm 폭 1m 10cm

직경 1.2cm의 단추 2개

※ 다른 천의 패턴 배치도는 75쪽의 응용1-a와 공통

패턴 배치도(겉감)

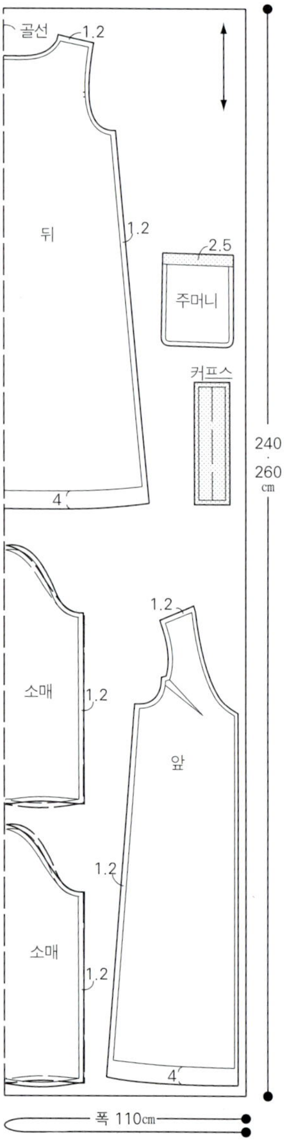

A라인 원피스2 응용3-b

37쪽

●필요한 패턴(A-2)

뒤, 앞, 소매, 뒤 네크라인 안단, 앞 네크라인 안단, 커프스, 보강천

●재료

겉감 = 폭 110cm

(S, M) 3m (ML, L) 3m 20cm

접착심 = 90cm 폭 80cm

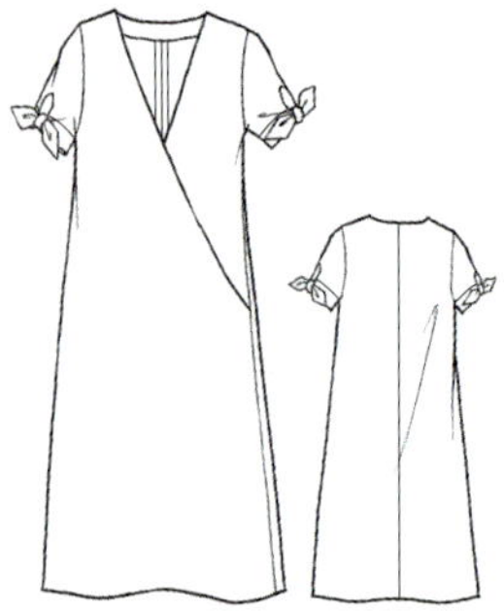

패턴 배치도

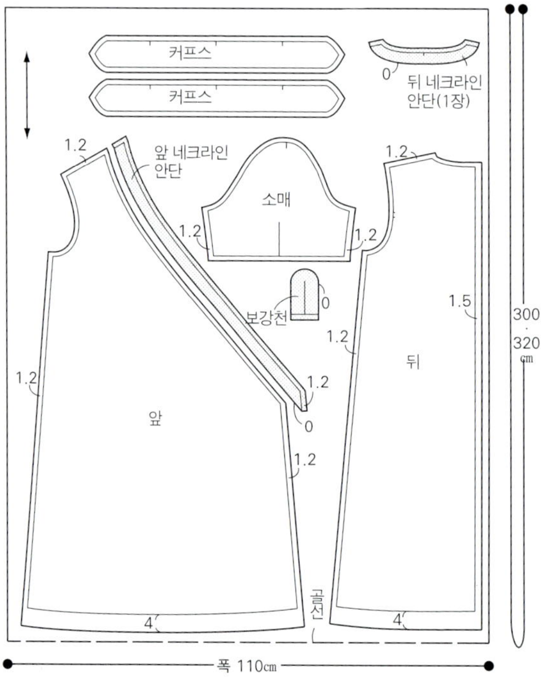

스모크 원피스 응용3-b

49쪽

●필요한 패턴(A-2)

뒤, 앞, 소매, 뒤 옷자락 커프스, 앞 옷자락 커프스,
소매 커프스

●재료

겉감 = 폭 110cm
(S, M) 1m 90cm (ML, L) 2m
다른 천(신축성 소재) = 140cm 폭 50cm

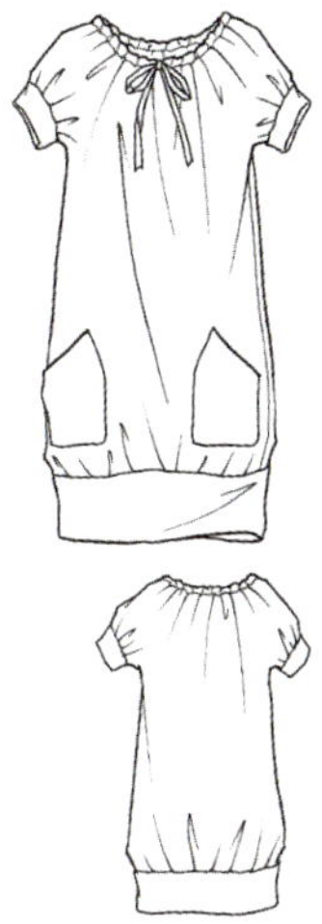

패턴 배치도(겉감)

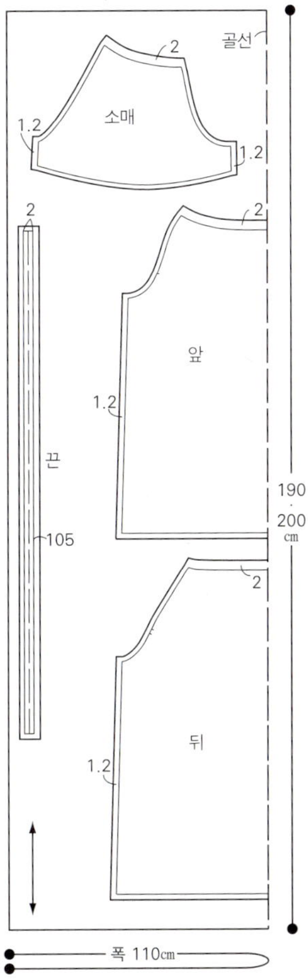

(다른 천)

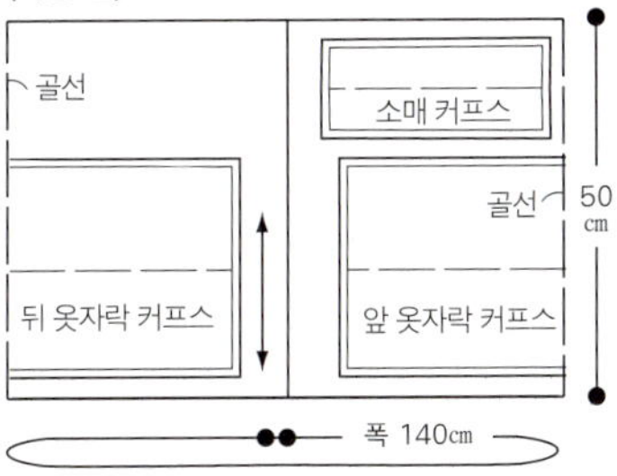

페전트 스타일 원피스 응용3-b

55쪽

●필요한 패턴(A-2)

뒤, 앞, 뒤 절개천, 앞 절개천, 프릴

●재료

겉감 = 폭 140cm
(S, M) 2m 80cm (ML, L) 3m 10cm
다른 천(프릴분, 2종류) = 각 사방 60cm
접착심 = 90cm 폭 40cm

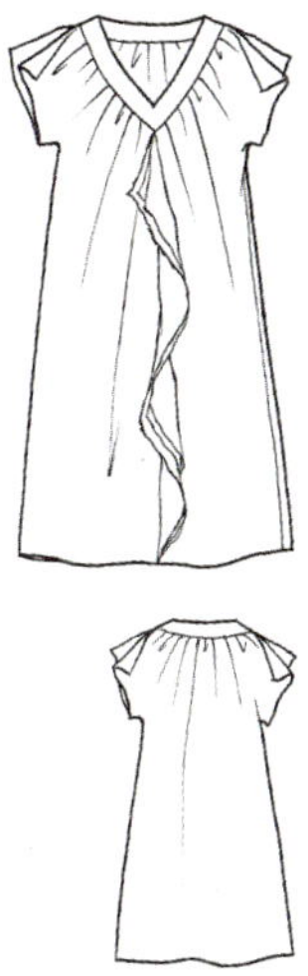

패턴 배치도(겉감)

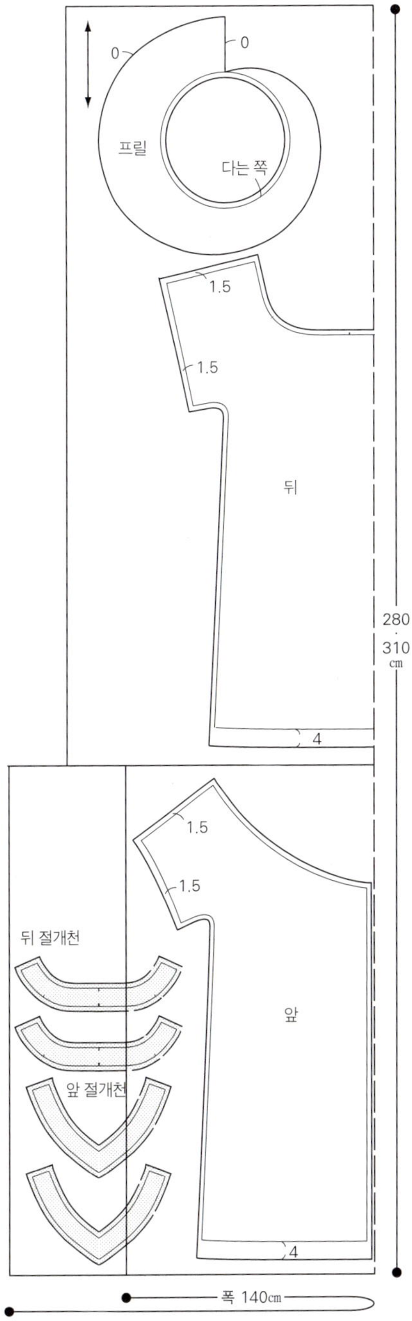

Chapter 2

Blouse, Skirt & Pants

블라우스, 스커트 & 팬츠

단품 패션 아이템은 개성적인 코디감각을 발휘할 수 있어 좋습니다. 하지만 시중에 아무리 다양한 제품이 판매되고 있다고 해도 디자인이나 소재에 불만을 느끼는 사람도 적지 않습니다. 그래서 가지고 있는 옷과 맞춰 입기 편하고 자신만의 개성도 잘 표현할 수 있는 단품 패션 아이템인 블라우스, 스커트, 바지를 집중적으로 소개합니다. 같은 디자인이라도 소재를 달리하면 세상의 단 하나밖에 없는 '나만의 옷'이 되고, 소재 특성에 따라 다양하게 연출이 가능합니다. 이 한 권으로 "그 블라우스 어디 거야?" "그 옷 어디서 샀어?"라는 주변의 질문 공세에 행복한 비명을 지를지도 몰라요.

Style 1
ROLL COLLAR BLOUSE
롤 칼라 블라우스
96

Style 2
SHIRT COLLAR BLOUSE
셔츠 칼라 블라우스
102

Style 7
TIGHT SKIRT
타이트 스커트
96

Style 8
WRAPPED SKIRT
랩 스커트
102

Style 1
롤 칼라 블라우스

앞뒤 몸판의 허리 부분에 다트를 넣어 몸에 딱 맞춥니다. 뒤에 트임을 만들면 가슴 부분이 벌어지지 않습니다. 세트인 슬리브와 롤 칼라로 정결한 분위기를 연출할 수 있는 블라우스입니다.

+

Style 7
타이트 스커트

허리에서 치맛자락까지 몸의 라인에 맞춘 타이트한 스커트입니다. 걷기 편하도록 벤트와 플리츠를 넣었습니다. 스커트 길이가 약간 짧은 것이 특징입니다.

기본

응용 1

응용 2

응용 3

기본

Style 1 ＊ 롤 칼라 블라우스

뒤트임은 몸판에서 이어지는 안단으로 처리합니다. 세트 인 슬리브의 긴 소매는 소매단에 트임을 하고 커프스를 답니다. 롤 칼라를 약간 세우고 따로 재단한 리본을 묶어서 포인트를 줍니다.

How to make ⇨ 134쪽

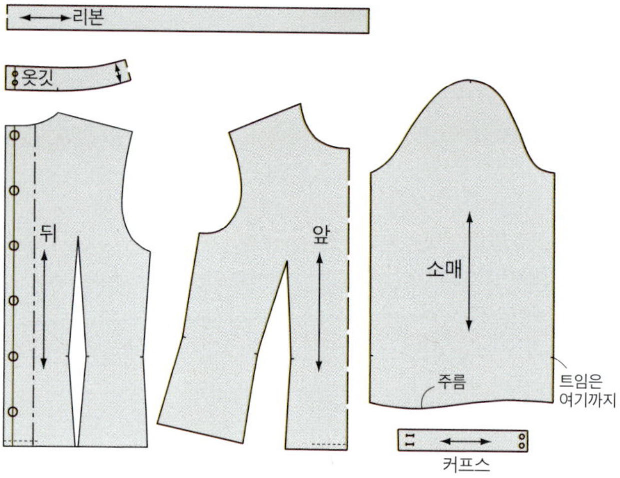

Style 7 ＊ 타이트 스커트

아주 살짝 로 웨이스트로 하고 다트를 넣습니다. 옆선은 엉덩이 라인에서 수직으로 떨어뜨립니다. 뒤 중심 치맛자락에 벤트를 잡은 기본 스타일의 타이트 스커트입니다.

How to make ⇨ 158쪽

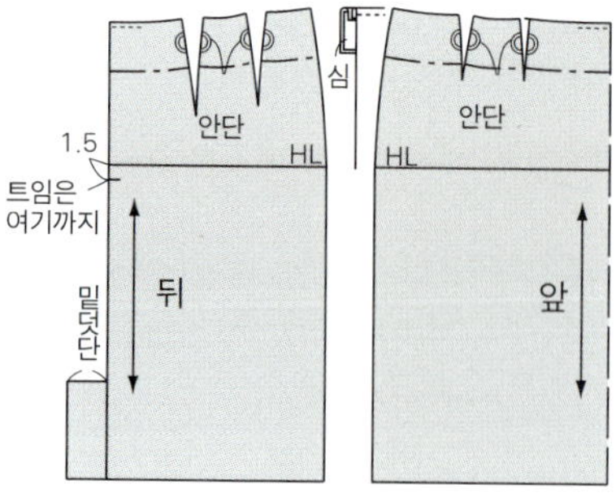

응용 1

Style 1 ＊롤 칼라 블라우스

앞 중심에 섬세한 핀턱을 잡습니다.

●패턴 응용

앞 중심에 핀턱분을 자르고 벌려서 패턴을 만듭니다.

How to make ⇨ 135쪽

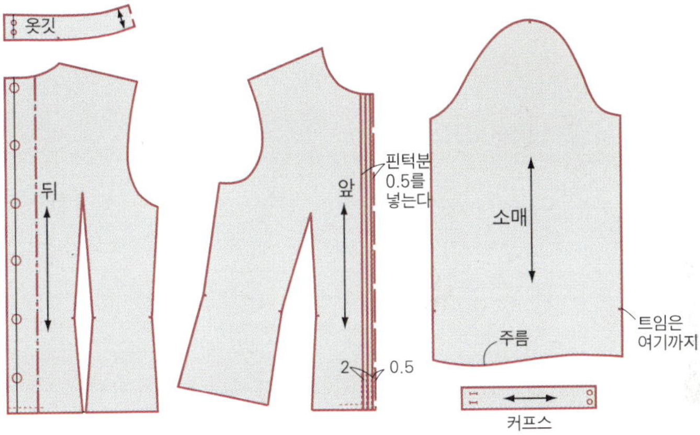

Style 7 ＊타이트 스커트

허리 다트가 없는 패턴 6장을 이어서 만든 고어드 스커트입니다. 앞 스커트 양옆으로 페이크 포켓을 만들어 포인트를 줍니다.

●패턴 응용

허리부터 절개선을 넣어서 다트분을 확보합니다. 절개선의 치맛자락을 교차시켜서 옆선을 더 냅니다.

How to make ⇨ 159쪽

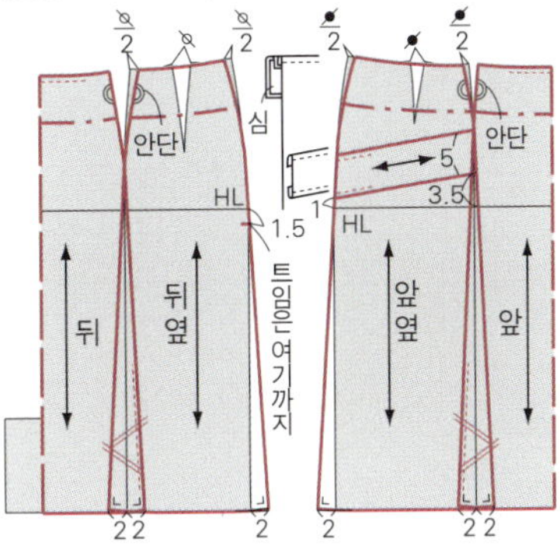

응용 2

Style 1 ＊롤 칼라 블라우스

가슴 부분에 바대를 댑니다. 레이스 천으로 하면 정장으로도 연출할 수 있는 디자인입니다.

●패턴 응용

몸판 어깨에서 다트가 끝나는 부분을 향한 선과 진동둘레 아래 선을 이어서 바대를 만듭니다.

How to make ⇨ 136쪽

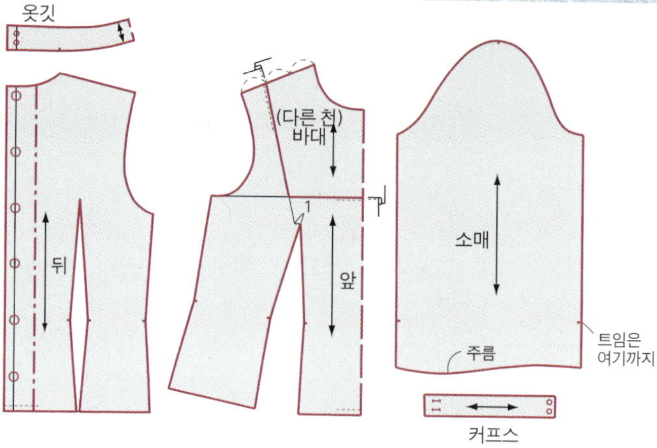

Style 7 ＊타이트 스커트

스커트의 양 옆에 주름을 잡은 디자인입니다.

●패턴 응용

응용1의 절개선 위치에서 자르고 벌려, 주름분을 넣습니다.

How to make ⇨ 160쪽

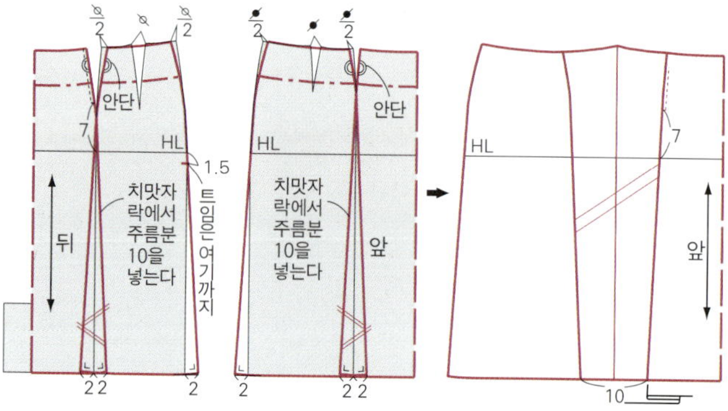

응용 3

Style 1 * 롤 칼라 블라우스

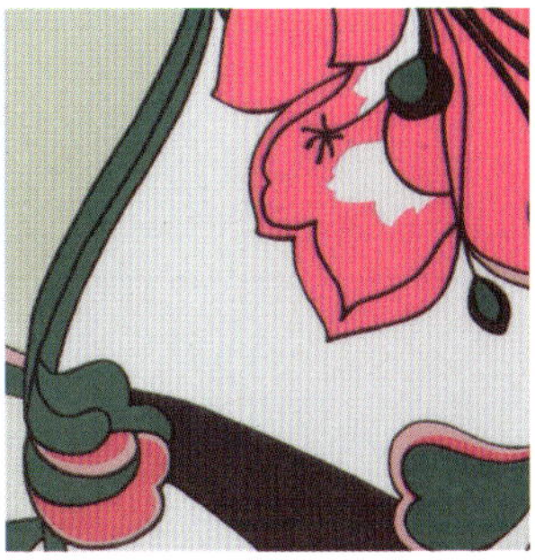

몸판 허리에 끈을 달아서 옷맵시를 강조합니다.

●패턴 응용

소매 길이를 자르고 커프스의 폭을 추가합니다. 끈은 천에 직접 재단합니다.

How to make ⇨ 137쪽

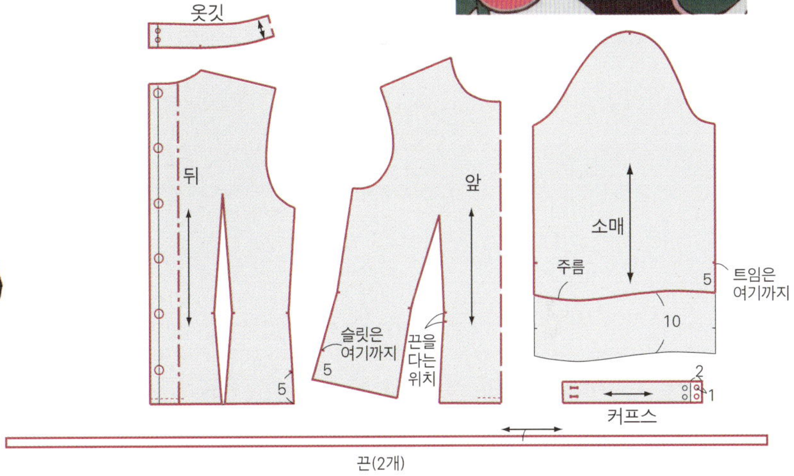

Style 7 * 타이트 스커트

치맛자락을 절개해서 스티치로 장식한 디자인입니다.

●패턴 응용

응용1의 치맛자락을 더 절개하고 중심과 옆을 붙여서 치맛자락의 패턴을 만듭니다.

How to make ⇨ 161쪽

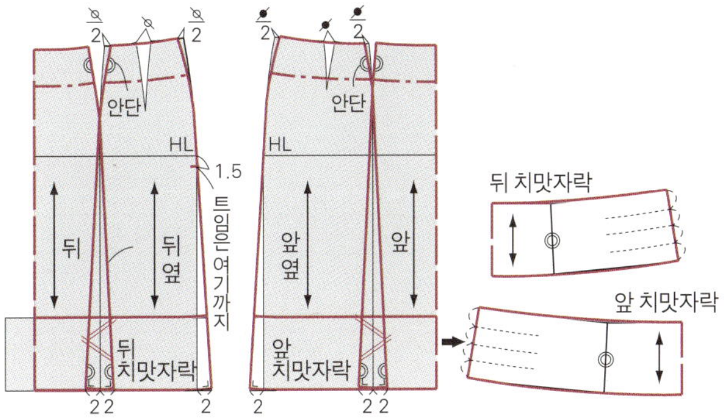

Style 2
셔츠 칼라 블라우스

허리에 다트를 넣어 몸의 라인에 딱 맞추고 우아한 실루엣의 깃고대가 달린 셔츠 칼라 블라우스입니다. 소재와 부분 디자인을 다양하게 변화시킬 수 있습니다.

+

Style 8
랩 스커트

앞에서 많이 겹쳐 단추로 고정하는 기본 스타일 랩 스커트입니다. 랩 스커트라고 하면 캐주얼한 느낌이 들지만 전체적으로 타이트한 실루엣에 어른스러운 분위기가 납니다.

응용 2
응용 3

기본

Style 2 *셔츠 칼라 블라우스

어깨 바대, 소맷부리는 직사각형 트임 커프스로, 앞단을 덧단으로 정리한 기본 스타일 셔츠 블라우스입니다.

How to make ⇨ 138쪽

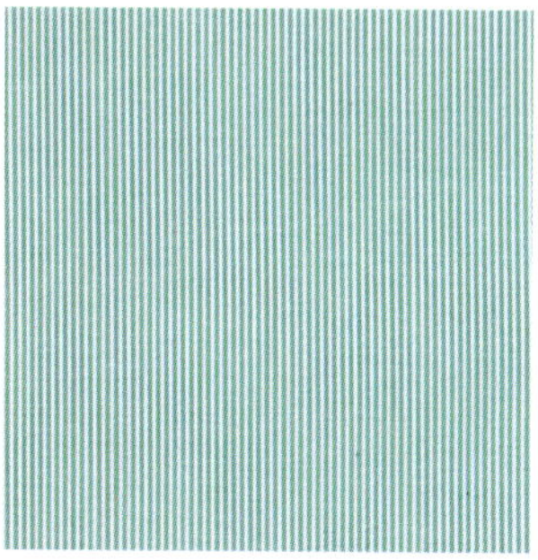

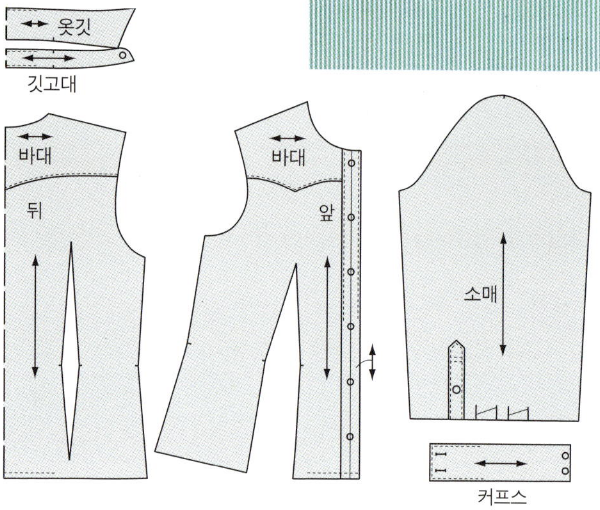

Style 8 *랩 스커트

허리에 다트를 넣고 옆선을 엉덩이 선에서 수직으로 떨어뜨린, 타이트한 실루엣입니다. 앞은 좌우로 같은 패턴을 겹쳐서 버튼으로 고정합니다.

How to make ⇨ 162쪽

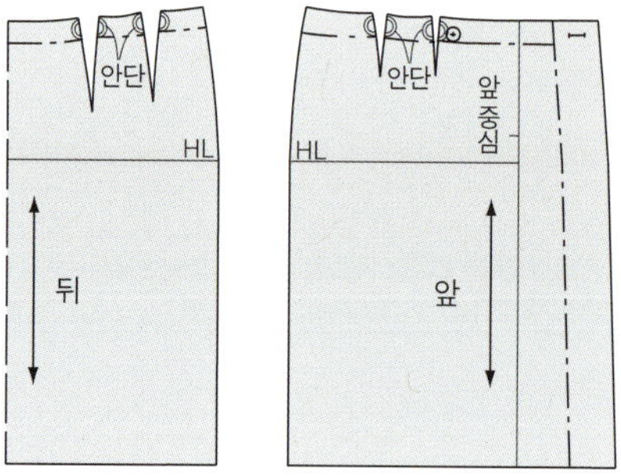

응용 1

Style 2 ＊셔츠 칼라 블라우스

몸판의 바대를 없애고 덧단과 소맷부리에 프릴을 단 디자인입니다.

●패턴 응용

몸판의 프릴과 소맷부리의 프릴 패턴이 부록으로 제공됩니다.

How to make ⇨ 139쪽

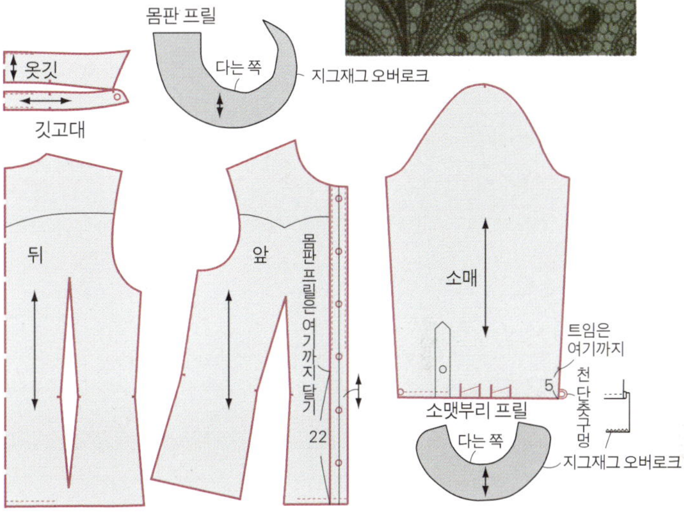

Style 8 ＊랩 스커트

●패턴 응용

오른쪽 앞단에서 리본 부분을 제도합니다. 왼쪽 앞에 다는 벨트를 제도합니다.

How to make ⇨ 163쪽

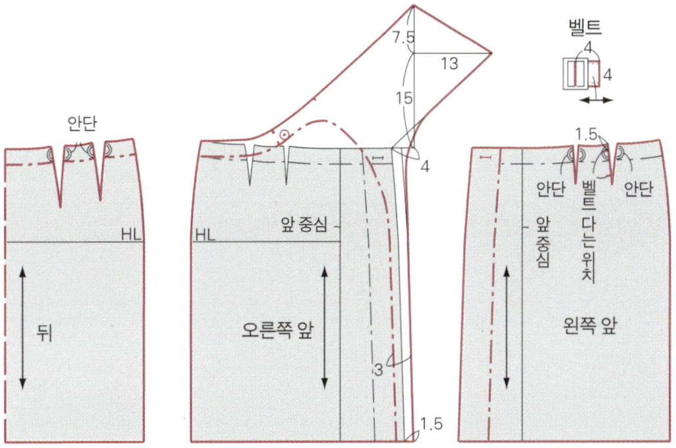

응용 2

Style 2 ＊셔츠 칼라 블라우스

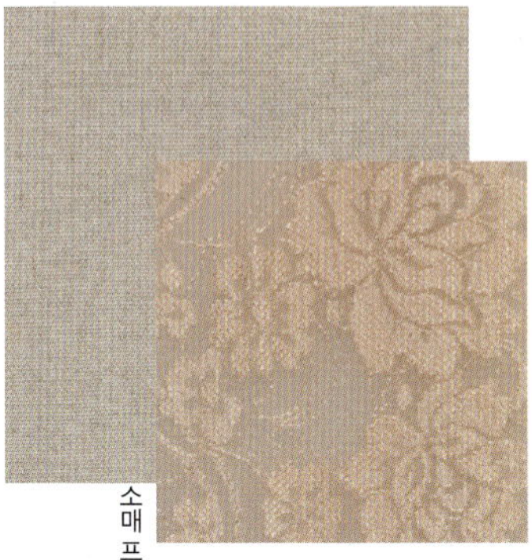

어깨 바대를 다른 천으로 대고 진동둘레에 프릴을 2장 겹친 블라우스입니다.

●패턴 응용

진동둘레의 옆을 올리고 안단을 달고 노 슬리브로 합니다. 소매의 프릴 패턴이 부록으로 제공됩니다.

How to make ⇨ 140쪽

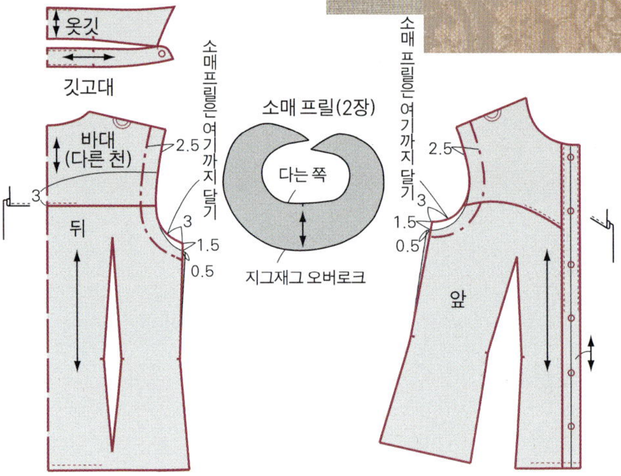

Style 8 ＊랩 스커트

앞단에 새시 벨트를 달고 안자락을 휘감아 리본으로 묶습니다.

●패턴 응용

새시 벨트를 제도합니다.

How to make ⇨ 164쪽

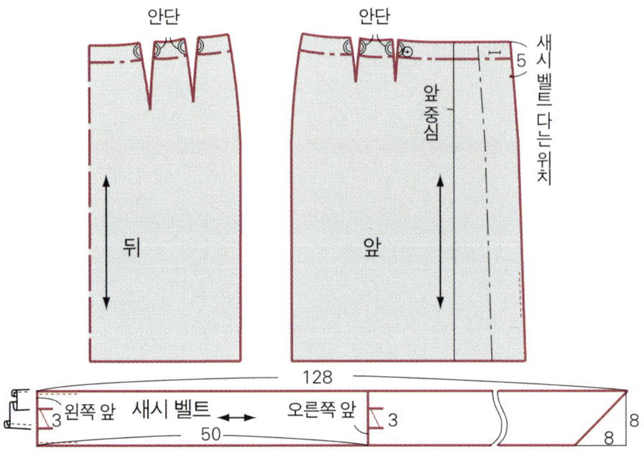

응용 3

Style 2 ＊셔츠 칼라 블라우스

가슴 부위의 바대를 다른 천으로 댄 반소매 퍼프 슬리브 블라우스입니다.

●패턴 응용

앞 몸판에는 바대선을 긋습니다. 소매는 주름분을 더하고 커프스를 다시 고칩니다.

How to make ⇨ 141쪽

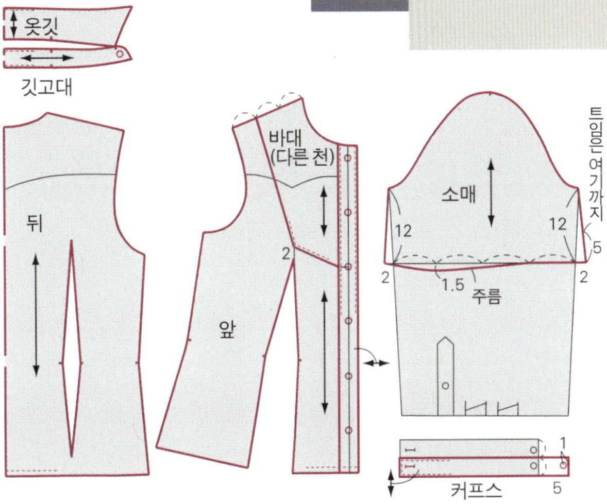

※커프스의 치수는 팔뚝 둘레+2를 기준으로 합니다.

Style 8 ＊랩 스커트

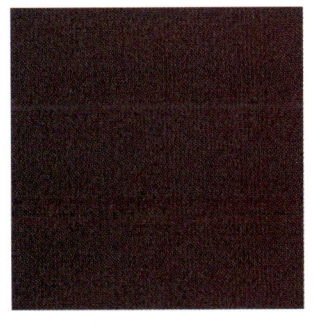

폭이 넓은 허리 바대를 대서 세미 타이트 라인으로 합니다.

●패턴 응용

다트분을 바대로 처리하고 옆선에도 여유분을 추가합니다. 뒷주머니를 제도합니다.

How to make ⇨ 165쪽

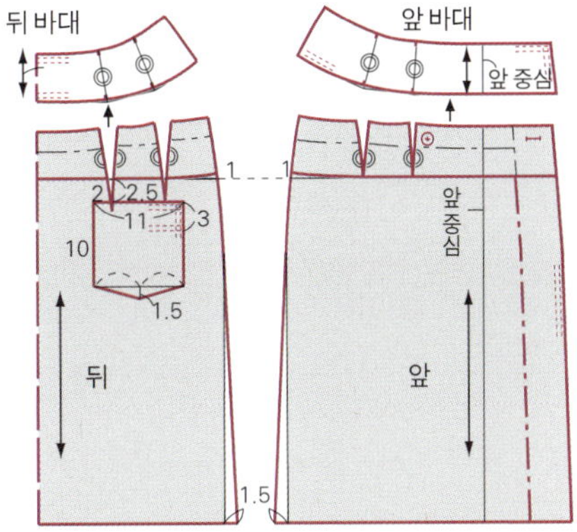

Style 3
A라인 블라우스

옆선이 소매단에서 옷자락을 향해서 퍼지는 A라인 블라우스입니다. 트임이 없는 넉넉한 실루엣은 오버 블라우스로 편하게 입을 수 있습니다.

+

Style 9
주름 스커트

허리에 고무를 끼운 기본 스타일의 주름 스커트입니다. 주름은 소재에 따라 다양한 볼륨감을 연출할 수 있습니다.

기본

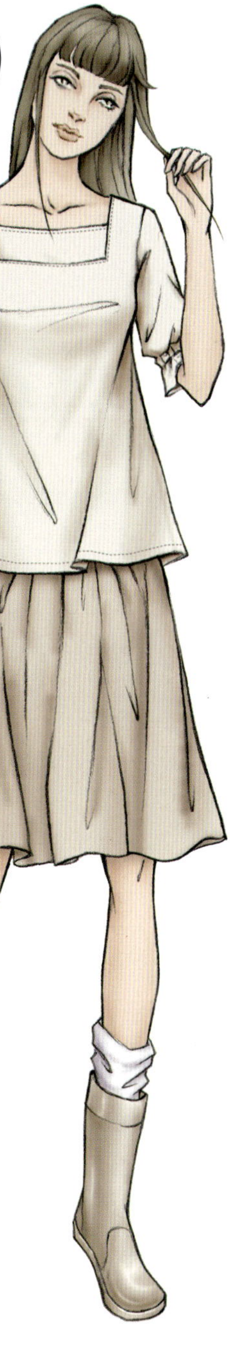

응용 1

응용 2

응용 3

기본

Style 3 ＊ A 라인 블라우스

앞을 바대 절개한 A라인 블라우스입니다. 소맷부리에 보강천을 대고 고무테이프를 끼워 주름을 잡은 귀여운 디자인입니다.

How to make ⇨ 142쪽

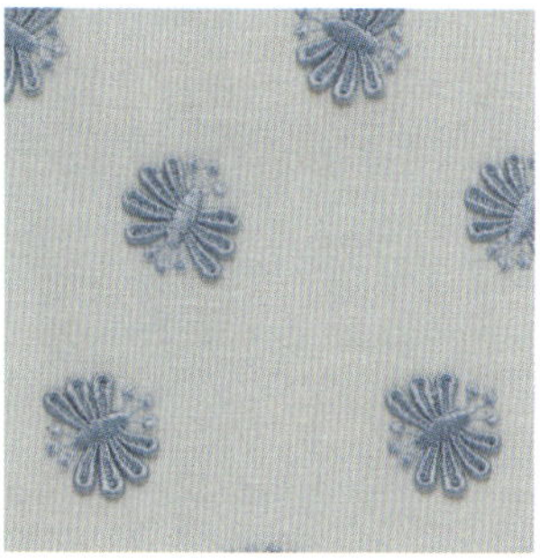

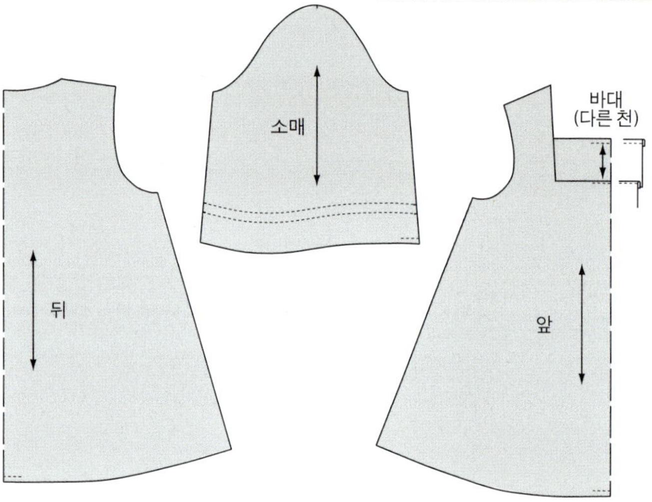

Style 9 ＊주름 스커트

A라인으로 퍼지는 패턴으로 허리 부분을 약간 둥글게 해서 옆선이 올라가지 않도록 합니다.

How to make ⇨ 166쪽

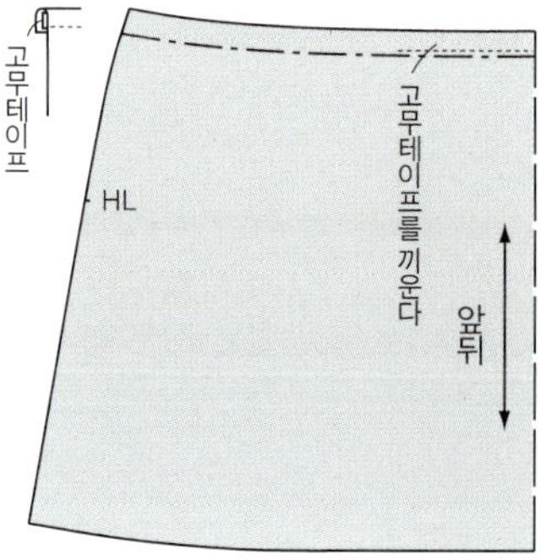

응용 1

Style 3 ＊ A 라인 블라우스

네크라인선을 약간 크게 하고 프릴 칼라와 벨 슬리브, 허리의 리본 등이 들어가는 화려한 디자인입니다.

●패턴 응용

네크라인을 라운드로 다시 고칩니다. 소맷마루 부분을 가늘게 잘라서 벌립니다. 프릴과 리본, 커프스를 제도합니다.

How to make ⇨ 143쪽

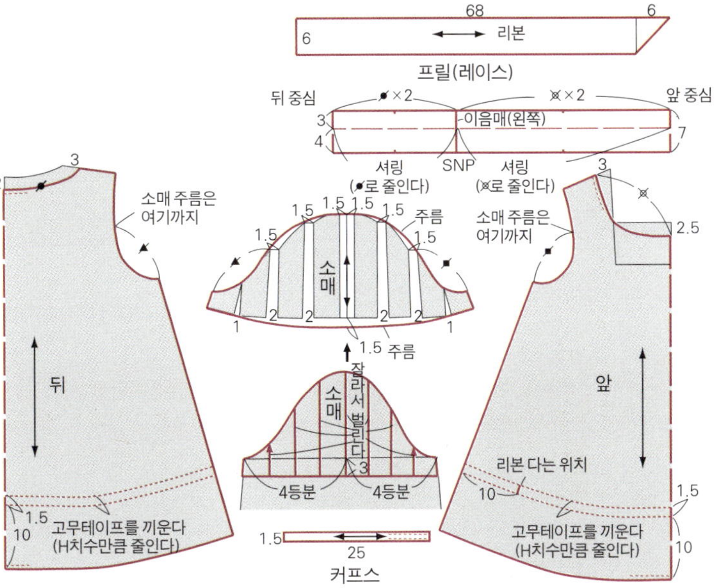

Style 9 ＊ 주름 스커트

3단으로 절개해 주름을 잡은 티어드 스커트입니다.

●패턴 응용

상단의 허리 부분은 엉덩이선을 고려한 치수로, 가운데와 하단에는 주름분 1.5배가 들어가도록 다시 재단합니다.

How to make ⇨ 167쪽

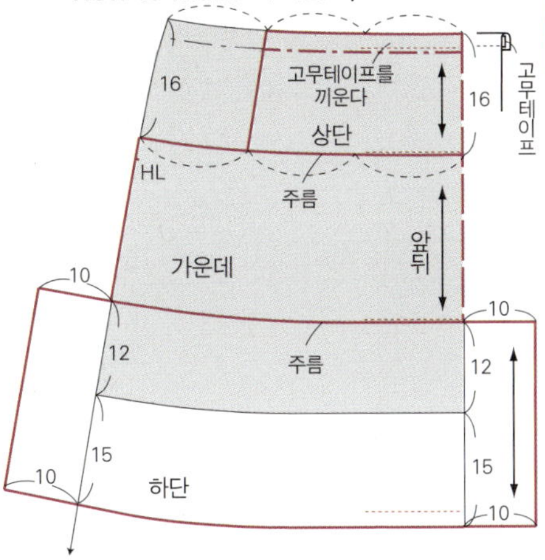

응용 2

Style 3 ＊ A 라인 블라우스

라운드 네크라인 가슴 부분에 셔링을 잡은 장식천을 댄 디자인입니다.

●패턴 응용

장식천과 소매는 원래 패턴에서 각각 셔링분과 플레어분을 잡은 다음 다시 그립니다.

How to make ⇨ 144쪽

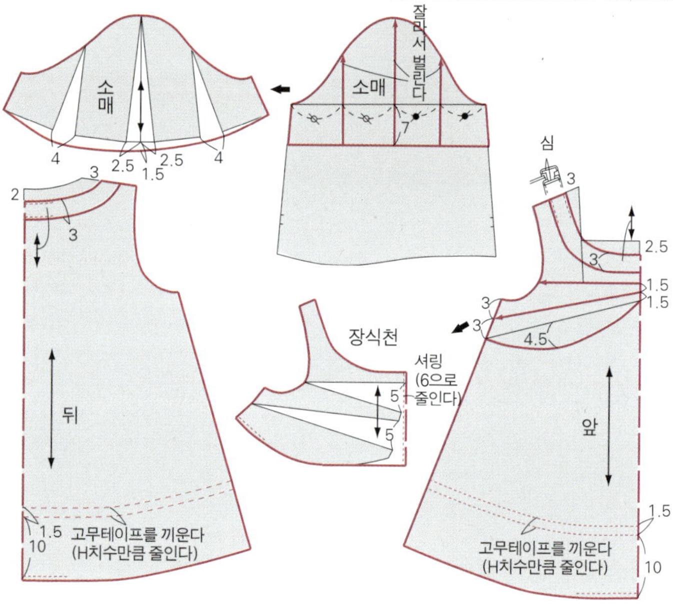

Style 9 ＊주름 스커트

겉과 안의 옆선을 맞추지 않고 약간 비틀어서 박은 벌룬 스커트입니다.

●패턴 응용

치맛자락이 접혀 들어가는 분을 추가해서 안감선을 그립니다. 겉자락과 안자락에 맞춤 표시를 해 둡니다.

How to make ⇨ 168쪽

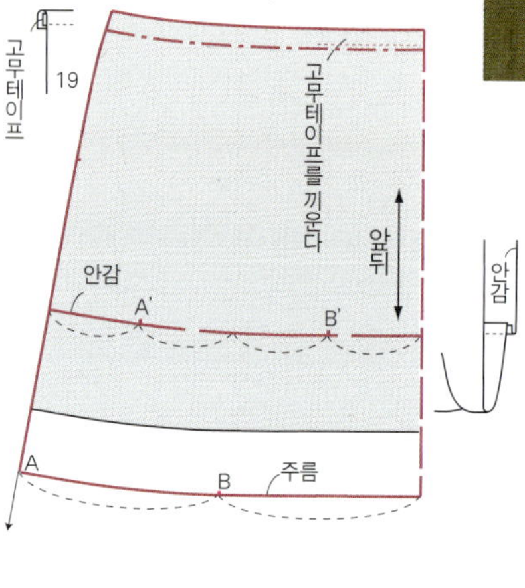

응용 3

Style 3 ＊ A 라인 블라우스

2장을 겹친 플레어 슬리브로 옷자락에도 프릴을 답니다.

●패턴 응용

소매와 옷자락의 프릴은 원래 패턴을 기본으로 각각 플레어분과 프릴분을 잡은 다음 다시 그립니다.

How to make ⇨ 145쪽

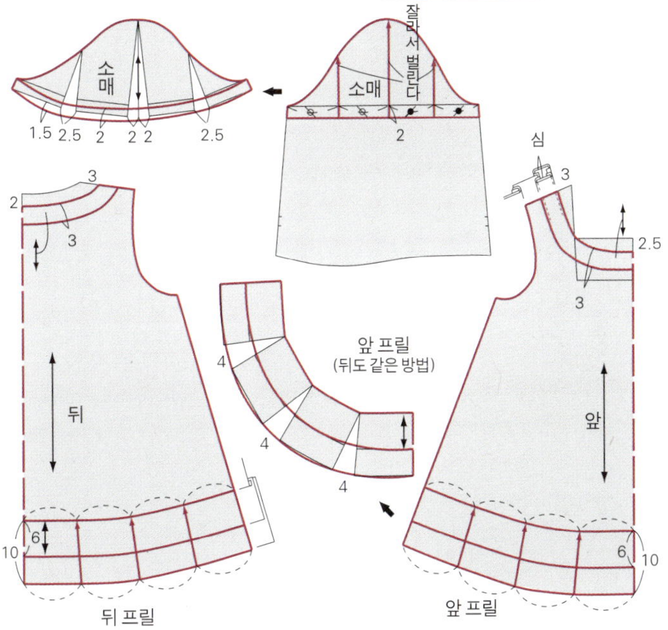

Style 9 ＊주름 스커트

치맛자락에 끈을 끼워 묶은 벌룬 스타일의 디자인입니다.

●패턴 응용

끈은 천에 직접 재단합니다.

How to make ⇨ 169쪽

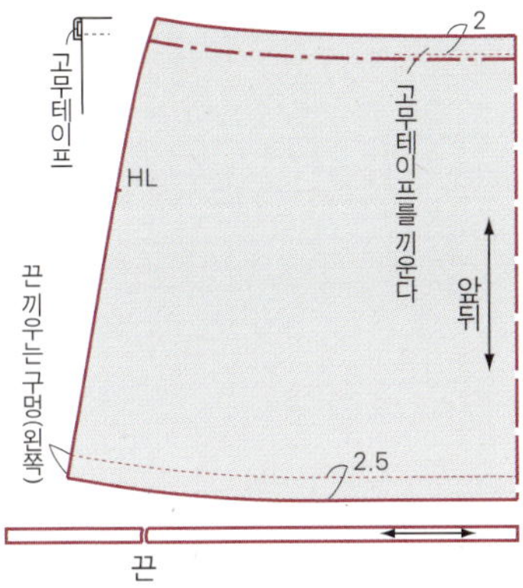

Style 4
판초 블라우스

평면적인 패턴으로, 몸을 여유 있게 감싸는 스타일의 블라우스입니다. 어깨를 기점으로 한 플레어 슬리브가 에스닉한 분위기를 연출합니다. 어깨 라인을 바꾸면 분위기도 달라집니다.

+

Style 10
와이드 팬츠

체형을 커버하며 엉덩이의 여유분을 그대로 바지자락까지 가지고 가는 통이 넓은 바지입니다. 짧은 상의와 코디를 하면 허리선이 올라가서 다리가 길어 보입니다.

기본

응용 1

응용 3

응용 2

기본

Style 4 ＊판초 블라우스

앞뒤로 로 웨이스트 위치에 고무 셔링을 잡은 블라우징 디자인으로 앞뒤 네크라인과 몸판의 주위는 천 안쪽 면을 겉으로 사용합니다.

How to make ⇨ 146쪽

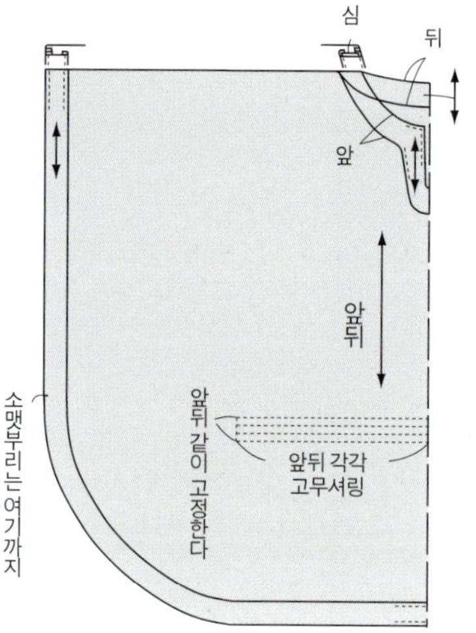

Style 10 ＊와이드 팬츠

뒤 허리에는 다트가, 앞 허리에는 턱이 있는 품이 넉넉한 바지입니다.

How to make ⇨ 170쪽

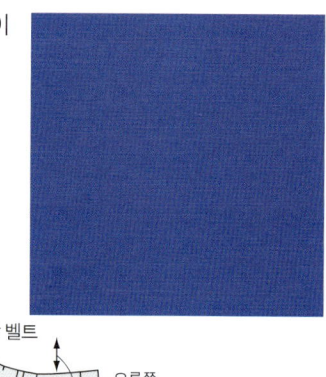

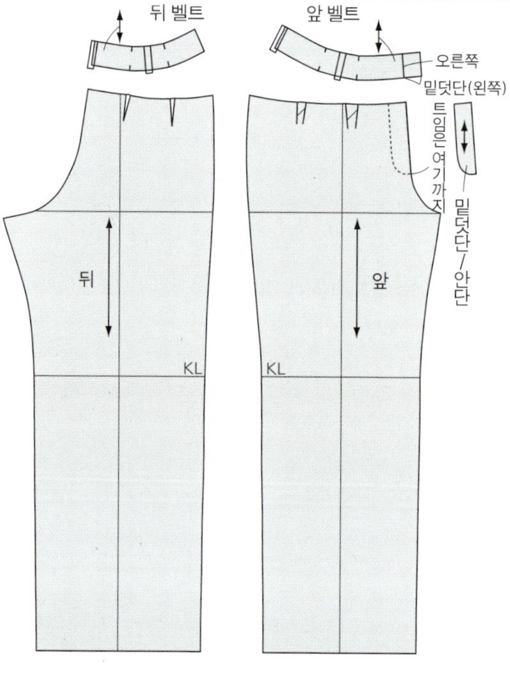

응용 1

Style 4 * 판초 블라우스

보더 무늬를 잘 이용한 디자인으로 어깨의 바늘땀이 겉으로 보이도록 처리합니다.

●패턴 응용

보강천을 제도합니다. 끈은 천에 직접 재단합니다.

How to make ⇨ 147쪽

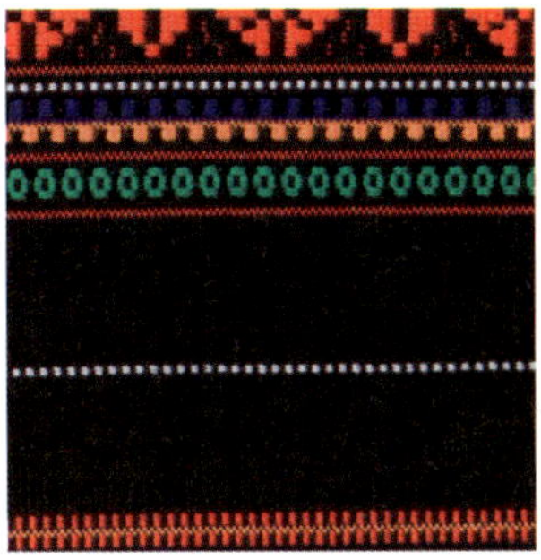

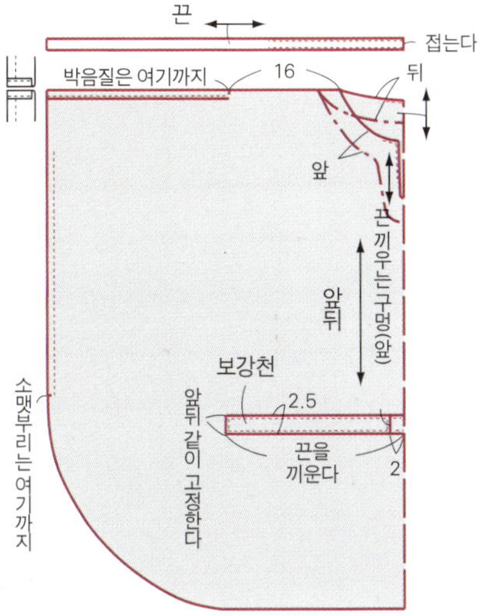

Style 10 * 와이드 팬츠

무릎 아래 길이로 자르고 옆에는 패치 주머니를 단 스포티한 카고 팬츠입니다.

●패턴 응용

바지 길이는 무릎 아래에서 자르고 엉덩이에서 옆선을 수직으로 떨어뜨려서 바지의 품을 넉넉하게 잡습니다. 주머니는 제도합니다.

How to make ⇨ 171쪽

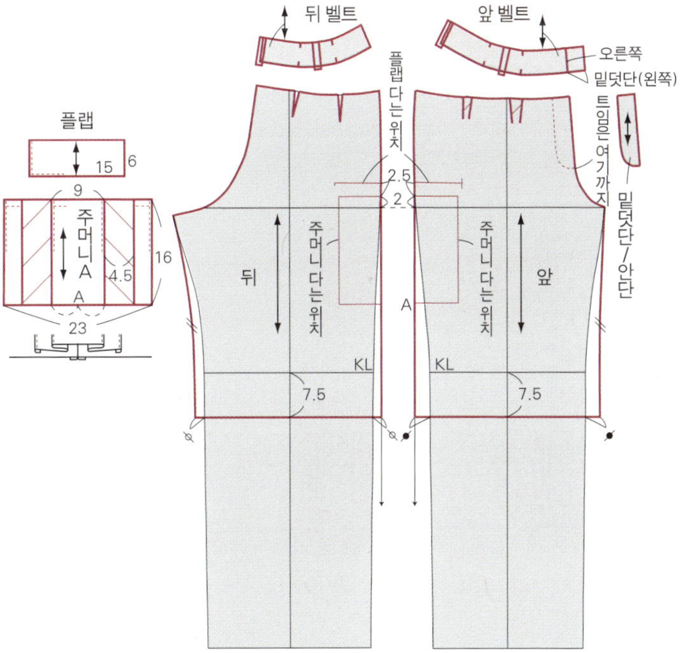

응용 2

Style 4 ＊판초 블라우스

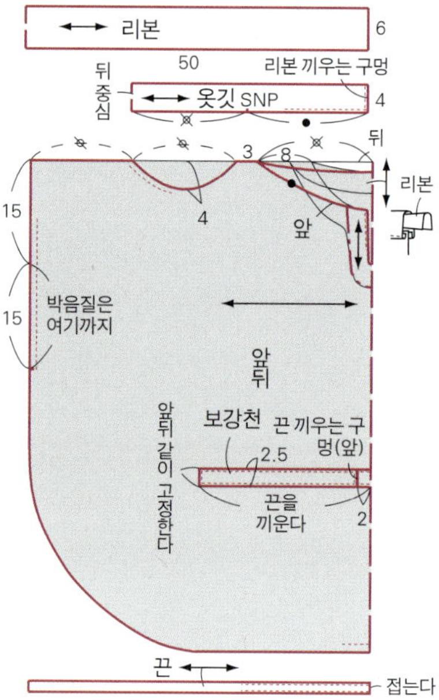

네크라인에 스탠드 칼라 스타일의 옷깃을 달고 리본을 끼웁니다. 둥글게 판 어깨가 포인트입니다.

●패턴 응용

네크라인과 어깨를 크게 자릅니다. 옷깃과 리본은 제도하고 끈은 천에 직접 재단합니다.

How to make ⇨ 148쪽

Style 10 ＊와이드 팬츠

허리에 고무를 끼워 품이 넉넉한 바지입니다.

●패턴 응용

앞뒤 옆에서 수직으로 올리고 밑위길이를 추가합니다.

How to make ⇨ 172쪽

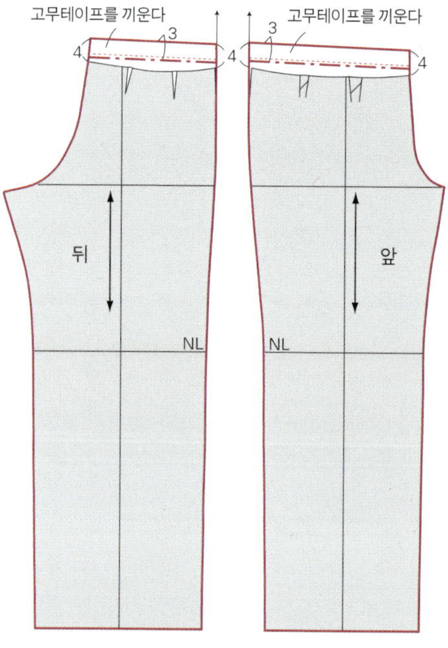

응용 3

Style 4 ＊판초 블라우스

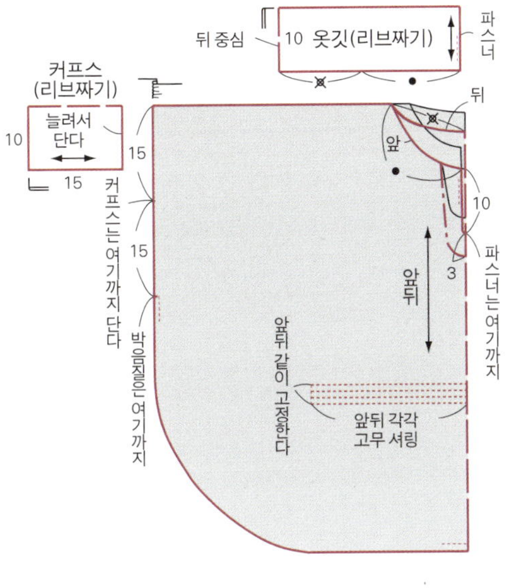

네크라인과 소맷부리에 리브짜기를 단 디자인으로 분위기가 180도 달라집니다.

●패턴 응용

옷깃과 커프스의 리브짜기를 제도합니다. 커프스의 리브짜기는 늘려서 달기 때문에 다는 치수보다 작게 제도를 합니다.

How to make ⇨ 149쪽

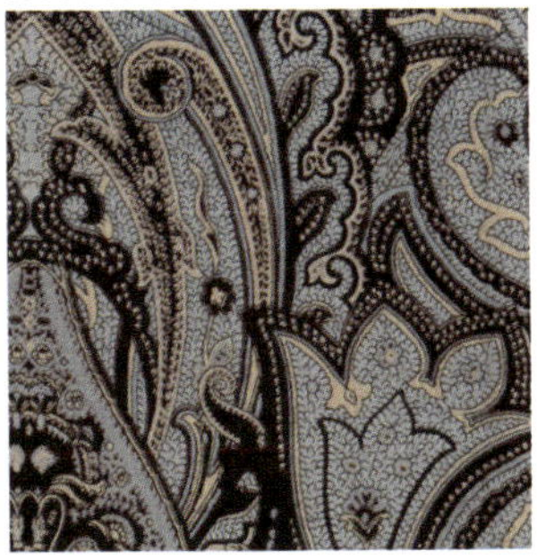

Style 10 ＊와이드 팬츠

무릎 아래 길이로 자른 다음 바지자락에 리브짜기를 단 니커보커스 스타일의 디자인입니다.

●패턴 응용

패턴 응용은 응용1과 같습니다. 바지자락 커프스의 리브짜기는 늘려서 달기 때문에 다는 치수보다 작게 제도를 합니다.

How to make ⇨ 173쪽

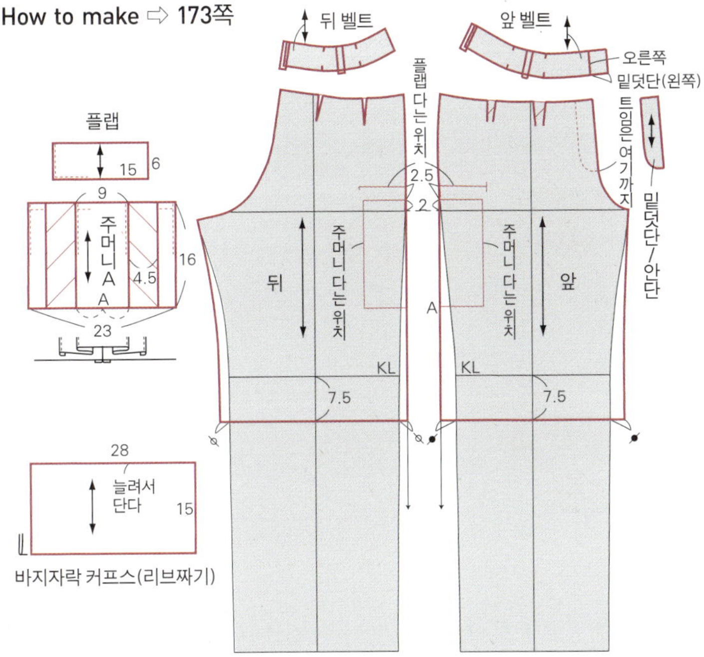

Style 5
헴라인 리브 블라우스

가슴 부분을 시원하게 사각형으로 커팅해서 쇄골을 아름답게 보여 주는 스퀘어 네크라인 블라우스로 소매를 없애면 이너웨어로도 활용할 수 있습니다.

+

Style 11
타이트 스트레이트 팬츠

다리의 품이 전체적으로 적당히 여유가 있으며 어떤 상의에도 어울리고 다양하게 응용할 수 있는 기본 실루엣입니다. 길이에 변화를 주면 1년 내내 입을 수 있습니다.

기본

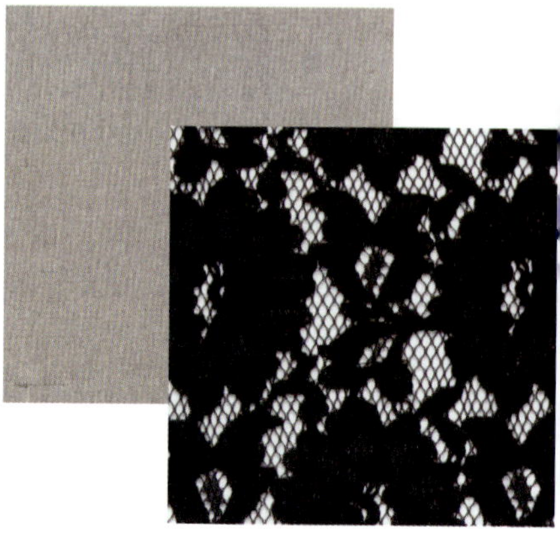

응용 1

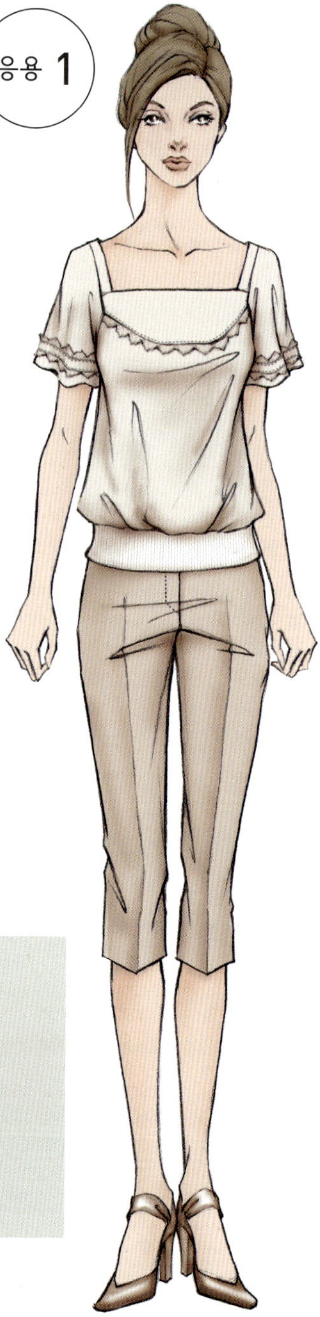

응용 2

응용 3

기본

Style 5 ＊헴라인 리브 블라우스

앞뒤 네크라인은 절개하고 반소매의 소맷부리에 주름분을 넣어서 리브짜기를 단 퍼프 슬리브입니다. 아래로 퍼지는 라인이지만 옷자락에 리브짜기를 달아 허리를 강조한 디자인입니다.

How to make ⇨ 150쪽

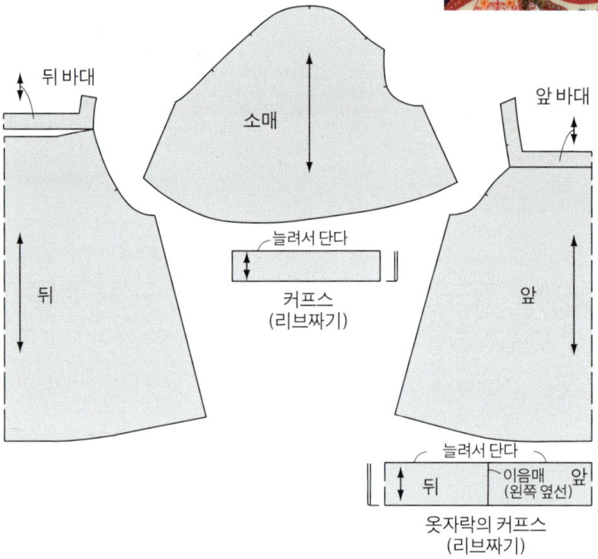

Style 11 ＊타이트 스트레이트 팬츠

앞뒤로 허리 다트를 넣었으며 엉덩이에서 바지자락까지 스트레이트로 떨어지는 기본 스타일의 타이트 스트레이트 팬츠입니다.

How to make ⇨ 174쪽

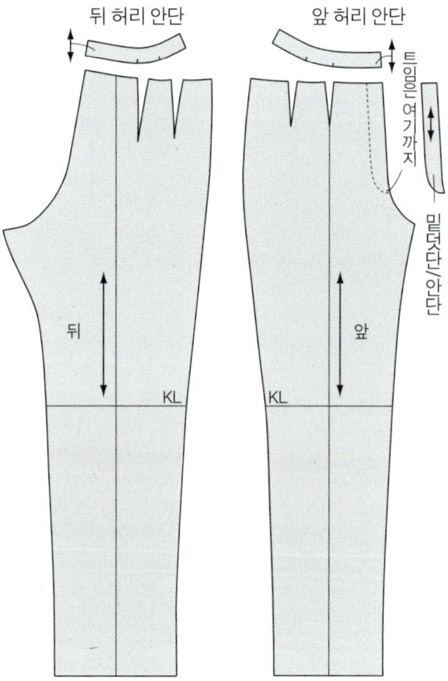

응용 1

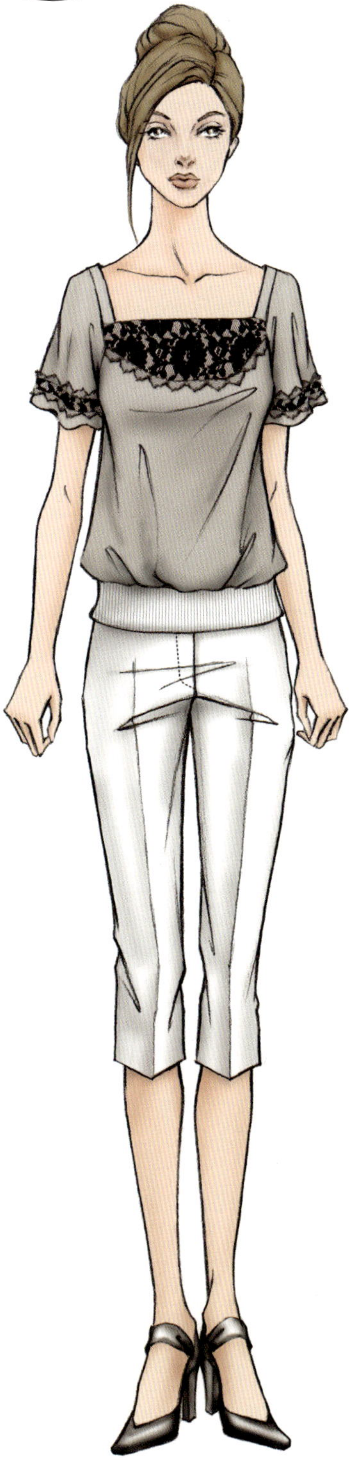

Style 5 *헴라인 리브 블라우스

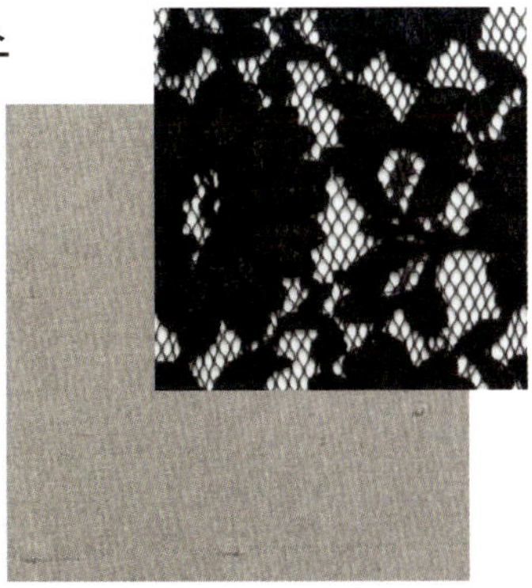

앞뒤 네크라인을 바대 절개하고, 커프스가 없는 플레어 슬리브 디자인에 레이스를 달아서 여성스러운 분위기를 연출합니다.

●패턴 응용

네크라인은 어깨에서 자르고 앞에는 U자형 바대 절개선을 넣습니다.

How to make ⇨ 151쪽

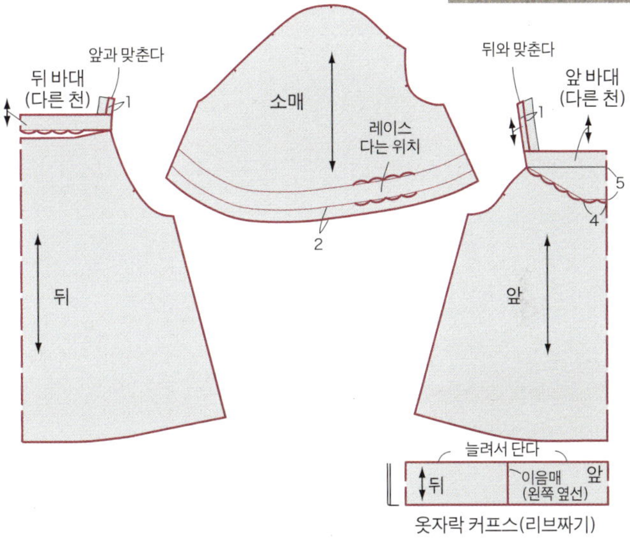

Style 11 *타이트 스트레이트 팬츠

바지 길이를 자르고 양옆에 슬릿을 넣은 7부 길이의 크롭트 팬츠입니다.

●패턴 응용

바지 길이는 무릎 아래로 하고 옆선에 슬릿을 넣습니다.

How to make ⇨ 175쪽

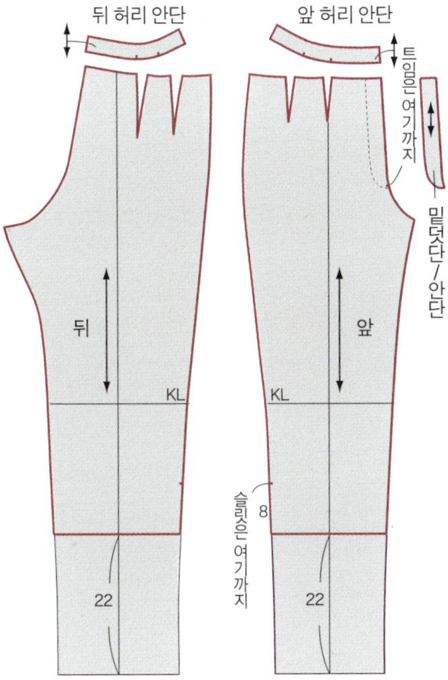

응용 2

Style 5 ＊헴라인 리브 블라우스

앞뒤 바대를 없애고 상단을 가늘게 처리합니다. 어깨 끈을 묶는 캐미솔 스타일입니다.

●패턴 응용

상단 절개 부분과 어깨끈을 제도합니다. 앞 레이스는 몸판에 겹쳐서 붙이므로 절개하지 않습니다.

How to make ⇨ 152쪽

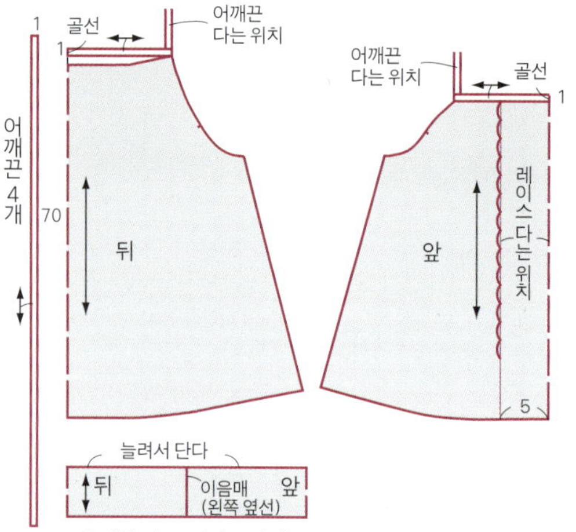

Style 11 ＊타이트 스트레이트 팬츠

바지자락을 두 번 접기 한 쇼트 팬츠입니다.

●패턴 응용

바지 길이는 무릎 위로 하고 단 접는 폭을 평행하게 재단합니다.

How to make ⇨ 176쪽

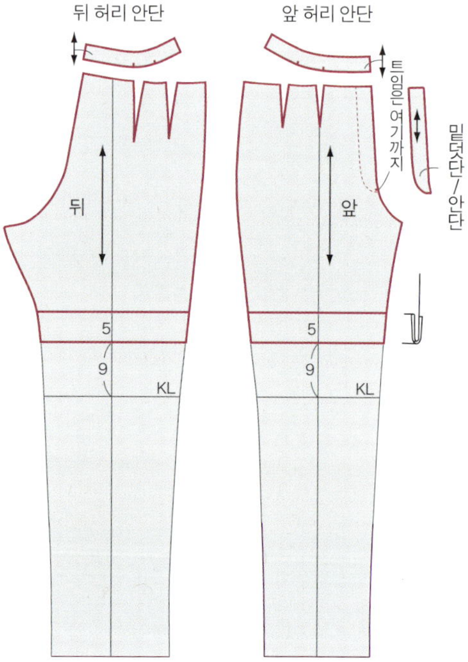

응용 3

Style 5 ＊헴라인 리브 블라우스

앞뒤 바대를 없애고 주름이 있는 어깨천을 대고 앞 중심에는 핀턱을 넣은 디자인입니다.

●패턴 응용

어깨천은 소매의 패턴을 사용하여 제도합니다.

How to make ⇨ 153쪽

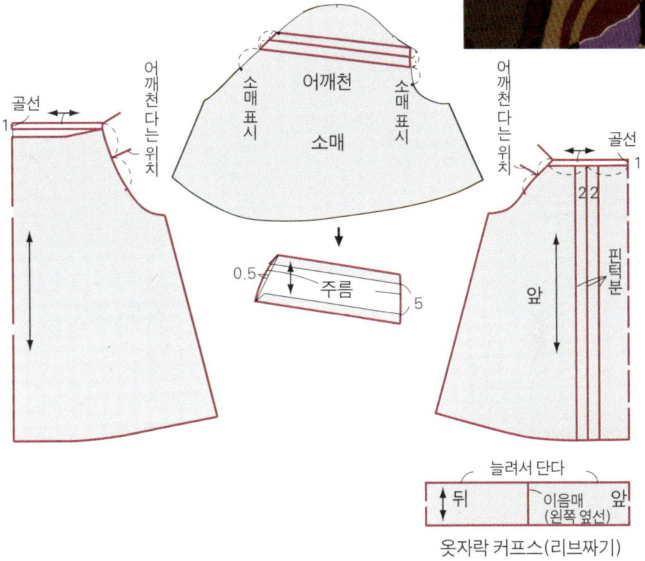

Style 11 ＊타이트 스트레이트 팬츠

무릎 아래 길이로 바지자락에 단추를 달아 고정하는 니커보커스입니다.

●패턴 응용

바지자락 커프스를 제도합니다. 커프스 치수는 종아리 치수에 여유분을 더해서 정합니다.

How to make ⇨ 177쪽

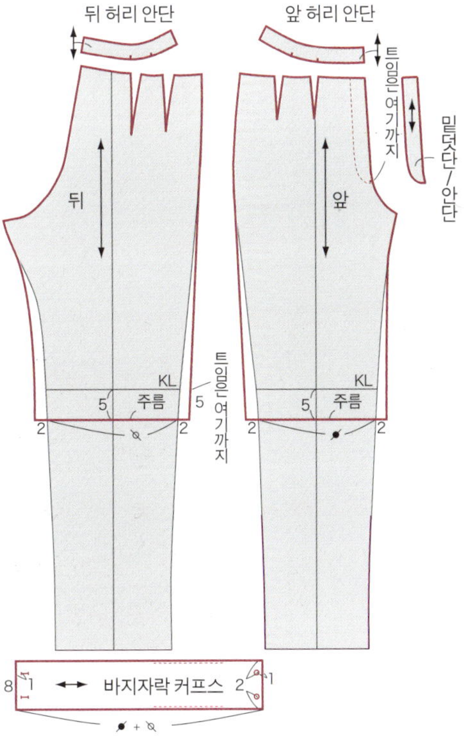

Style 6
베스트 블라우스

허리 부분에서 가늘고 긴 실루엣을 강조하고 볼륨감을 줄인 블라우스로 베스트로도 활용할 수 있는 아이템입니다. 앞 몸판에 주름과 플레어를 넣으면 부드러운 인상을 줍니다.

Style 12
슬림 팬츠

다리에 딱 붙는 캐주얼한 느낌의 슬림한 바지입니다. 옆으로 잘 늘어나는 신축성 소재를 사용하면 움직이기도 쉽고 기능성도 좋습니다.

기본

응용 1

응용 2

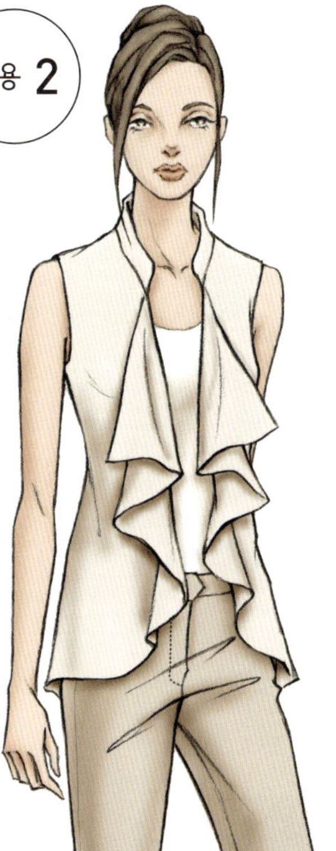

응용 3

기본

Style 6 *베스트 블라우스

진동둘레는 안단 처리한 노 슬리브에 여유 있는 품과 길이가 긴 칼라가 특징인 블라우스입니다. 가슴 부분에 고무 셔링을 잡아서 포인트를 줍니다.

How to make ⇨ 154쪽

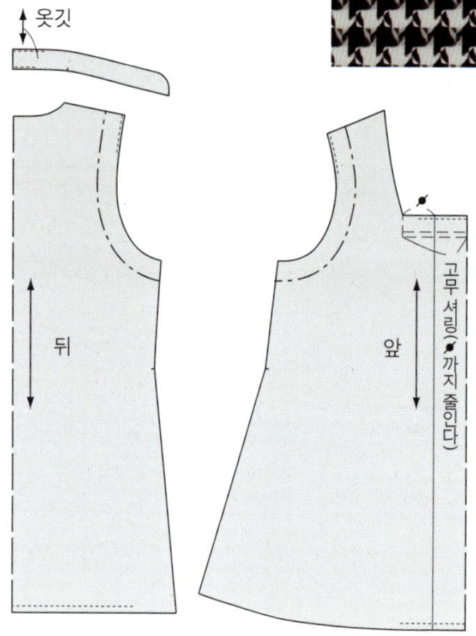

Style 12 *슬림 팬츠

앞뒤에 허리 다트가 들어가며 전체적으로 날씬한 실루엣의 팬츠입니다.

How to make ⇨ 178쪽

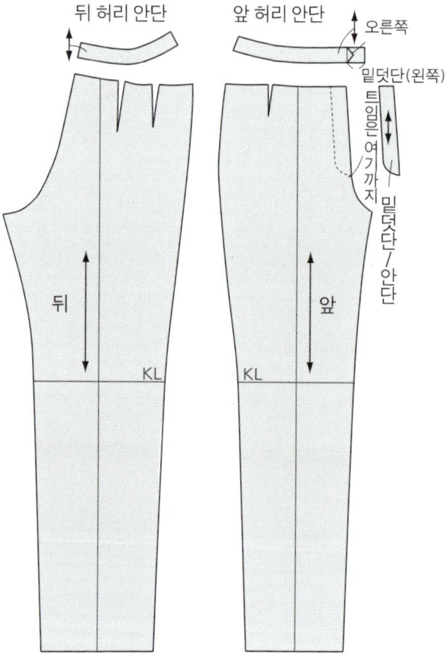

응용 1

Style 6 ＊베스트 블라우스

앞트임으로 고무 셔링 위치에 끈을 달아서 묶는 디자인입니다. 앞단은 두 번 접어서 처리합니다.

●패턴 응용

끈은 천에 직접 재단합니다.

How to make ⇨ 155쪽

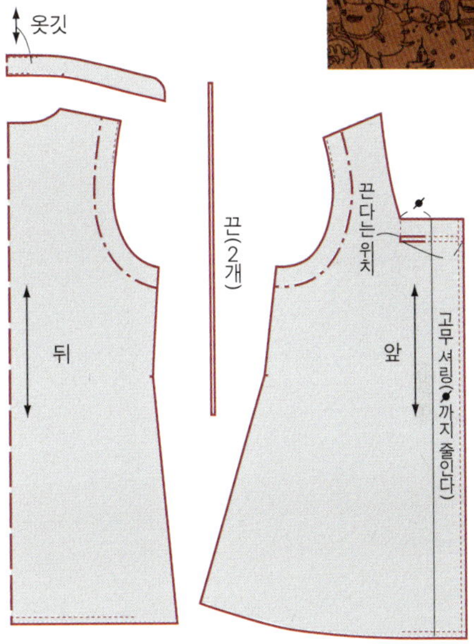

Style 12 ＊슬림 팬츠

앞 무릎 위치에서 잘라서 벌린 다음 주름을 잡아서 움직이기 쉽도록 디자인을 합니다.

●패턴 응용

앞 바지는 주름을 잡는 위치의 가운데 부근을 잘라서 벌립니다.

How to make ⇨ 179쪽

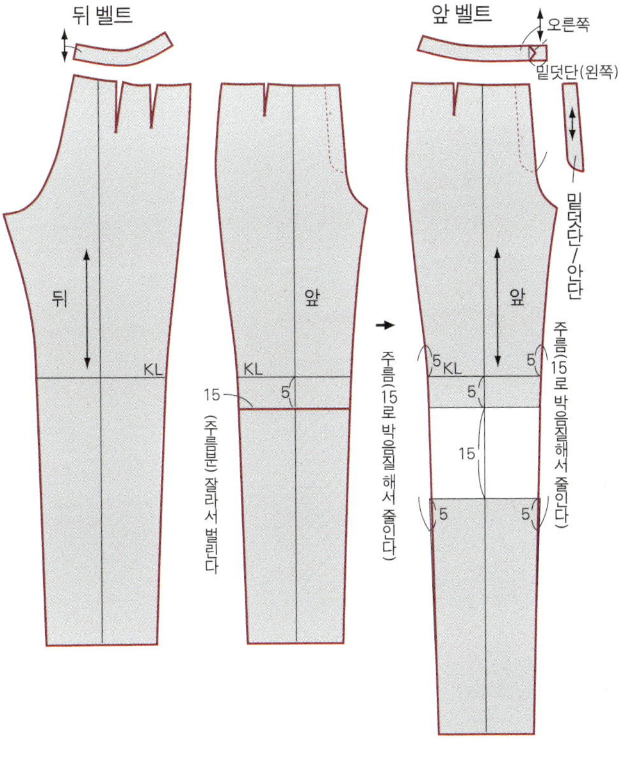

응용 2

Style 6 *베스트 블라우스

앞 중심에서 재단한 앞단이 멋지게 떨어지는 캐스케이드 드레이프 스타일의 베스트 블라우스입니다.

●패턴 응용

앞단은 네크라인선에서 드레이프분을 부채 모양으로 냅니다.

How to make ⇨ 156쪽

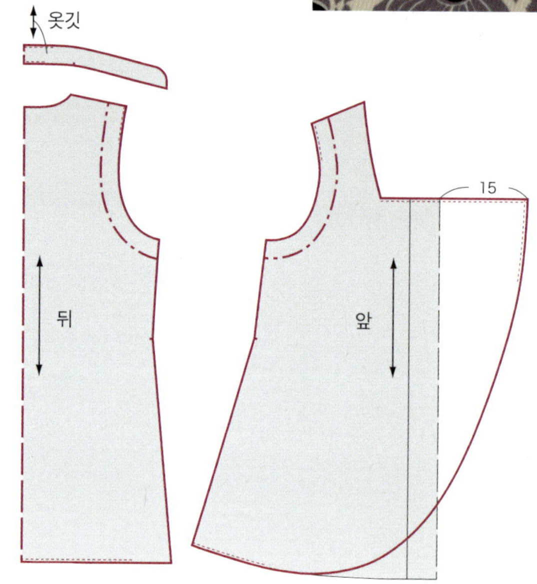

Style 12 *슬림 팬츠

슬림 팬츠의 바지자락 셔링이 우아함을 강조합니다.

●패턴 응용

앞뒤 패턴을 바지자락부터 평행하게 셔링분을 넣습니다.

How to make ⇨ 180쪽

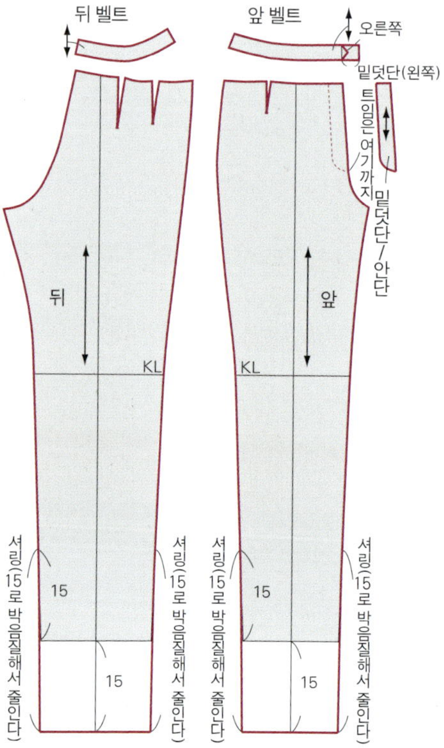

응용 3

Style 6 *베스트 블라우스

캐스케이드에 투명한 느낌의 천을 겹치면 우아한 느낌이 듭니다.

●패턴 응용

앞단은 응용2와 마찬가지로 네크라인에서 드레이프분을 부채 모양으로 제도합니다.

How to make ⇨ 157쪽

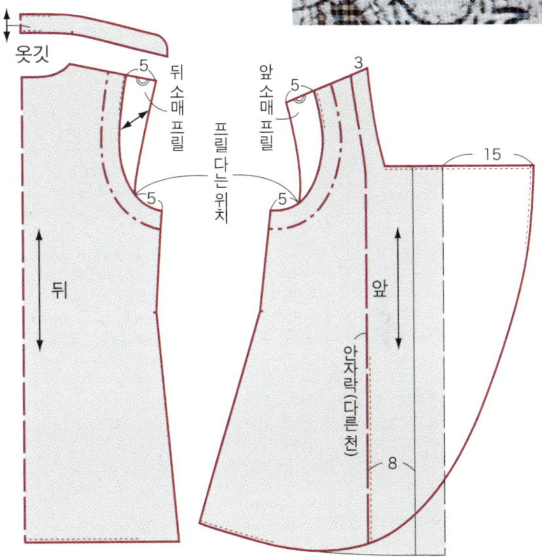

Style 12 *슬림 팬츠

앞 무릎을 절개해서 턱을 접은 디자인입니다.

●패턴 응용

앞 무릎에 절개천을 대는 선, 뒤 허리에 바대선을 넣습니다. 무릎 절개천의 패턴은 부록으로 제공합니다.

How to make ⇨ 181쪽

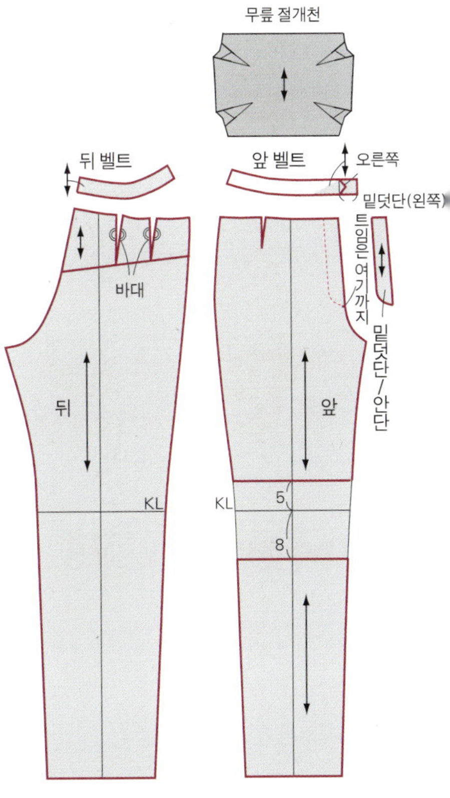

How to make 실물 크기 패턴의 사용법과 작품 만드는 방법

이 장에서는 12가지 기본 스타일과 그 응용 디자인을 일러스트로 소개하고 있습니다. 12가지 기본 스타일에는 S, M, ML, L 사이즈의 실물 크기 패턴이 부록으로 제공됩니다.

실물 크기 패턴을 사용하는 방법

1. 디자인을 고른다

12가지 기본 스타일의 일러스트에서 만들고 싶은 디자인을 고릅니다.

2. 패턴을 복사한다

●기본 스타일을 고른 경우

실물 크기 패턴의 S, M, ML, L 사이즈 중에서 자기 사이즈의 패턴을 파트론지 등의 다른 종이에 옮겨 그립니다. 그때 안단선과 맞춤 표시도 빠뜨리지 말고 다 옮겨 그립니다.

3. 패턴을 응용한다

●기본 스타일 이외의 응용 디자인을 선택한 경우

① 먼저 그 디자인의 기본 스타일의 실물 크기 패턴을 다른 종이에 옮겨 그립니다.

② ①에서 옮겨 그린 기본 패턴선을 사용해서 선택한 디자인의 패턴을 응용합니다.

패턴 응용 방법은 각 디자인의 일러스트 옆에 소개하고 있습니다.

기본 스타일 패턴

응용 디자인 패턴으로 부록에 실물 크기 패턴이 있는 것

응용 디자인의 패턴 응용선과 완성선

이때의 치수는 정치수가 아닌 등분선을 많이 이용하는데, 그 이유는 각 사이즈별로 균형을 유지하기 위해서입니다.

안단선과 맞춤 표시는 완성선을 응용하고 나서 그립니다.

'소매 프릴은 여기까지' 등의 새로운 표시는 치수를 재서 기억해둡니다.

옷의 길이와 소매 길이는 패턴을 완성한 후 옷자락선과 소맷부리선을 평행하게 증감합니다.

4. 패턴을 완성시킨다

주머니와 안단 등 겹치는 패턴은 각각 파트론지 등의 다른 종이에 옮겨 그립니다.

이때 다트 등의 끝 맞춤 표시가 있는 것은 맞추면서 옮겨 그립니다.

맞춤 부분은 선이 자연스럽게 이어지도록 고칩니다. 또 앞뒤 어깨와 옆선 등은 각각의 패턴 박음질 선을 맞춘 다음 선을 자연스럽게 이어서 패턴을 완성합니다.

재료와 패턴 배치도

재료는 일반적인 천의 폭(110cm)으로 견적을 냅니다.

디자인과 패턴의 모양에 따라 광폭(140cm)과 90cm 폭을 사용하기도 합니다.

패턴 배치도는 M사이즈에 맞춰서 배치한 것입니다.

패턴 사이즈와 천의 폭이 다른 경우, 옷의 길이와 소매 길이를 조절하면 필요한 옷감 길이도 바뀌므로 주의합니다.

사이즈 표(누드치수)

(단위 cm)

명칭 \ 사이즈	S	M	ML	L
키	156	160	164	168
가슴	79	83	87	91
허리	60	64	68	72
엉덩이	86	90	94	98

※ 주: 패턴 배치도에서 지정 이외의 시접분은 1cm입니다.
패턴 배치도에서 ▒는 접착심을 붙이는 위치를 나타냅니다.

실물 크기 패턴 B-1

Style 1 롤 칼라 블라우스
기본

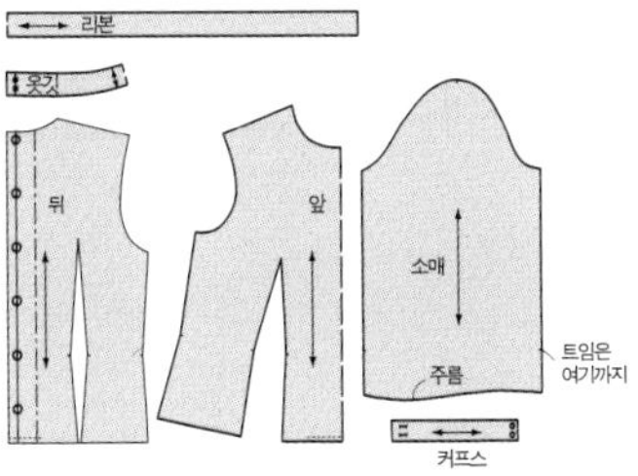

Style 2 셔츠 칼라 블라우스
기본, 응용1–몸판 프릴, 소맷부리 프릴
응용2–소매 프릴

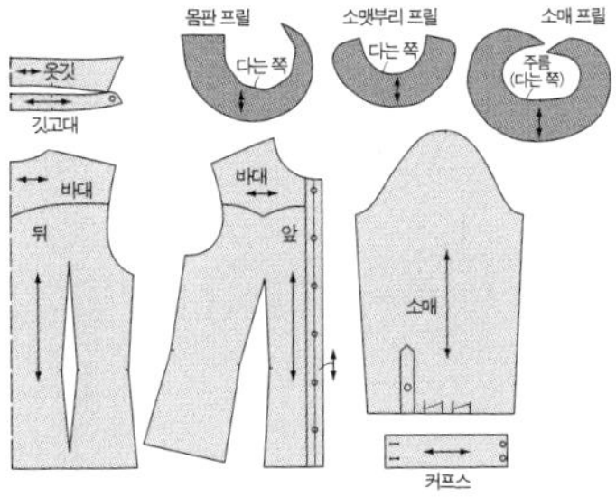

Style 3 A라인 블라우스
기본

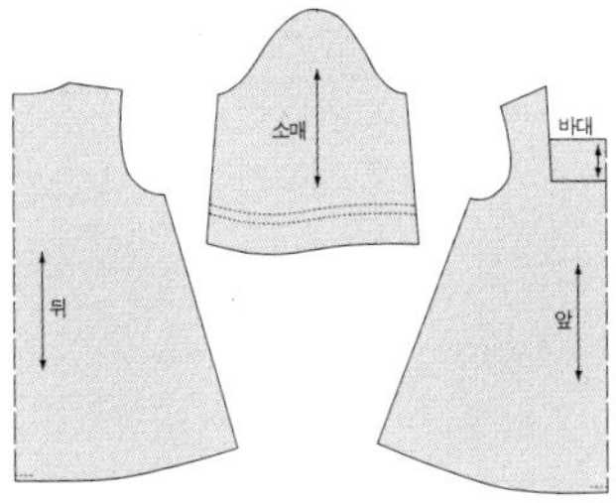

Style 4 판초 블라우스
기본

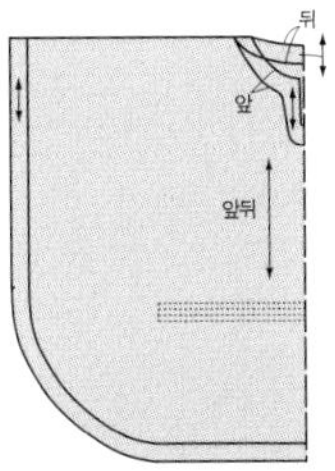

Style 5 헴라인 리브 블라우스
기본

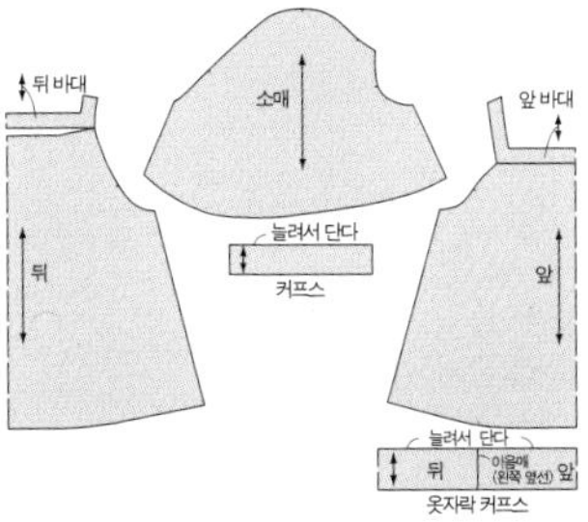

Style 6 베스트 블라우스
기본

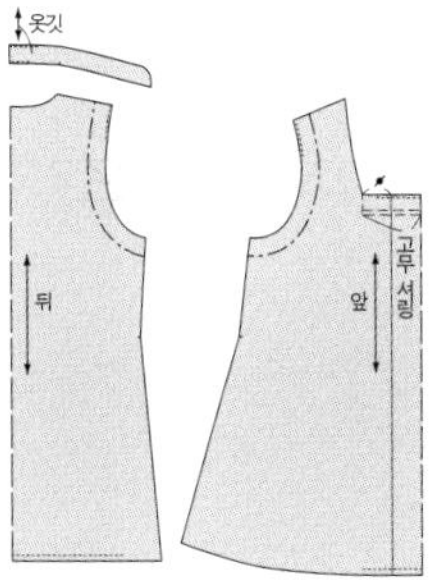

실물 크기 패턴 B-2

Style 7 타이트 스커트
기본

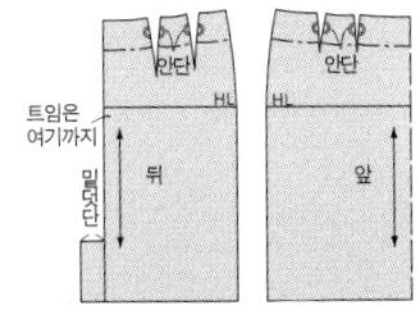

Style 8 랩 스커트
기본

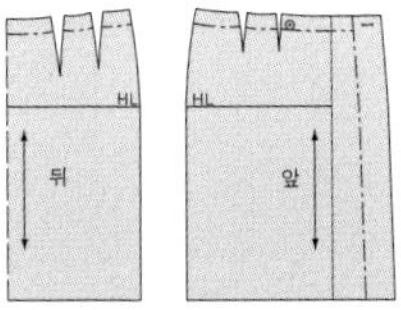

Style 9 주름 스커트
기본

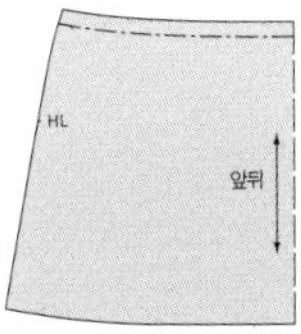

Style 10 와이드 팬츠
기본

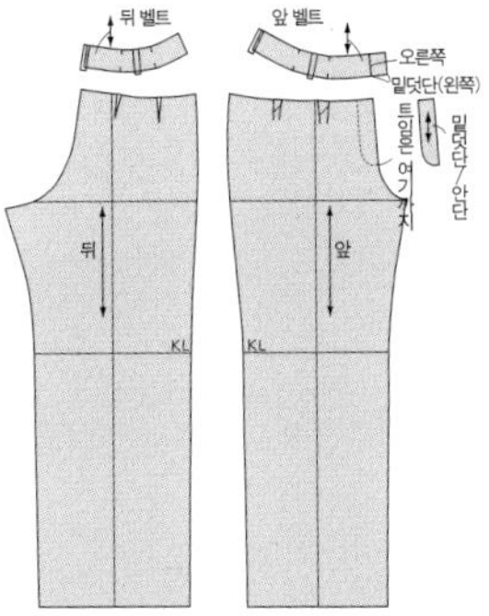

Style 11 타이트 스트레이트 팬츠
기본

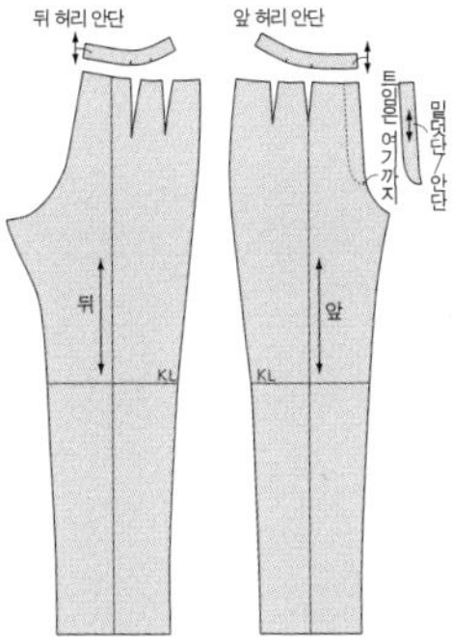

Style 12 슬림 팬츠
기본, 응용3–무릎 절개천

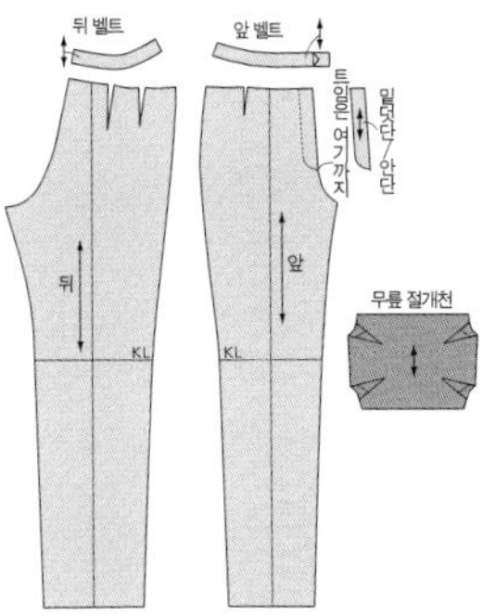

ROLL COLLAR BLOUSE

Style1 롤 칼라 블라우스

기본 98쪽

●필요한 패턴(B-1)

뒤, 앞, 소매, 옷깃, 커프스, 리본

●재료

겉감 = 폭 110cm
(S, M) 2m 10cm
(ML, L) 2m 30cm
접착심 = 90cm 폭 60cm
직경 1.5cm의 버튼 6개(뒤 몸판)
직경 1cm의 버튼 6개(옷깃, 커프스)

●준비

뒤 이어지는 안단, 겉 옷깃, 겉 커프스에 접착심을 붙인다.
뒤 이어지는 안단의 안, 소매 아래의 시접에 M
※ M은 '오버로크를 친다'는 뜻.

●만드는 순서

1 앞뒤 다트를 박는다(137쪽 참고).
2 어깨를 박는다(시접은 2장 모두 M).
3 뒤 안단을 접는다.
4 옷깃을 만들어 단다.
5 옆을 박는다(시접은 2장 모두 M).
6 소매단은 트임분만큼 남기고 박는다. 커프스를 만들어 단다.
7 소매를 단다(시접은 2장 모두 M).
8 옷자락을 두 번 접어서 박는다.
9 리본을 만든다.
10 뒤 중심과 커프스에 단춧구멍을 만들고 단추를 단다.

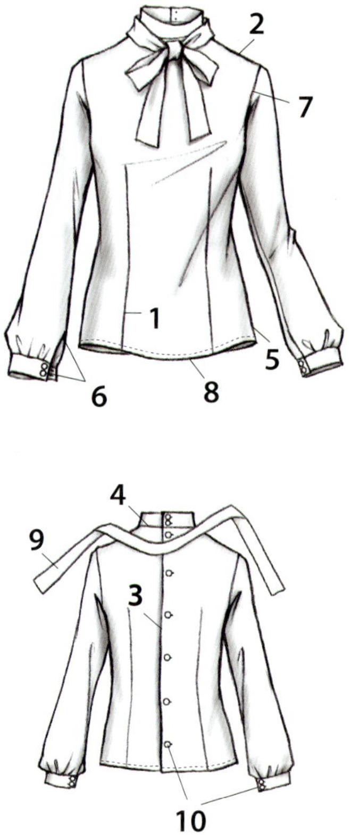

패턴 배치도

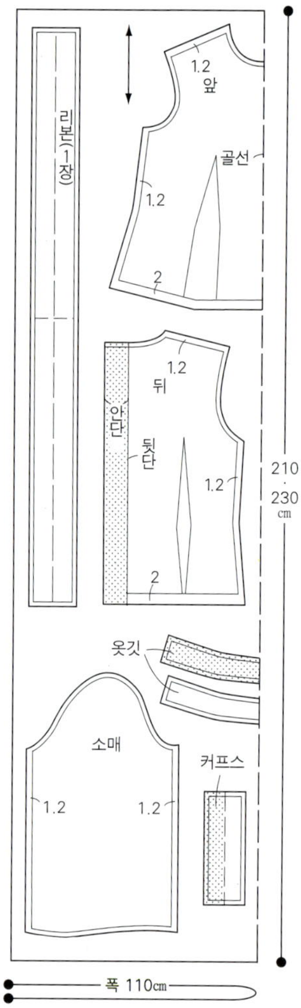

6 커프스 다는 방법

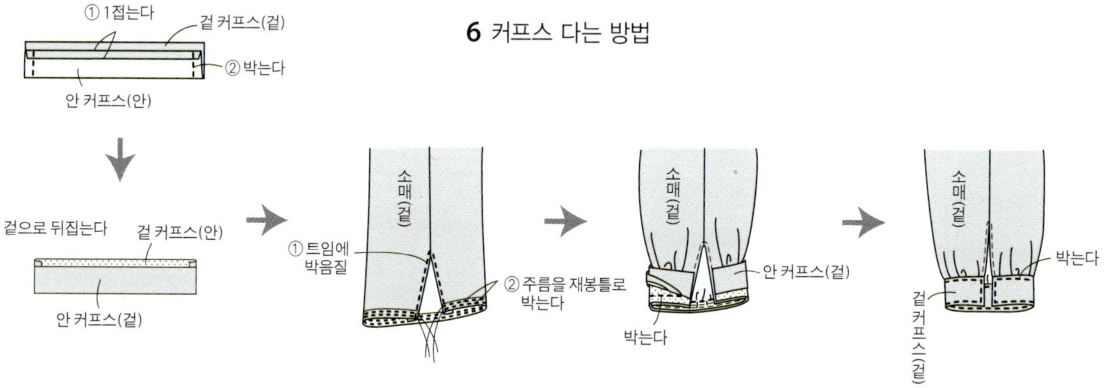

ROLL COLLAR BLOUSE

Style1 롤 칼라 블라우스

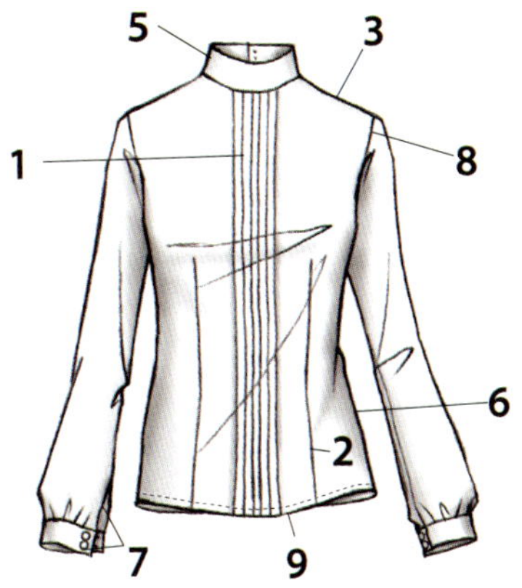

응용 1 99쪽

● 필요한 패턴(B-1)

뒤, 앞, 소매, 옷깃, 커프스

● 재료

겉감 = 폭 110cm
(S, M) 2m 10cm
(ML, L) 2m 30cm
접착심 = 90cm 폭 60cm
직경 1.5cm의 버튼 6개(뒤 몸판)
직경 1cm의 버튼 6개(옷깃, 커프스)

● 준비

뒤 이어지는 안단, 겉 옷깃, 겉 커프스에 접착심을 붙인다.
뒤 이어지는 안단의 안, 소매 아래의 시접에 M
※ M은 '오버로크를 친다'는 뜻.

● 만드는 순서

1 앞 몸판의 핀턱을 박는다.
2 앞뒤 다트를 박는다(137쪽 참고).
3 어깨를 박는다(시접은 2장 모두 M).
4 뒤 안단을 접는다.
5 옷깃을 만들고 단다.
6 옆을 박는다(시접은 2장 모두 M).
7 소매단은 트임분만큼 남기고 박는다. 커프스를 만들어 단다(134쪽 참고).
8 소매를 단다(시접은 2장 모두 M).
9 옷자락은 두 번 접어서 박는다.
10 뒤 중심과 커프스에 단춧구멍을 만들고 단추를 단다.

패턴 배치도

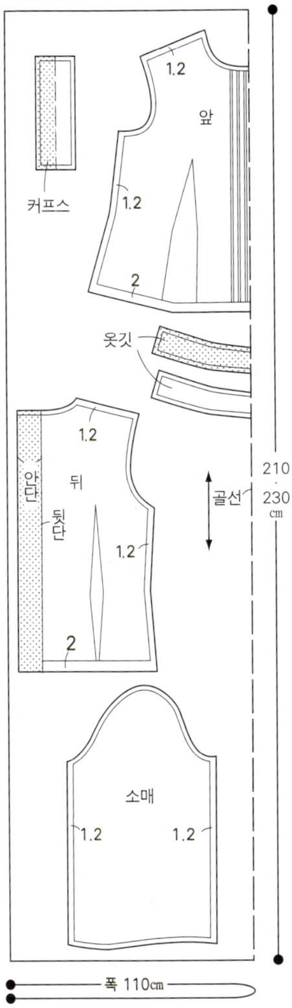

1 핀턱 재봉법

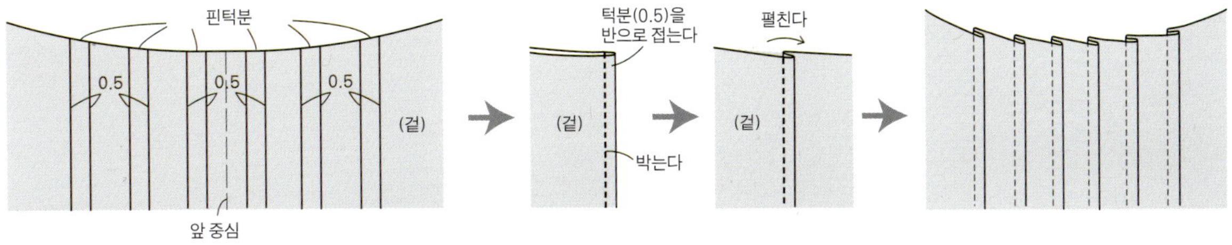

ROLL COLLAR BLOUSE

Style1 롤 칼라 블라우스

응용 2 100쪽

● 필요한 패턴(B–1)

뒤, 앞, 바대, 소매, 옷깃, 커프스

● 재료

겉감 = 폭 110cm

(S, M) 2m

(ML, L) 2m 20cm

다른 천(바대분) = 90cm 폭 30cm

접착심 = 90cm 폭 60cm

직경 1.5cm의 버튼 6개(뒤 몸판)

직경 1cm의 버튼 6개(옷깃, 커프스)

● 준비

뒤 이어지는 안단, 겉 옷깃, 겉 커프스에 접착심을 붙인다. 바대의 몸판에 대는 쪽의 시접, 앞 몸판 바대 대는 쪽의 시접, 뒤 이어지는 안단의 안, 소매단의 시접에 M.

※ M은 '오버로크를 친다'는 뜻.

● 만드는 순서

1 앞 몸판에 바대를 댄다.
2 앞뒤 다트를 박는다(137쪽 참고).
3 어깨를 박는다(시접은 2장 모두 M).
4 뒤 안단을 접는다.
5 옷깃을 만들고 단다.
6 옆을 박는다(시접은 2장 모두 M).
7 소매단은 트임분만큼 남기고 박는다. 커프스를 만들어 단다(134쪽 참고).
8 소매를 단다(시접은 2장 모두 M).
9 옷자락은 두 번 접어서 박는다.
10 뒤 중심과 커프스에 단춧구멍을 만들고 단추를 단다.

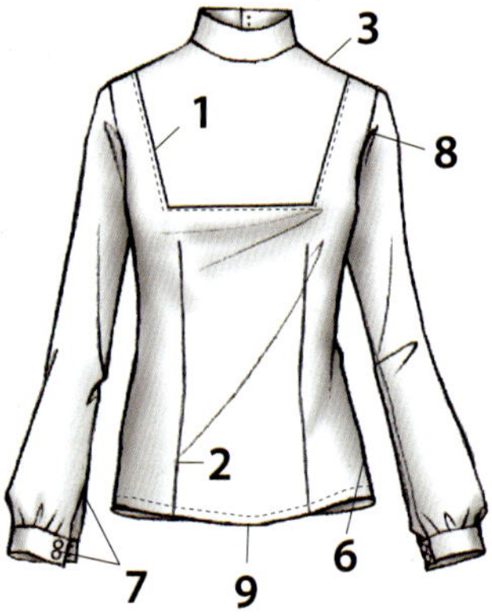

패턴 배치도(겉감)

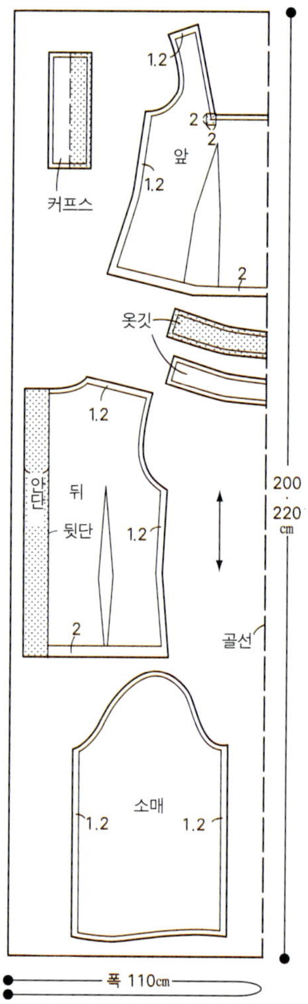

(다른 천)

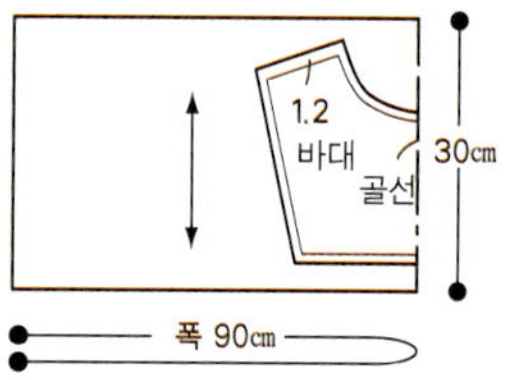

1 바대 대는 방법

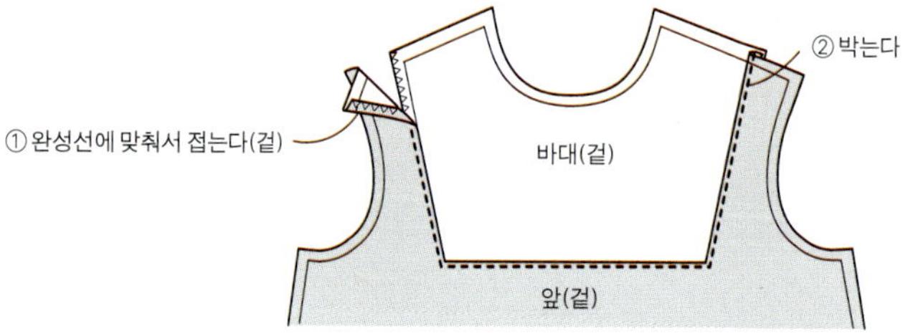

ROLL COLLAR BLOUSE

Style1 롤 칼라 블라우스

응용 3

101쪽

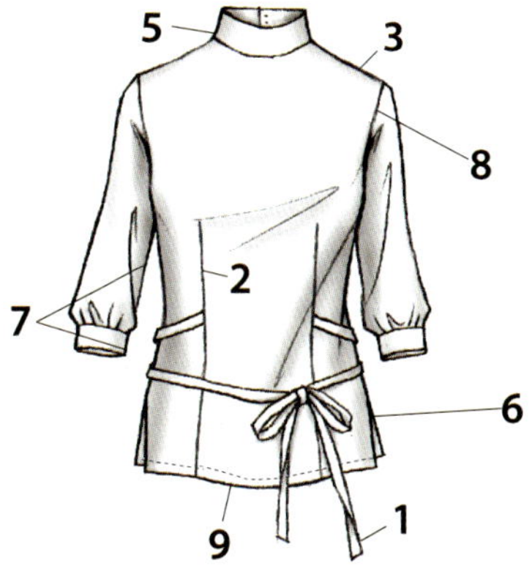

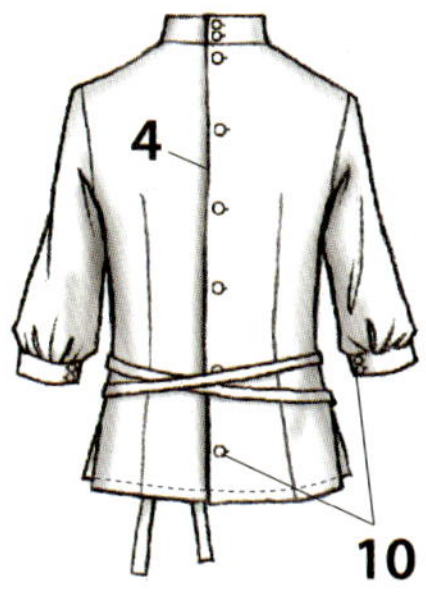

패턴 배치도

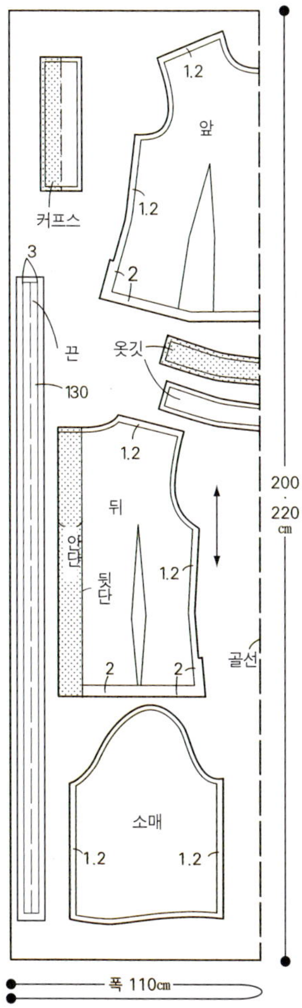

● 필요한 패턴(B-1)

뒤, 앞, 바대, 소매, 옷깃, 커프스

● 재료

겉감 = 폭 110cm

(S, M) 2m

(ML, L) 2m 20cm

접착심 = 90cm 폭 60cm

직경 1.5cm의 버튼 6개(뒤 몸판)

직경 1cm의 버튼 6개(옷깃, 커프스)

● 준비

뒤 이어지는 안단, 겉 옷깃, 겉 커프스에 접착심을 붙인다.

뒤 이어지는 안단의 안, 앞뒤 옆의 시접, 소매단의 시접에 M.

※ M은 '오버로크를 친다'는 뜻.

● 만드는 순서

1 끈을 만든다.

2 앞뒤 다트를 박는다(앞 다트에는 끈을 끼운다).

3 어깨를 박는다(시접은 2장 모두 M).

4 뒤 안단을 접는다.

5 옷깃을 만들고 단다.

6 옆을 슬릿이 시작하는 부분까지 박는다.

7 소매단은 트임분만큼 남기고 박는다. 커프스를 만들어 단다(134쪽 참고).

8 소매를 단다(시접은 2장 모두 M).

9 옆 슬릿과 옷자락을 두 번 접어서 박는다.

10 뒤 중심과 커프스에 단춧구멍을 만들고 단추를 단다.

1,2 끈 다는 방법, 다트 재봉법

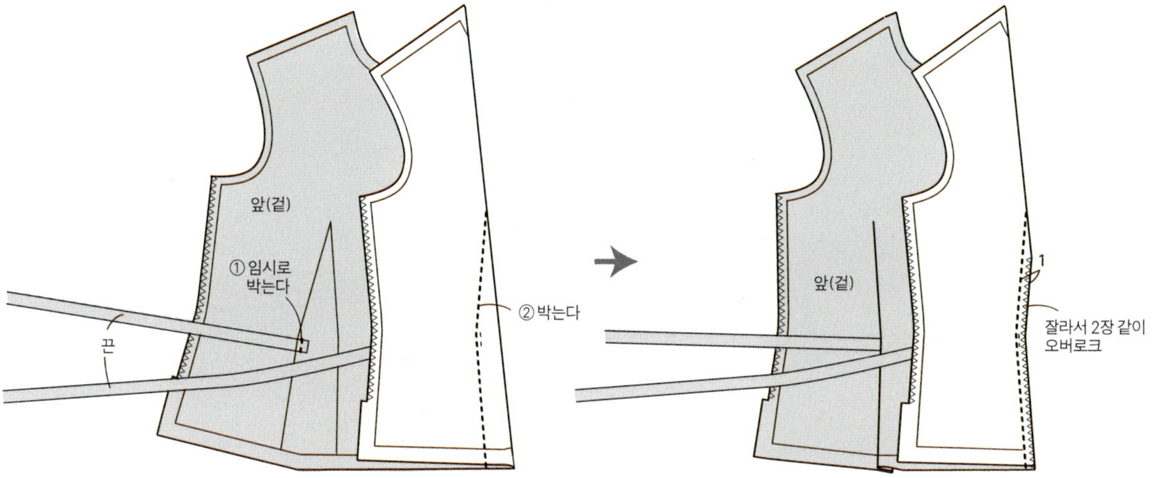

SHIRT COLLAR BLOUSE

Style2 셔츠 칼라 블라우스

기본 104쪽

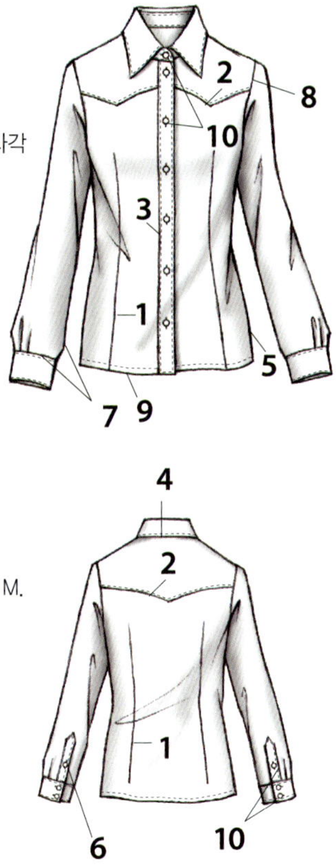

● 필요한 패턴(B-1)

뒤, 앞, 뒤 바대, 앞 바대, 소매, 옷깃, 깃고대, 덧단, 커프스, 직사각형 덧천, 밑덧단

● 재료

겉감 = 폭 110cm
(S, M) 2m 10cm
(ML, L) 2m 30cm
접착심 = 90cm 폭 60cm
직경 1cm의 버튼 6개(덧단)
직경 1.3cm의 버튼 7개(깃고대, 커프스, 직사각형 덧천)

● 준비

겉 덧단, 안 깃고대, 겉 옷깃, 겉 커프스에 접착심을 붙인다.
앞뒤 몸판 바대를 대는 쪽의 시접, 바대 몸판 대는 쪽의 시접에 M.
※ M은 '오버로크를 친다'는 뜻.

● 만드는 순서

1 앞뒤 다트를 박는다(137쪽 참고).
2 앞뒤 바대를 댄다.
3 앞 몸판에 덧단을 단다.
4 옷깃을 만들고 단다.
5 옆을 박는다(시접은 2장 모두 M).
6 소맷부리에 직사각형 덧천과 밑덧단을 단다.
7 소매단을 박고(시접은 2장 모두 M) 커프스를 만들어 단다.
8 소매를 단다(시접은 2장 모두 M).
9 옷자락을 두 번 접어서 박는다.
10 앞 중심과 소맷부리의 트임에 단춧구멍을 만들고 단추를 단다.

패턴 배치도

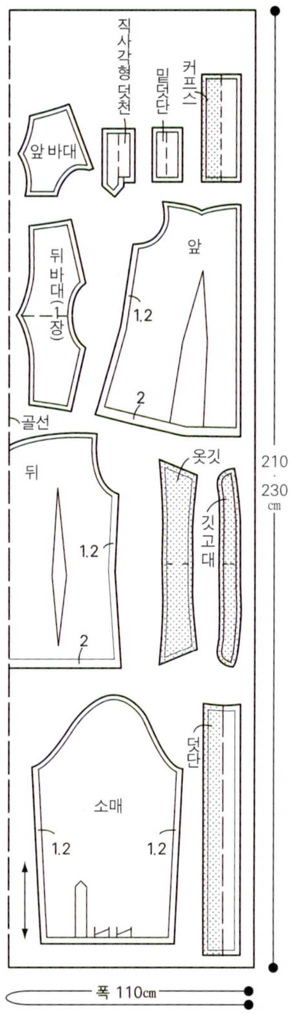

6 소맷부리 직사각형 덧천과 밑덧단을 다는 방법

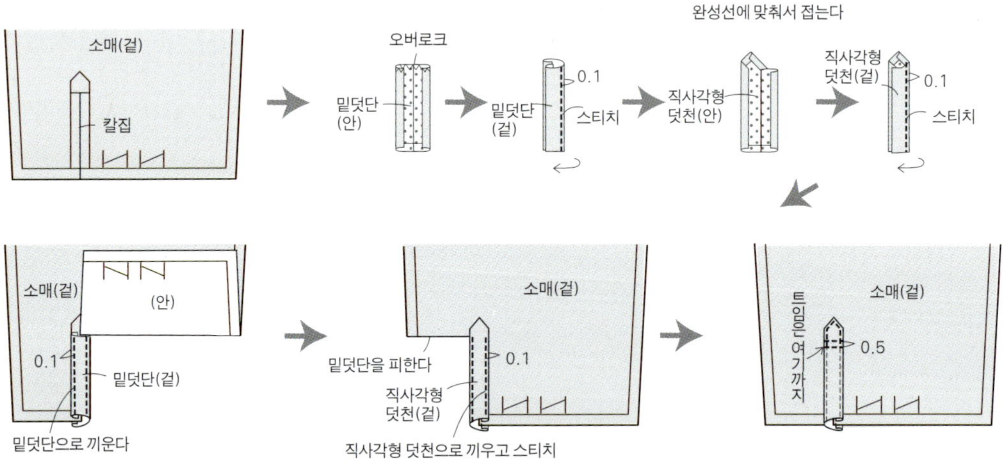

SHIRT COLLAR BLOUSE

Style2 셔츠 칼라 블라우스

응용 1 105쪽

● 필요한 패턴(B-1)

뒤, 앞, 소매, 옷깃, 깃고대, 덧단, 몸판 프릴, 소맷부리 프릴

● 재료

겉감 = 폭 110cm
(S, M) 2m 10cm
(ML, L) 2m 30cm
접착심 = 90cm 폭 60cm
직경 1cm의 버튼 9개(덧단, 깃고대, 소맷부리의 트임)

● 준비

겉 덧단, 안 깃고대, 겉 옷깃에 접착심을 붙인다.
몸판 프릴의 가장자리, 소맷부리 프릴의 가장자리에 지그재그로 오버로크를 친다.
소매 아래 시접에 M.
※ M은 '오버로크를 친다'는 뜻.

● 만드는 순서

1 앞뒤 다트를 박는다(137쪽 참고).
2 몸판 프릴을 끼우고 덧단을 단다.
3 어깨를 박는다(시접은 2장 모두 M).
4 옷깃을 만들고 단다(141쪽 참고).
5 옆을 박는다(시접은 2장 모두 M).
6 소맷부리에 턱을 접고 루프를 만들고 고정한다.
7 소매단을 박고 소맷부리 프릴을 단다.
8 소매를 단다(시접은 2장 모두 M).
9 옷자락을 두 번 접어서 박는다.
10 앞 중심에 단춧구멍을 만들고 단추를 단다.

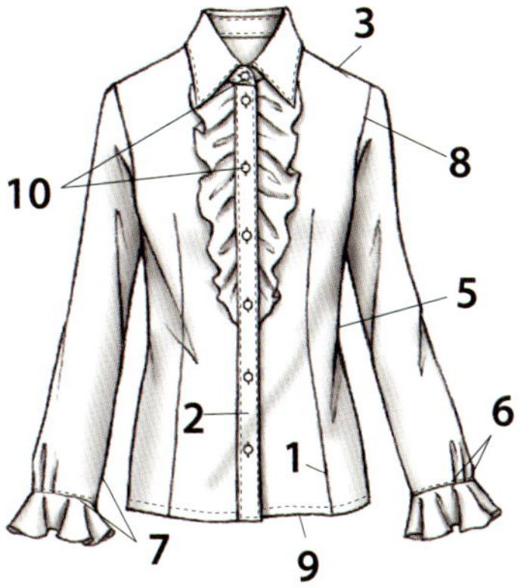

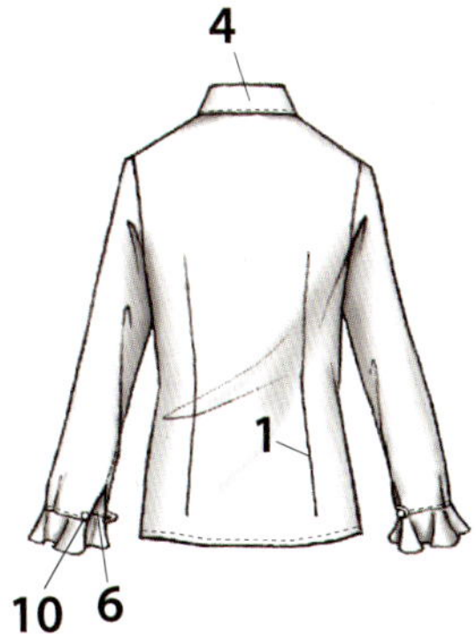

패턴 배치도

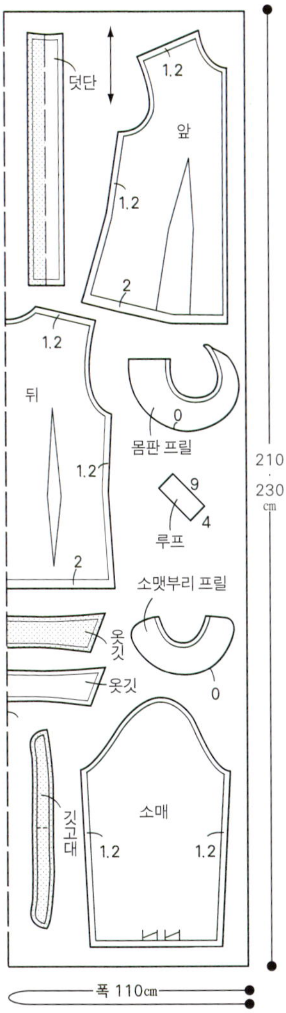

2 몸판 프릴을 다는 방법

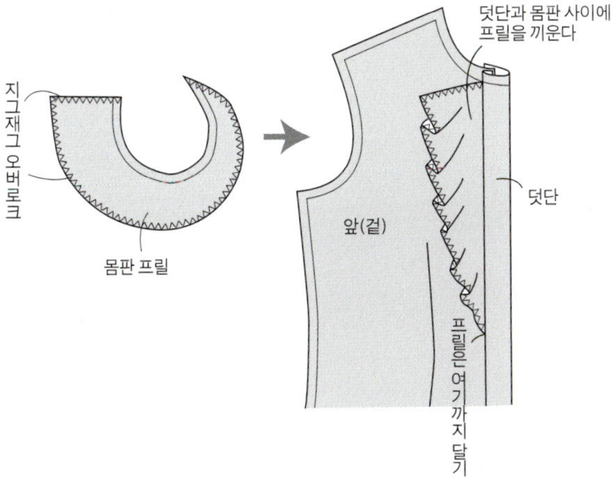

6,7 소맷부리 프릴 다는 방법

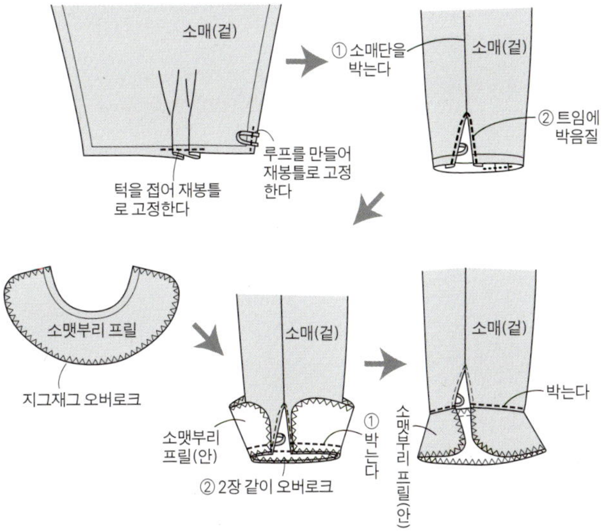

SHIRT COLLAR BLOUSE

Style2 셔츠 칼라 블라우스

응용 **2** 106쪽

● 필요한 패턴(B–1)

뒤, 앞, 바대, 소매 프릴, 옷깃, 깃고대, 덧단, 뒤 진동둘레 안단, 앞 진동둘레 안단

● 재료

겉감 = 폭 110cm
(S, M) 1m 50cm
(ML, L) 1m 70cm
다른 천(레이스) = 110cm 폭 50cm
접착심 = 90cm 폭 60cm
직경 1cm의 버튼 6개(덧단)
직경 1.3cm의 버튼 1개(깃고대)

● 준비

겉 덧단, 안 깃고대, 겉 옷깃, 앞뒤 진동둘레 안단에 접착심을 붙인다.
소매 프릴의 가장자리에 지그재그로 오버로크를 친다.
앞뒤 몸판 바대 대는 쪽의 시접, 바대 몸판 대는 쪽의 시접, 앞뒤 진동둘레 안단의 안에 M.
※ M은 '오버로크를 친다'는 뜻.

● 만드는 순서

1 앞뒤 다트를 박는다(137쪽 참고).
2 앞뒤에 바대를 댄다.
3 앞 몸판에 덧단을 단다.
4 옷깃을 만들어 단다(141쪽 참고).
5 옆을 박는다(시접은 2장 모두 M).
6 소매 프릴을 2장 겹쳐서 주름을 잡는다.
7 진동둘레와 소매 프릴의 겉을 맞대고 진동둘레 안단을 겹쳐서 박는다.
8 옷자락을 두 번 접어서 박는다.
9 앞 중심에 단춧구멍을 만들고 단추를 단다.

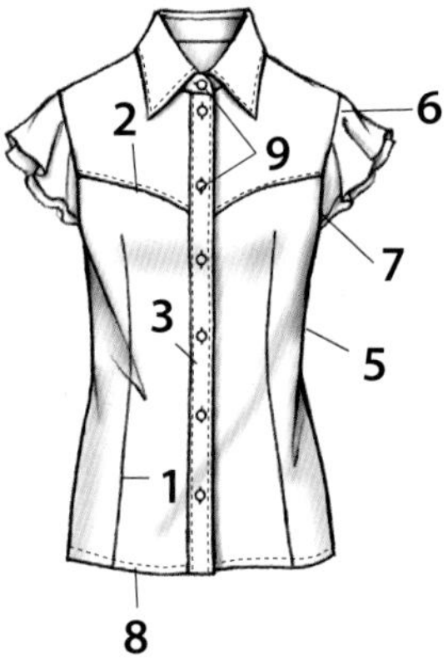

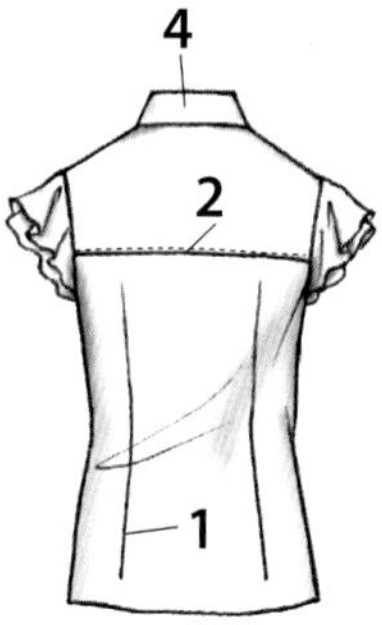

패턴 배치도(겉감)

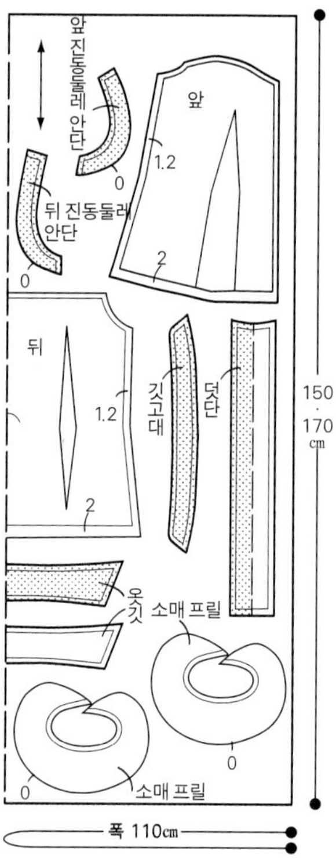

(다른 천)

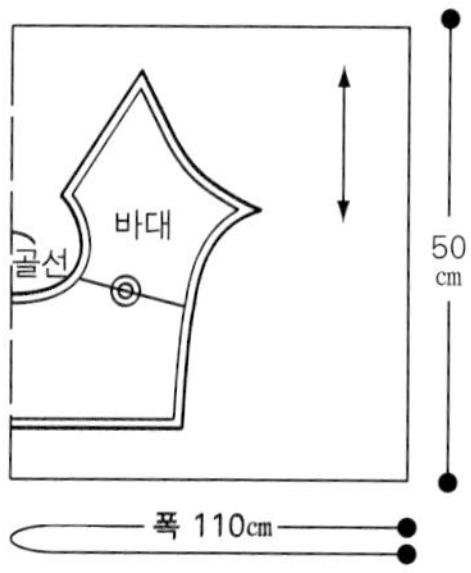

6,7 소매 프릴과 진동둘레를 정리하는 방법

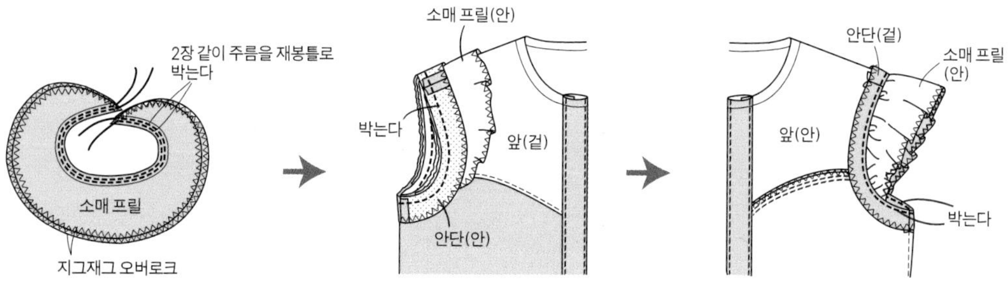

SHIRT COLLAR BLOUSE

Style2 셔츠 칼라 블라우스

응용 3 107쪽

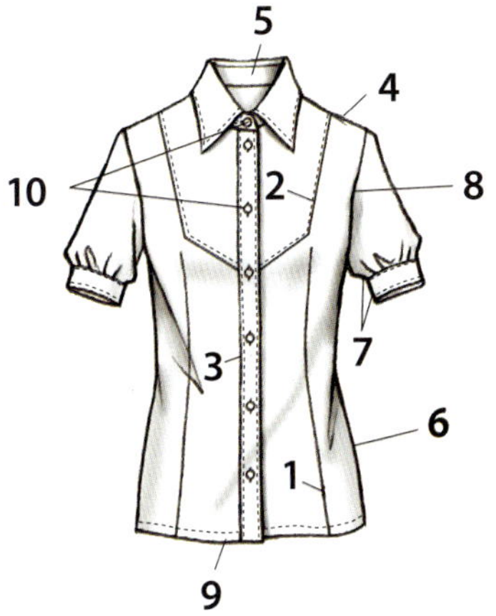

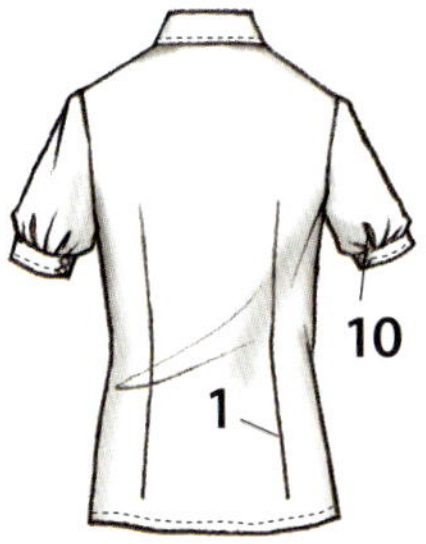

● 필요한 패턴(B-1)

뒤, 앞, 바대, 소매, 옷깃, 깃고대, 덧단, 커프스

● 재료

겉감 = 폭 110cm

(S, M) 1m 80cm

(ML, L) 2m 10cm

다른 천(바대분) = 110cm 폭 30cm

접착심 = 90cm 폭 60cm

직경 1cm의 버튼 11개(덧단, 깃고대, 커프스)

● 준비

겉 덧단, 안 깃고대, 겉 옷깃, 겉 커프스에 접착심을 붙인다.

앞 몸판 바대 대는 쪽의 시접, 바대 몸판 대는 쪽의 시접, 소매단의 시접에 M.

※ M은 '오버로크를 친다'는 뜻.

● 만드는 순서

1 앞뒤 다트를 박는다(137쪽 참고).

2 앞 몸판에 바대를 댄다.

3 앞 몸판에 덧단을 단다.

4 어깨를 박는다(시접은 2장 모두 M).

5 옷깃을 만들어 단다.

6 옆을 박는다(시접은 2장 모두 M).

7 소매단은 아랫부분의 트임분만큼 남기고 박는다. 커프스를 만들어서 단다(134쪽 참고).

8 소매를 단다(시접은 2장 모두 M).

9 옷자락을 두 번 접어서 박는다.

10 앞 중심과 커프스에 단춧구멍을 만들고 단추를 단다.

패턴 배치도

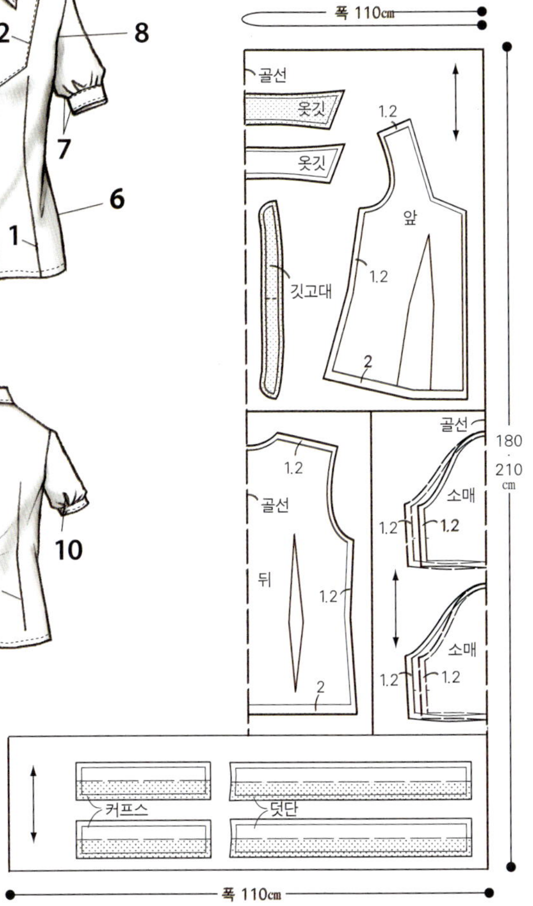

(다른 천)

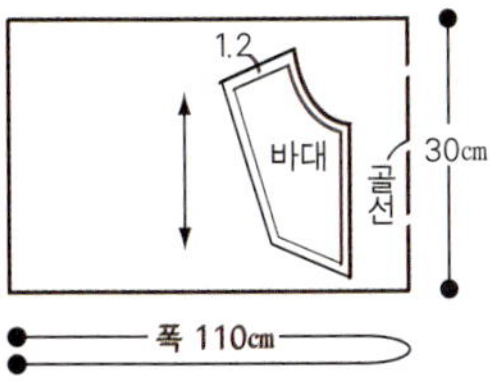

5 옷깃 다는 방법

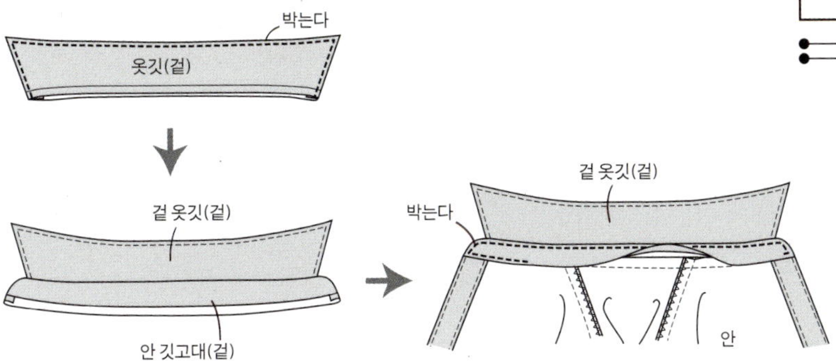

A-LINE BLOUSE

Style3 A라인 블라우스

기본 110쪽

● 필요한 패턴(B-1)

뒤, 앞, 소매, 바대, 보강천

● 재료

겉감 = 폭 110cm

(S, M) 2m 20cm

(ML, L) 2m 40cm

다른 천 = 30×20cm

고무테이프 = 1cm 폭 40cm

양쪽을 접는 바이어스테이프 = 12mm 폭 30cm

● 준비

앞 몸판 바대 대는 쪽의 시접, 바대 몸판 대는 쪽의 시접에 M.

※ M은 '오버로크를 친다'는 뜻.

● 만드는 순서

1 앞 몸판에 바대를 댄다.

2 어깨를 박는다(시접은 2장 모두 M).

3 뒤 진동둘레를 바이어스 테이프로 정리한다.

4 옆을 박는다(시접은 2장 모두 M).

5 소매단을 박고(시접은 2장 모두 M) 소맷부리에 보강천을 댄다.

6 소맷부리를 두 번 접어서 박는다.

7 소매를 단다(시접은 2장 모두 M).

8 옷자락을 두 번 접어서 박는다.

9 소맷부리의 보강천에 고무테이프를 끼운다.

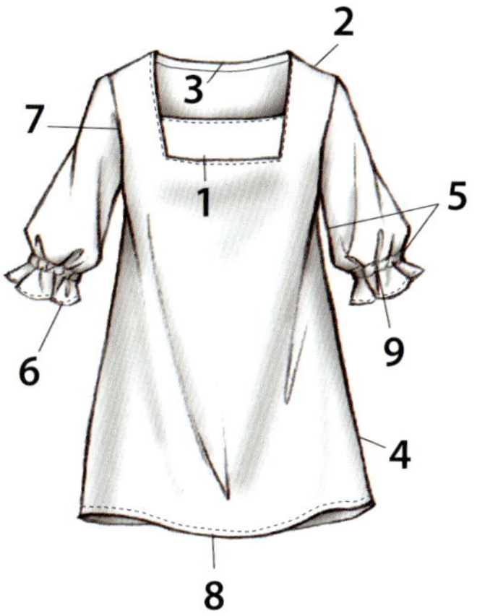

패턴 배치도(겉감)

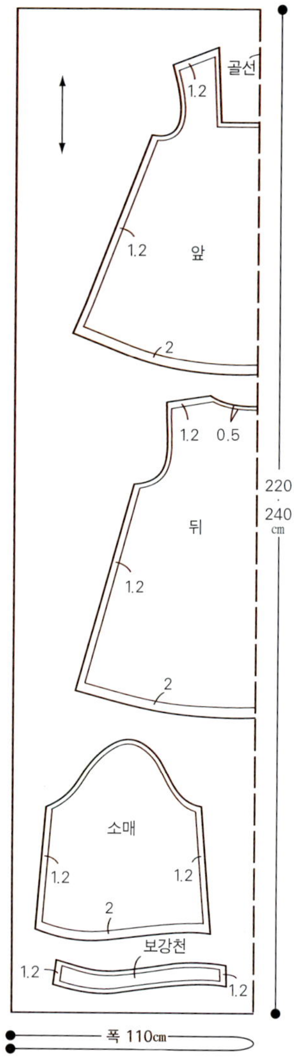

(다른 천)

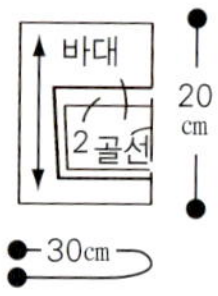

1~3 의 재봉법

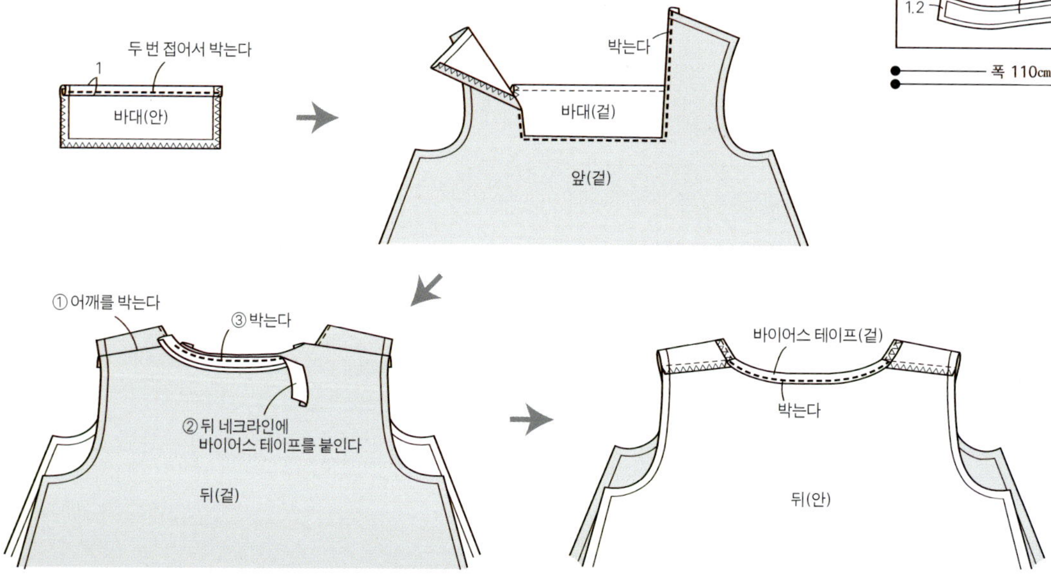

A-LINE BLOUSE

Style3 A라인 블라우스

응용1 111쪽

●필요한 패턴(B–1)

뒤, 앞, 소매, 커프스, 뒤 보강천, 앞 보강천, 프릴, 리본

●재료

겉감 = 폭 110cm
(S, M) 2m 20cm
(ML, L) 2m 40cm
접착심 = 10×30cm
레이스(프릴분) = 폭 7cm
(S, M) 1m 20cm
(ML, L) 1m 40cm
양쪽을 접는 바이어스 테이프 = 12mm 폭 60cm
고무테이프 = 1cm 폭 90cm

●준비

커프스에 접착심을 붙인다.
※ M은 '오버로크를 친다'는 뜻.

●만드는 순서

1 어깨를 박는다(시접은 2장 모두 M).
2 옆을 박는다(시접은 2장 모두 M).
3 소매단을 박고(시접은 2장 모두 M) 소맷부리에 커프스를 단다.
4 소매를 단다(시접은 2장 모두 M).
5 네크라인을 바이어스 테이프로 정리한다.
6 보강천을 박고 몸판에 댄다.
7 옷자락을 두 번 접어서 박는다.
8 프릴을 원으로 박고 재봉틀로 주름을 박아서 잡은 다음 네크라인에 단다.
9 보강천에 고무테이프를 끼운다.
10 리본의 주위를 두 번 접어서 박고 앞 몸판에 단다.

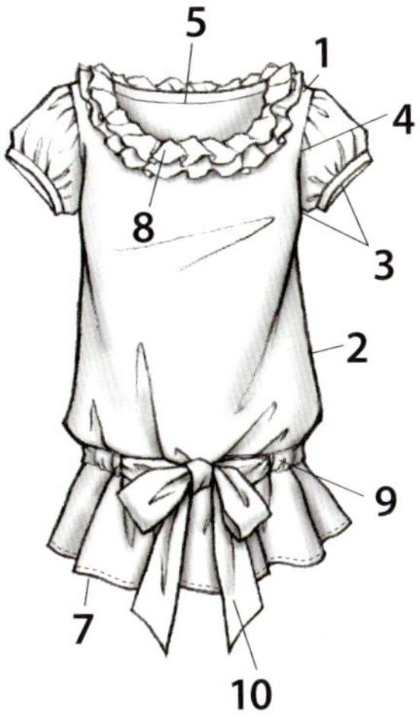

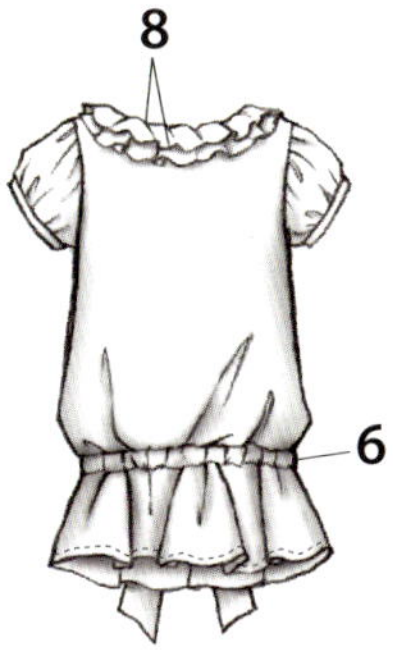

패턴 배치도

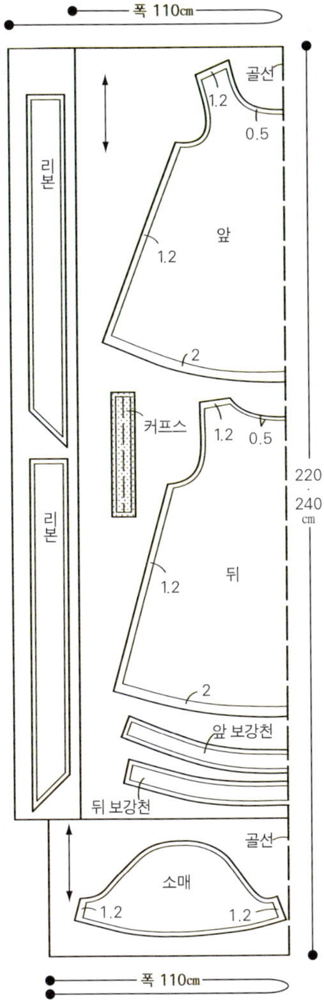

8 프릴을 다는 방법

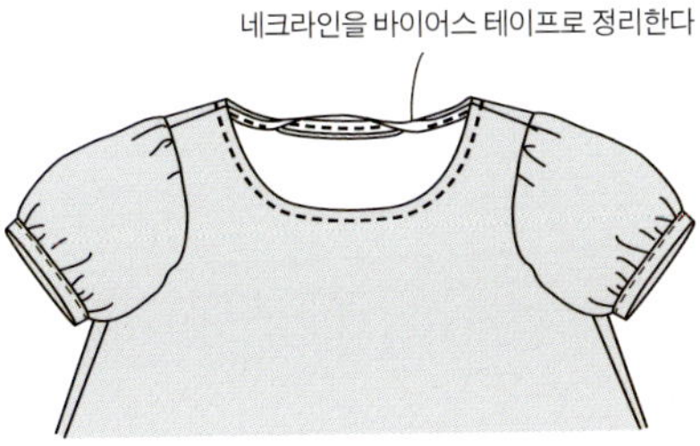

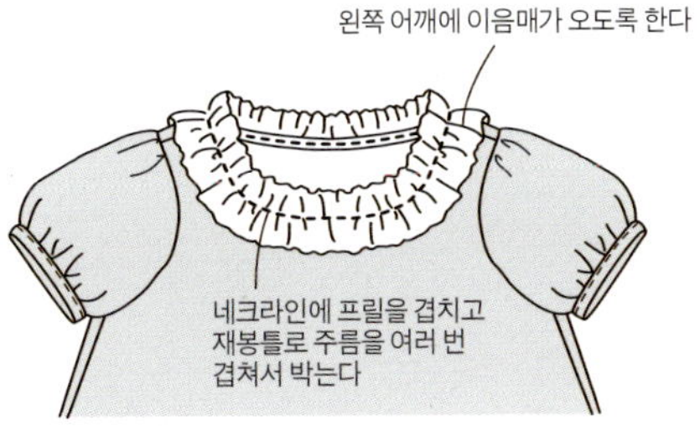

A-LINE BLOUSE

Style3 A라인 블라우스

응용 2 112쪽

● 필요한 패턴(B–1)

뒤, 앞, 장식천, 소매, 뒤 절개천, 앞 절개천, 뒤 보강천, 앞 보강천

● 재료

겉감 = 폭 110cm
(S, M) 2m 60cm
(ML, L) 2m 80cm
접착심 = 90cm 폭 30cm
고무테이프 = 1cm 폭 90cm

● 준비

앞뒤 절개천에 접착심을 붙인다.
※ M은 '오버로크를 친다'는 뜻.

● 만드는 순서

1 장식천의 자락을 두 번 접어서 박고 중심에 재봉틀로 주름을 잡아서 장식천을 6cm로 줄인다.
2 앞 몸판에 장식천을 대고 뒤틀리지 않도록 시접분에 고정시킨다.
3 어깨를 박는다(시접은 2장 모두 M).
4 옆을 박는다(시접은 2장 모두 M).
5 소매단을 박는다(시접은 2장 모두 M).
6 소맷부리를 두 번 접어서 박는다.
7 소매를 단다(시접은 2장 모두 M).
8 절개천을 박고 네크라인에 댄다.
9 보강천을 박고 몸판에 댄다.
10 옷자락을 두 번 접어서 박는다.
11 허리의 보강천에 고무테이프를 끼운다.

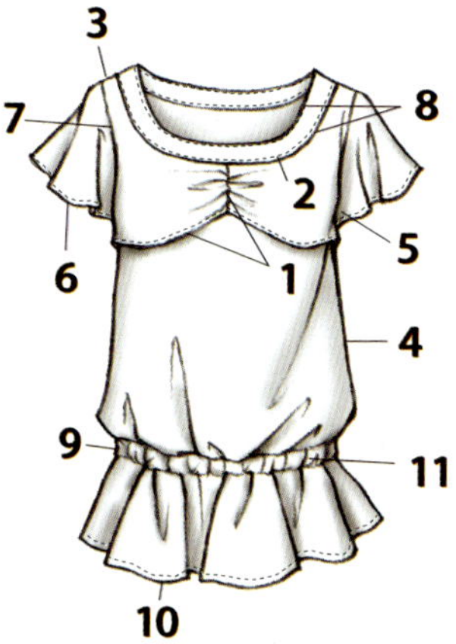

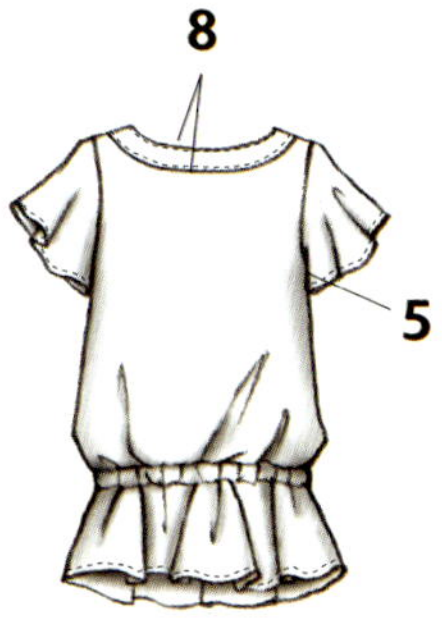

1,2 장식천 재봉법

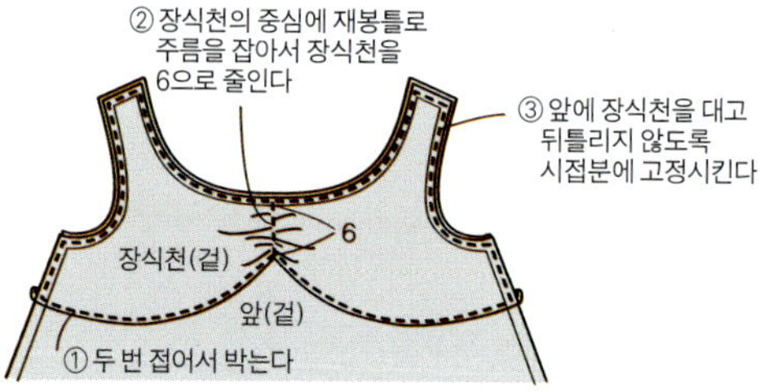

패턴 배치도

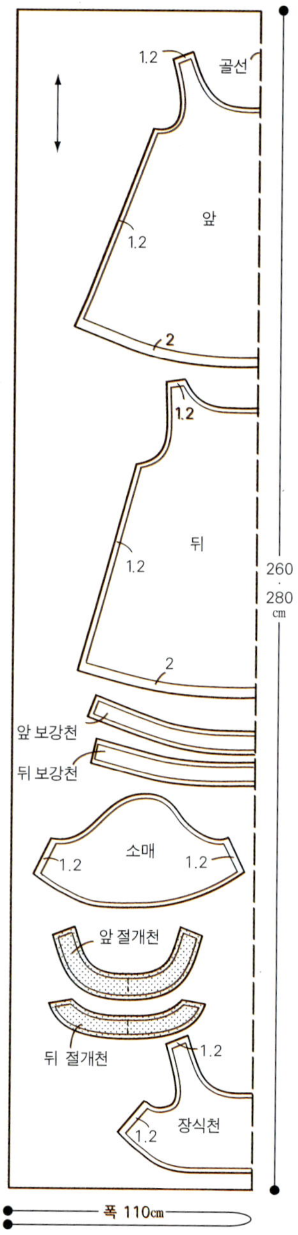

A-LINE BLOUSE

Style3 A라인 블라우스

응용 3 113쪽

● 필요한 패턴(B-1)

뒤, 앞, 소매, 뒤 절개천, 앞 절개천, 뒤 프릴, 앞 프릴

● 재료

겉감 = 폭 110cm
(S, M) 3m
(ML, L) 3m 20cm
접착심 = 90cm 폭 30cm

● 준비

앞 절개천에 접착심을 붙인다.
※ M은 '오버로크를 친다'는 뜻.

● 만드는 순서

1 소맷부리, 앞뒤 프릴 자락을 각각 지그재그 오버로크를 쳐서 정리한다.
2 어깨를 박는다(시접은 2장 모두 M).
3 옆을 박는다(시접은 2장 모두 M).
4 소매단을 박는다(시접은 2장 모두 M).
5 소매는 두 장을 겹쳐서 비틀리지 않도록 시접분에 시침질을 해서 고정시킨다.
6 소매를 단다(시접은 2장 모두 M).
7 절개천을 박고 네크라인에 댄다.
8 옷자락 프릴의 옆을 각각 박아서 두 장을 겹친 다음 비틀리지 않도록 시접분을 시침질로 고정한다.
9 옷자락 프릴을 단다(시접분은 3장 모두 M).

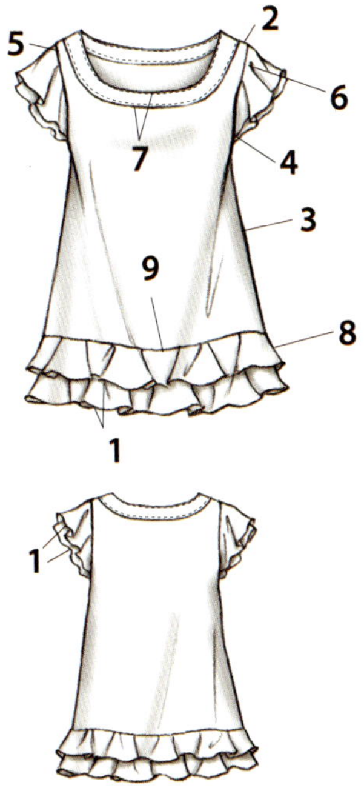

8,9 옷자락에 프릴 다는 방법

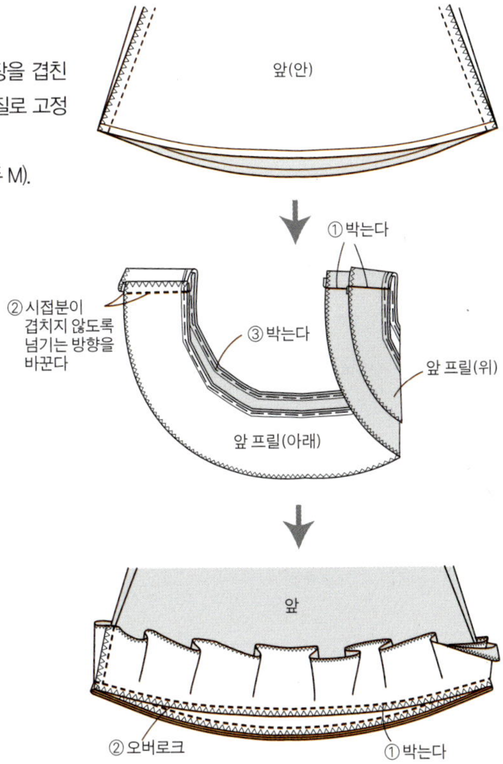

패턴 배치도

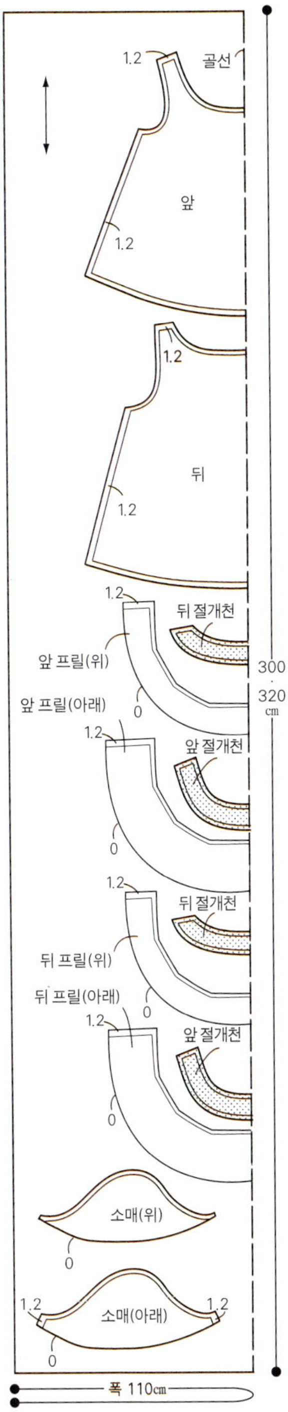

PONCHO BLOUSE

Style4 판초 블라우스

기본 116쪽

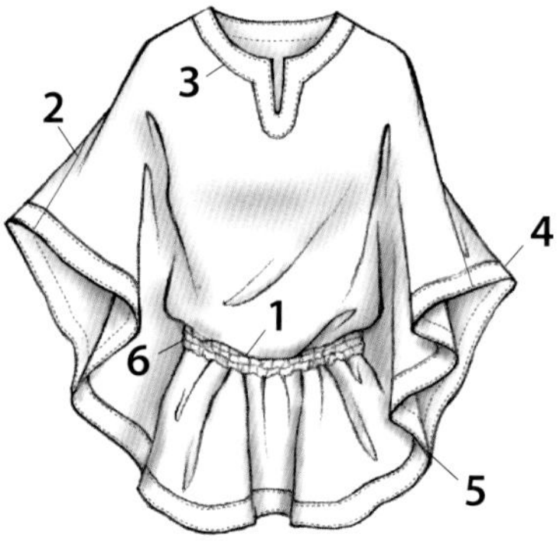

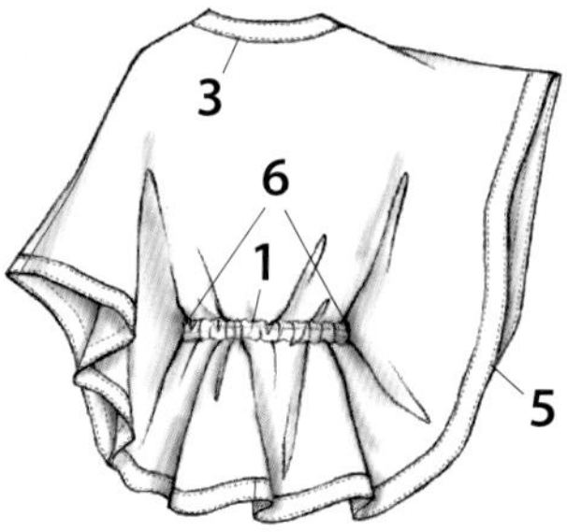

●필요한 패턴(B–1)

앞뒤, 뒤, 겉 안단, 앞 겉 안단, 앞뒤 가장자리 천

●재료

겉감 = 폭 140cm

(S, M) 2m 50cm

(ML, L) 2m 70cm

접착심 = 30×30cm

고무재봉실

●준비

앞뒤 겉 안단에 접착심을 붙인다.

※ M은 '오버로크를 친다'는 뜻.

●만드는 순서

1 앞뒤로 고무 셔링을 잡는다.
2 어깨를 박는다(시접은 2장 모두 M).
3 네크라인을 겉 안단으로 정리한다.
4 몸판 주위에 가장자리 천을 단다.
5 앞뒤 몸판을 겹쳐서 소맷부리가 끝나는 부분에 박는다.
6 앞뒤 몸판을 겹치고 셔링의 양끝에 박아서 고정한다.

패턴 배치도

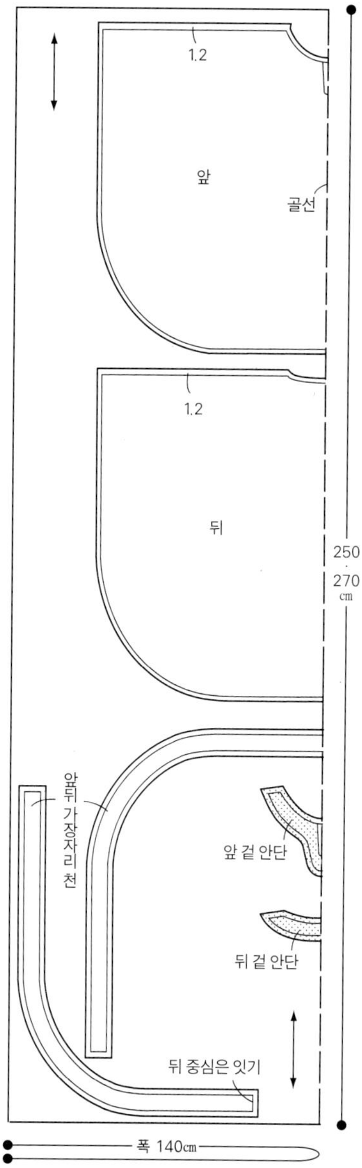

1~6 의 재봉법

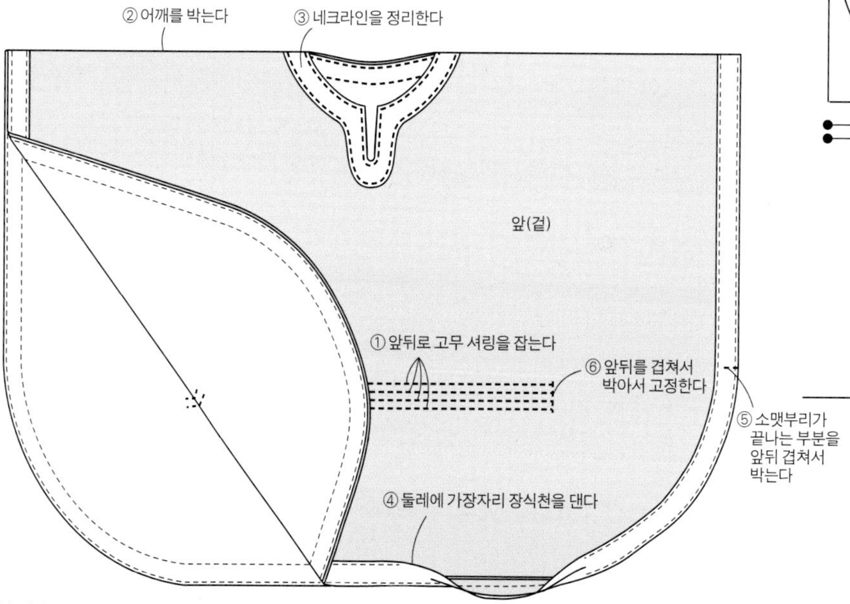

3 네크라인 재봉법

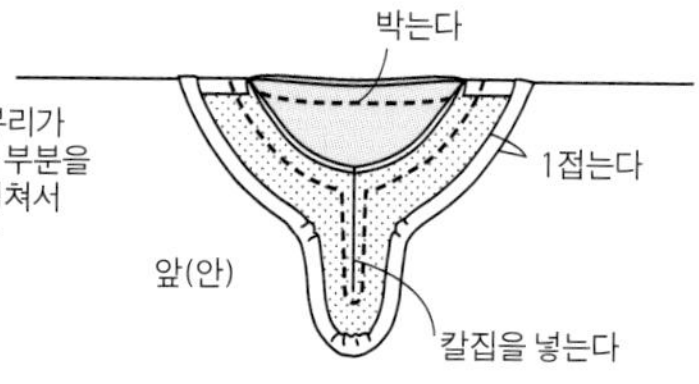

PONCHO BLOUSE

Style4 판초 블라우스

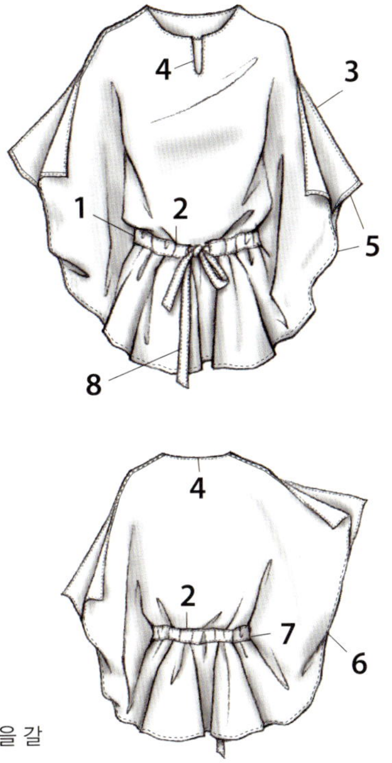

응용 1 117쪽

● 필요한 패턴(B-1)

앞, 뒤, 뒤 안단, 앞 안단, 뒤 보강천, 앞 보강천

● 재료

겉감 = 폭 140cm

(S, M) 1m 90cm

(ML, L) 2m 10cm

접착심 = 30×30cm

● 준비

앞뒤 안단에 접착심을 붙인다.

앞뒤 안단의 안에 M.

※ M은 '오버로크를 친다'는 뜻.

● 만드는 순서

1 앞뒤에 단춧구멍을 만든다.

2 앞뒤에 보강천을 댄다.

3 앞뒤의 안과 겉을 맞대고 어깨를 박는다. 시접분을 갈라서 두 번 접어서 박음질을 한다.

4 네크라인을 안단으로 정리한다.

5 몸판 둘레를 두 번 접어서 박는다.

6 앞뒤 몸판을 겹쳐서 소맷부리가 끝나는 부분에 박음질을 한다.

7 앞뒤 몸판을 겹쳐서 보강천의 양끝을 박아서 고정한다.

8 끈을 만들어서 끼운다.

패턴 배치도

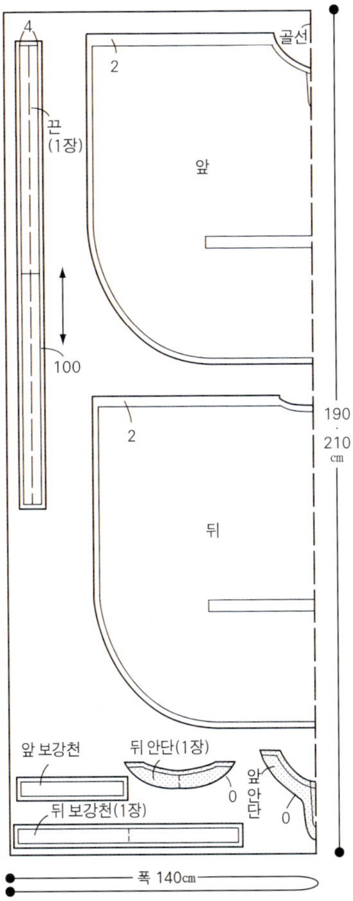

1,2 의 재봉법

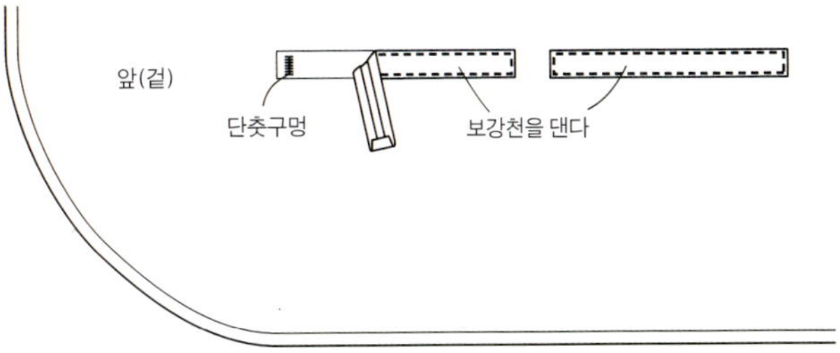

3~7 의 재봉법

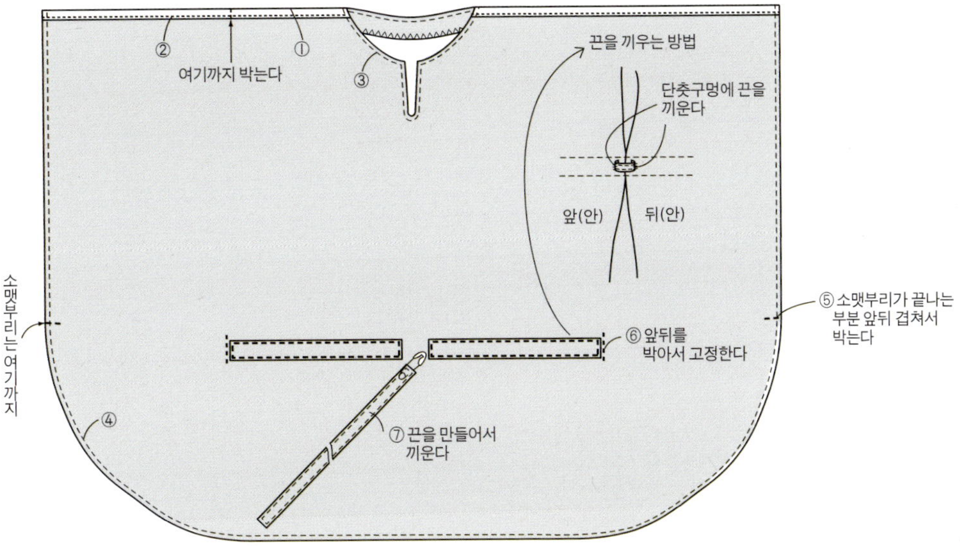

PONCHO BLOUSE

Style4 판초 블라우스

응용 2 118쪽

● 필요한 패턴(B–1)

뒤, 앞, 옷깃, 뒤 보강천, 앞 보강천,
앞 안단, 리본

● 재료

겉감 = 폭 110cm
(S, M) 2m 20cm
(ML, L) 2m 40cm
접착심 = 15×15cm
양쪽을 접는 바이어스테이프 = 12mm 폭 1m 20cm

● 준비

앞뒤 안단에 접착심을 붙인다.
앞뒤 어깨, 앞 안단의 안에 M.
※ M은 '오버로크를 친다'는 뜻.

● 만드는 순서

1 앞뒤 단춧구멍을 만든다(147쪽 참고).
2 앞뒤에 보강천을 댄다(147쪽 참고).
3 앞 몸판의 트임을 안단으로 정리한다.
4 앞뒤 어깨둘레를 각각 바이어스 테이프로 정리한다.
5 어깨를 박는다.
6 옷깃을 단다.
7 몸판 가장자리를 두 번 접어서 박는다.
8 앞뒤 몸판을 겹쳐서 소맷부리가 끝나는 부분에 박음질한다.
9 앞뒤 몸판을 겹치고 보강천의 양쪽 단을 박아서 고정한다(147쪽 참고).
10 리본을 만들어 옷깃에 끼운다(147쪽 참고).
11 끈을 만들어 끼운다.

패턴 배치도

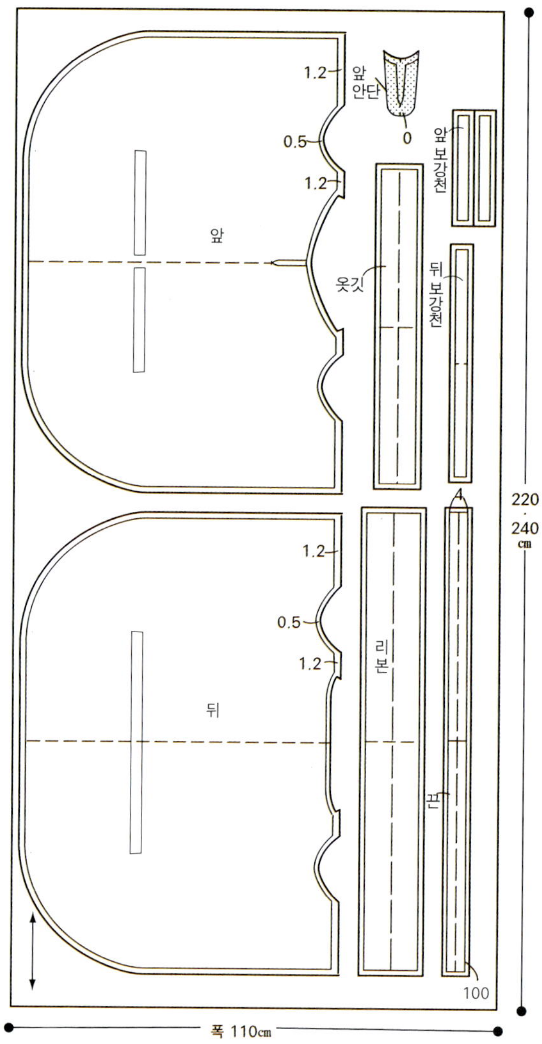

3~7 의 재봉법

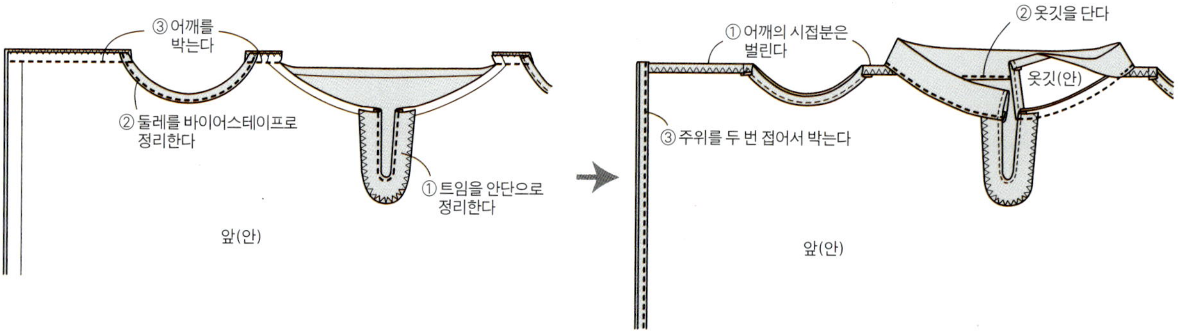

PONCHO BLOUSE

Style4 판초 블라우스

응용 3 119쪽

● 필요한 패턴(B–1)

뒤, 앞, 앞 안단, 옷깃, 커프스

● 재료

겉감 = 폭 140cm
(S, M) 1m 70cm
(ML, L) 1m 90cm
다른 천(신축성 소재) = 140cm 폭 40cm
접착심 = 15×15cm
에프런(EFLON) 파스너 22cm 1개
고무재봉실

● 준비

앞 안단에 접착심을 붙인다.
앞뒤 어깨 시접분, 앞 안단의 안에 M.
※ M은 '오버로크를 친다'는 뜻.

● 만드는 순서

1 앞뒤로 고무 셔링을 잡는다.
2 어깨를 박는다(시접분은 벌린다).
3 앞 중심에 앞 안단을 붙여서 슬래시 트임을 만든다.
4 옷깃을 단다.
5 트임에 파스너를 단다.
6 앞뒤 몸판은 겉을 맞대고 커프스가 끝나는 부분에서 박음질이 끝나는 부분까지 박는다.
7 커프스를 늘려서 단다.
8 옷자락을 두 번 접어서 박는다.
9 앞뒤 몸판을 겹쳐서 셔링의 양쪽 단을 박아서 정리한다(146쪽 참고).

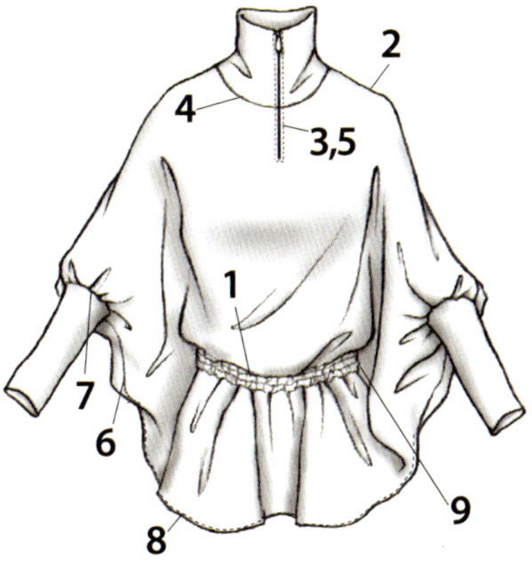

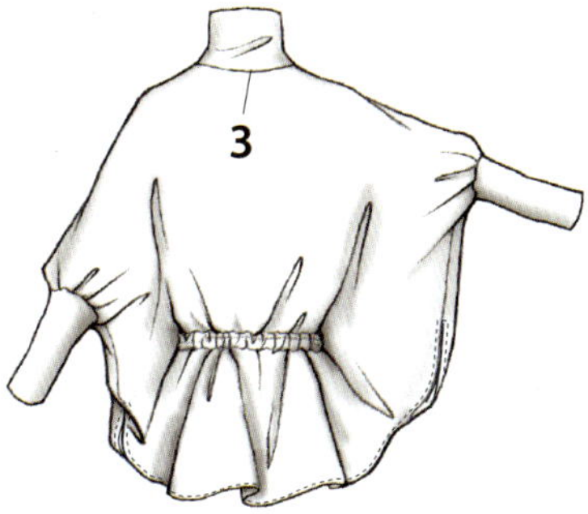

패턴 배치도

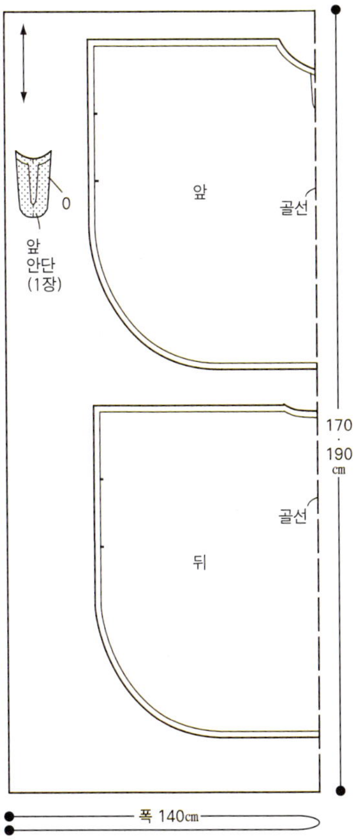

(다른 천)

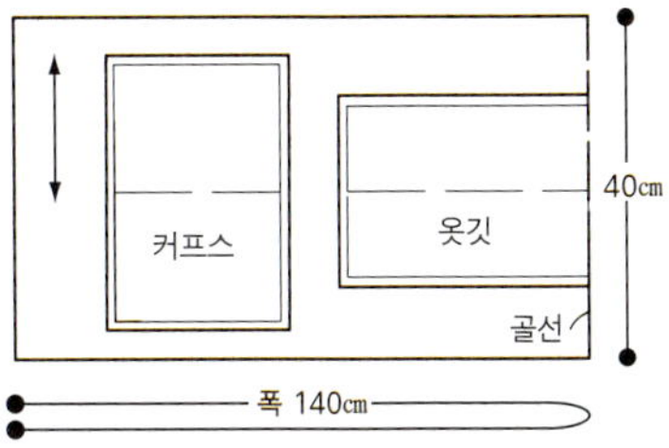

3~5 옷깃 다는 방법

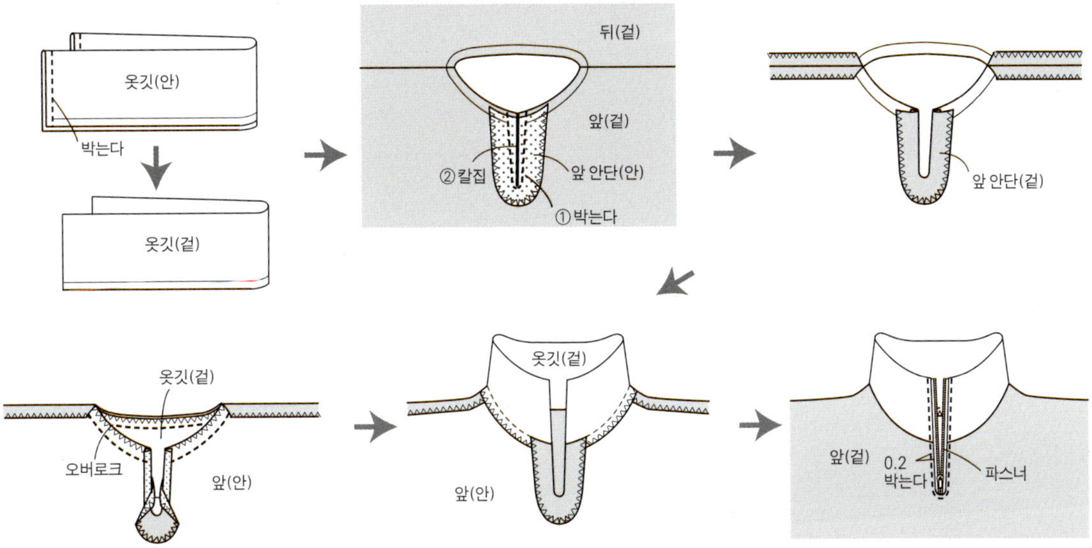

HEMLINE RIB BLOUSE

Style5 헴라인 리브 블라우스

기본 122쪽

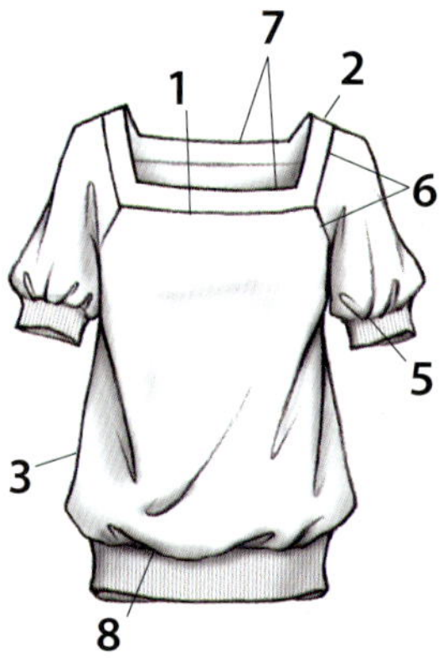

● 필요한 패턴(B-1)

뒤, 앞, 소매, 뒤 바대, 앞 바대, 커프스, 소매 커프스

● 재료

겉감 = 폭 110cm

(S, M) 1m 90cm

(ML, L) 2m 10cm

다른 천(신축성 소재) = 90cm 폭 40cm

● 준비

※ M은 '오버로크를 친다'는 뜻.

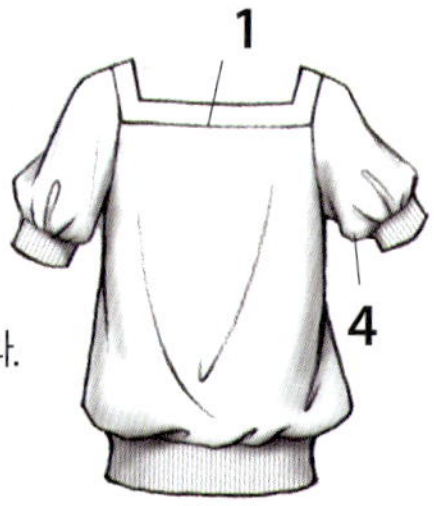

● 만드는 순서

1. 앞과 앞 바깥쪽 바대, 뒤와 뒤 바깥쪽 바대를 박는다.
2. 바깥쪽 바대의 어깨를 박는다.
3. 옆을 박는다(시접은 2장 모두 M).
4. 소매단을 박는다(시접은 2장 모두 M).
5. 소맷부리에 커프스를 단다(시접은 3장 모두 M).
6. 소매를 단다(시접은 2장 모두 M).
7. 뒤 바대의 어깨를 박는다. 네크라인에 겉을 맞대어 박은 다음 정리한다.
8. 앞뒤 옷자락에 커프스를 늘려서 단다(시접은 3장 모두 M).

패턴 배치도(겉감)

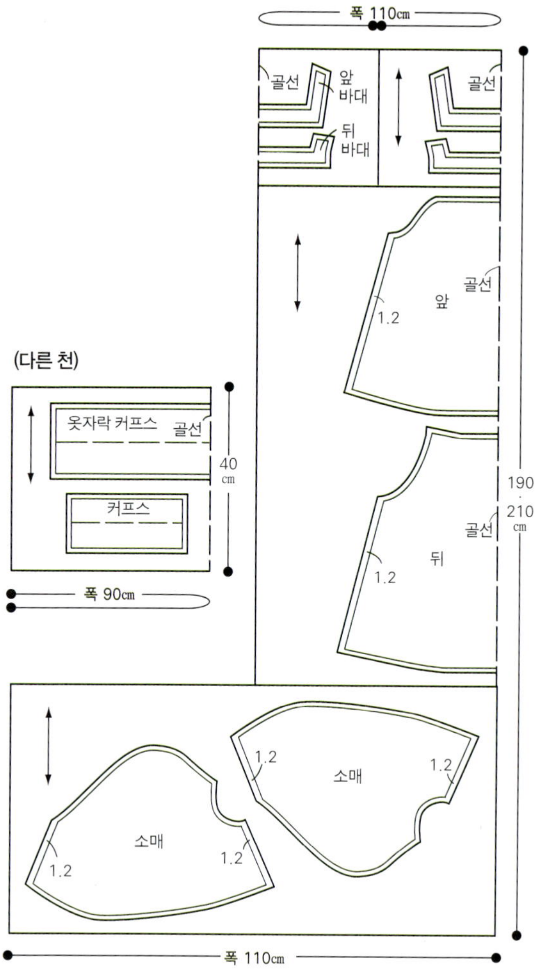

7 네크라인 재봉법

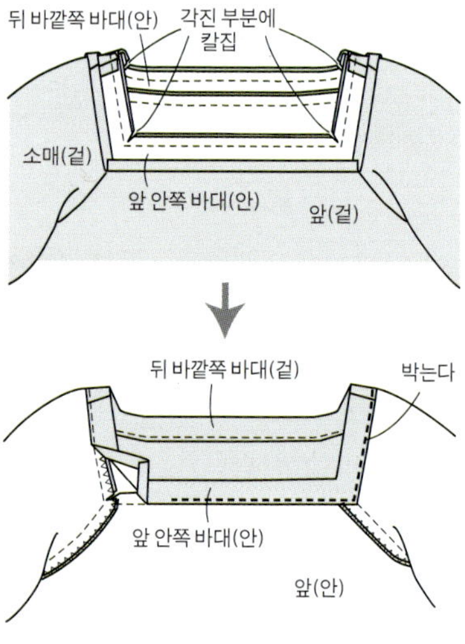

4,5 소매 재봉법

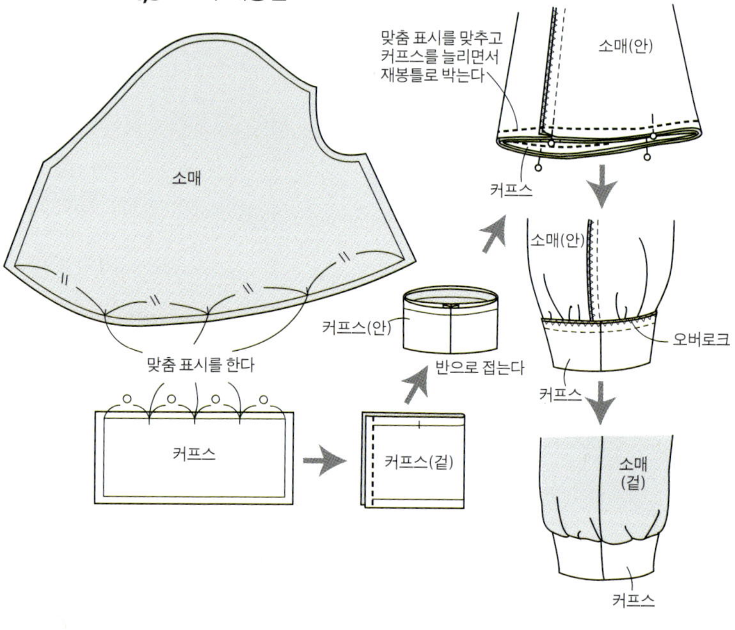

HEMLINE RIB BLOUSE

Style5 헴라인 리브 블라우스

응용 1 123쪽

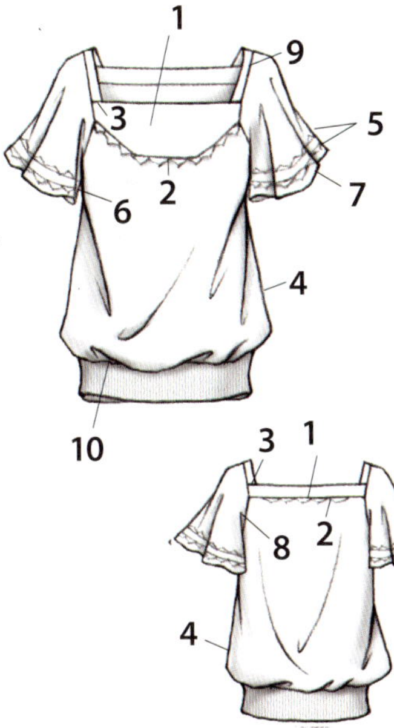

● 필요한 패턴(B-1)

뒤, 앞, 소매, 뒤 바대, 앞 바대, 어깨천, 옷자락 커프스

● 재료

겉감 = 폭 110cm
(S, M) 1m 90cm
(ML, L) 2m 10cm
다른 천(레이스) = 90cm 폭 25cm
다른 천(신축성 소재) = 90cm 폭 25cm
레이스 = 폭4cm
(S, M) 1m 70cm
(ML, L) 2m

● 준비

※ M은 '오버로크를 친다'는 뜻.

● 만드는 순서

1 앞 바깥쪽 바대, 뒤 바깥쪽 바대에 각각 레이스 천을 올리고 시접분에 박아서 고정시킨다.
2 앞과 앞 바깥쪽 바대, 뒤와 뒤 바깥쪽 바대를 박는다.
3 앞뒤 바깥쪽 바대와 어깨천을 박는다.
4 옆을 박는다(시접은 2장 모두 M).
5 소매에 레이스를 단다.
6 소매단을 박는다(시접은 2장 모두 M).
7 소맷부리를 한 번 접어서 박는다.
8 소매를 단다(시접은 2장 모두 M).
9 안쪽 바대와 어깨천을 박는다. 네크라인에 겉을 맞대서 박은 다음 정리한다.
10 앞뒤 옷자락에 커프스를 늘려서 단다(시접은 3장 모두 M).

패턴 배치도(겉감)

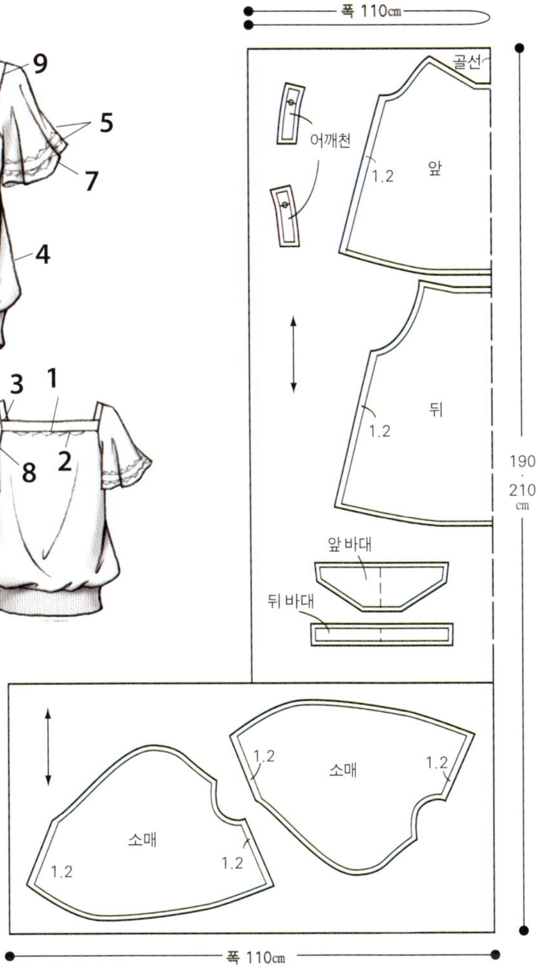

(다른 천/신축성 소재)

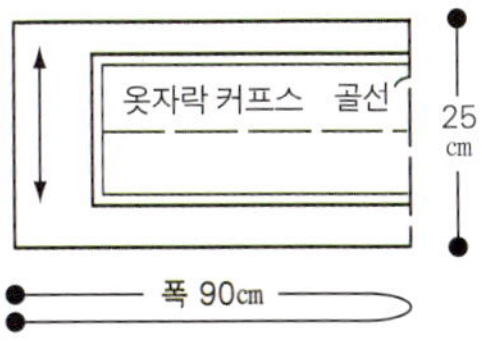

(다른 천/레이스)

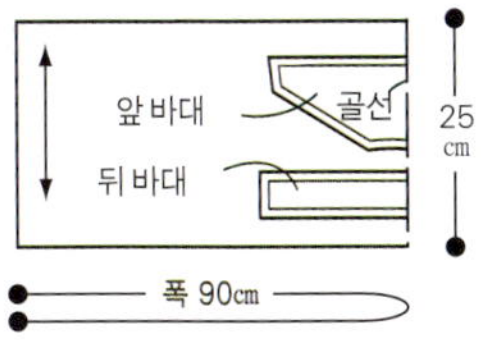

1 레이스 다는 방법

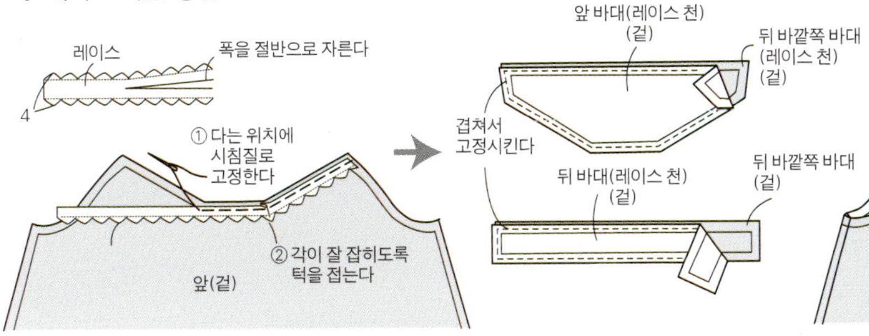

3 앞뒤 바깥쪽 바대와 어깨천을 박는다

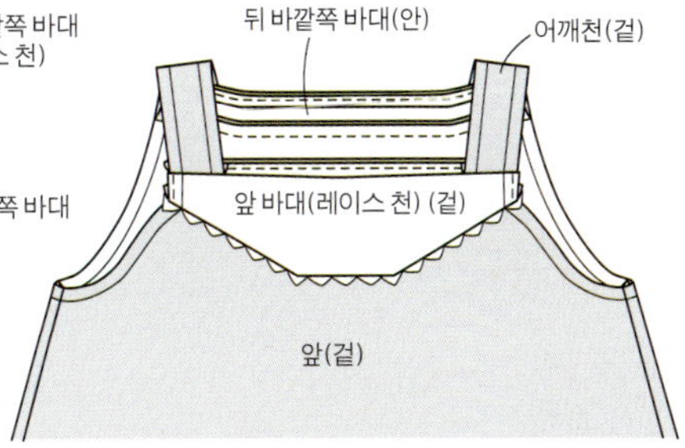

HEMLINE RIB BLOUSE

Style5 헴라인 리브 블라우스

응용 2 124쪽

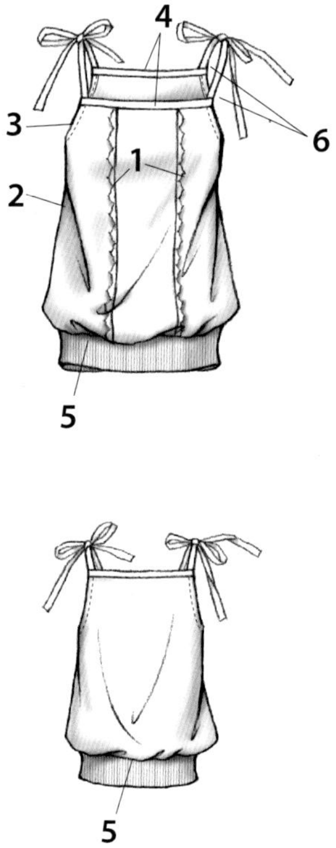

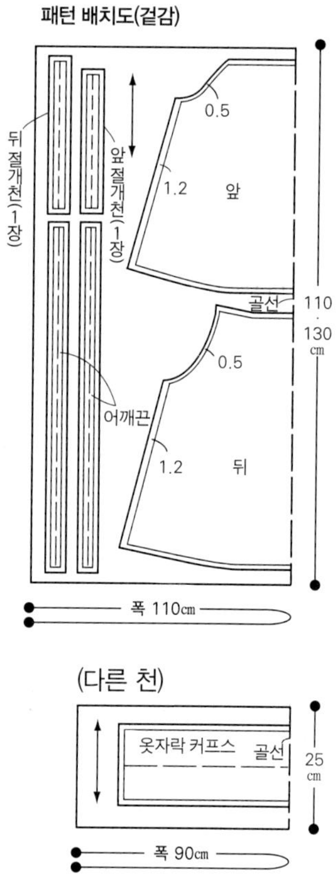

●필요한 패턴(B-1)

뒤, 앞, 뒤 절개천, 앞 절개천, 어깨끈, 옷자락 커프스

●재료

겉감 = 폭 110cm

(S, M) 1m 10cm

(ML, L) 1m 30cm

다른 천(신축성 소재) = 90cm 폭 25cm

레이스 = 폭10cm

(S, M) 50cm

(ML, L) 60m

●준비

※ M은 '오버로크를 친다'는 뜻.

●만드는 순서

1 앞 중앙에 레이스를 단다.
2 옆을 박는다(시접은 2장 모두 M).
3 진동둘레를 바이어스 테이프로 정리한다.
4 앞뒤 상단을 절개천으로 감싼다.
5 앞뒤 옷자락에 옷자락 커프스를 늘려서 단다(시접은 3장 모두 M).
6 어깨 끈을 4개 만들어서 앞뒤 몸판에 단다.

3 진동둘레 정리

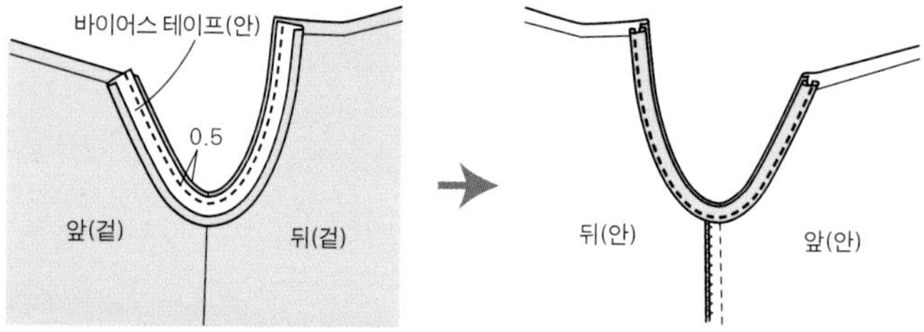

HEMLINE RIB BLOUSE

Style5 헴라인 리브 블라우스

응용 3 125쪽

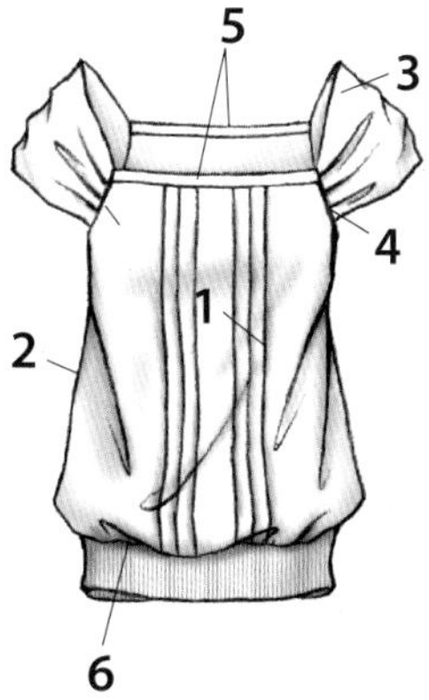

● 필요한 패턴(B–1)

뒤, 앞, 뒤 절개천, 앞 절개천, 어깨천, 옷자락 커프스

● 재료

겉감 = 폭 110cm

(S, M) 1m 30cm

(ML, L) 1m 50cm

다른 천(신축성 소재) = 90cm 폭 25cm

양쪽 접는 바이어스 테이프 = 12mm 폭 40cm

● 준비

※ M은 '오버로크를 친다'는 뜻.

● 만드는 순서

1 앞 몸판의 핀턱을 박는다.

2 옆을 박는다(시접은 2장 모두 M).

3 어깨천을 되돌려 박고 주름을 잡는다.

4 어깨천을 끼워서 진동둘레를 바이어스 테이프로 정리한다.

5 앞뒤 상단을 절개천으로 감싼다.

6 앞뒤 옷자락에 옷자락 커프스를 늘려서 단다(시접은 3장 모두 M).

패턴 배치도(겉감)

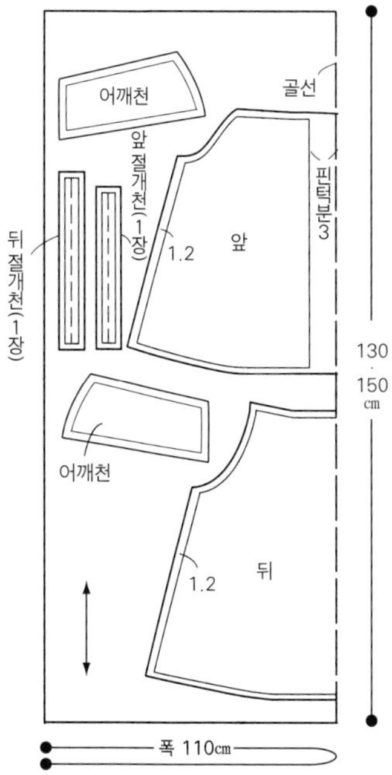

(다른 천)

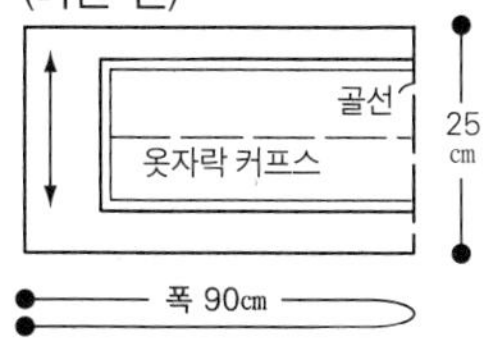

3,4 어깨천을 다는 방법

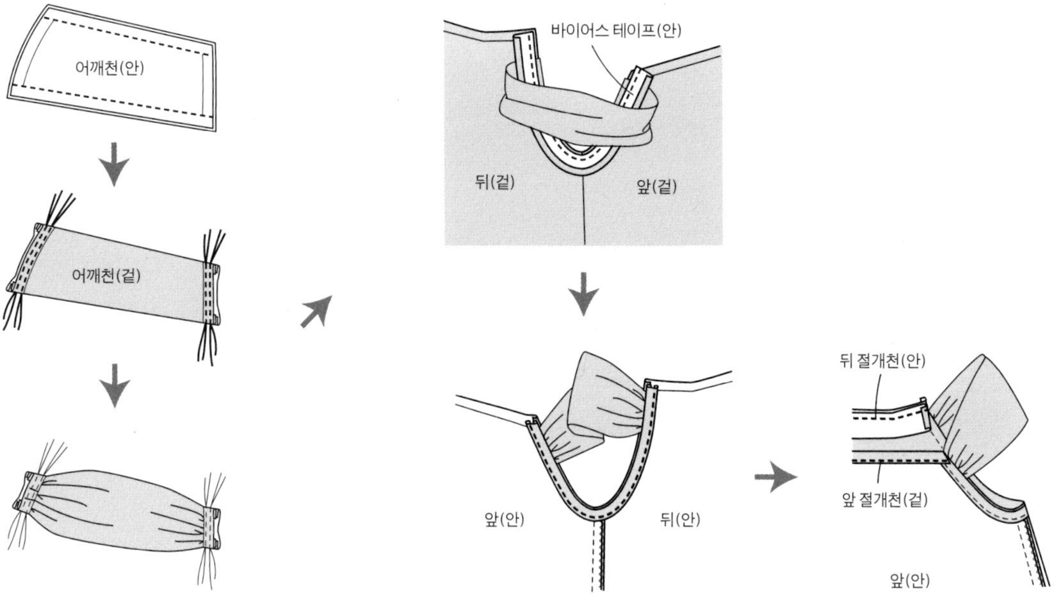

VEST BLOUSE

Style6 베스트 블라우스

기본 128쪽

● 필요한 패턴(B-1)

뒤, 앞, 옷깃, 뒤 진동둘레 안단, 앞 진동둘레 안단

● 재료

겉감 = 폭 110cm
(S, M) 1m 90cm
(ML, L) 2m 10cm
접착심 = 폭 110cm
(S, M) 40cm
(ML, L) 50cm
고무재봉실

● 준비

앞뒤 진동둘레 안단, 겉 옷깃에 접착심을 붙인다.
앞뒤 진동둘레 안단의 안에 M.
※ M은 '오버로크를 친다'는 뜻.

● 만드는 순서

1 앞 상단에 칼집을 넣고 두 번 접어서 박고 고무 셔링을 잡는다.
2 어깨를 박는다(시접은 2장 모두 M).
3 옷깃을 만들어 단다.
4 옆을 박는다(시접은 2장 모두 M).
5 진동둘레 안단을 박고 진동둘레를 정리한다(156쪽 참고).
6 옷자락을 두 번 접어서 박는다.

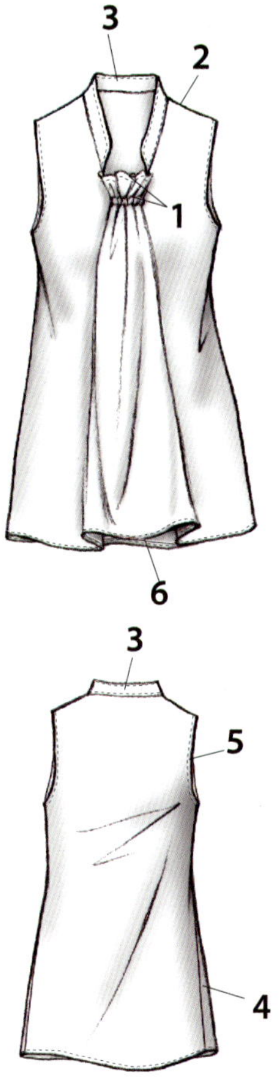

패턴 배치도

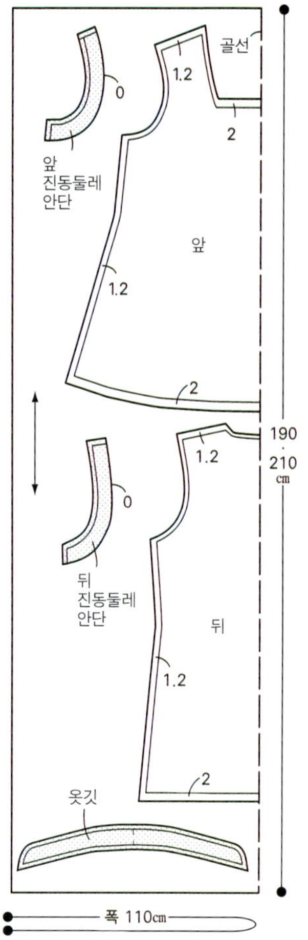

3 옷깃 다는 방법

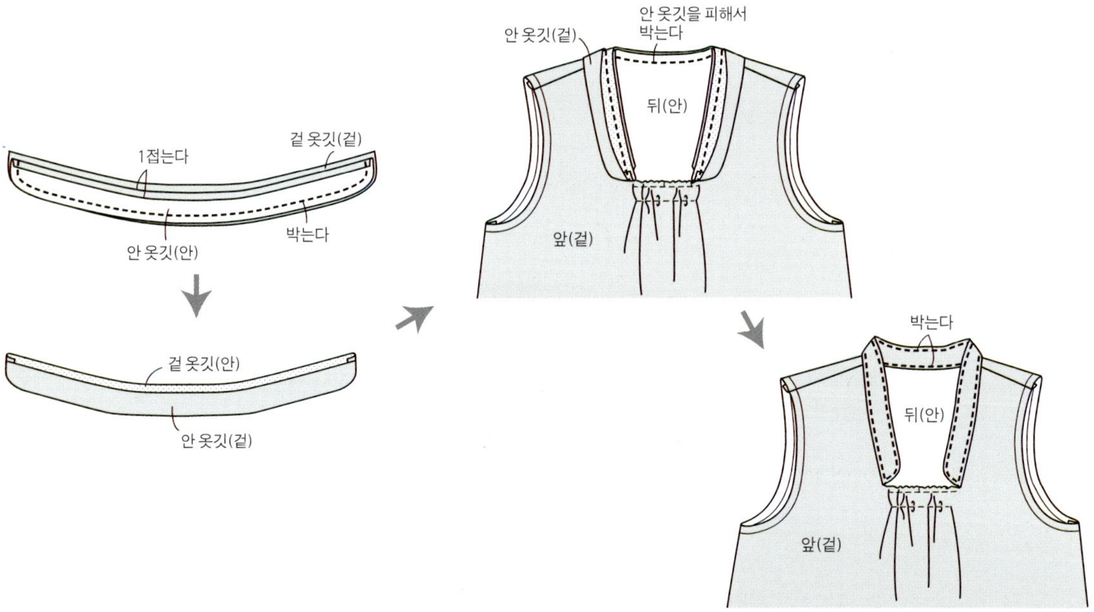

VEST BLOUSE

Style6 베스트 블라우스

응용 1 129쪽

● 필요한 패턴(B–1)

뒤, 앞, 옷깃, 뒤 진동둘레 안단,
앞 진동둘레 안단

● 재료

겉감 = 폭 110cm
(S, M) 1m 90cm
(ML, L) 2m 10cm
접착심 = 폭 110cm
(S, M) 40cm
(ML, L) 50cm

● 준비

앞뒤 진동둘레 안단, 겉 옷깃에 접착심을 붙인다.
앞뒤 진동둘레 안단의 안에 M.
※ M은 '오버로크를 친다'는 뜻.

● 만드는 순서

1 어깨를 박는다(시접은 2장 모두 M).
2 옆을 박는다(시접은 2장 모두 M).
3 앞 상단, 앞단, 옷깃을 두 번 접어서 박는다.
4 옷깃을 만들어 단다(154쪽 참고).
5 진동둘레 안단을 박고 진동둘레를 정리한다(156쪽 참고).
6 좌우 앞에 셔링을 잡는다.
7 끈을 만들어 단다.

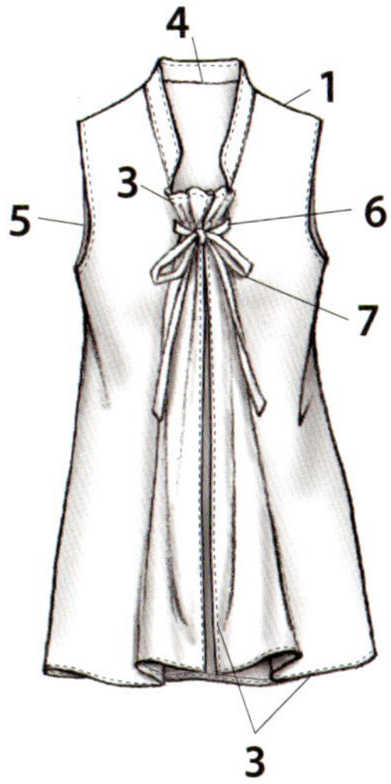

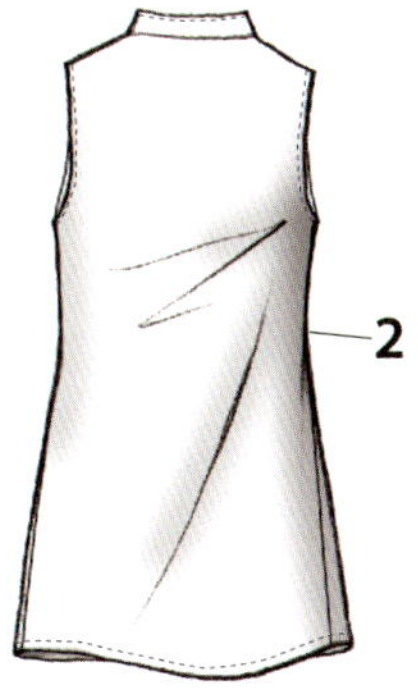

패턴 배치도

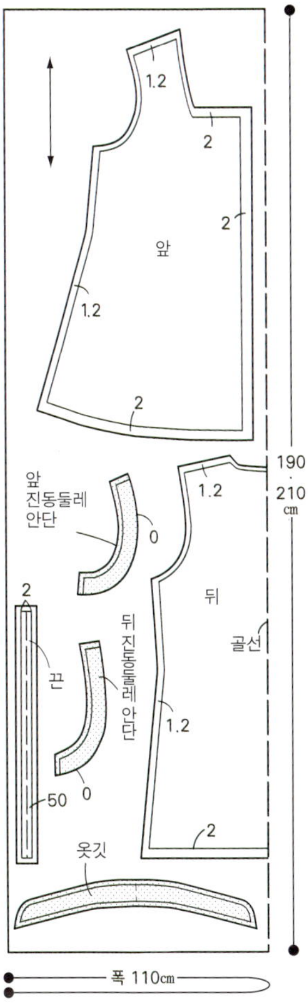

7 끈 다는 방법

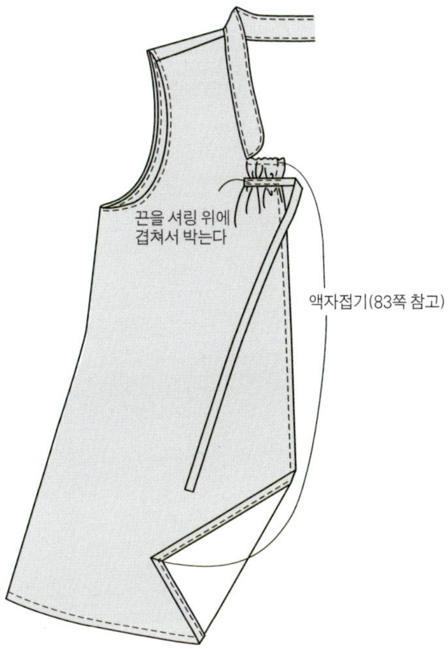

VEST BLOUSE

Style6 베스트 블라우스

응용 2 130쪽

● 필요한 패턴(B-1)

뒤, 앞, 옷깃, 뒤 진동둘레 안단, 앞 진동둘레 안단

● 재료

겉감 = 폭 140cm
(S, M) 1m 90cm
(ML, L) 2m 10cm
접착심 = 폭 110cm
(S, M) 50cm
(ML, L) 60cm

● 준비

앞뒤 진동둘레 안단, 겉 옷깃에 접착심을 붙인다.
앞뒤 진동둘레 안단의 안에 M.
※ M은 '오버로크를 친다'는 뜻.

● 만드는 순서

1 어깨를 박는다(시접은 2장 모두 M).
2 옆을 박는다(시접은 2장 모두 M).
3 앞 상단, 앞단, 옷자락을 두 번 접어서 박는다(157쪽 참고).
4 옷깃을 만들어 단다(154쪽 참고).
5 진동둘레 안단의 어깨와 옆을 박고 진동둘레를 정리한다.

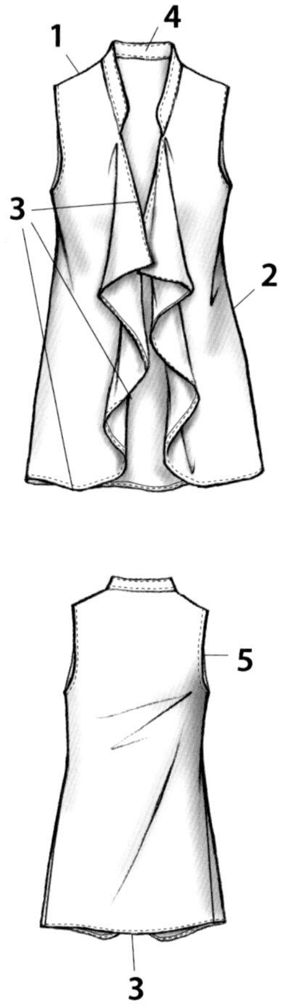

패턴 배치도

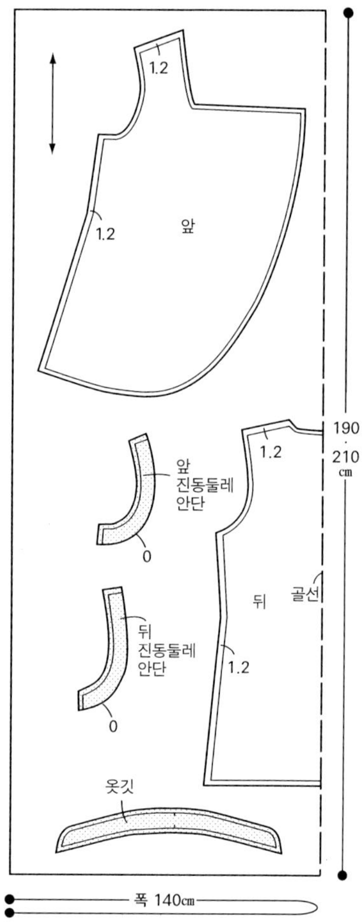

5 진동둘레 재봉법

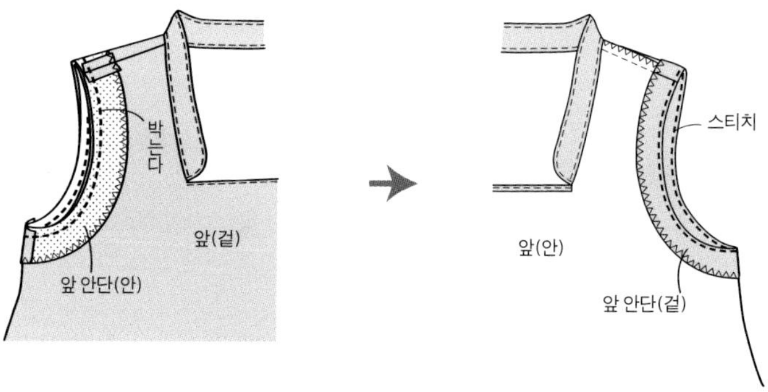

VEST BLOUSE

Style6 베스트 블라우스

응용 3 131쪽

● 필요한 패턴(B-1)

뒤, 앞, 소매 프릴, 옷깃, 안자락, 뒤 진동둘레 안단, 앞 진동둘레 안단

● 재료

겉감 = 폭 140cm
(S, M) 1m 80cm
(ML, L) 2m 10cm
접착심 = 폭 110cm
(S, M) 50cm
(ML, L) 60cm

● 준비

앞뒤 진동둘레 안단, 겉 옷깃에 접착심을 붙인다.
앞뒤 진동둘레 안단의 안에 M.
※ M은 '오버로크를 친다'는 뜻.

● 만드는 순서

1 옆을 박는다(시접은 2장 모두 M).
2 앞, 안자락의 상단, 앞단, 옷자락을 두 번 접어서 박는다.
3 앞과 안자락을 겹쳐서 고정시킨다.
4 어깨를 박는다(시접은 2장 모두 M).
5 옷깃을 만들고, 단다(154쪽 참고).
6 진동둘레 안단을 박고 소매 프릴을 끼워서 진동둘레를 정리한다(156쪽 참고).

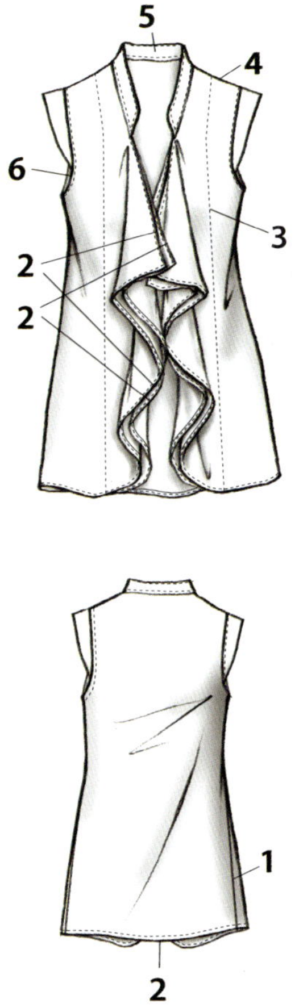

패턴 배치도(겉감)

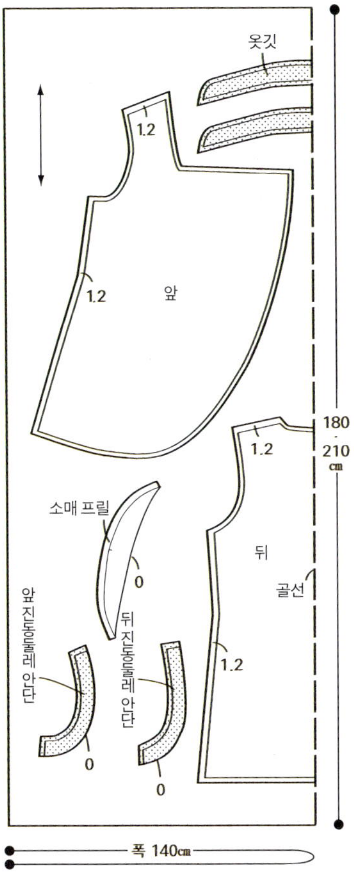

(다른 천)

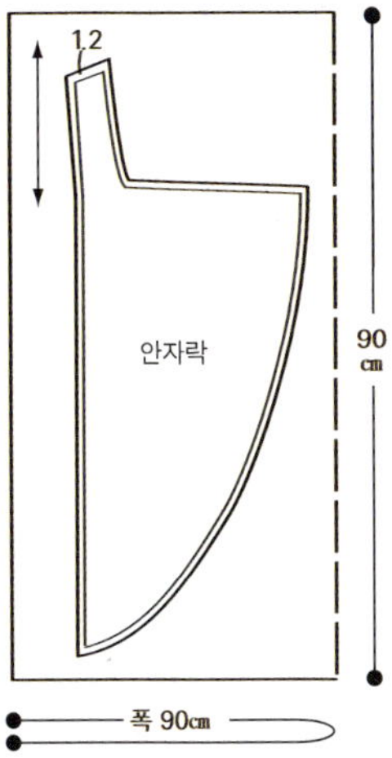

1,2 앞과 안자락 재봉법

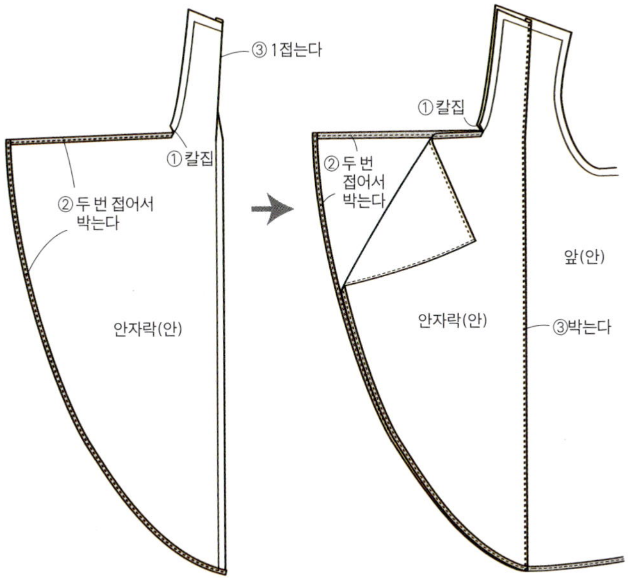

TIGHT SKIRT

Style7 타이트 스커트

기본 98쪽

● 필요한 패턴(B-2)

뒤, 앞, 뒤 허리 안단, 앞 허리 안단

● 재료

겉감 = 폭 110cm

(S, M) 1m 20cm

(ML, L) 1m 30cm

접착심 = 90cm 폭 35cm

컨실 파스너 22cm 1개

스프링 후크 1쌍

● 준비

앞뒤 허리 안단, 뒤 밑덧단, 안단에 접착심을 붙인다.

앞뒤 허리 안단의 안, 뒤 중심 시접분, 밑덧단, 안단의 시접분, 앞뒤 치맛자락의 시접분에 M.

※ M은 '오버로크를 친다'는 뜻.

● 만드는 순서

1 앞뒤 허리 다트를 박는다(164쪽 참고).

2 뒤 중심을 박고 파스너를 단다(159쪽 참고).

3 옆을 박는다(시접은 2장 모두 M).

4 허리 안단의 옆을 박고, 스커트와 겉을 맞대고 허리를 박는다(160쪽 참고).

5 겉으로 뒤집고 안단을 안으로 집어넣어서 정리한다. 안단의 뒷단을 파스너에 고정하고 허리 주변을 박는다(160쪽 참고).

6 치맛자락을 접어 올려서 안을 감친다.

7 벤트가 끝나는 부분에 박음질을 하고 밑덧단, 안단이 벌어지지 않도록 시접을 감친다.

8 후크를 단다.

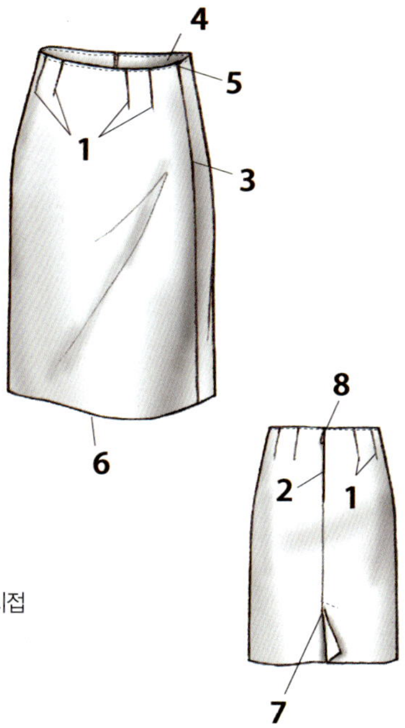

패턴 배치도

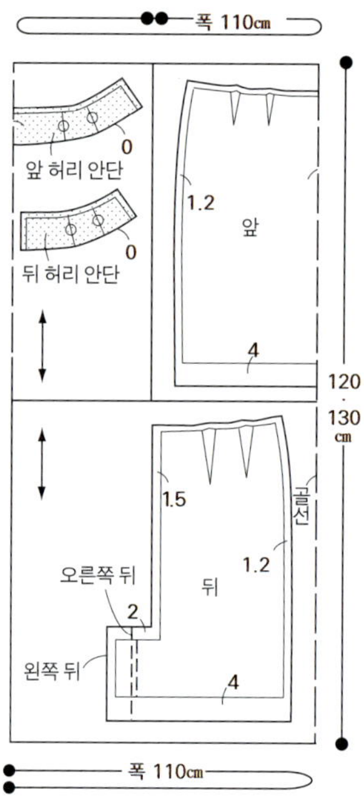

2,6,7 벤트 재봉법

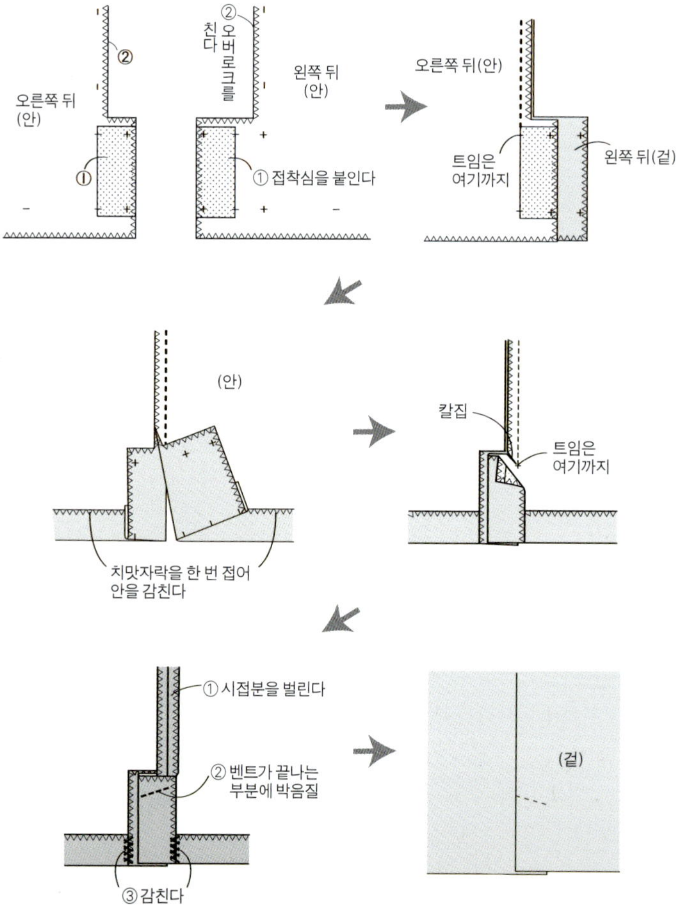

TIGHT SKIRT

Style7 타이트 스커트

응용 1 99쪽

● 필요한 패턴(B-2)

뒤, 뒤 옆, 앞, 앞 옆, 뒤 허리 안단, 앞 허리 안단,
주머니 천

● 재료

겉감 = 폭 110cm
(S, M) 1m 40cm
(ML, L) 1m 50cm
접착심 = 90cm 폭 35cm
컨실 파스너 22cm 1개
스프링 후크 1쌍

● 준비

앞뒤 허리 안단에 접착심을 붙인다.
앞뒤 허리 안단의 안, 앞뒤 옆의 시접분, 앞뒤 치맛자락의 시접분에 M.
※ M은 '오버로크를 친다'는 뜻.

● 만드는 순서

1 앞 옆에 주머니 천을 댄다.
2 앞 옆과 앞, 뒤 옆과 뒤를 박는다(시접은 2장 모두 M).
3 옆을 박고 파스너를 단다.
4 허리 안단의 오른쪽 옆을 박고, 스커트와 겉을 맞대고 허리를 박는다(160쪽 참고).
5 겉으로 뒤집고 안단을 안으로 집어넣어서 정리한다. 안단의 왼쪽 옆단을 파스너에 고정하고 허리 주변을 박는다(160쪽 참고).
6 치맛자락을 접어 올려서 안을 감친다.
7 후크를 단다.

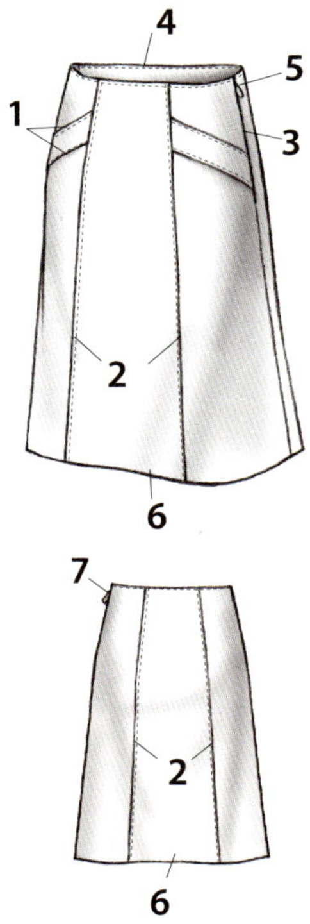

1
2
3
4
5
6
7

패턴 배치도

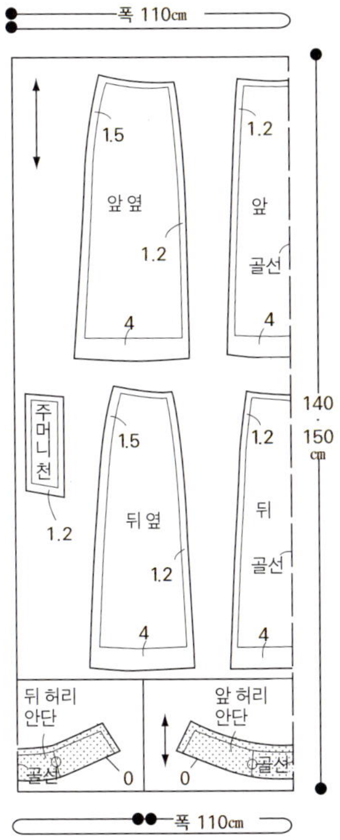

폭 110cm
1.5
앞 옆
1.2
4
1.2
앞
골선
4
주머니 천
1.2
1.5
뒤 옆
1.2
4
1.2
뒤
골선
4
140 · 150 cm
뒤 허리 안단
골선
0
앞 허리 안단
0
골선
폭 110cm

3 파스너 다는 방법

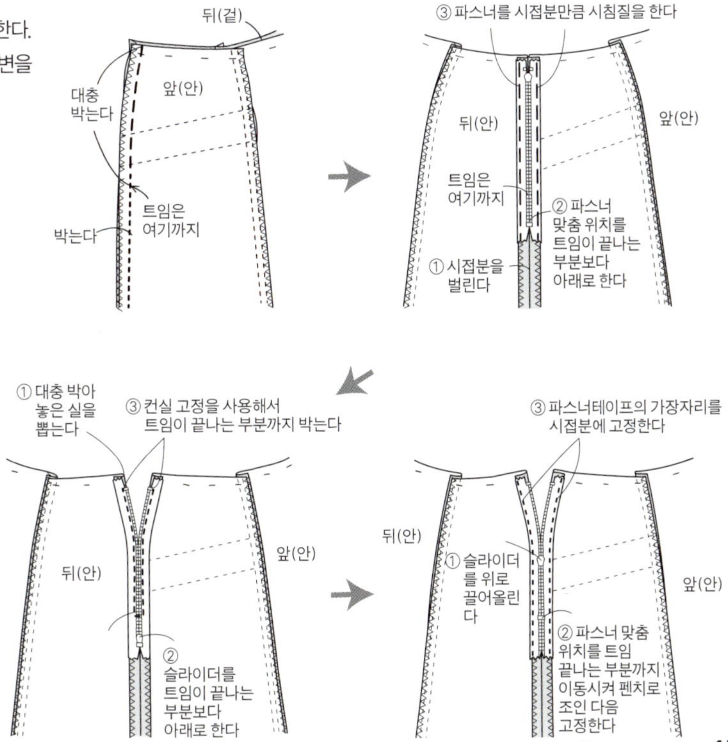

뒤(겉)
앞(안)
대충 박는다
트임은 여기까지
박는다
③ 파스너를 시접분만큼 시침질을 한다
뒤(안)
앞(안)
트임은 여기까지
② 파스너 맞춤 위치를 트임이 끝나는 부분보다 아래로 한다
① 시접분을 벌린다
① 대충 박아 놓은 실을 뽑는다
③ 컨실 고정을 사용해서 트임이 끝나는 부분까지 박는다
뒤(안)
앞(안)
② 슬라이더를 트임이 끝나는 부분보다 아래로 한다
③ 파스너테이프의 가장자리를 시접분에 고정한다
뒤(안)
① 슬라이더를 위로 끌어올린다
앞(안)
② 파스너 맞춤 위치를 트임 끝나는 부분까지 이동시켜 펜치로 조인 다음 고정한다

TIGHT SKIRT

Style7 타이트 스커트

응용 2 100쪽

●필요한 패턴(B-2)

뒤, 앞, 뒤 허리 안단, 앞 허리 안단

●재료

겉감 = 폭 110cm
(S, M) 1m 40cm
(ML, L) 1m 50cm
접착심 = 90cm 폭 35cm
컨실 파스너 22cm 1개
스프링 후크 1쌍

●준비

앞뒤 허리 안단에 접착심을 붙인다.
앞뒤 허리 안단의 안, 앞뒤 옆의 시접분, 앞뒤 치맛자락의 시접분에 M.
※ M은 '오버로크를 친다'는 뜻.

●만드는 순서

1 앞뒤 치맛자락을 접어 올려서 주름을 접어 박는다.
2 옆을 박고 파스너를 단다(159쪽 참고).
3 허리 안단의 오른쪽 옆을 박고 스커트와 겉을 맞대고 허리를 박는다.
4 겉으로 뒤집고 안단을 안으로 집어넣어서 정리한다. 안단의 왼쪽 옆단을 파스너에 감친다.
5 치맛자락의 안을 감친다.
6 후크를 단다.

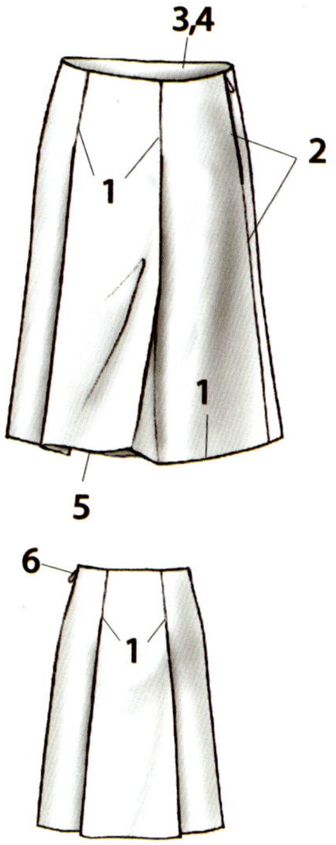

패턴 배치도

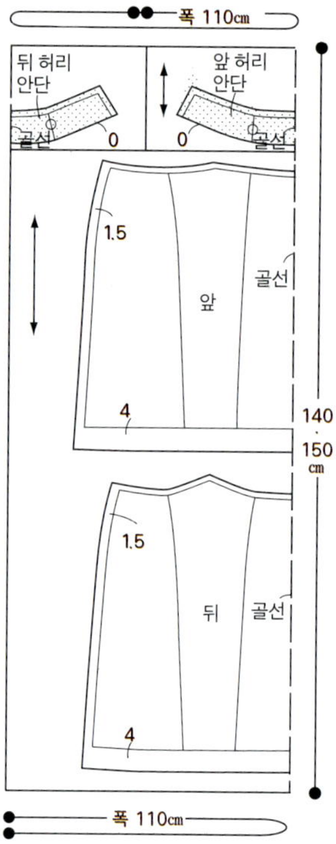

3,4 안단 재봉법과 허리 정리

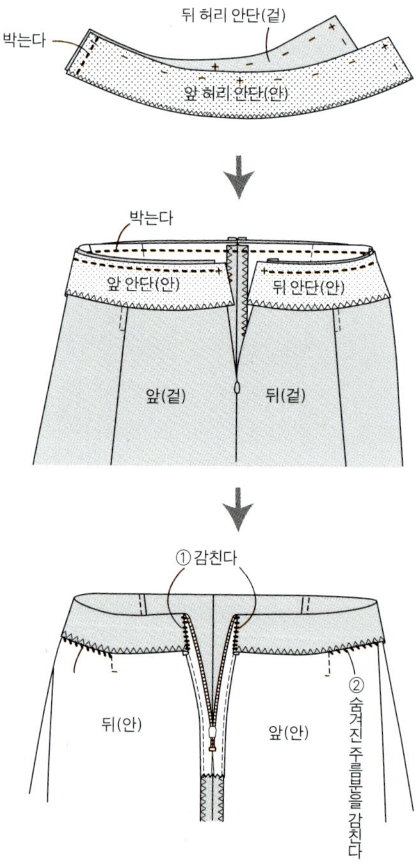

TIGHT SKIRT

Style7 타이트 스커트

응용 3 101쪽

●필요한 패턴(B-2)

뒤, 앞, 뒤 옆, 앞 옆, 뒤 치맛자락, 앞 치맛자락, 뒤 허리 안단, 앞 허리 안단

●재료

겉감 = 폭 110cm
(S, M) 1m 40cm
(ML, L) 1m 50cm
접착심 = 90cm 폭 35cm
컨실 파스너 22cm 1개
스프링 후크 1쌍

●준비

앞뒤 허리 안단에 접착심을 붙인다.
앞뒤 허리 안단의 안, 앞뒤 옆과 이어지는 시접분에 M.
※ M은 '오버로크를 친다'는 뜻.

●만드는 순서

1 앞 옆과 앞, 뒤 옆과 뒤를 박는다(시접분은 벌린다).
2 옆을 박고 파스너를 단다(159쪽 참고).
3 허리 안단의 오른쪽 옆을 박고 스커트와 겉을 맞대고 허리를 박는다.
4 겉으로 뒤집고 안단을 안으로 집어넣어서 정리한다. 안단의 왼쪽 옆단을 파스너에 감친다.
5 치맛자락 천을 박고 스티치를 놓은 다음 박음질해서 단다(시접분은 3장 모두 M).
6 후크를 단다.

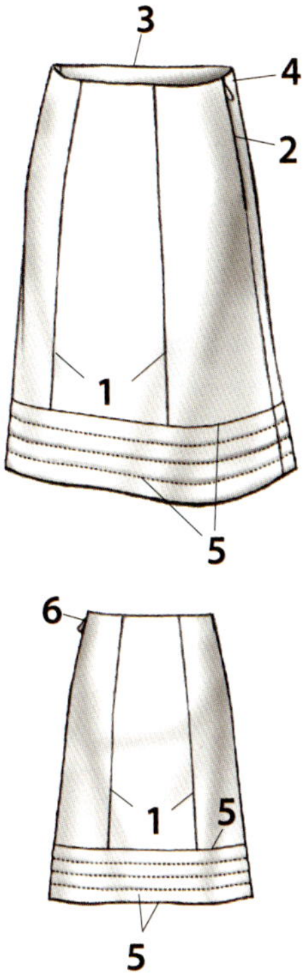

패턴 배치도

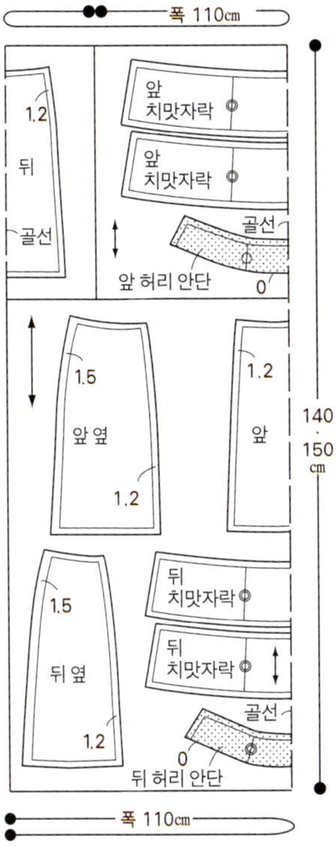

5 치맛자락 천 재봉법

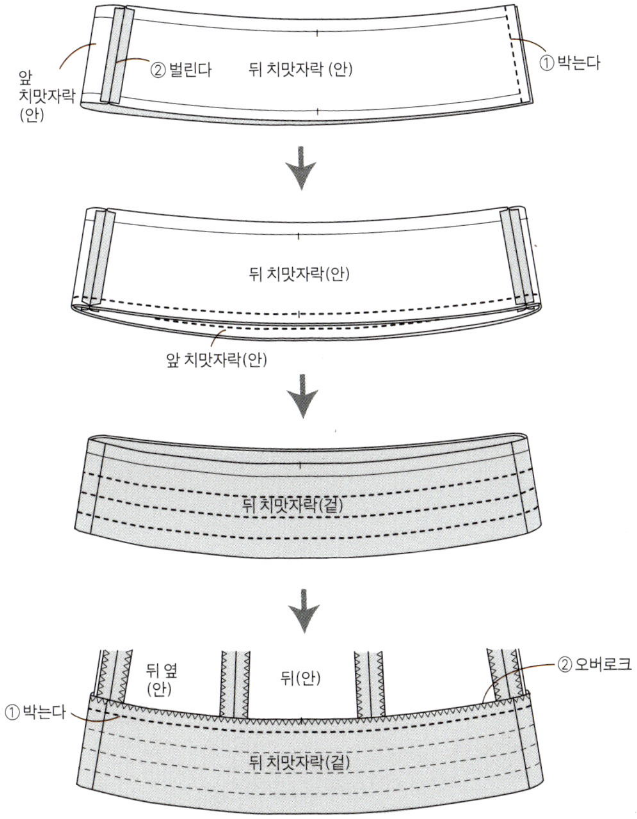

WRAPPED SKIRT

Style8 랩 스커트

기본 104쪽

●필요한 패턴(B-2)

뒤, 앞, 앞 안단, 뒤 허리 안단, 앞 허리 안단

●재료

겉감 = 폭 110cm

(S, M) 1m 40cm

(ML, L) 1m 50cm

접착심 = 90cm 폭 60cm

직경 1.5cm 단추 2개

●준비

앞 안단, 앞뒤 허리 안단에 접착심을 붙인다.

앞 안단, 앞뒤 허리 안단의 안에 M.

※ M은 '오버로크를 친다'는 뜻.

●만드는 순서

1 앞뒤 허리 다트를 박는다(164쪽 참고).

2 옆을 박는다(시접분은 2장 모두 M).

3 허리 안단의 옆을 박는다.

4 앞 안단과 허리 안단을 스커트와 겉을 맞대고 허리와 앞단을 박는다.

5 겉으로 뒤집고 안단을 약간 안으로 집어넣어서 정리한다.

6 치맛자락을 두 번 접고 앞단, 허리, 치맛자락을 박는다.

7 단춧구멍을 만들고 단추를 단다.

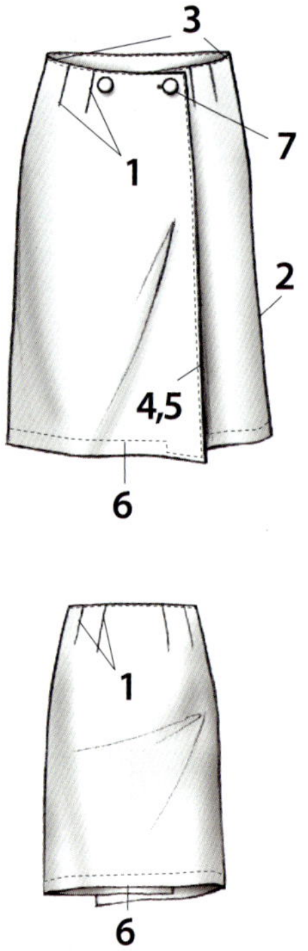

패턴 배치도

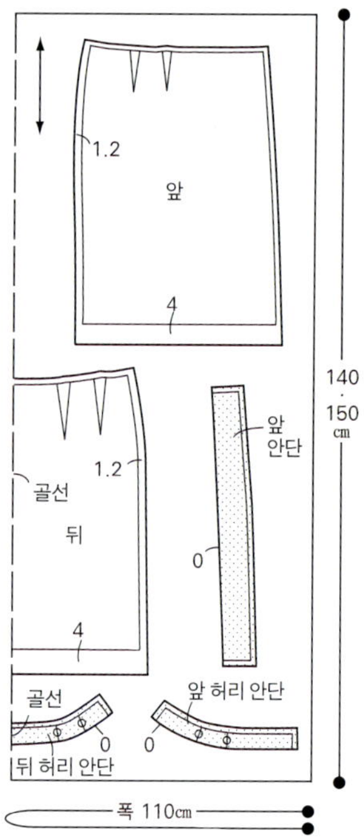

3~7 의 재봉법

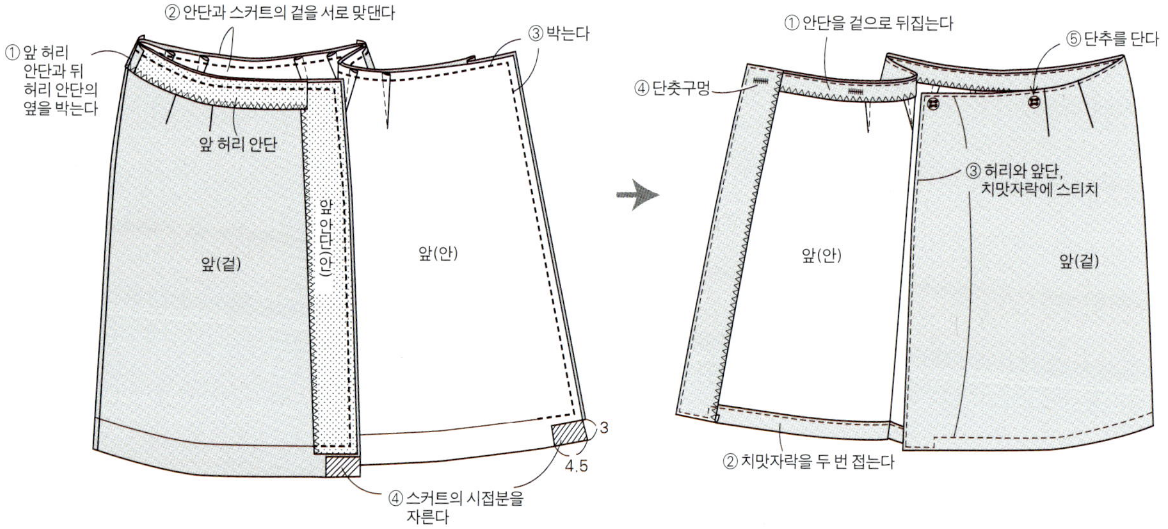

WRAPPED SKIRT

Style8 랩 스커트

응용1 105쪽

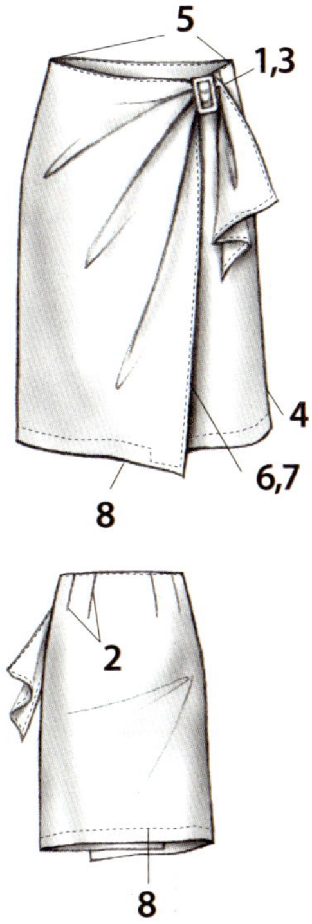

●필요한 패턴(B-2)

뒤, 오른쪽 앞, 왼쪽 앞, 오른쪽 앞 안단,
왼쪽 앞 안단, 오른쪽 앞 허리 안단,
왼쪽 앞 허리 안단, 벨트, 뒤 허리 안단

●재료

겉감 = 폭 140cm
(S, M) 1m 70cm
(ML, L) 1m 80cm
접착심 = 90cm 폭 85cm
직경 1.5cm 단추 1개
버클(안지름 4×2.5cm) 1개

●준비

앞 안단, 앞뒤 허리 안단에 접착심을 붙인다.
앞 안단, 앞뒤 허리 안단의 안에 M.
※ M은 '오버로크를 친다'는 뜻.

●만드는 순서

1 벨트를 만든다.
2 뒤 허리 다트를 박는다(164쪽 참고).
3 왼쪽 앞 허리 다트를 박는다(옆쪽은 벨트를 다는 위치에 벨트를 끼워서 다트를 박는다).
4 옆을 박는다(시접분은 2장 모두 M).
5 허리 안단을 박는다.
6 앞 안단과 허리 안단을 스커트와 겉을 맞대고 허리와 앞단을 박는다.
7 겉으로 뒤집고 안단을 안으로 집어넣어서 정리한다.
8 치맛자락을 두 번 접고 앞단, 허리, 치맛자락을 박는다.
9 단춧구멍을 만들고 단추를 단다.

패턴 배치도

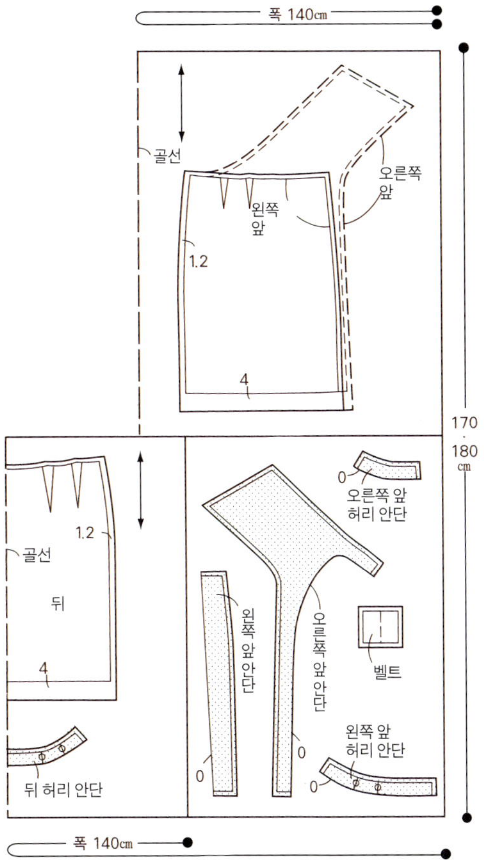

1 벨트 만드는 방법

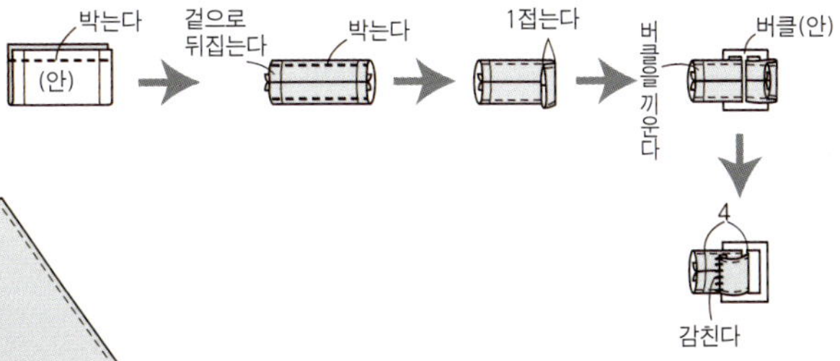

5~9 의 재봉법

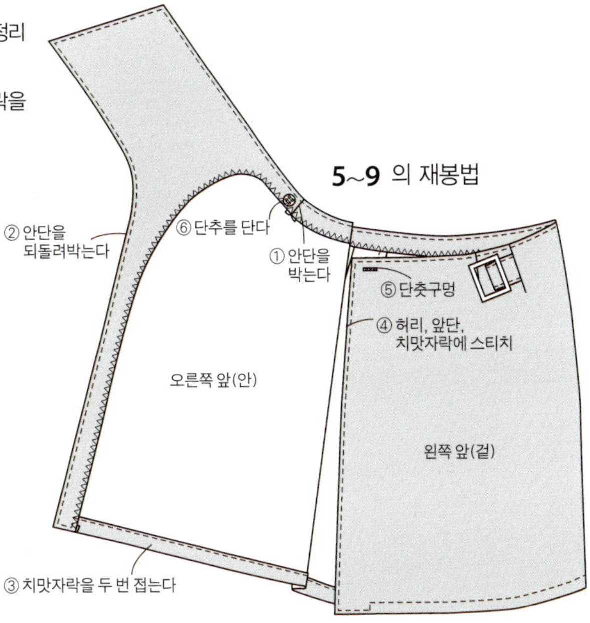

WRAPPED SKIRT

Style8 랩 스커트

응용 2 106쪽

●필요한 패턴(B-2)

뒤, 앞, 뒤 허리 안단, 앞 안단, 앞 허리 안단, 새시 벨트

●재료

겉감 = 폭 140cm

(S, M) 1m 40cm

(ML, L) 1m 50cm

접착심 = 90cm 폭 60cm

●준비

앞 안단, 앞뒤 허리 안단에 접착심을 붙인다.

앞 안단, 앞뒤 허리 안단의 안, 앞뒤 스커트의 옆 시접분에 M.

※ M은 '오버로크를 친다'는 뜻.

●만드는 순서

1 앞뒤 허리 다트를 박는다.

2 옆을 박는다.

3 허리 안단의 옆을 박는다.

4 새시 벨트의 세 변을 두 번 접어서 박고 스커트에 다는 쪽 턱을 접는다.

5 앞 안단과 허리 안단을 스커트와 겉을 맞대고 새시 벨트를 끼운 다음 허리와 앞단을 박는다(162쪽 참고).

6 겉으로 뒤집고 안단을 안으로 집어넣어서 정리한다.

7 치맛자락을 두 번 접고 앞단, 허리, 치맛자락을 박는다.

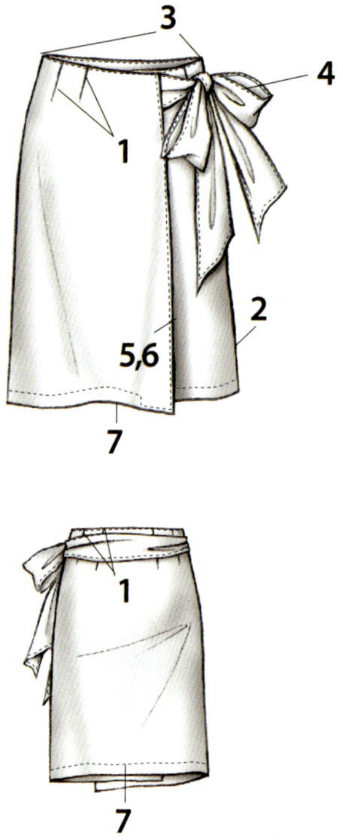

패턴 배치도

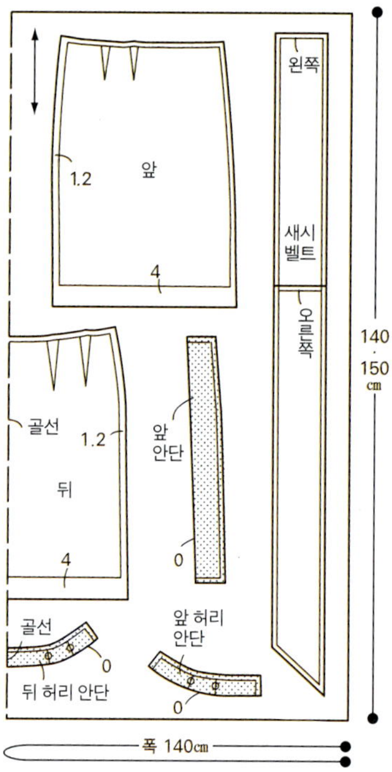

1 허리 다트 재봉법

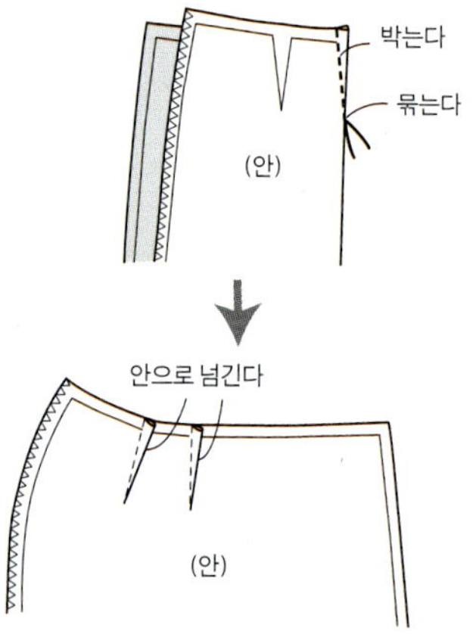

4~7 의 재봉법

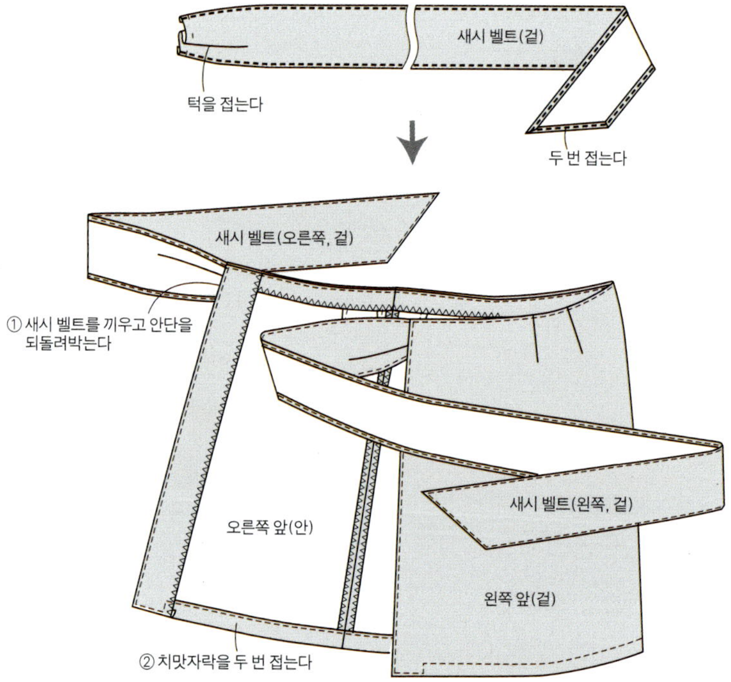

WRAPPED SKIRT

Style8 랩 스커트

응용 3 107쪽

● 필요한 패턴(B-2)

뒤, 앞, 앞 안단, 뒤 바대, 앞 바대, 주머니

● 재료

겉감 = 폭 110cm

(S, M) 1m 40cm

(ML, L) 1m 50cm

접착심 = 90cm 폭 60cm

● 준비

앞뒤 바대, 앞 안단에 접착심을 붙인다.

앞뒤 스커트의 옆 시접분, 앞 안단, 앞뒤 허리 안단의 안에 M.

※ M은 '오버로크를 친다'는 뜻.

● 만드는 순서

1 뒤 허리 다트를 박는다(164쪽 참고).
2 주머니를 만들어 단다.
3 앞뒤 스커트의 옆을 박는다(시접분은 벌린다).
4 앞 스커트와 앞 안단은 겉을 맞대고 박는다.
5 겉으로 뒤집고 안단을 안으로 집어넣어서 정리한다.
6 바깥쪽 앞뒤 바대, 안쪽 앞뒤 바대의 옆을 각각 박는다(시접분은 벌린다).
7 바깥쪽 바대와 스커트는 겉을 맞대고 박는다(시접분은 바대 쪽으로 넘긴다).
8 바깥쪽 바대와 안쪽 바대는 겉을 맞대고, 허리와 앞단을 되돌려박아서 스티치를 놓는다.
9 치맛자락을 접어 올리고 안을 감친다.
10 단춧구멍을 만들고 단추를 단다.

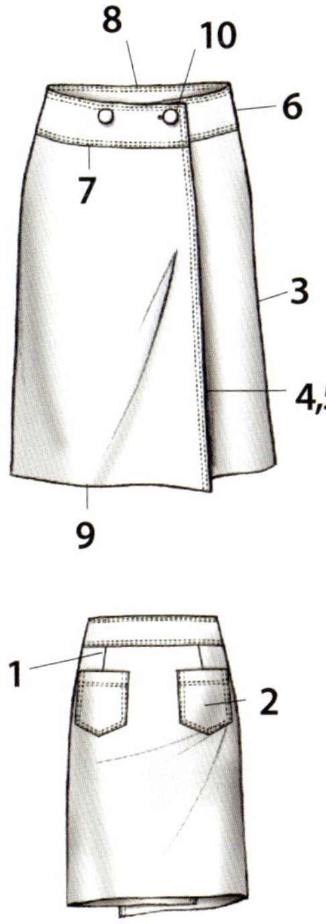

패턴 배치도

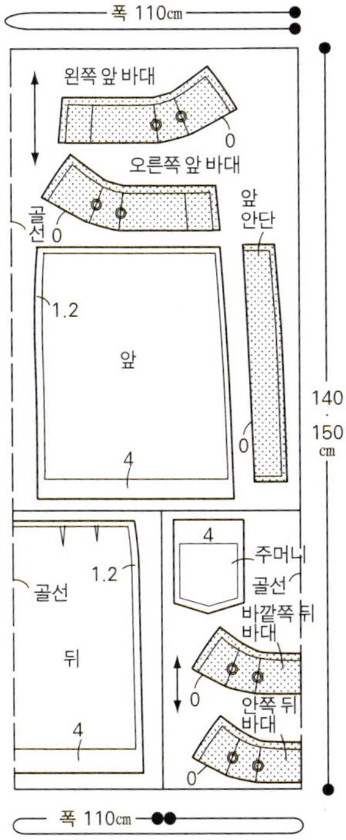

4~9 의 재봉법

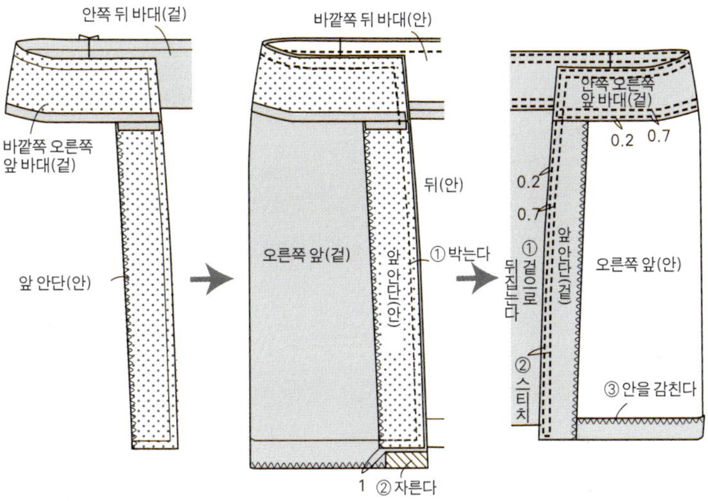

GATHER SKIRT

Style9 주름 스커트

기본 110쪽

● 필요한 패턴(B-2)

앞뒤

● 재료

겉감 = 폭 110cm
(S, M) 1m 40cm
(ML, L) 1m 60cm
고무테이프 = 1.5cm 폭 80cm

● 준비

앞뒤 허리 시접분에 M.
※ M은 '오버로크를 친다'는 뜻.

● 만드는 순서

1 옆을 박고 왼쪽 옆에 고무테이프를 끼우는 구멍을 만든다(시접분은 2장 모두 M).
2 허리를 한 번 접어서 박는다.
3 치맛자락을 두 번 접어서 박는다.
4 허리에 고무테이프를 끼운다.

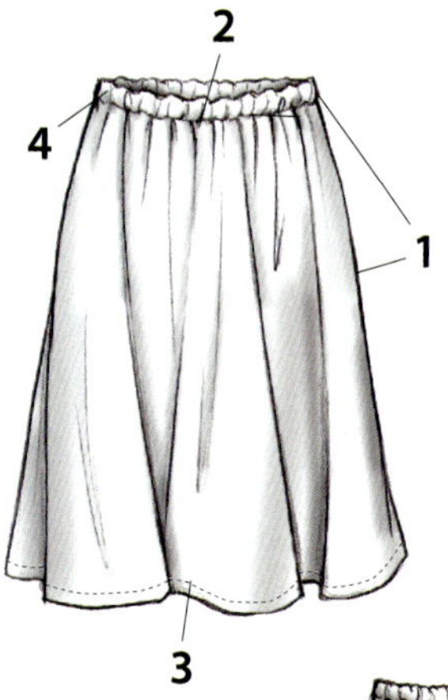

패턴 배치도

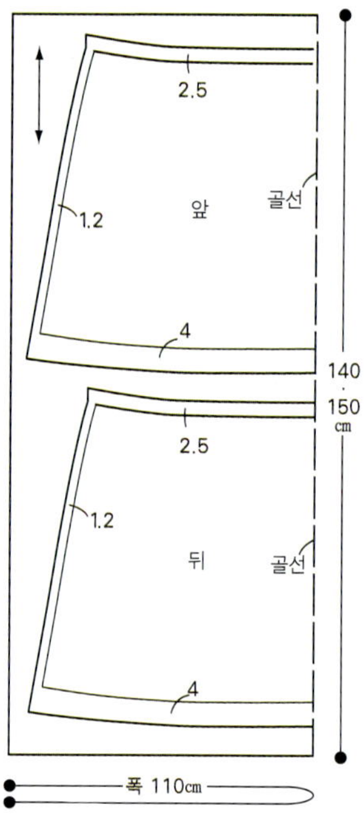

1,2 고무테이프 끼우는 구멍 재봉법

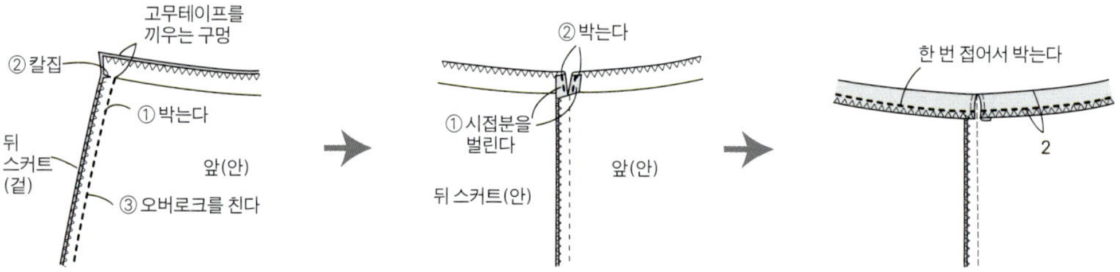

응용 1

2 맞춤 표시 하는 방법

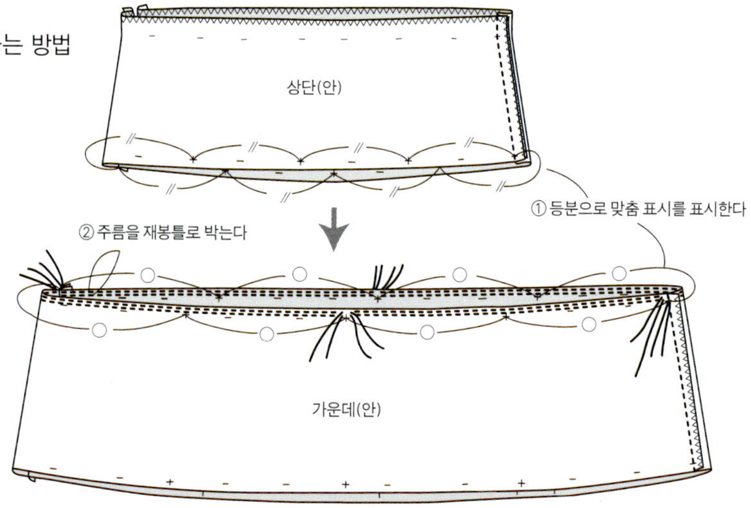

GATHER SKIRT

Style9 주름 스커트

응용 1 111쪽

● 필요한 패턴(B-2)

상단, 가운데, 하단

● 재료

겉감 = 폭 110cm
(S, M) 2m 80cm
(ML, L) 3m
고무테이프 = 1.5cm 폭 80cm

● 준비

앞뒤 허리 시접분에 M.
※ M은 '오버로크를 친다'는 뜻.

● 만드는 순서

1 상단, 가운데, 하단의 옆을 각각 박고 상단에만 왼쪽 옆에 고무테이프를 끼우는 구멍을 만든다(시접분은 2장 모두 M).
2 상단의 아래쪽, 가운데 위아래, 하단의 위쪽에 각각 맞춤 표시를 해 둔다(166쪽 참고).
3 가운데 위쪽에 주름을 재봉틀로 박는다.
4 상단과 가운데는 겉을 맞대고 맞춤 표시를 잘 맞춘 다음 재봉틀로 박은 주름의 실을 당겨서 주름을 규칙적으로 잡고 박는다(시접분은 2장 모두 M).
5 시접분을 위쪽으로 넘기고 박음질 스티치를 넣는다.
6 가운데와 같은 방법으로 하단을 단다.
7 허리를 한 번 접어서 박는다.
8 치맛자락을 두 번 접어서 박는다.
9 허리에 고무테이프를 끼운다.

패턴 배치도

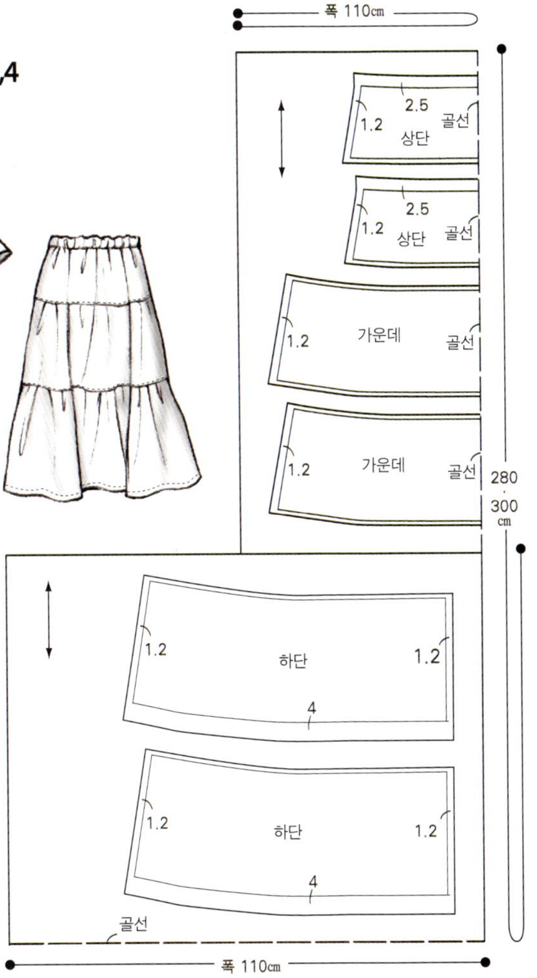

3,4,5 주름 잡는 방법과 재봉법

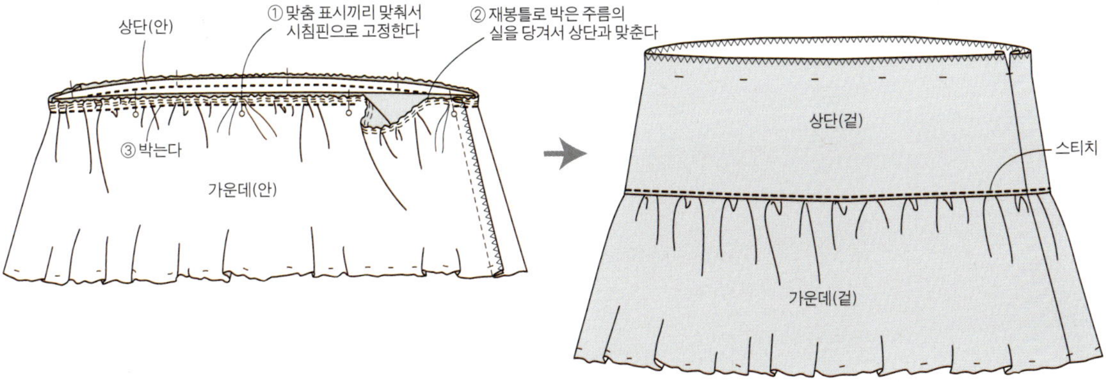

GATHER SKIRT

Style9 주름 스커트

응용 2 112쪽

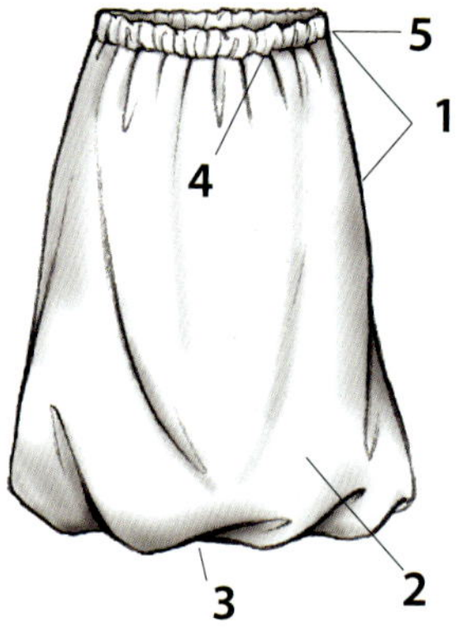

● 필요한 패턴(B-2)

앞뒤, 안의 앞뒤

● 재료

겉감 = 폭 110cm
(S, M) 1m 40cm
(ML, L) 1m 50cm
안감 = 폭110cm
(S, M) 1m
(ML, L) 1m 10cm
고무테이프 = 1.5cm 폭 80cm

● 준비

겉 앞뒤 허리 시접분에 M.
※ M은 '오버로크를 친다'는 뜻.

● 만드는 순서

1 겉과 안 스커트의 옆을 각각 박고 겉 스커트만 왼쪽 옆에 고무테이프를 끼우는 구멍을 만든다(166쪽 참고).
2 겉 스커트의 치맛자락에 주름을 재봉틀로 박는다.
3 겉 스커트와 안 스커트는 겉을 맞대고 옆선을 약간 비켜서 맞춤 표시를 맞춘 다음 치맛자락을 박는다.
4 겉으로 뒤집어서 겉 스커트와 안 스커트의 옆선을 맞추고 허리를 한 번 접어서 정리한다.
5 허리에 고무테이프를 끼운다.

패턴 배치도(겉감)

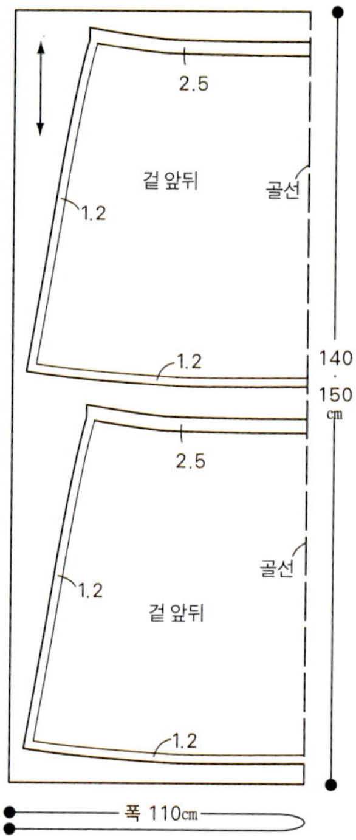

(안감)

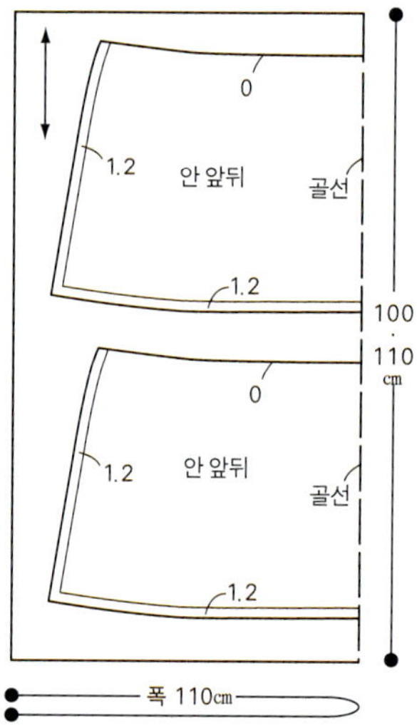

2 주름을 재봉틀로 박는 방법

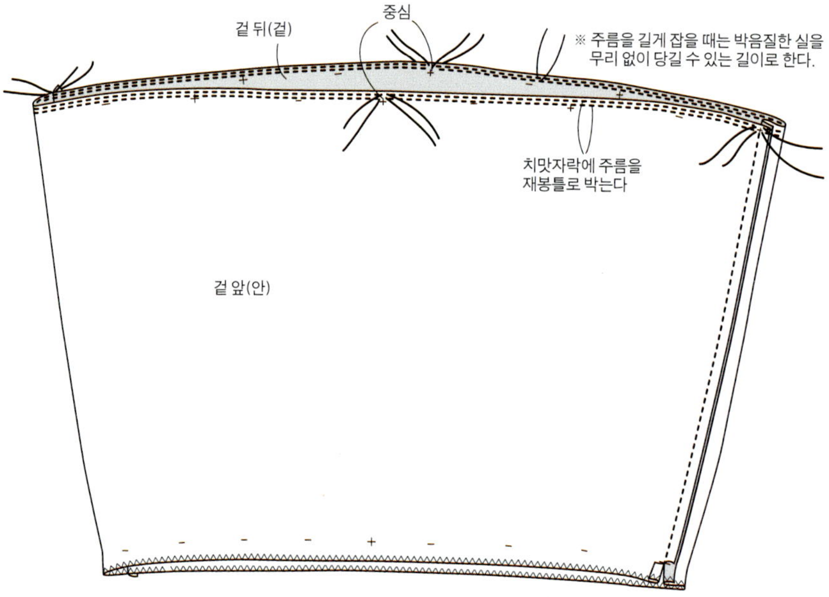

GATHER SKIRT

Style9 주름 스커트

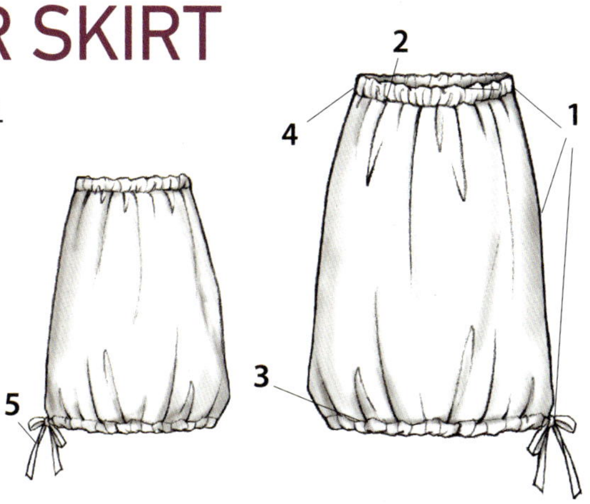

응용 3

113쪽

● 필요한 패턴(B–2)

앞뒤

● 재료

겉감 = 폭 110cm

(S, M) 1m 30cm

(ML, L) 1m 50cm

고무테이프 = 1.5cm 폭 80cm

● 준비

앞뒤 허리 시접분에 M.

※ M은 '오버로크를 친다'는 뜻.

● 만드는 순서

1 옆을 박고, 왼쪽 옆에 고무테이프 끼우는 구멍과 끈 끼우는 구멍을 만든다(시접분은 2장 모두 M) (166쪽 참고).
2 허리를 한 번 접어서 박는다.
3 치맛자락을 두 번 접어서 박는다.
4 허리에 고무테이프를 끼운다.
5 끈을 만들어 치맛자락에 끼운다.

패턴 배치도(겉감)

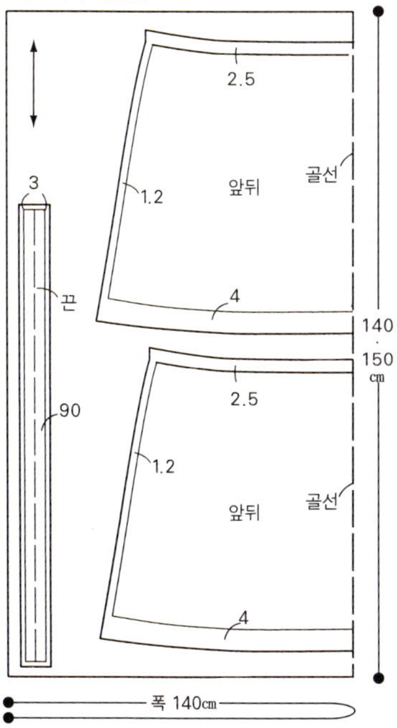

응용 2

3 치맛자락 재봉법

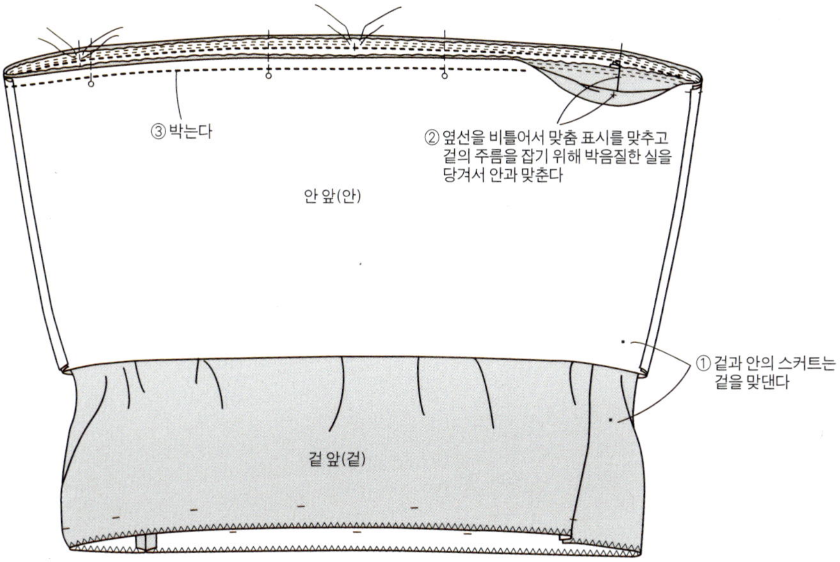

4 허리 재봉법

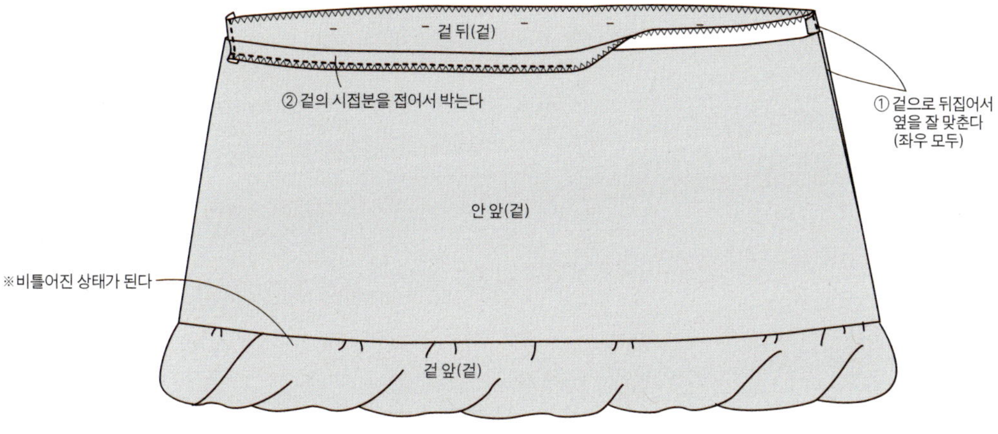

WIDE PANTS

Style10 와이드 팬츠

기본 116쪽

● 필요한 패턴(B-2)

뒤, 앞, 뒤 벨트, 앞 벨트, 밑덧단, 안단

● 재료

겉감 = 폭 110cm

(S, M) 2m 50cm

(ML, L) 2m 60cm

접착심 = 90cm 폭 50cm

에프런(EFLON) 파스너 12cm 1개

갈고리 단추 1쌍

● 준비

앞뒤 벨트, 밑덧단, 안단에 접착심을 붙인다.

안단의 시접분, 앞뒤 안 벨트의 안 시접분, 앞뒤 바지의 옆, 가랑이 둘레, 밑아래길이, 바지자락의 시접분에 M.

※ M은 '오버로크를 친다'는 뜻.

● 만드는 순서

1 앞 턱을 접는다.

2 뒤 허리 다트를 박는다(164쪽 참고)

3 앞뒤 밑위길이를 각각 박는다(앞은 트임이 끝나는 부분까지).

4 앞트임에 안단과 밑덧단을 달고 파스너를 단다.

5 옆을 박는다.

6 밑아래길이를 박는다.

7 벨트를 만들고 단다(178쪽 참고).

8 벨트 고리를 만들고 단다(172쪽 참고).

9 바지자락을 접어 올려서 안을 감친다.

10 갈고리 단추를 단다.

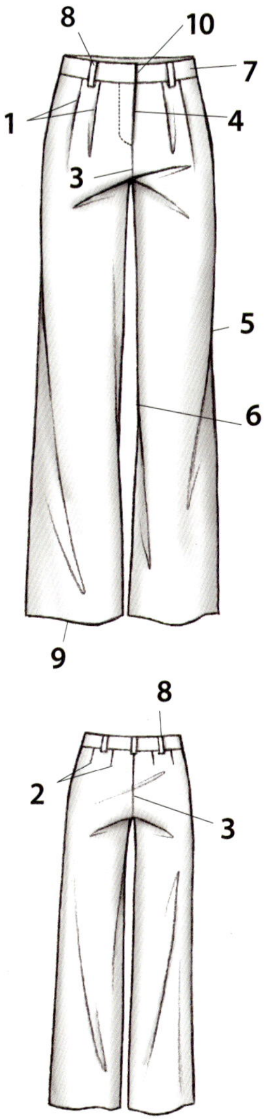

패턴 배치도

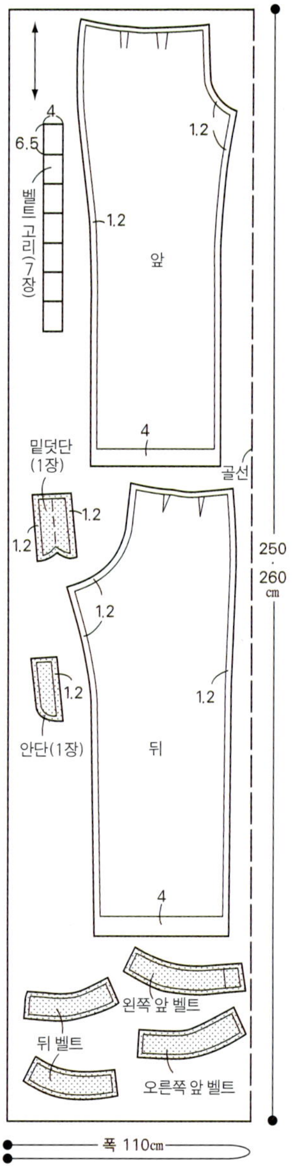

3,4 가랑이 둘레와 앞트임 재봉법

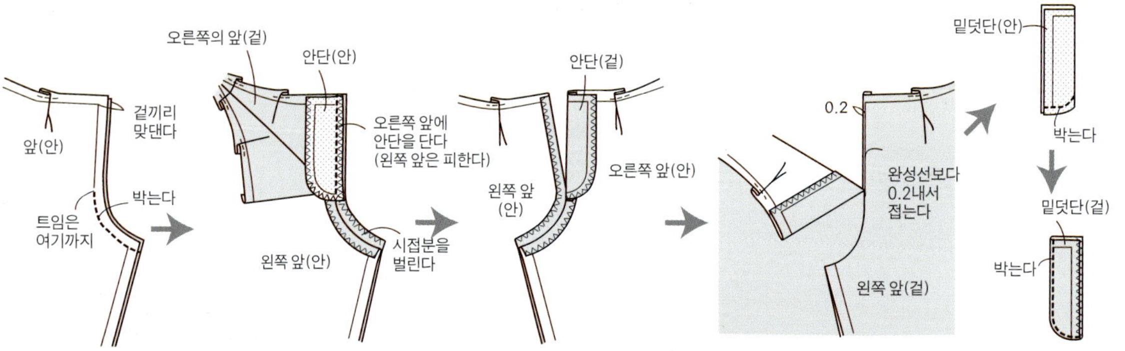

WIDE PANTS

Style10 와이드 팬츠

응용1 117쪽

●필요한 패턴(B-2)

뒤, 앞, 뒤 벨트, 앞 벨트, 주머니, 플랩, 밑덧단, 안단

●재료

겉감 = 폭 110cm
(S, M) 2m
(ML, L) 2m 20cm
접착심 = 90cm 폭 60cm
에프런(EFLON) 파스너 12cm 1개
갈고리 단추 1쌍

●준비

앞뒤 벨트, 밑덧단, 안단, 플랩에 접착심을 붙인다.
안단의 시접분, 앞뒤 안 벨트의 안 시접분, 주머니 시접분, 앞뒤 바지 옆, 가랑이 둘레, 밑아래길이, 바지자락의 시접분에 M.
※ M은 '오버로크를 친다'는 뜻.

●만드는 순서

1 앞 턱을 접는다.
2 뒤 허리 다트를 박는다(164쪽 참고).
3 옆을 박는다.
4 플랩과 주머니를 만들고 단다(173쪽 참고).
5 앞뒤 밑위길이를 각각 박는다(앞은 트임이 끝나는 부분까지).
6 앞트임에 안단과 밑덧단을 달고 파스너를 단다.
7 밑아래길이를 박는다.
8 벨트를 만들고 단다(178쪽 참고).
9 벨트 고리를 만들고 단다(172쪽 참고).
10 바지자락을 접어 올려서 안을 감친다.
11 갈고리 단추를 단다.

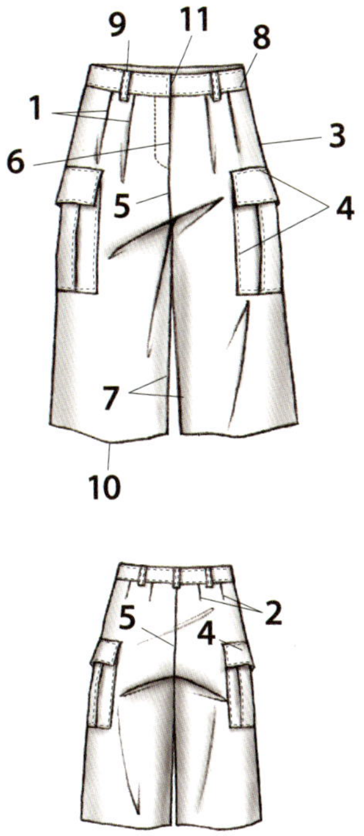

패턴 배치도

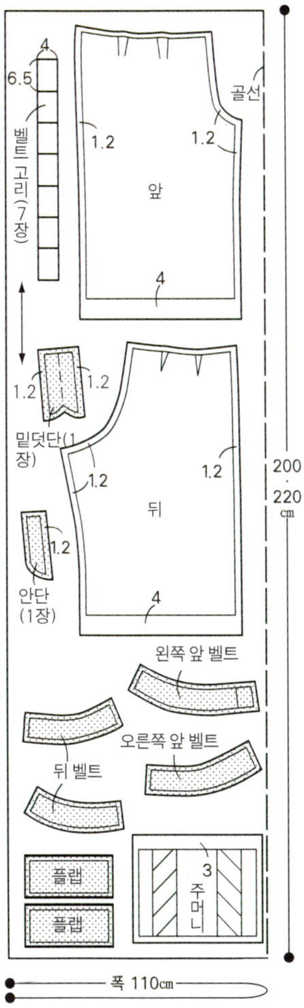

6 파스너 다는 방법

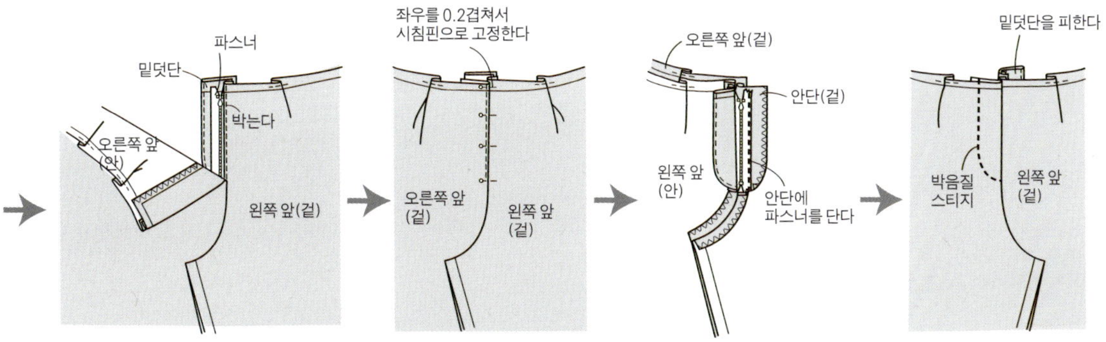

WIDE PANTS

Style10 와이드 팬츠

응용 2 118쪽

●필요한 패턴(B-2)

뒤, 앞

●재료

겉감 = 폭 110cm

(S, M) 2m 50cm

(ML, L) 2m 70cm

고무테이프 = 2cm 폭 80cm

●준비

앞뒤 바지의 허리, 가랑이 둘레, 밑아래길이, 바지자락의 시접분에 M.

※ M은 '오버로크를 친다'는 뜻.

●만드는 순서

1 앞뒤 가랑이 둘레를 각각 박는다.

2 옆을 박고 왼쪽 옆에 고무테이프를 끼우는 구멍을 만든다(시접분은 2장 모두 M)(166쪽 참고).

3 밑아래길이를 박는다.

4 허리를 한 번 접어서 박는다.

5 바지자락을 접어 올려서 안을 감친다.

6 허리에 고무테이프를 끼운다.

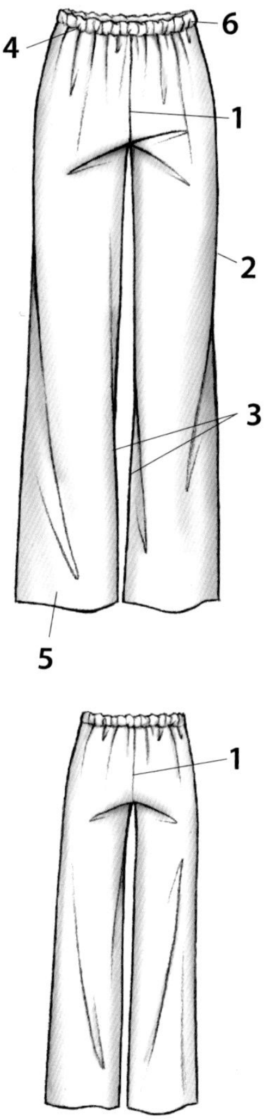

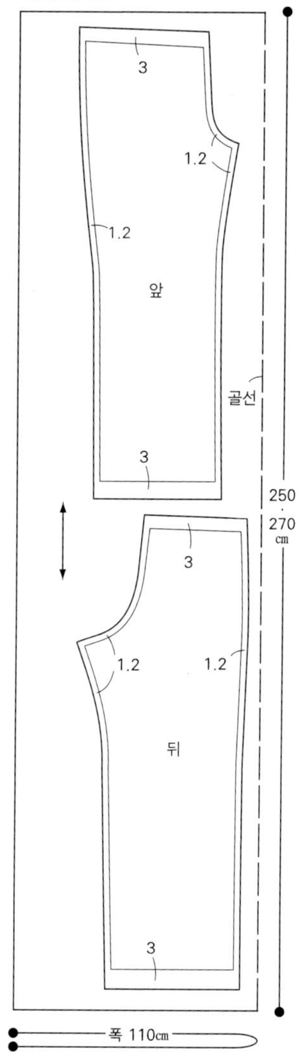

응용 3

8 벨트 고리 다는 방법

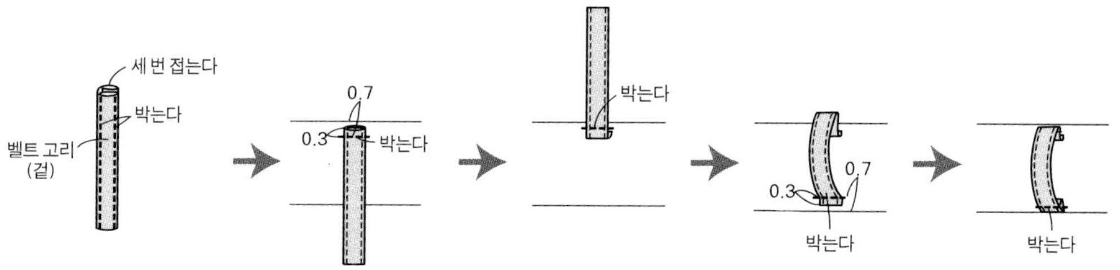

WIDE PANTS

Style10 와이드 팬츠

응용 **3** 119쪽

● 필요한 패턴(B-2)

뒤, 앞, 뒤 벨트, 앞 벨트, 주머니, 플랩, 밑덧단, 안단, 바지자락 커프스

● 재료

겉감 = 폭 110cm
(S, M) 2m
(ML, L) 2m 20cm
다른 천(신축성 소재) = 90cm 폭 40cm
접착심 = 90cm 폭 60cm
에프런(EFLON) 파스너 12cm 1개
갈고리 단추 1쌍

● 준비

앞뒤 벨트, 밑덧단, 안단, 플랩에 접착심을 붙인다.
안단의 시접분, 앞뒤 안 벨트의 안 시접분, 주머니 시접분, 앞뒤 바지 옆, 가랑이 둘레, 밑아래길이의 시접분에 M.
※ M은 '오버로크를 친다'는 뜻.

● 만드는 순서

1 앞 턱을 접는다.
2 뒤 허리 다트를 박는다(164쪽 참고).
3 옆을 박는다.
4 플랩과 주머니를 만들고 단다.
5 앞뒤 가랑이 둘레를 각각 박는다(앞은 트임이 끝나는 부분까지).
6 앞트임에 안단과 밑덧단을 달고 파스너를 단다.
7 밑아래길이를 박는다.
8 벨트를 만들고 단다(178쪽 참고).
9 벨트 고리를 만들고 단다(172쪽 참고).
10 바지자락의 커프스를 박고 단다(3장을 모두 M)(150쪽 참고).
11 갈고리 단추를 단다.

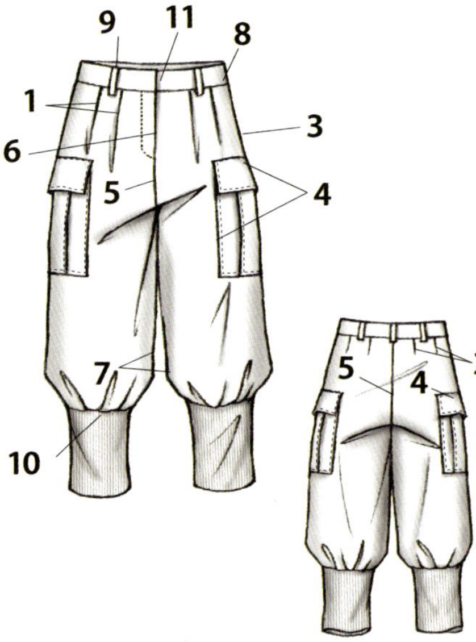

패턴 배치도(겉감)

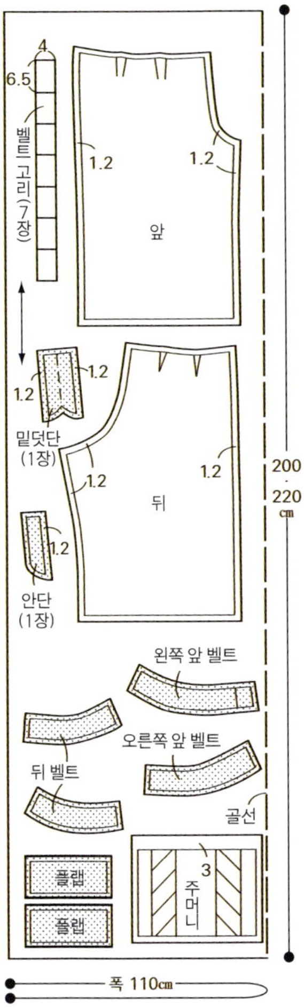

(다른 천)

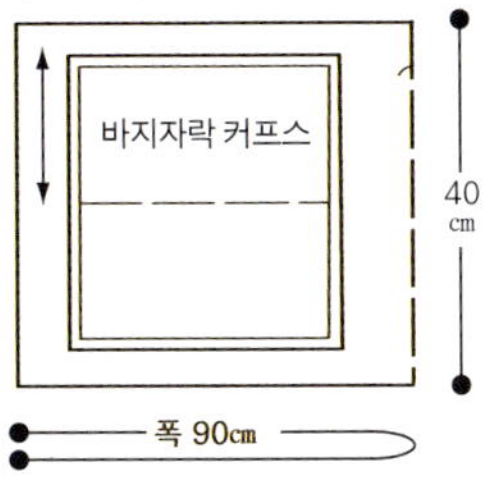

4 플랩과 주머니를 만들고 단다

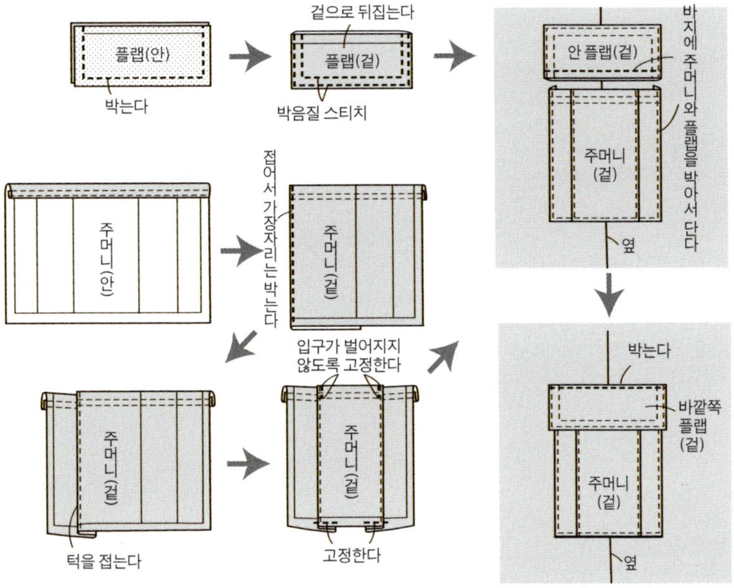

TIGHT STRAIGHT PANTS

Style11 타이트 스트레이트 팬츠

기본 122쪽

● 필요한 패턴(B-2)

뒤, 앞, 뒤 허리 안단, 앞 허리 안단, 밑덧단, 안단

● 재료

겉감 = 폭 110cm
(S, M) 2m 20cm
(ML, L) 2m 40cm
접착심 = 90cm 폭 50cm
에프런(EFLON) 파스너 17cm 1개
갈고리 단추 1쌍

● 준비

앞뒤 허리 안단, 밑덧단, 안단에 접착심을 붙인다.
안단의 시접분, 앞뒤 허리 안단의 안, 앞뒤 바지의 옆, 가랑이 둘레, 밑아래길이, 바지자락의 시접분에 M.
※ M은 '오버로크를 친다'는 뜻.

● 만드는 순서

1 앞뒤 허리 다트를 박는다(164쪽 참고).
2 앞뒤 가랑이 둘레를 각각 박는다(앞은 트임이 끝나는 부분까지).
3 앞트임에 안단과 밑덧단을 달고 파스너를 단다(170쪽 참고).
4 옆을 박는다.
5 밑아래길이를 박는다.
6 허리 안단의 뒤 중심과 옆을 박고 허리에 단다.
7 겉으로 뒤집고 안단을 안으로 집어넣어서 정리한다.
8 바지자락을 접어 올리고 감친다.
9 갈고리 단추를 붙인다.

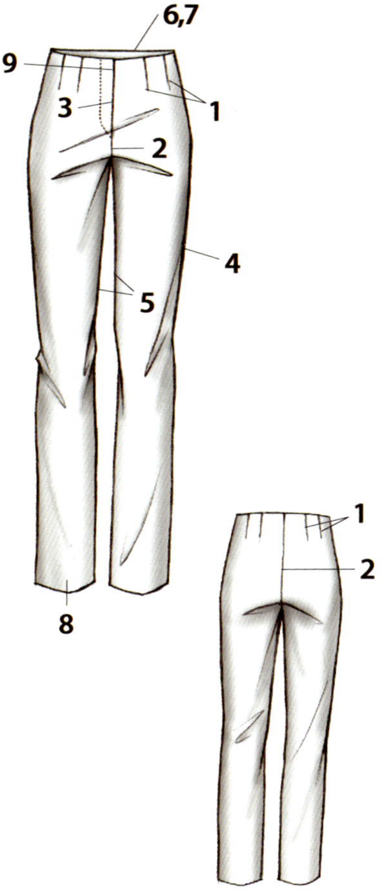

패턴 배치도

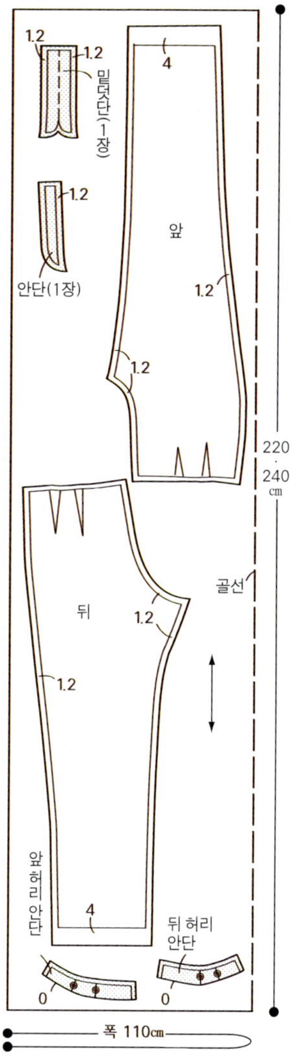

3 트임 재봉법

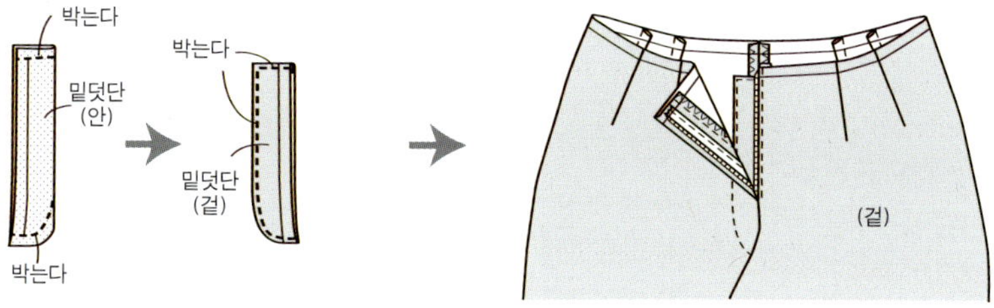

6,7 허리 정리하는 방법

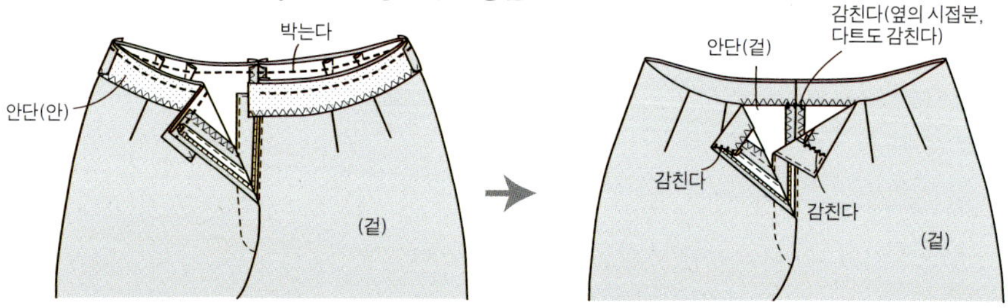

TIGHT STRAIGHT PANTS

Style11 타이트 스트레이트 팬츠

응용 1 123쪽

● 필요한 패턴(B-2)

뒤, 앞, 뒤 허리 안단, 앞 허리 안단, 밑덧단, 안단

● 재료

겉감 = 폭 110cm
(S, M) 1m 90cm
(ML, L) 2m 10cm
접착심 = 90cm 폭 50cm
에프런(EFLON) 파스너 17cm 1개
갈고리 단추 1쌍

● 준비

앞뒤 허리 안단, 밑덧단, 안단에 접착심을 붙인다. 안단의 시접분, 앞뒤 허리 안단의 안, 앞뒤 바지의 옆, 가랑이 둘레, 밑아래길이, 바지자락의 시접분에 M.
※ M은 '오버로크를 친다'는 뜻.

● 만드는 순서

1 앞뒤 허리 다트를 박는다(170쪽 참고).
2 앞뒤 가랑이 둘레를 각각 박는다(앞은 트임이 끝나는 부분까지).
3 앞트임에 안단과 밑덧단을 달고 파스너를 단다(174쪽, 170쪽 참고).
4 옆을 박는다.
5 밑아래길이를 박는다.
6 허리 안단의 뒤 중심과 옆을 박고 허리에 단다(174쪽 참고).
7 겉으로 뒤집고 안단을 안으로 집어넣어서 정리한다.
8 슬릿 트임과 바지자락을 접고 감친다(모서리는 액자접기를 한다).
9 갈고리 단추를 붙인다.

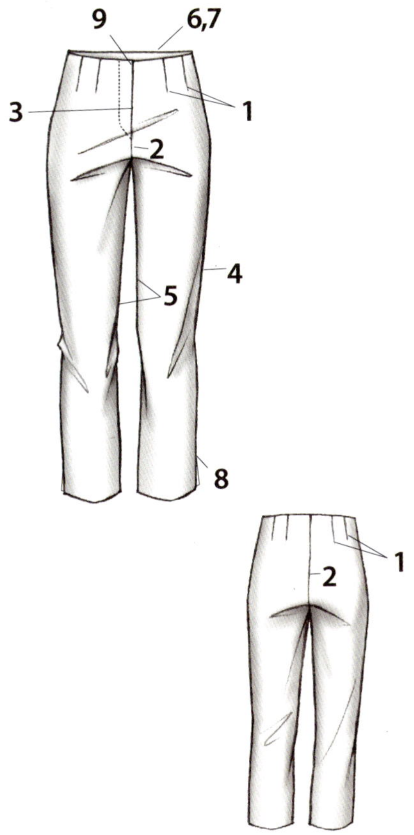

패턴 배치도

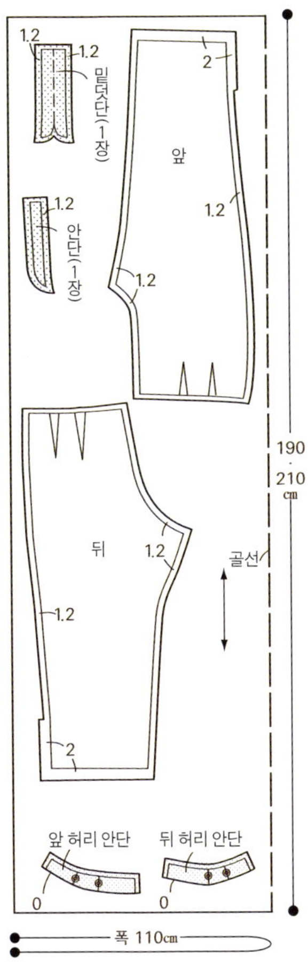

8 슬릿 트임 재봉법

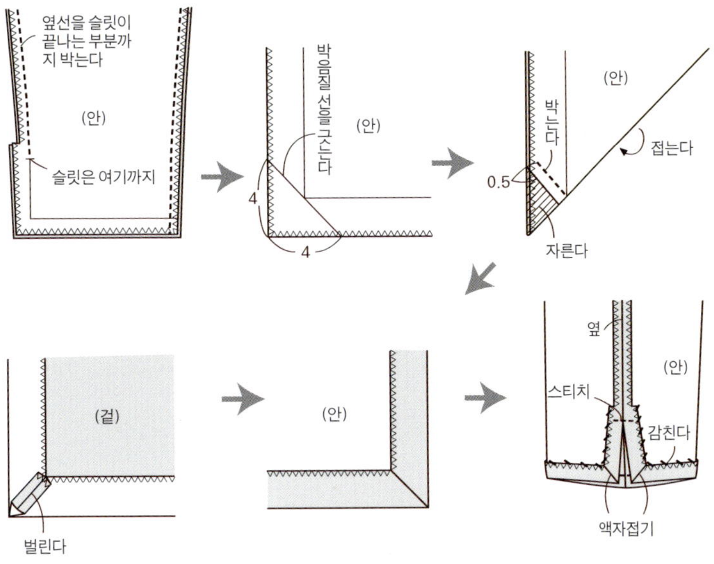

TIGHT STRAIGHT PANTS

Style11 타이트 스트레이트 팬츠

응용 2 124쪽

● 필요한 패턴(B-2)

뒤, 앞, 뒤 허리 안단, 앞 허리 안단, 밑덧단, 안단

● 재료

겉감 = 폭 110cm
(S, M) 1m 50cm
(ML, L) 1m 60cm
접착심 = 90cm 폭 50cm
에프런(EFLON) 파스너 17cm 1개
갈고리 단추 1쌍

● 준비

앞뒤 허리 안단, 밑덧단, 안단에 접착심을 붙인다.
안단의 시접분, 앞뒤 허리 안단의 안, 앞뒤 바지의 옆, 가랑이 둘레, 밑아래길이, 바지자락의 시접분에 M.
※ M은 '오버로크를 친다'는 뜻.

● 만드는 순서

1 앞뒤 허리 다트를 박는다(164쪽 참고).
2 앞뒤 가랑이 둘레를 각각 박는다(앞은 트임이 끝나는 부분까지).
3 앞트임에 안단과 밑덧단을 달고 파스너를 단다(170쪽, 174쪽 참고).
4 옆을 박는다.
5 밑아래길이를 박는다.
6 허리 안단의 뒤 중심과 옆을 박고 허리에 단다(174쪽 참고).
7 겉으로 뒤집고 안단을 안으로 집어넣어서 정리한다.
8 바지자락을 접어 올리고 박는다.
9 바지자락을 접는다.
10 갈고리 단추를 단다.

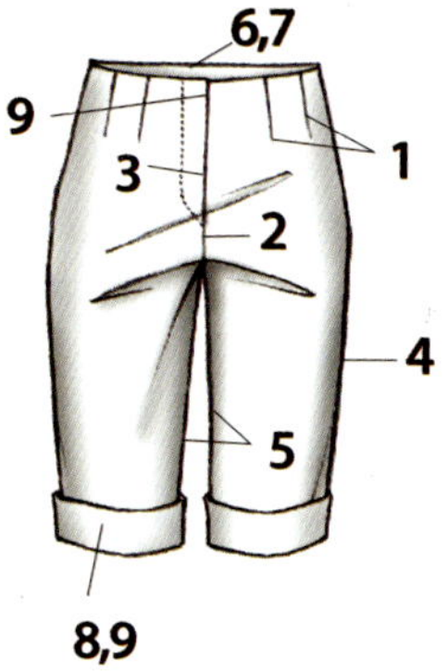

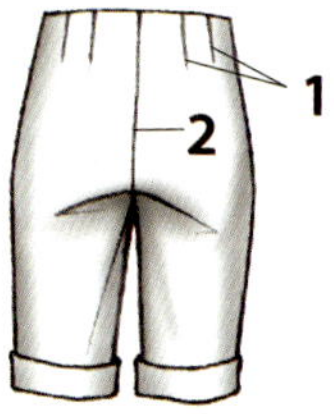

패턴 배치도

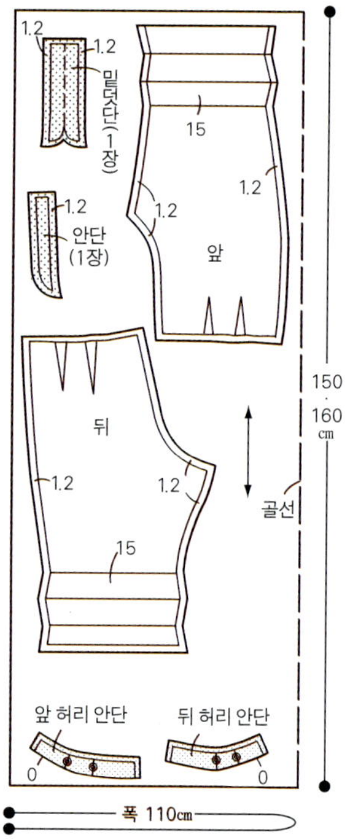

4,5 옆선과 밑아래길이 재봉법

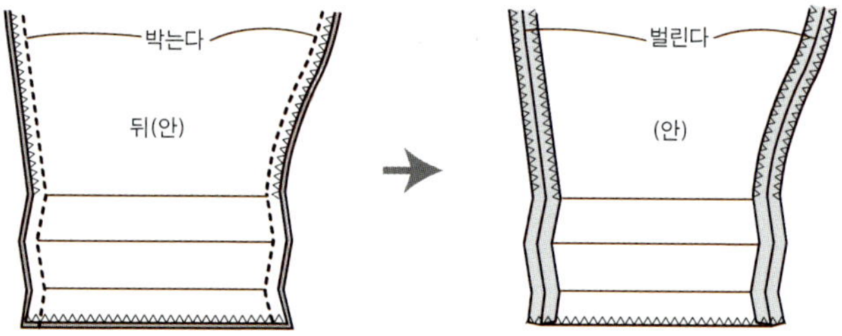

8,9 바지자락 재봉법

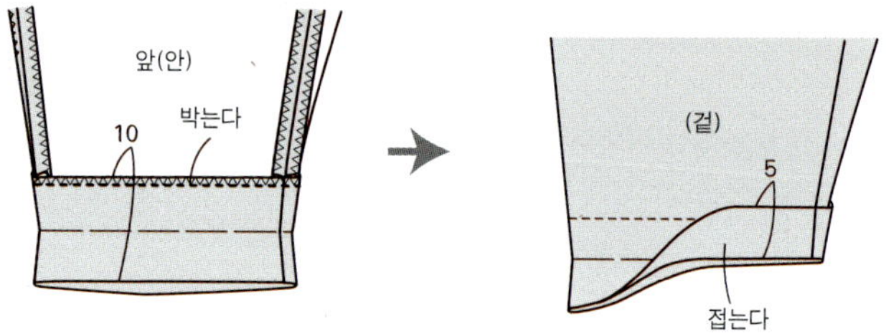

TIGHT STRAIGHT PANTS

Style11 타이트 스트레이트 팬츠

응용 3 125쪽

● **필요한 패턴(B-2)**

뒤, 앞, 뒤 허리 안단, 앞 허리 안단, 밑덧단, 안단, 바지자락 커프스

● **재료**

겉감 = 폭 110cm
(S, M) 1m 50cm
(ML, L) 1m 70cm
접착심 = 90cm 폭 50cm
에프런(EFLON) 파스너 17cm 1개
직경 1.5cm 단추 6개
갈고리 단추 1쌍

● **준비**

앞뒤 허리 안단, 밑덧단, 안단에 접착심을 붙인다. 안단의 시접분, 앞뒤 허리 안단의 안, 앞뒤 바지의 옆, 가랑이 둘레, 밑아래길이 시접분에 M.
※ M은 '오버로크를 친다'는 뜻.

● **만드는 순서**

1 앞뒤 허리 다트를 박는다(164쪽 참고).
2 앞뒤 가랑이 둘레를 각각 박는다(앞은 트임이 끝나는 부분까지).
3 앞트임에 안단과 밑덧단을 달고 파스너를 단다(170쪽, 174쪽 참고).
4 옆을 트임이 끝나는 부분까지 박는다.
5 밑아래길이를 박는다.
6 허리 안단의 뒤 중심과 옆을 박고 허리에 단다(174쪽 참고).
7 겉으로 뒤집고 안단을 안으로 집어넣어서 정리한다.
8 바지자락 커프스를 만들어 단다.
9 바지자락 커프스에 단춧구멍을 만들고 단추를 단다.
10 갈고리 단추를 단다.

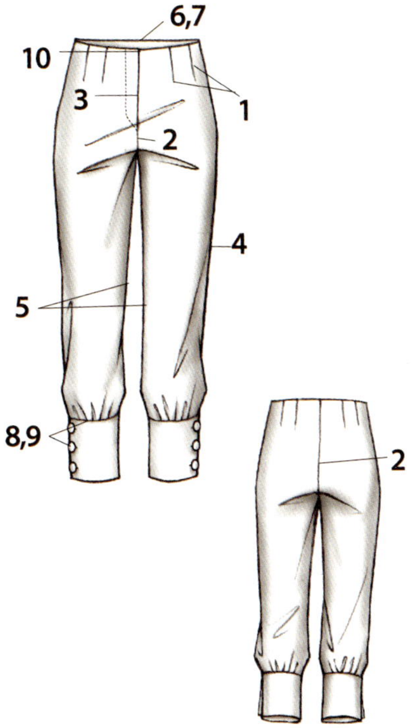

패턴 배치도

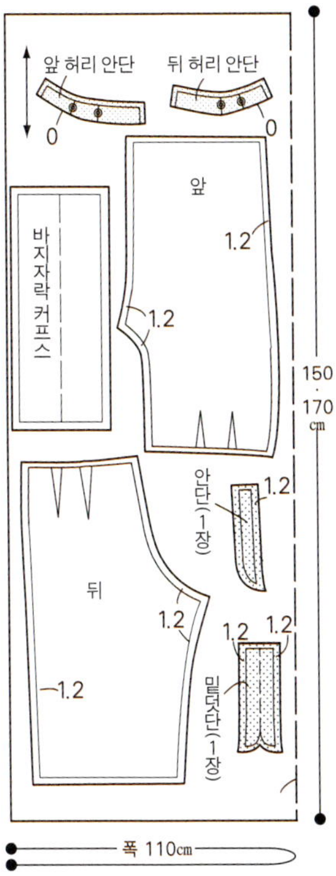

8,9 바지자락 커프스 다는 방법

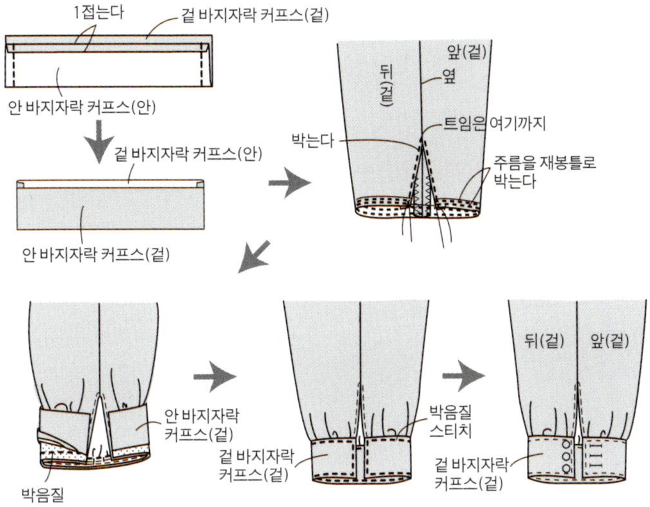

SLIM PANTS

Style12 슬림 팬츠

기본 128쪽

●필요한 패턴(B–2)

뒤, 앞, 뒤 벨트, 앞 벨트, 밑덧단, 안단

●재료

겉감 = 폭 110cm
(S, M) 2m 30cm
(ML, L) 2m 50cm
접착심 = 90cm 폭 40cm
에프런(EFLON) 파스너 15cm 1개
갈고리 단추 1쌍

●준비

앞뒤 벨트, 밑덧단, 안단에 접착심을 붙인다.
안단의 시접분, 앞뒤 안 벨트의 안 시접분, 앞뒤 바지의 가랑이 둘레, 바지자락 시접분에 M.
※ M은 '오버로크를 친다'는 뜻.

●만드는 순서

1 앞뒤 허리 다트를 박는다(164쪽 참고).
2 앞뒤 가랑이 둘레를 각각 박는다(앞은 트임이 끝나는 부분까지).
3 앞트임에 안단과 밑덧단을 달고 파스너를 단다(174쪽 참고).
4 옆을 박는다(시접분은 2장 모두 M).
5 밑아래길이를 박는다(시접분은 2장 모두 M).
6 벨트를 만들고 단다.
7 바지자락을 접어 올리고 안에서 감친다.
8 갈고리 단추를 단다.

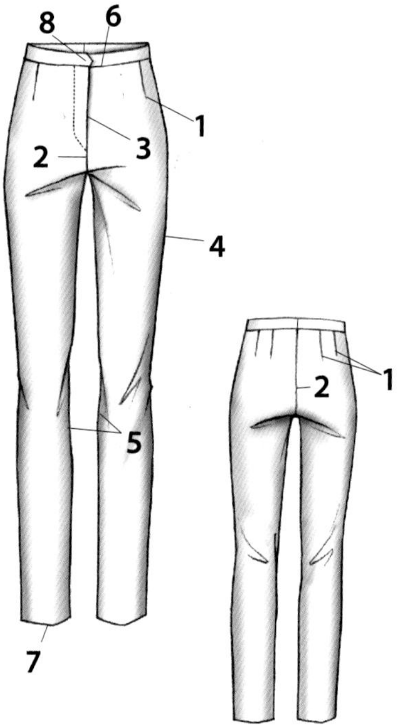

패턴 배치도

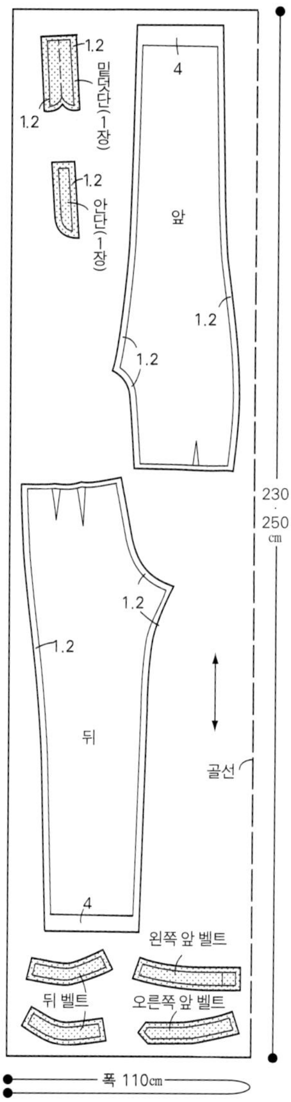

6 벨트를 다는 방법

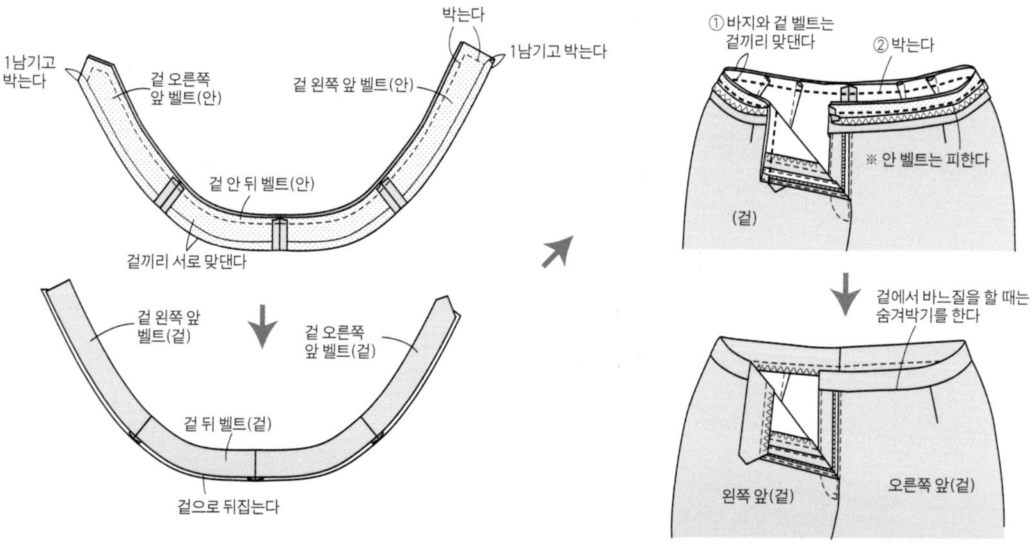

SLIM PANTS

Style12 슬림 팬츠

응용 1 129쪽

● 필요한 패턴(B-2)

뒤, 앞, 뒤 벨트, 앞 벨트, 밑덧단, 안단

● 재료

겉감 = 폭 110cm
(S, M) 2m 40cm
(ML, L) 2m 60cm
접착심 = 90cm 폭 40cm
에프런(EFLON) 파스너 15cm 1개
갈고리 단추 1쌍

● 준비

앞뒤 벨트, 밑덧단, 안단에 접착심을 붙인다.
안단의 시접분, 앞뒤 안 벨트의 안 시접분, 앞뒤 바지의 가랑이 둘레, 바지자락 시접분에 M.
※ M은 '오버로크를 친다'는 뜻.

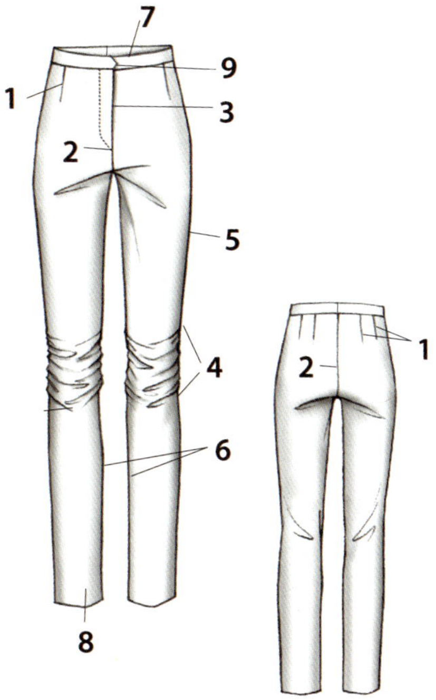

● 만드는 순서

1 앞뒤 허리 다트를 박는다(164쪽 참고).
2 앞뒤 가랑이 둘레를 각각 박는다(앞은 트임이 끝나는 부분까지).
3 앞트임에 안단과 밑덧단을 달고 파스너를 단다(174쪽 참고).
4 앞의 셔링 위치에 주름을 재봉틀로 박은 다음 주름을 잡는다.
5 옆을 박는다(시접분은 2장 모두 M).
6 밑아래길이를 박는다(시접분은 2장 모두 M).
7 벨트를 만들고 단다(178쪽 참고).
8 바지자락을 접어 올리고 안에서 감친다.
9 갈고리 단추를 단다.

패턴 배치도

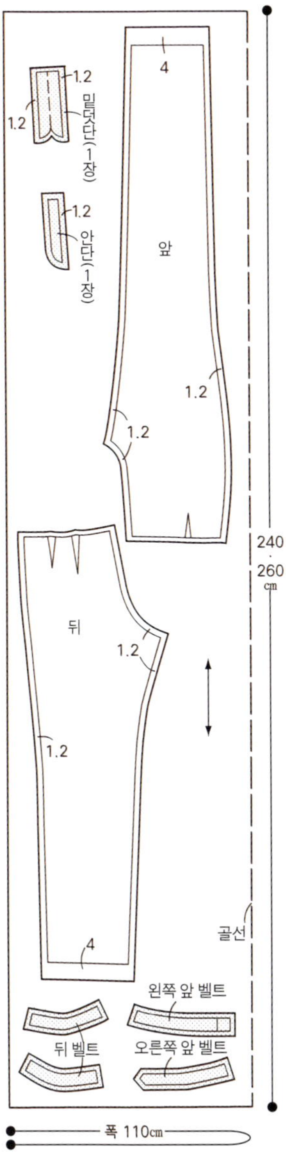

4~6 셔링 잡는 방법

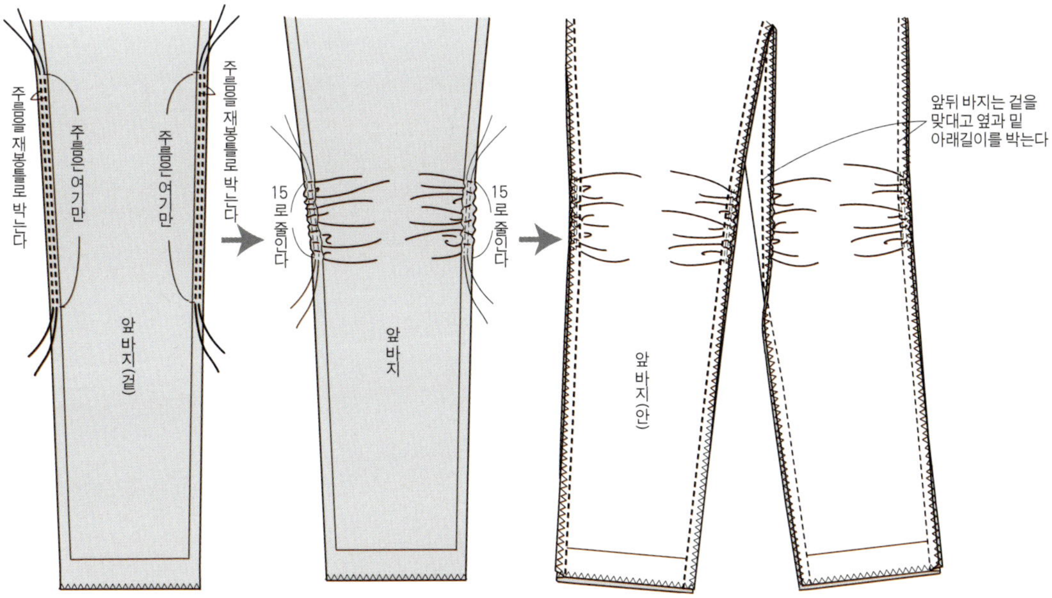

SLIM PANTS

Style12 슬림 팬츠

응용 2 130쪽

●필요한 패턴(B-2)

뒤, 앞, 뒤 벨트, 앞 벨트, 밑덧단, 안단

●재료

겉감 = 폭 110cm
(S, M) 2m 50cm
(ML, L) 2m 60cm
접착심 = 90cm 폭 40cm
에프런(EFLON) 파스너 15cm 1개
갈고리 단추 1쌍

●준비

앞뒤 벨트, 밑덧단, 안단에 접착심을 붙인다.
안단의 시접분, 앞뒤 안 벨트의 안 시접분, 앞뒤 바지의 가랑이 둘레 시접분에 M.
※ M은 '오버로크를 친다'는 뜻.

●만드는 순서

1 앞뒤 허리 다트를 박는다(164쪽 참고).
2 앞뒤 가랑이 둘레를 각각 박는다(앞은 트임이 끝나는 부분까지).
3 앞트임에 안단과 밑덧단을 달고 파스너를 단다(174쪽 참고).
4 앞뒤 바지자락의 셔링 위치에 주름을 재봉틀로 박은 다음 주름을 잡는다.
5 옆을 박는다(시접분은 2장 모두 M).
6 밑아래길이를 박는다(시접분은 2장 모두 M).
7 벨트를 만들고 단다(178쪽 참고).
8 바지자락을 두 번 접어서 박는다.
9 갈고리 단추를 단다.

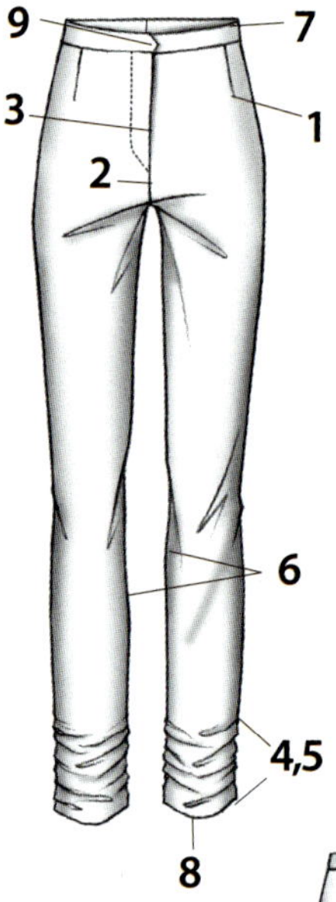

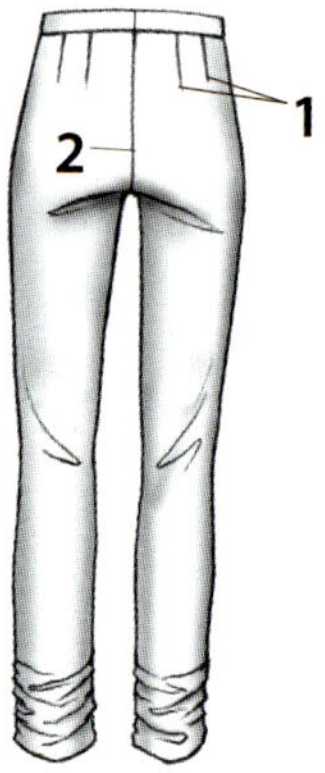

패턴 배치도

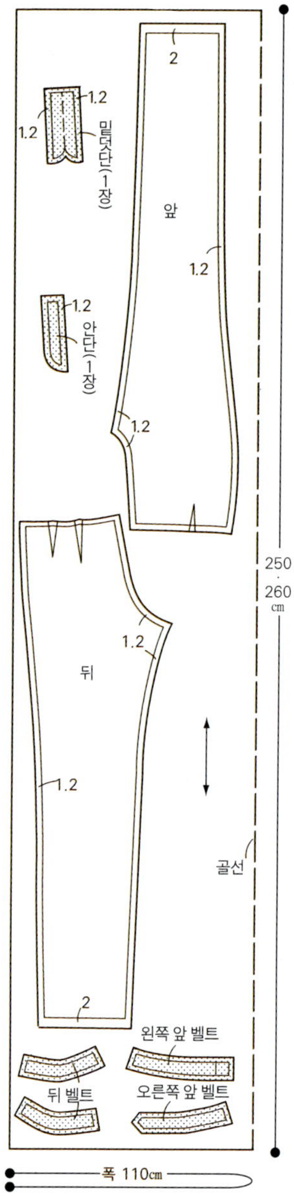

4~8 바지자락 셔링 재봉법

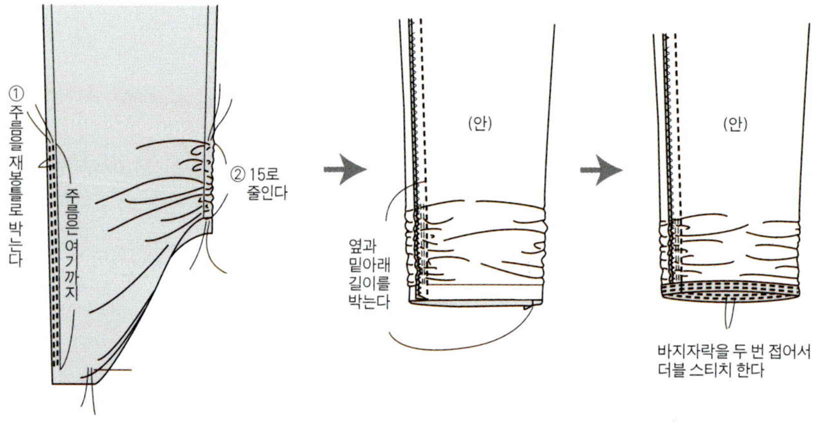

SLIM PANTS

Style12 슬림 팬츠

응용 3 131쪽

● 필요한 패턴(B-2)

뒤, 뒤 바대, 앞, 앞자락, 무릎 절개천, 뒤 벨트, 앞 벨트, 밑덧단, 안단

● 재료

겉감 = 폭 110cm

(S, M) 2m 40cm

(ML, L) 2m 60cm

접착심 = 90cm 폭 40cm

에프런(EFLON) 파스너 15cm 1개

갈고리 단추 1쌍

● 준비

앞뒤 벨트, 밑덧단, 안단에 접착심을 붙인다.

안단의 시접분, 앞뒤 안 벨트의 안 시접분, 앞뒤 바지의 가랑이 둘레, 바지자락 시접분에 M.

※ M은 '오버로크를 친다'는 뜻.

● 만드는 순서

1 앞 허리 다트를 박는다(164쪽 참고).
2 뒤 바대를 댄다(시접분은 2장 모두 M).
3 앞뒤 가랑이 둘레를 각각 박는다(앞은 트임이 끝나는 부분까지).
4 앞트임에 안단과 밑덧단을 달고 파스너를 단다(174쪽 참고).
5 무릎 절개천의 턱을 접는다.
6 무릎 절개천을 앞과 앞 옷자락에 댄다(시접분은 2장 모두 M).
7 옆을 박는다(시접분은 2장 모두 M).
8 밑아래길이를 박는다(시접분은 2장 모두 M).
9 벨트를 만들고 단다(178쪽 참고).
10 바지자락을 접어 올리고 안을 감친다.
11 갈고리 단추를 단다.

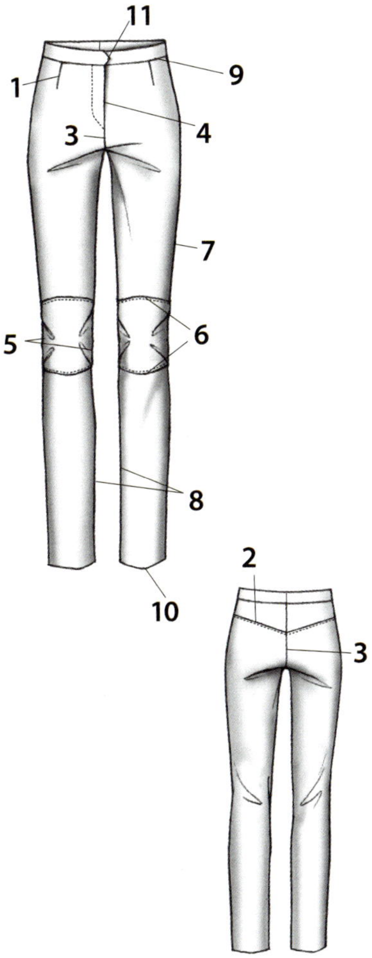

패턴 배치도

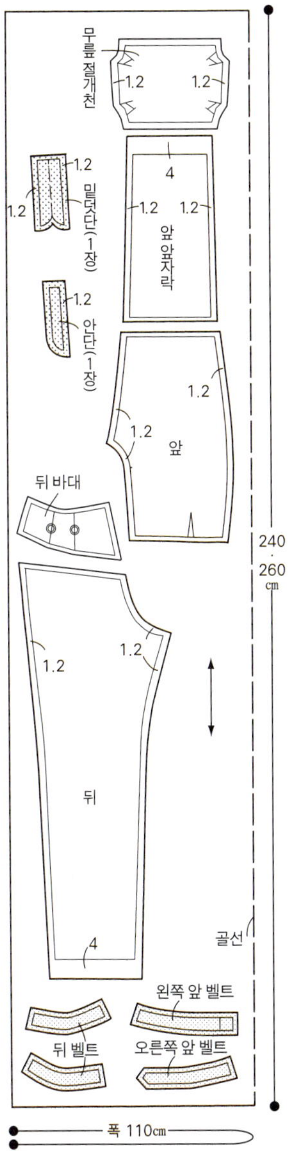

5~7 무릎 절개천 대는 방법

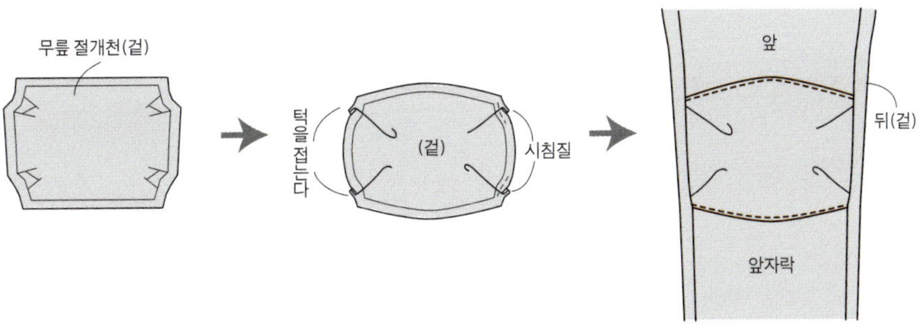

Chapter 3

Outer & Top

아우터 & 탑

우리나라는 사계절이 뚜렷해 참 행복합니다.
일 년 내내 다양한 패션을 즐길 수 있으니까요.
속살을 드러내는 옷부터 온몸을 감싸는 옷까지
패션의 폭이 무척 넓습니다.
또한, 계절을 느끼면서 옷을 선택하는 일은
코디네이션의 묘미이기도 합니다.
직접 소재를 고르고, 만들어 멋을 내보세요.
이번에는 여러분에게 도움이 될 만한
다양한 디자인의 재킷과 코트 등을 준비했습니다.
같은 패턴이라도 소재를 바꾸면
봄뿐만 아니라 가을에도 즐길 수 있습니다.

그럼, 이제까지 지나온 장들을 보며
만들었던 옷과 함께 코디해 보는 건 어떨까요?

style 1 Box-jacket

박스 재킷

186

style 2 Box-coat

박스 코트

192

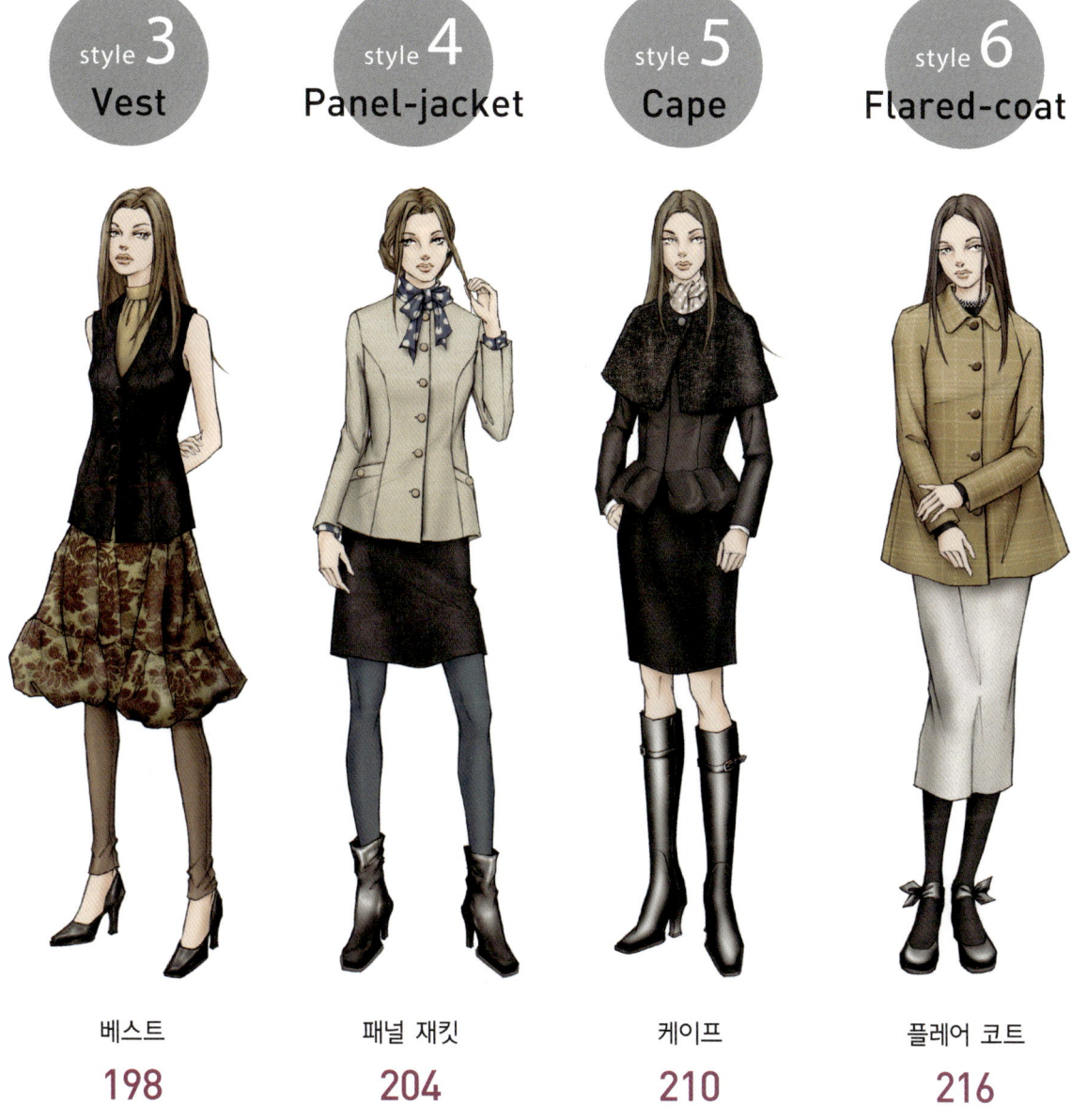

Box-Jacket

Style 1 박스 재킷

기본

응용 1

진동둘레에 다트를 잡은(암홀 다트) 짧은 길이의 박스 재킷입니다. 옷깃이 없는 디자인은 목둘레의 형태나 별도 원단을 이용해 변화를 주거나, 주머니를 만드는 것만으로 분위기가 완전히 달라집니다.

응용 2

응용 3

기본

Style 1 * 박스 재킷

박스 실루엣의 재킷은 기장이 짧고 옷깃이 없는 기본 디자인입니다.

How to make ⇨ 224쪽

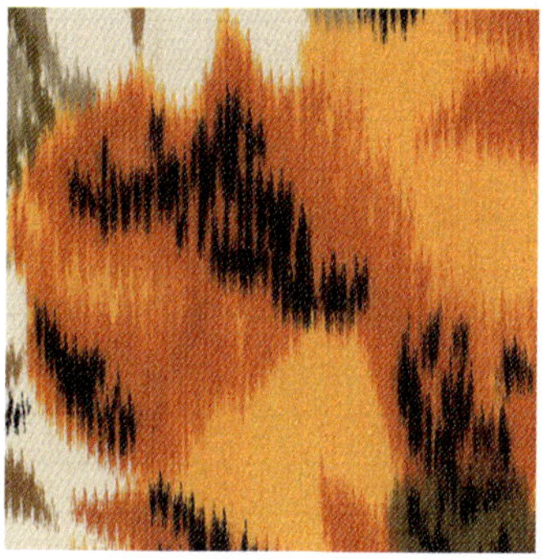

기본 패턴(C-1)

뒤 몸판은 어깨에, 앞 몸판은 진동둘레에 다트가 있습니다. 소매는 기본적으로 겉과 안, 두 장 소매입니다.

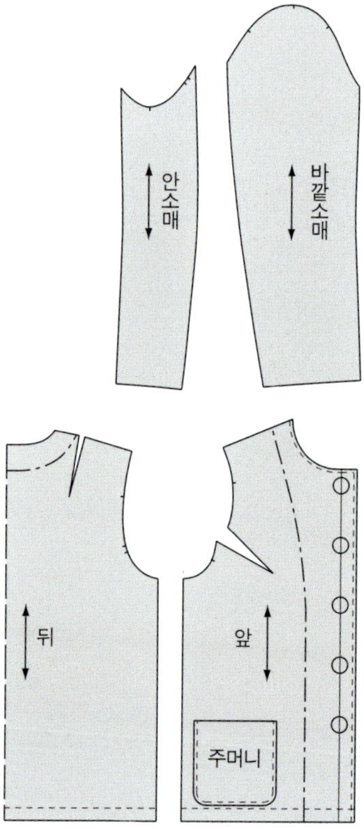

응용 1

Style 1 * 박스 재킷

앞 몸판에 앞 덧단과 패널 라인을 넣고, 뒤 몸판은 바대로 처리해 스포티한 디자인을 연출합니다.

How to make ⇨ 226쪽

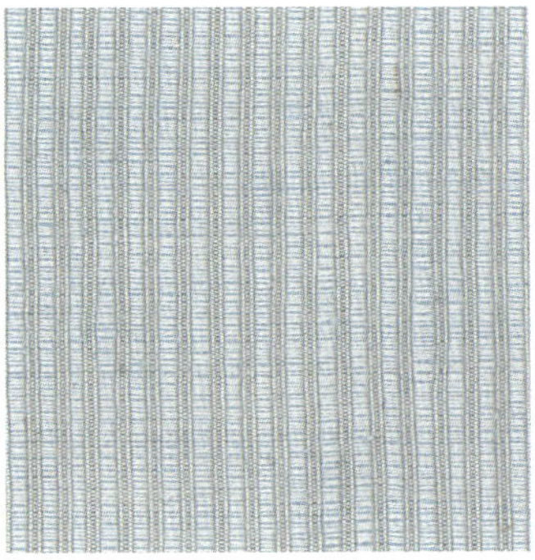

패턴 응용

뒤 바대는 다트가 끝나는 위치에서 수평으로 절개선을 넣은 다음, 다트 분량을 맞댑니다. 앞은 진동둘레 다트가 끝나는 위치에서 연장해 수직으로 절개선을 그립니다.

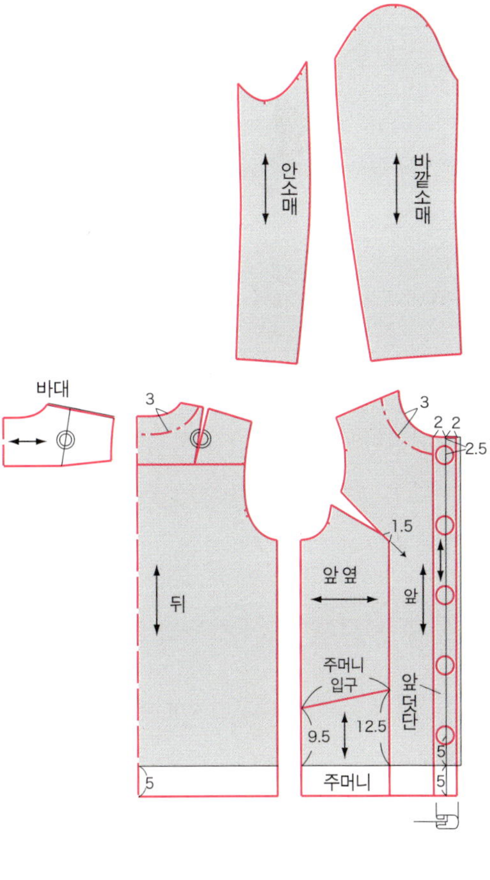

응용 2

Style 1 * 박스 재킷

목둘레, 진동둘레, 소맷부리에 별도 원단을 댄 바이컬러(2색 사용) 디자인으로 샤프한 인상을 줍니다.

How to make ⇨ 228쪽

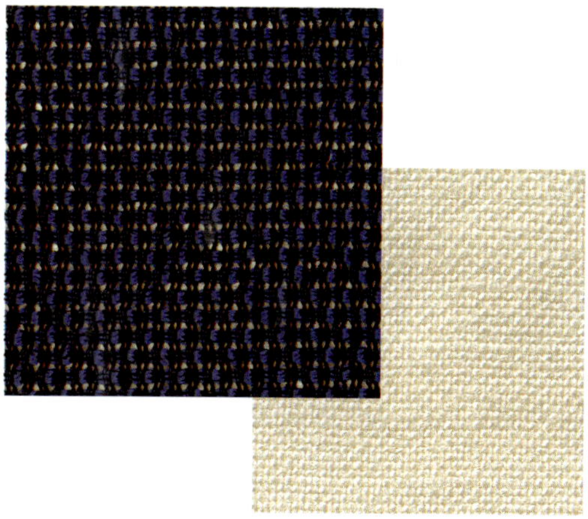

패턴 응용

뒤 몸판의 어깨 다트는 목둘레로 옮깁니다. 목둘레와 진동둘레에 대는 별도 원단은 다트 분량을 맞대어 만듭니다.

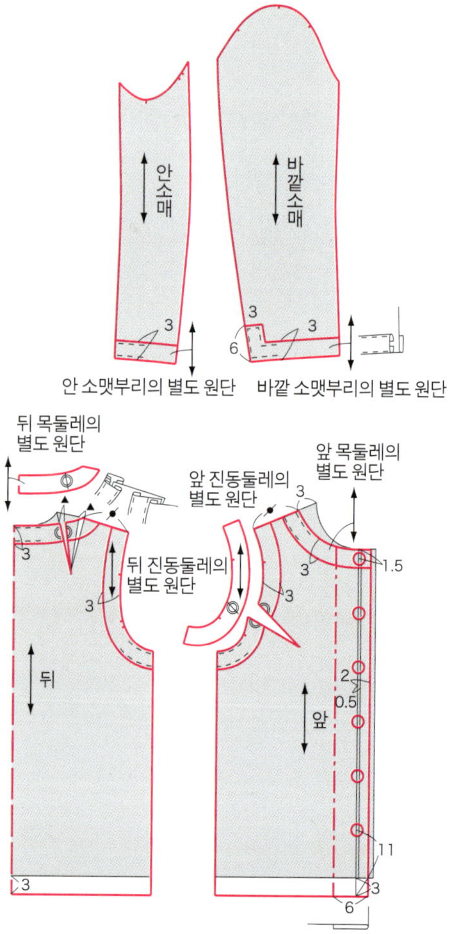

응용 3

Style 1 * 박스 재킷

진동둘레 아랫부분에서 절개해 주름을 잡은 디자인입니다. 소재나 색의 조화에 따라 세련되고 맵시 있게 연출할 수 있습니다.

How to make ⇨ 229쪽

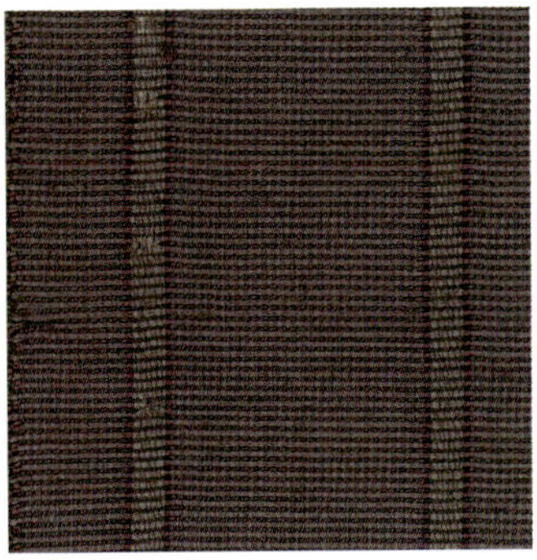

패턴 응용

앞뒤 바대는 진동둘레 아랫부분에서 절개하고, 뒤 몸판의 어깨 다트는 목둘레로 옮깁니다. 앞 몸판의 진동둘레 다트는 맞댑니다.

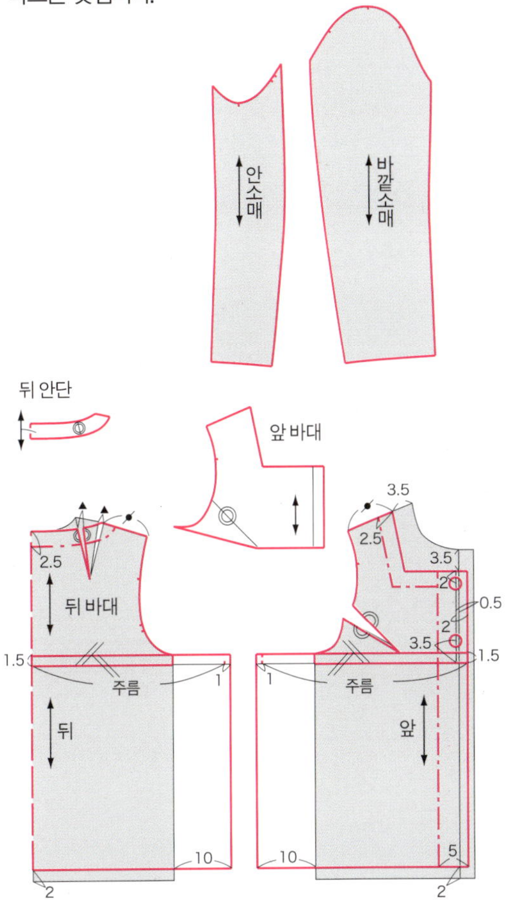

Box-coat

Style 2 박스 코트

허리 다트나 절개가 없는 박스 실루엣의 코트입니다. 어깨에 넣은 다트가 디자인에 변화를 주고, 품 또한 적당해 다양한 소재로 즐길 수 있습니다.

응용 2

응용 3

기본

Style 2 * 박스 코트

옷깃이 없는 심플한 쇼트 코트입니다.
몸판이 커 보이지 않도록 단추와 장식 벨트를 답니다.

How to make ⇨ 230쪽

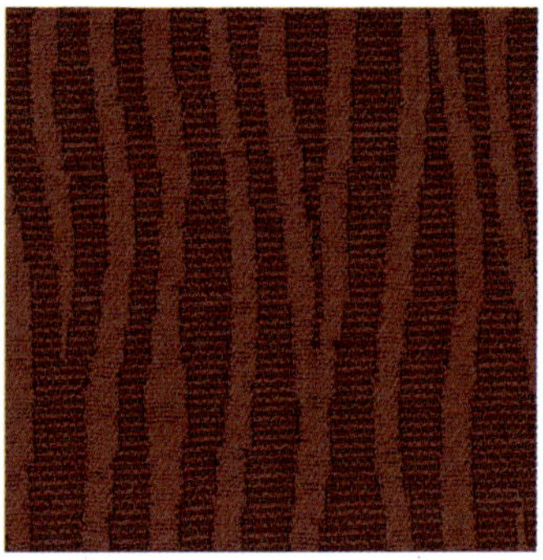

기본 패턴(C-1)

심플한 박스 라인은 허리에 장식 벨트로 주름을 당기듯 잡아, 몸에 꼭 맞춥니다.

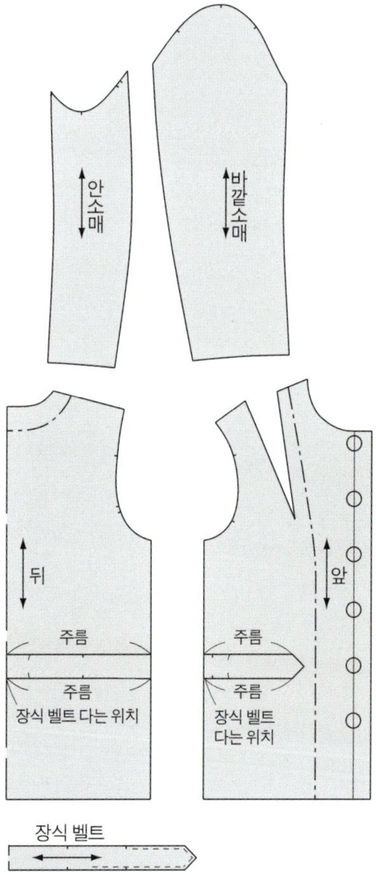

응용 1

a

b

Style 2 * 박스 코트

앞 중심에서 길이를 늘여 더블 여밈을 만들고, 옷깃과 입술주머니를 추가합니다.

How to make ⇨ 231쪽

패턴 응용

앞 몸판의 다트가 끝나는 위치에서 바대로 바꾸어 다트 분량만큼 맞대어 처리합니다. 두꺼운 소재에도 알맞은 패턴입니다. 뒤 몸판도 바대로 바꿉니다. 옷깃은 목둘레 치수를 잰 다음, 제도합니다. 기장은 옆선을 아래로 길게 늘였기 때문에 걸음걸이를 고려해 허리를 가리는 위치에 맞춥니다.

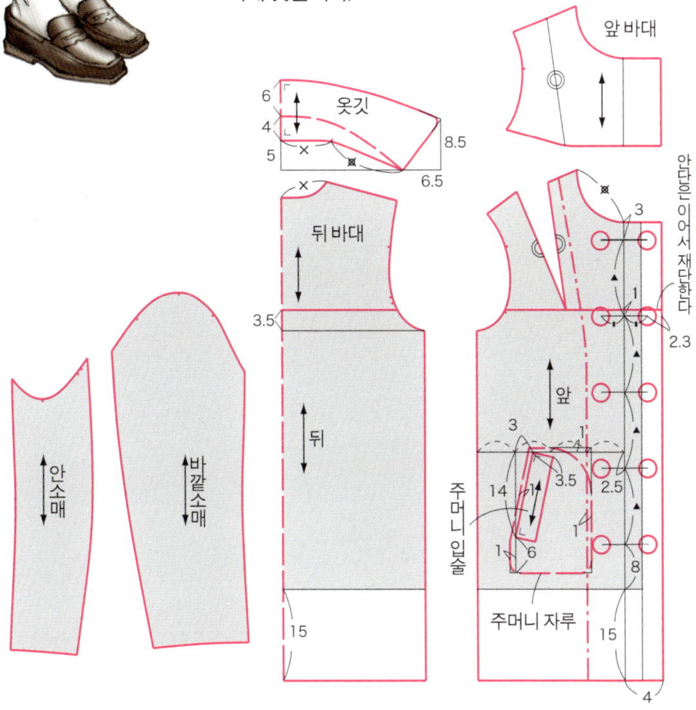

응용 2

Style 2 ＊ 박스 코트

바대로 바꾸어 대거나 벨트 같은 장식 천을 달고, 견장을 끼운 트렌치코트 느낌의 디자인입니다.
부분적으로 사용한 가죽이 포인트입니다.

How to make ⇨ 232쪽

패턴 응용

장식 천은 가슴 다트를 맞대어 제도합니다. 옷깃은 목둘레 치수를 잰 다음 제도합니다.

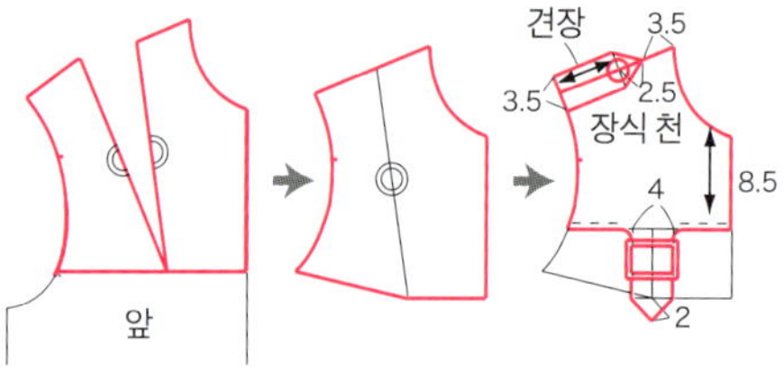

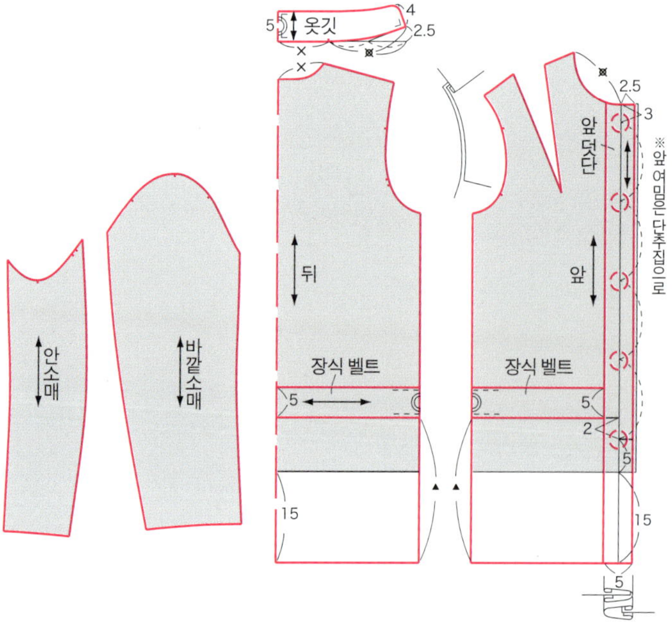

응용 3

Style 2 * 박스 코트

목둘레를 둥글게 잘라낸 카디건 네크라인 코트입니다. 플랩이 달린 주머니로 변화를 줍니다.

How to make ⇨ 234쪽

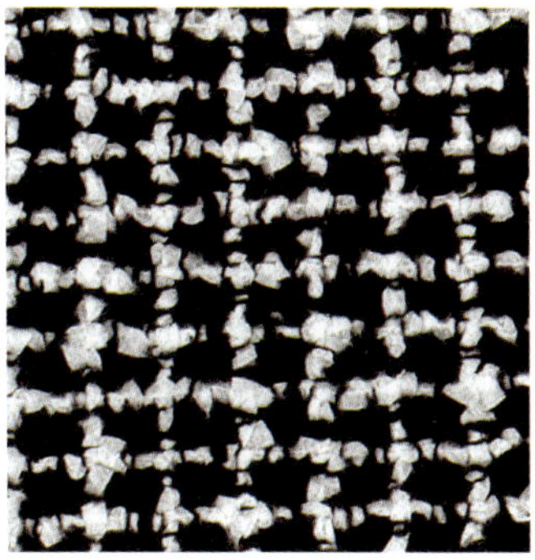

패턴 응용

앞 목둘레선을 다시 긋습니다. 기장을 늘이고 허리에 플랩포켓과 주머니 자루를 제도합니다. 주머니 자루의 크기는 손이 바닥까지 무리 없이 닿을 정도로 깊지 않게 처리합니다.

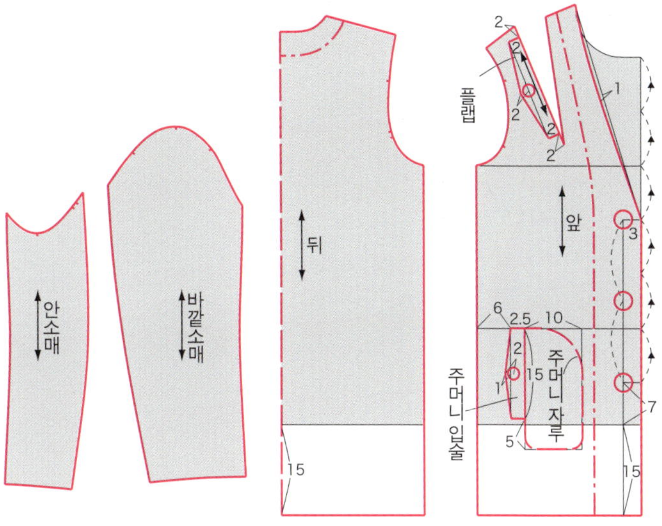

Vest

Style 3 베스트

프린세스 라인으로 절개한 허리길이의 조끼입니다. 절개를 이용해 장식 천을 끼우거나 주머니 또는 바대를 대, 다른 소재와의 조화를 즐겨 보세요.

응용 2

응용 3

기본

Style 3 * 베스트

프린세스 라인의 기본 베스트입니다.
뒤 허리선에 벨트를 장식합니다.

How to make ⇨ **236쪽**

기본 패턴(C–2)

앞뒤 몸판은 어깨에서 밑단까지 절개가 들어간 프린세스 라인으로, 허리를 가려주는 기장입니다.

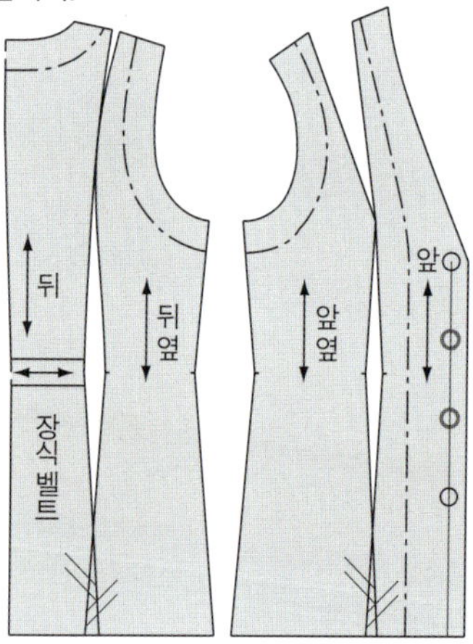

응용 1

Style 3 * 베스트

프린세스 라인 밑단 부분에 장식 천을 끼워 덧댄 우아한 느낌의 디자인입니다.

How to make ⇨ 238쪽

패턴 응용

장식 천을 다는 끝 부분에서 밑단까지 치수를 재서 제도합니다.

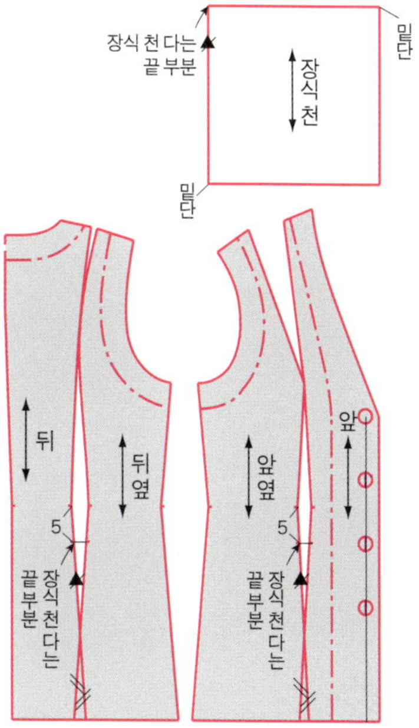

응용 2

Style 3 * 베스트

숄칼라를 목둘레에 댄 드레시한 디자인입니다.
앞 몸판의 절개한 부분에 파이핑 코드를 끼워 달면 소재에 따라 정장 느낌이 납니다.

How to make ⇨ 240쪽

패턴 응용

숄칼라는 앞 몸판의 목둘레와 어깨선을 그대로 사용해 제도합니다.

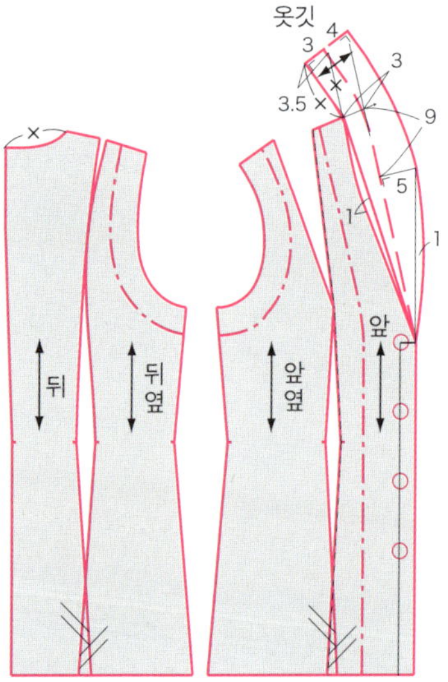

응용 3

Style 3 * 베스트

주머니와 바대의 절개 부분에 프린지(술장식)를 단 캐주얼한 디자인입니다.

How to make ⇨ 241쪽

패턴 응용

앞뒤 바대는 프린세스 라인의 절개 부분을 맞댑니다. 바대선은 맞댈 때 치수가 같아지도록 제도합니다.

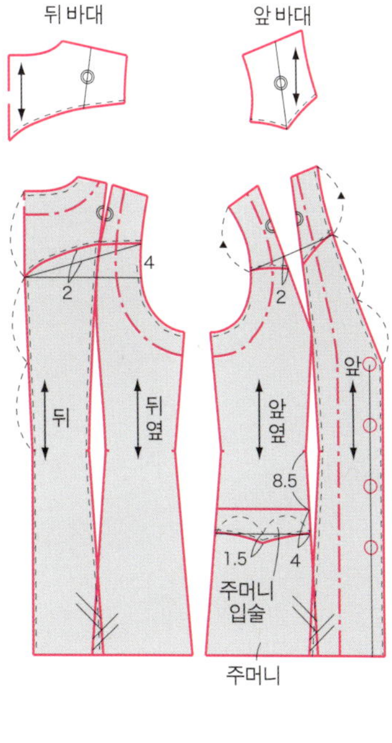

Panel-jacket

Style 4 패널 재킷

기본

응용 **1**

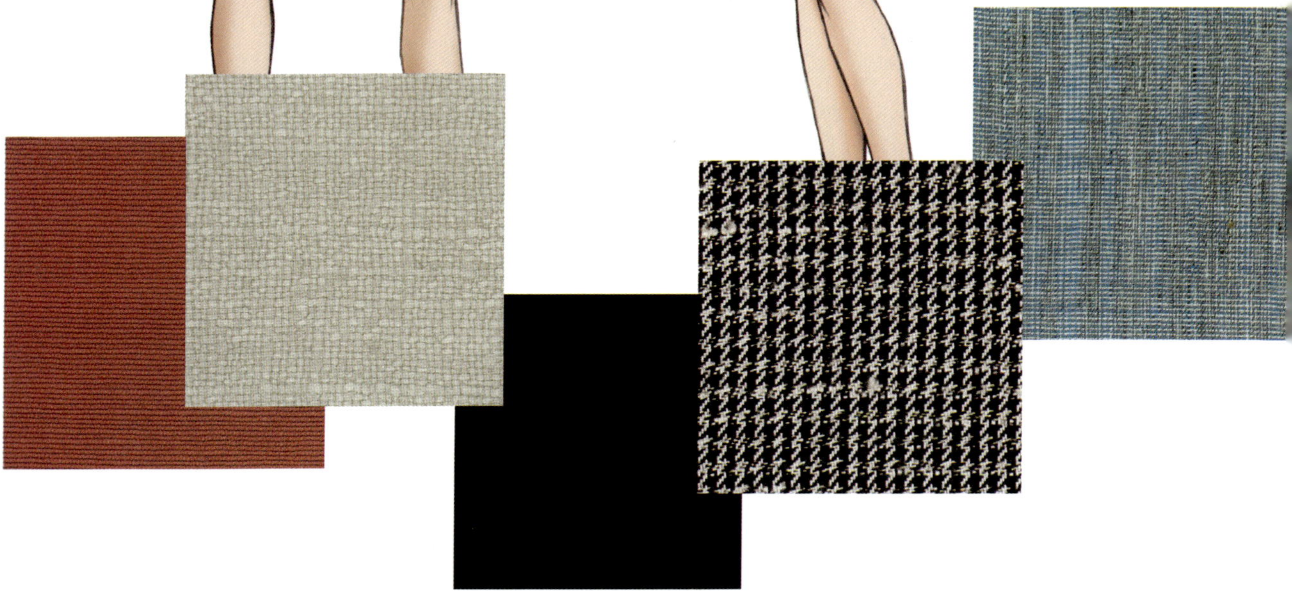

몸판 진동둘레에서 패널로 바꾸어 댄 기본 재킷입니다. 남성복 느낌의 매니시한 디자인부터 여성스러운 디자인까지 다양한 변화를 즐길 수 있습니다.

응용 2

응용 3

기본

Style 4 * 패널 재킷

옷깃이 없는 심플한 실루엣으로 패널 라인을 강조한 디자인입니다.

How to make ⇨ 242쪽

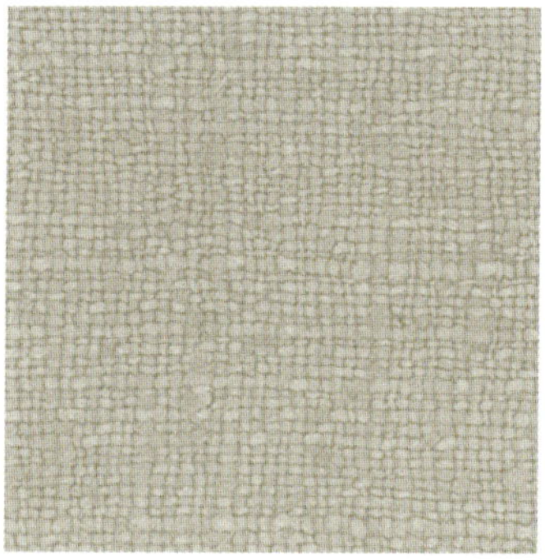

기본 패턴(C-2)

진동둘레에서 시작하는 절개선이 가슴점을 지나면서 날씬하게 보이는 효과가 있습니다.

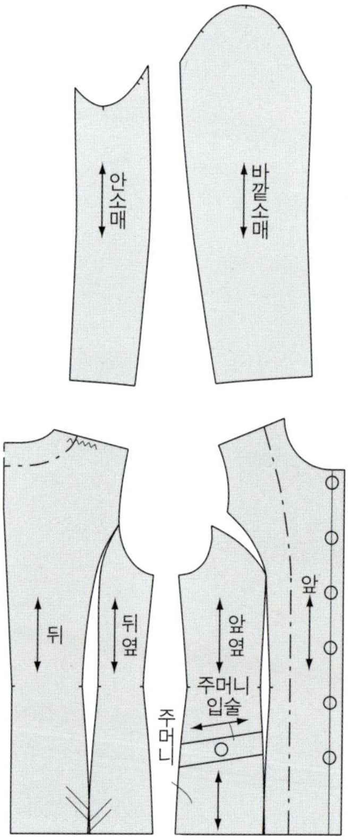

응용 1

Style 4 ＊ 패널 재킷

테일러드 스타일의 옷깃을 달아 더욱 매니시한 디자인을 연출합니다. 신사복 소재를 사용합니다.

How to make ⇨ 243쪽

패턴 응용

목둘레를 다시 그리고, 그 선을 그대로 사용해 테일러드 칼라 느낌의 홈이 파인 옷깃을 그립니다.

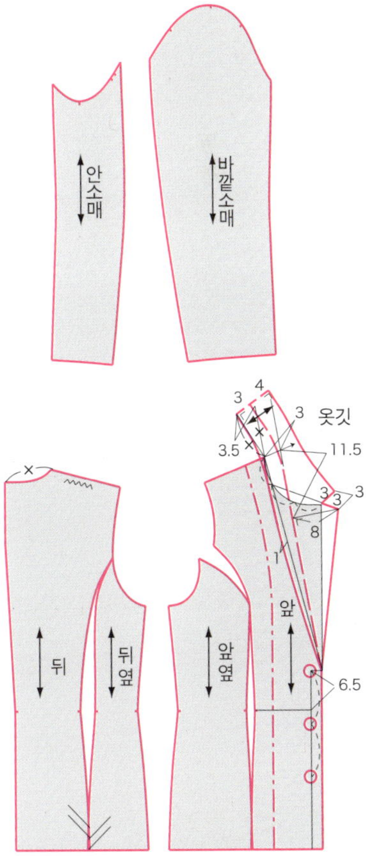

응용 2

Style 4 * 패널 재킷

밑단에서 절개한 페플럼 재킷은 파스너 여밈에 스티치를 놓은 디자인입니다.

How to make ⇨ 244쪽

패턴 응용

낮은 허리선에서 절개해 밑단 부분은 맞댑니다. 앞단 여밈 부분을 잘라내 오픈파스너 여밈으로 제도합니다.

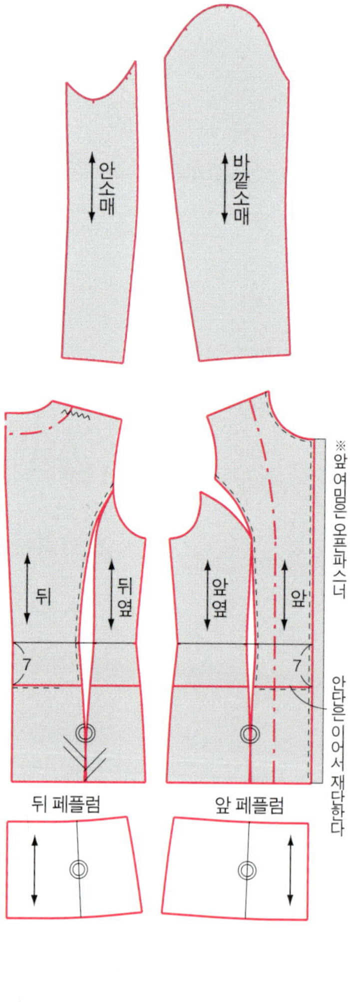

응용 3

Style 4 * 패널 재킷

밑단에 페플럼과 프릴 칼라를 단 재킷입니다. 부드러운 소재와 무늬로 더욱 여성스러운 인상을 줍니다.

How to make ⇨ 246쪽

패턴 응용

앞 옆에 다트를 넣습니다. 허리를 절개하고 기장을 잘라내 페플럼을 제도합니다. 프릴 칼라는 몸판의 목둘레와 어깨를 사용해 목둘레 라인을 그리고, 바깥둘레를 자른 다음 벌려서 프릴 분량만큼 추가합니다.

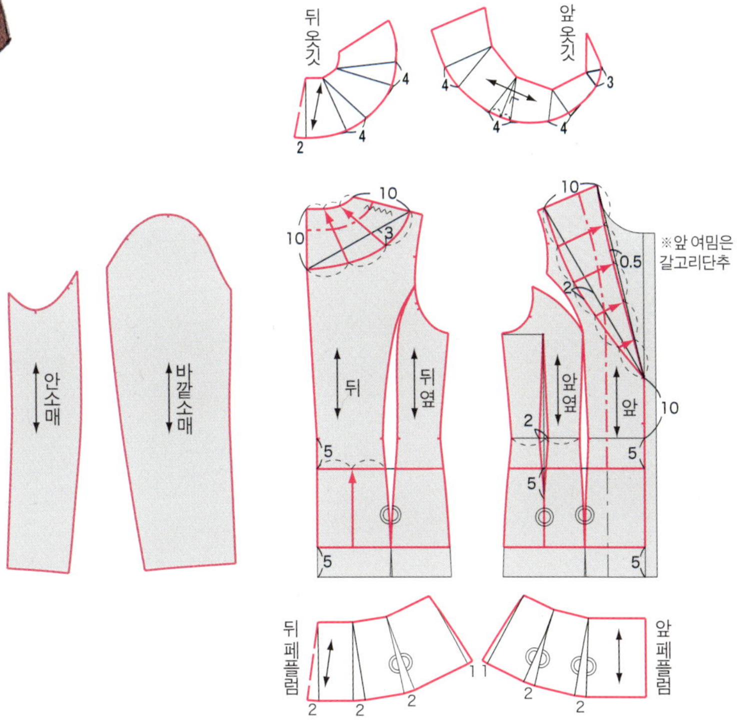

Cape

Style 5 케이프

어깨를 감싸는 작은 케이프입니다. 거치적거리지 않는 스톨 느낌의 멋스러운 디자인입니다. 소재를 바꾸면 일 년 내내 활용할 수 있는 아이템입니다.

응용 2

응용 3

기본

Style 5 * 케이프

라운드 네크라인의 옷깃이 없는 쇼트 케이프입니다.
단추 하나로 여미는 심플한 디자인입니다.

How to make ⇨ 248쪽

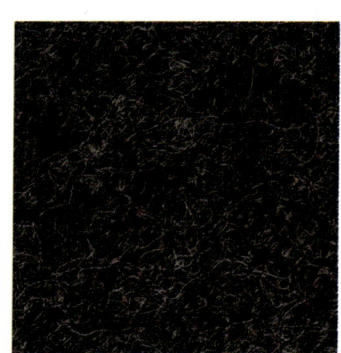

기본 패턴(C-1)

뒤 어깨선보다 앞 어깨선에 기울기를 더해, 어깻죽지의 둥근 부분에 여유가 있고 착용감이 편합니다.

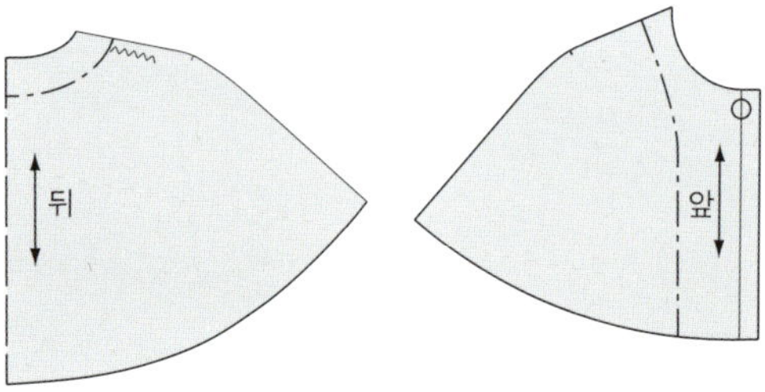

응용 1

Style 5 * 케이프

앞뒤 어깨 끝까지 덮는 바대를 대고, 밑단에 플레어를 넣은 여성스러운 디자인입니다.

How to make ⇨ 249쪽

패턴 응용

앞뒤 바대는 어깨점(SP)에서 6cm 위치에 완만한 곡선의 절개선을 그립니다. 앞뒤는 바대 쪽과 밑단 쪽을 각각 4등분해 절개선을 그리고, 밑단 쪽만 플레어 분량만큼 벌립니다. 뒤는 중심에도 플레어 분량을 추가합니다.

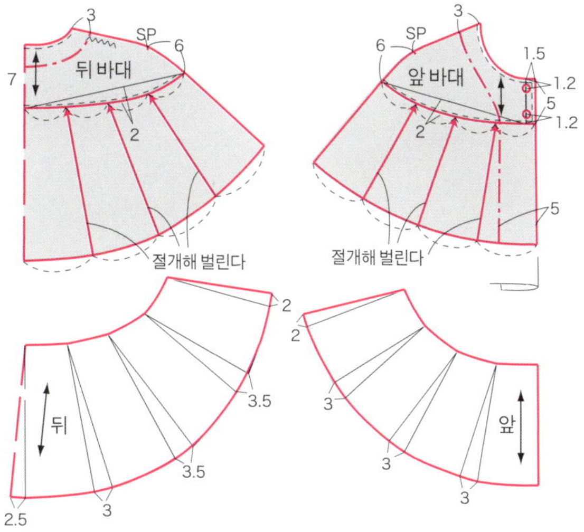

응용 2

Style 5 * 케이프

케이프 분량이 적으므로 어깨 끝에서 절개해 주름을 잡고 볼륨감을 낸 디자인입니다.

How to make ⇨ 250쪽

패턴 응용

앞뒤 몸판의 어깨선을 프린세스 라인 느낌으로 절개해 소매를 만듭니다. 소매산의 선을 늘여 주름 분량의 여유만큼 소매산을 추가합니다. 앞뒤 소매를 맞댑니다.

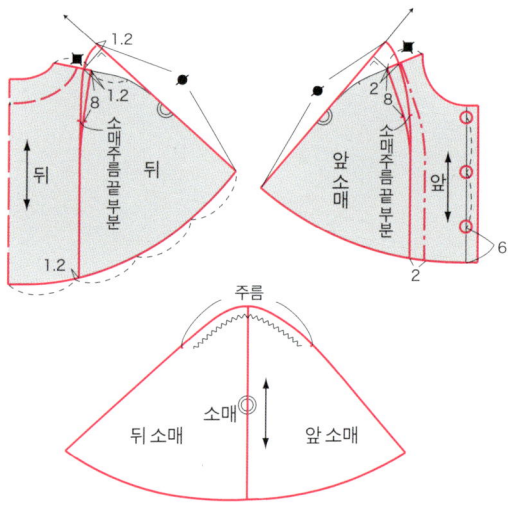

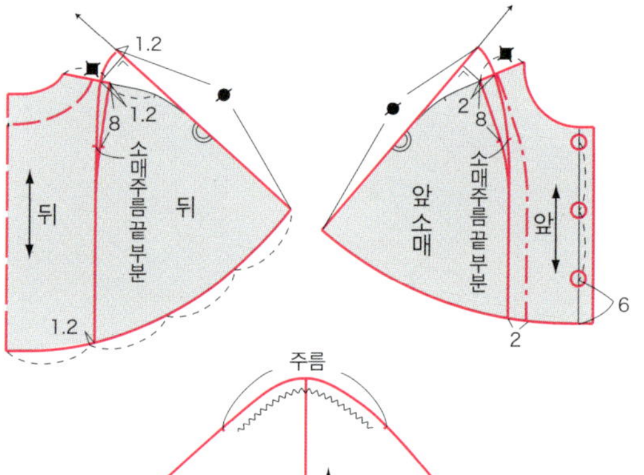

응용 3

Style 5 * 케이프

깃고대가 달린 옷깃과 견장을 단 트렌치코트 느낌의 케이프입니다. 소재도 개버딘이나 커지를 사용합니다.

How to make ⇨ 251쪽

패턴 응용

앞단에 더블 여밈을 추가합니다. 앞뒤의 목둘레 치수를 재고, 깃고대가 달린 셔츠칼라를 제도합니다. 견장도 제도합니다.

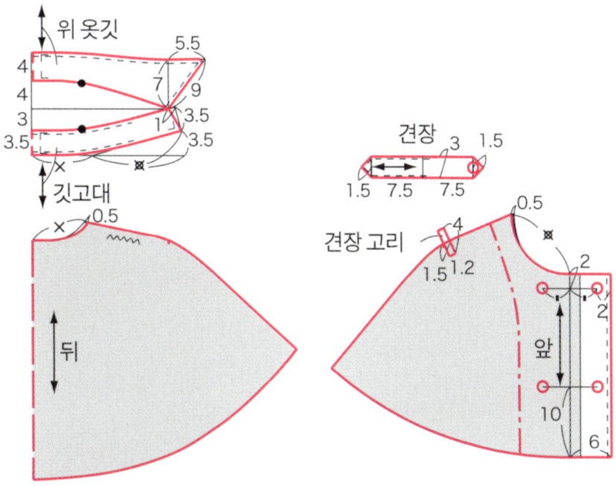

Flared-coat

Style 6 플레어 코트

몸판의 밑단에 플레어를 넣은 반코트입니다. 소매는 소매를 다는 부분에 여유가 있는 세미 래글런 슬리브입니다. 옷깃의 디자인에 따라 분위기가 완전히 달라집니다.

응용 2

응용 3

기본

Style 6 * 플레어 코트

플레어가 들어간 쇼트 코트는 플레어가 예쁘게 나오도록 성글게 짠 부드러운 소재의 원단을 사용합니다.

How to make ⇨ 252쪽

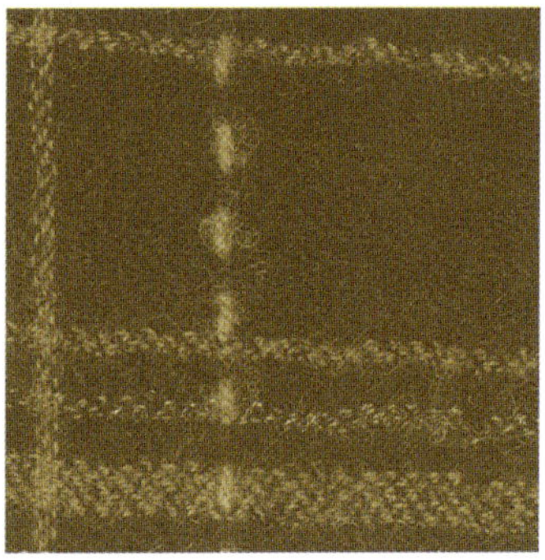

기본 패턴(C–2)

앞뒤 몸판에 플레어 분량이 충분히 들어있습니다. 소매는 소매산을 절개한 세미 래글런 슬리브, 옷깃은 끝이 둥근 스텐칼라입니다.

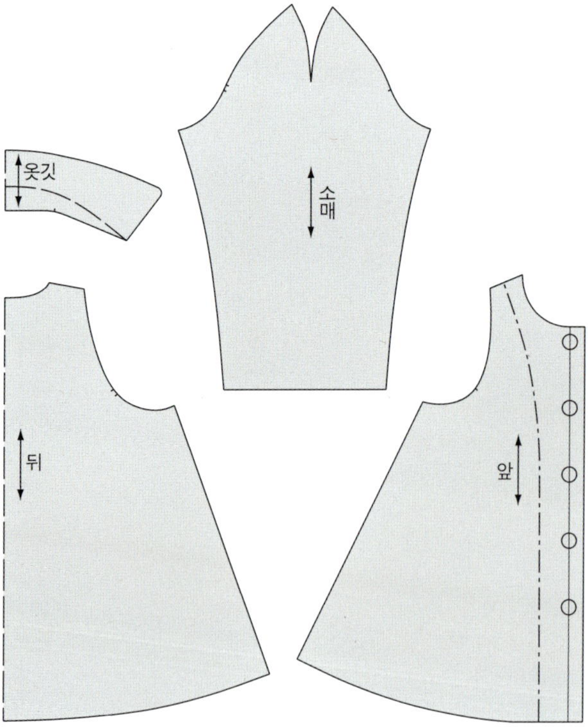

응용 1

Style 6 * 플레어 코트

옷깃이 없고 몸판 밑단의 스퀘어 라인이 플레어를 더욱 강조하는 디자인입니다.

How to make ⇨ 253쪽

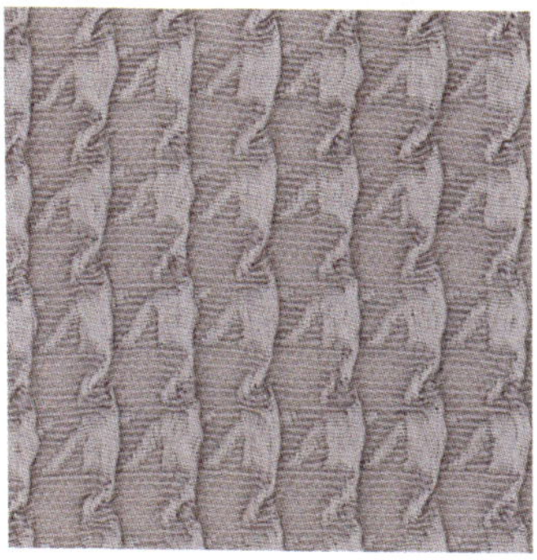

패턴 응용

앞뒤 몸판의 밑단을 사각형으로 제도합니다. 20cm의 정치수로 그리지만 밑단의 각도는 마감 처리를 고려해 둔각이 되지 않도록 합니다.

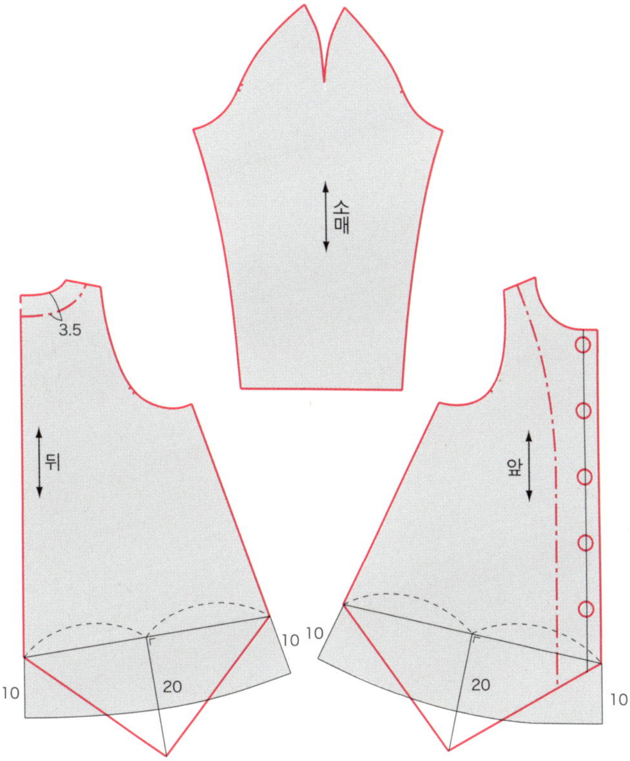

응용 2

Style 6 * 플레어 코트

목둘레를 보트 네크라인으로 하고 허리에 주름을 잡은 디자인입니다.

How to make ⇨ 254쪽

패턴 응용

몸판에서 소매산까지 보트 네크라인의 별도 원단을 제도합니다. 앞뒤의 별도 원단은 몸판과 소매산 부분을 맞댑니다. 보강천과 끈도 제도합니다.

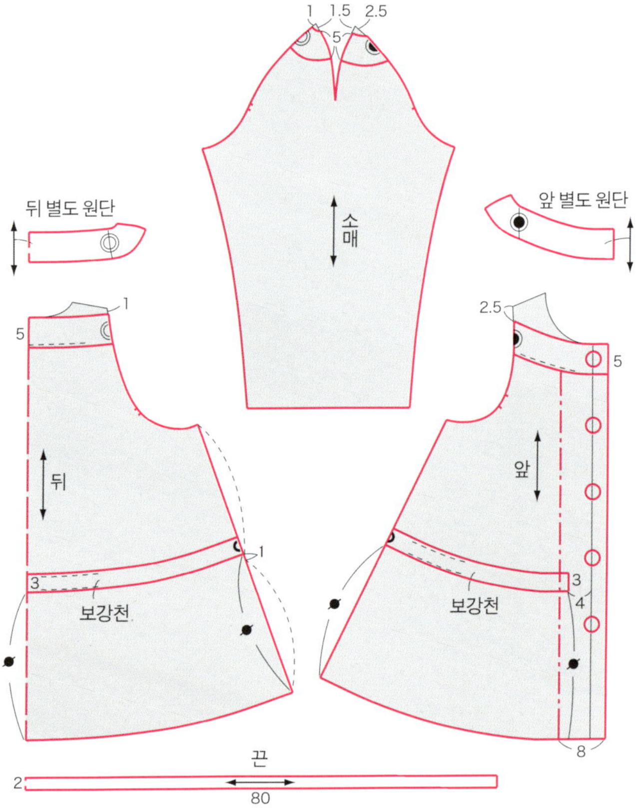

응용 3

Style 6 ＊ 플레어 코트

앞단에서 마름질한 옷깃 디자인은 안이 보이는 것을 고려해 옷감을 고릅니다.

How to make ⇨ 256쪽

패턴 응용

앞 중심에서 평행으로 옷깃 분량을 추가합니다. 뒤 목둘레를 재고, 같은 치수만큼 앞 목둘레의 어깨에서 마름질해 제도합니다.

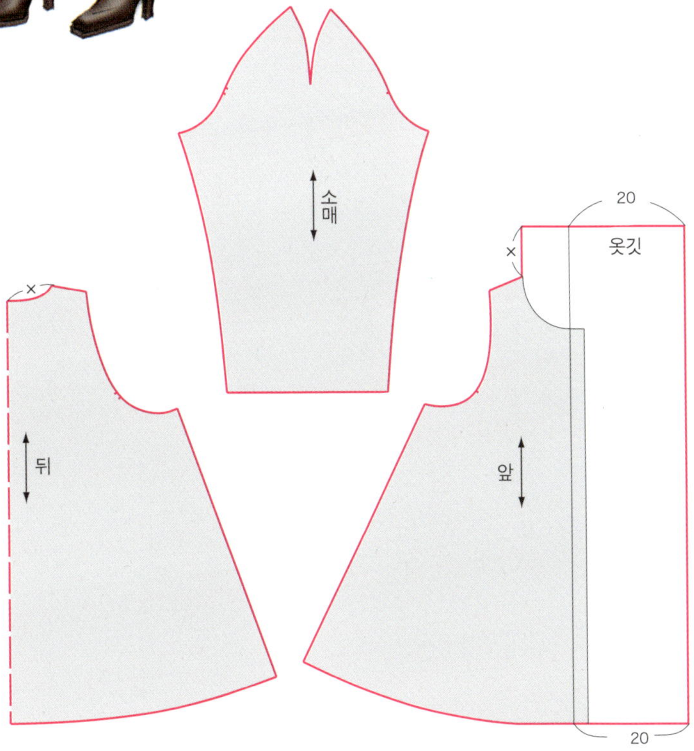

How to make

실물 크기의 패턴 사용과 작품 만드는 방법

이 장은 6가지 기본 디자인과 응용 디자인을 일러스트로 소개합니다.
6가지 기본 디자인은 S, M, ML, L 사이즈의 실물 크기 패턴을 부록으로 제공합니다.

실물 크기 패턴을 사용하는 방법

1. 디자인 고르기

6가지 기본 디자인에서 만들고 싶은 디자인을 고릅니다.

2. 패턴 본뜨기

●기본 디자인을 고른 경우

실물 크기 패턴의 S, M, ML, L 사이즈 중에서 자신에게 맞는 사이즈의 패턴을 패턴지에 옮겨 그립니다.
이때 안단선이나 맞춤 표시를 빠뜨리지 않도록 주의합니다.

3. 패턴 응용하기

●기본 디자인 이외의 응용 디자인을 고른 경우

① 먼저, 선택한 디자인의 기본 디자인 패턴을 다른 종이에 옮겨 그립니다.
② ①에서 옮겨 그린 기본 패턴선을 사용해 선택한 디자인의 패턴을 응용합니다.
패턴 응용 방법은 각 디자인의 일러스트 옆에 소개하고 있습니다.

▭ 기본 스타일 패턴

—— 응용 디자인의 패턴 응용선과 완성선

이때 치수는 각 사이즈별로 균형을 유지하기 위해 정치수가 아닌 등분선을 많이 이용합니다.
안단선과 맞춤 표시는 완성선을 수정한 뒤에 그립니다.
몸판 길이와 소매 길이는 패턴을 완성한 다음, 밑단과 소맷부리의 선을 평행하게 늘이거나 줄입니다.

4. 패턴 완성하기

주머니나 안단 등 겹치는 패턴은 각각 패턴지 같은 다른 종이에 옮겨 그립니다.
이때 다트 등의 맞춤 표시가 있는 패턴은 맞대어 가며 옮겨 그립니다.
또한 맞대는 부분이나 앞뒤 어깨, 옆 등은 각 패턴의 재봉선을 맞대고 자연스럽게 이어지도록 수정해 패턴을 완성합니다.

재료와 재단 배치도

재료는 실제 옷감으로 만들 경우를 가정해 일반적인 옷감 너비(110cm 폭)로 어림잡습니다.
디자인이나 패턴의 모양에 따라 폭을 넓게 하기도 합니다.
재단 배치도는 M사이즈를 기본으로 배치했습니다.
패턴 사이즈, 옷감 너비가 다르거나 몸판 길이, 소매 길이를 조절할 때는 옷감의 길이도 달라집니다.

※ 재단 배치도에서 지정 이외의 시접은 1cm입니다.
※ 재단 배치도에서 ▒는 접착심을 붙이는 위치를 나타냅니다.
※ 만드는 방법에서 O는 '오버로크(overlock) 처리'의 약자입니다. 《재봉틀로 쉽게 만드는 원피스 스타일 북》, 《재봉틀로 쉽게 만드는 블라우스, 스커트&팬츠 스타일 북》에서는 오버로크 처리를 'M'으로 표기했으나 이 책에서는 이해하기 쉽게 'O'로 표기합니다.

실물 크기 패턴 C-1

Style 1
박스 재킷 기본

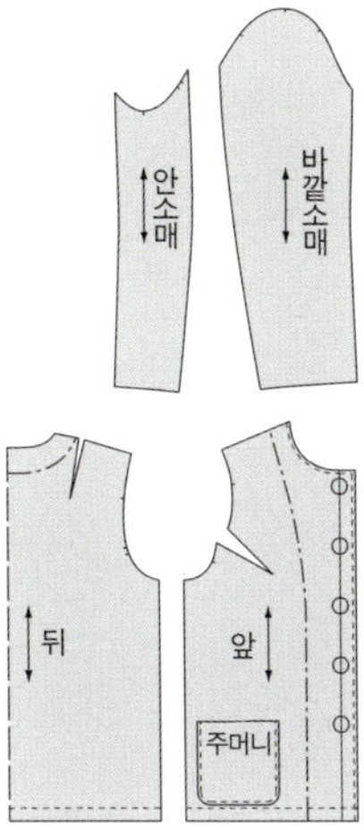

Style 2
박스 코트 기본

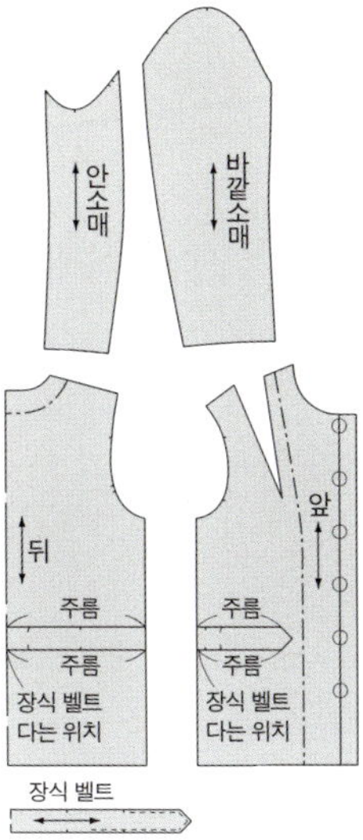

Style 5
케이프 기본

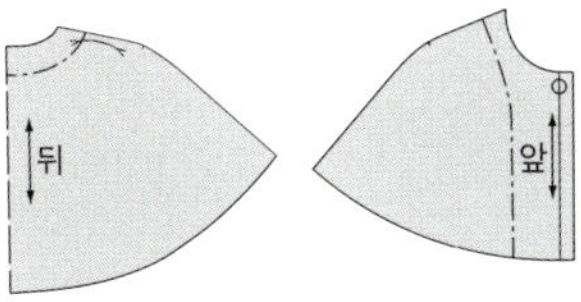

실물 크기 패턴 C-2

Style 3
베스트 기본

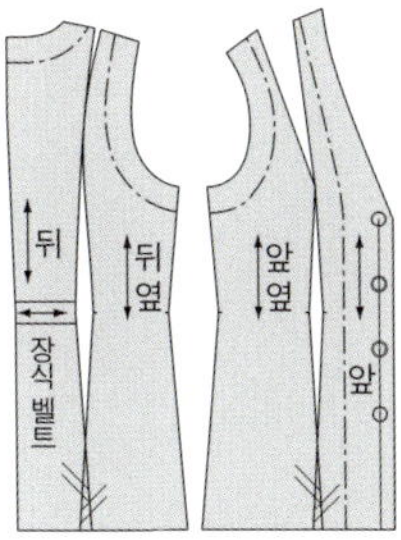

Style 4
패널 재킷 기본

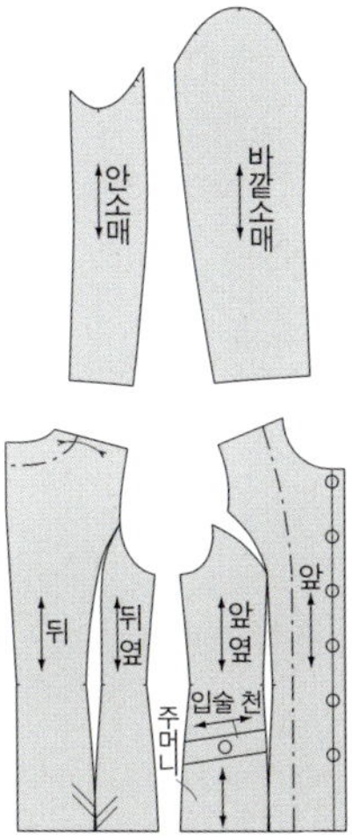

Style 6
플레어 코트 기본

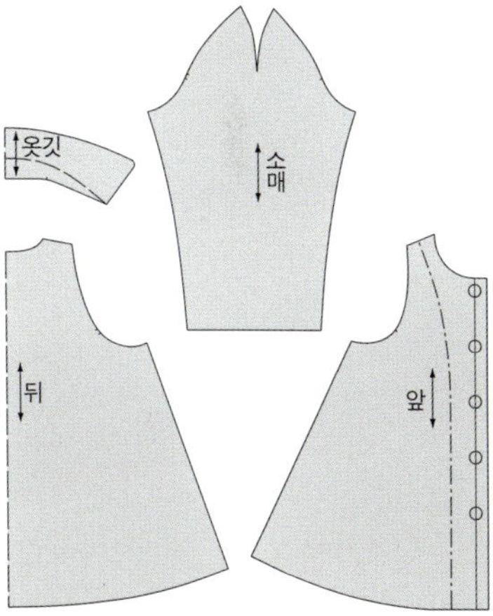

사이즈 표 (누드 치수)

(단위 cm)

명칭 \ 사이즈	S	M	ML	L
키	156	160	164	168
가슴둘레	79	83	87	91
허리둘레	60	64	68	72
엉덩이둘레	86	90	94	98

Box-jacket

Style 1 박스 재킷

기본 188쪽

● 필요한 패턴(C-1)

뒤, 앞, 안소매, 바깥소매, 앞 안단, 뒤 목둘레 안단, 주머니

● 재료

겉감= 110cm 폭
(S, M) 2m10cm
(ML, L) 2m30cm
접착심= 90cm 폭 60cm
지름 2cm 단추 5개

● 준비

앞뒤 안단, 소맷부리, 주머니 입구에 접착심을 붙인다. 앞뒤 몸판의 옆, 주머니 입구, 소매의 소매산 이외의 시접에 O를 한다.

● 만드는 순서

1 주머니를 만들어 앞 몸판에 단다.
2 앞 몸판의 다트를 박은 다음 위쪽으로 접는다.
3 뒤 몸판의 다트를 박은 다음 중심 쪽으로 접는다(어깨 시접에 O).
4 앞뒤 몸판의 어깨를 박고 시접을 가른다.
5 앞뒤 안단의 어깨를 박고 시접을 가른다(안단 안쪽에 O).
6 몸판과 안단을 겉끼리 맞대어 목둘레선, 앞단, 앞단의 밑단을 이어 박는다.
7 겉으로 뒤집어 정리하고 앞단, 목둘레에 스티치를 놓는다.
8 옆을 박은 다음 시접을 가른다(몸판 밑단에 O).
9 밑단을 접어 올려 스티치를 놓는다.
10 안소매, 바깥소매를 이어 박고 시접을 가른다.
11 소맷부리를 접어 올려 스티치를 놓는다.
12 소매를 단다(시접은 2장 같이 O).
13 앞 중심에 단춧구멍을 만들고 단추를 단다.

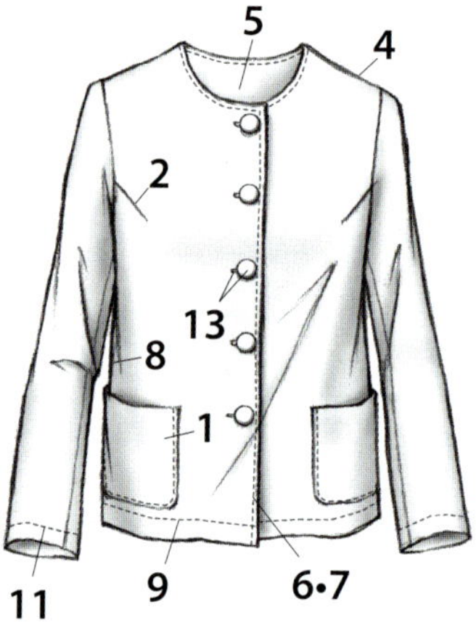

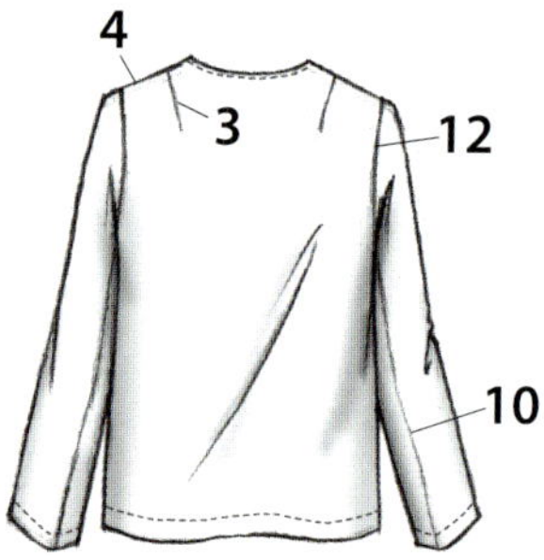

재단 배치도

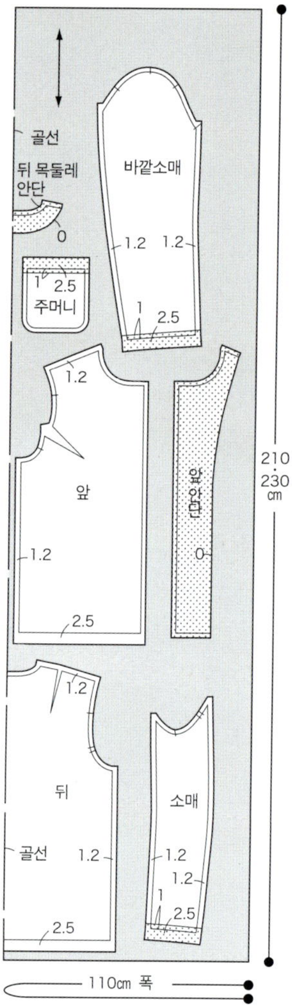

6,7 목둘레 재봉법

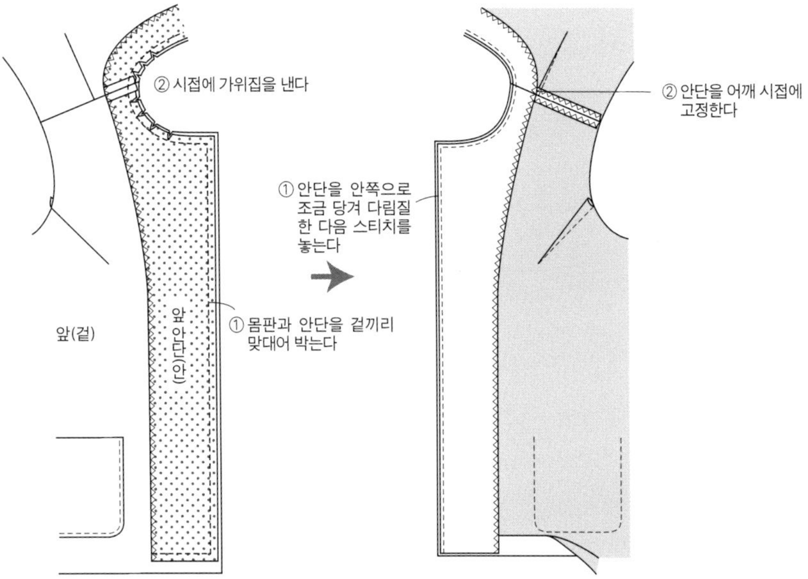
② 시접에 가위집을 낸다
앞(겉)
앞안단(안)
① 몸판과 안단을 겉끼리 맞대어 박는다
① 안단을 안쪽으로 조금 당겨 다림질한 다음 스티치를 놓는다
② 안단을 어깨 시접에 고정한다

10～12 소매 만드는 법과 다는 법

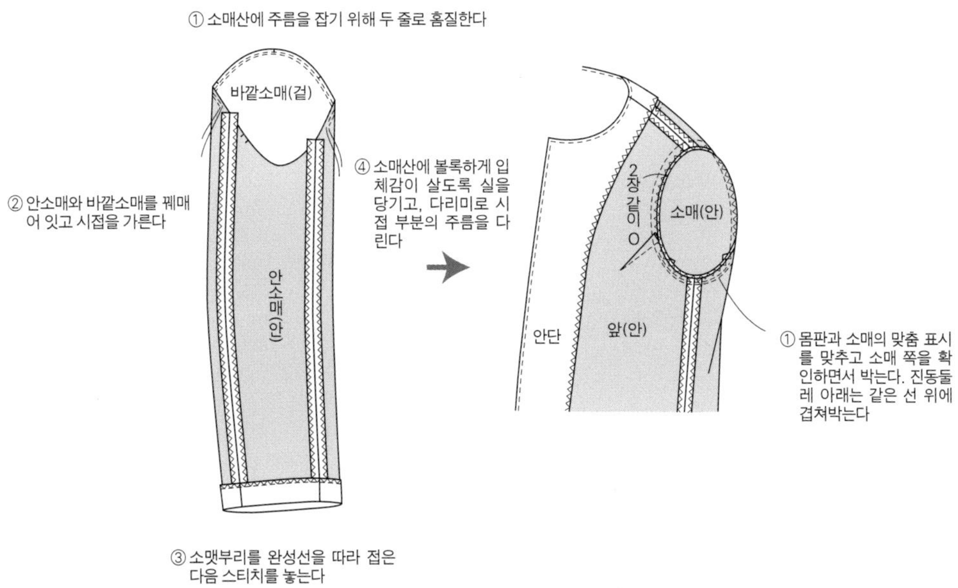
① 소매산에 주름을 잡기 위해 두 줄로 홈질한다
바깥소매(겉)
② 안소매와 바깥소매를 꿰매어 잇고 시접을 가른다
안소매(안)
③ 소맷부리를 완성선을 따라 접은 다음 스티치를 놓는다
④ 소매산에 볼록하게 입체감이 살도록 실을 당기고, 다리미로 시접 부분의 주름을 다린다
2장 같이 O
소매(안)
안단
앞(안)
① 몸판과 소매의 맞춤 표시를 맞추고 소매 쪽을 확인하면서 박는다. 진동둘레 아래는 같은 선 위에 겹쳐박는다

Box-jacket

Style 1 박스 재킷

응용 1 189쪽

● 필요한 패턴(C-1)

뒤, 앞, 안소매, 바깥소매, 앞 옆, 바대, 앞 덧단, 앞 안단, 뒤 안단, 주머니

● 재료

겉감= 110cm 폭
(S, M) 2m40cm
(ML, L) 2m60cm
접착심= 90cm 폭 60cm
지름 2cm 단추 5개

● 준비

앞 덧단, 앞뒤 안단, 소맷부리, 주머니 입구에 접착심을 붙인다. 앞뒤 몸판의 어깨, 뒤 몸판의 옆, 주머니 입구, 소매의 소매산 이외의 시접에 O를 한다.

● 만드는 순서

1 주머니를 만들고, 앞 옆에 큰 땀으로 박아서 고정한다.
2 앞뒤 몸판과 앞 옆을 박는다(시접은 2장 같이 O). 시접은 앞 몸판 쪽으로 접는다(옆 시접에 O).
3 뒤 몸판과 바대를 박는다(시접은 2장 같이 O). 시접은 바대 쪽으로 접는다.
4 앞뒤 몸판의 어깨를 박고 시접은 가른다.
5 앞뒤 안단의 어깨를 박고 시접은 가른다(안단 안쪽에 O).
6 옆을 박고 시접은 가른다 (몸판의 밑단에 O).
7 밑단을 다리미를 이용해 접는다.
8 앞 덧단과 몸판을 박은 다음 시접을 앞 덧단 쪽으로 접는다.
9 몸판과 안단을 겉끼리 맞대어 목둘레를 박는다. 앞 덧단의 밑단도 박는다.
10 겉으로 뒤집어 정리하고 앞 덧단, 밑단을 감친다.
11 안소매, 바깥소매를 이어 박은 다음 시접을 가른다.
12 소맷부리를 접어 올려 감친다.
13 소매를 단다(시접은 2장 같이 O).
14 앞 중심에 단춧구멍을 만들고 단추를 단다.

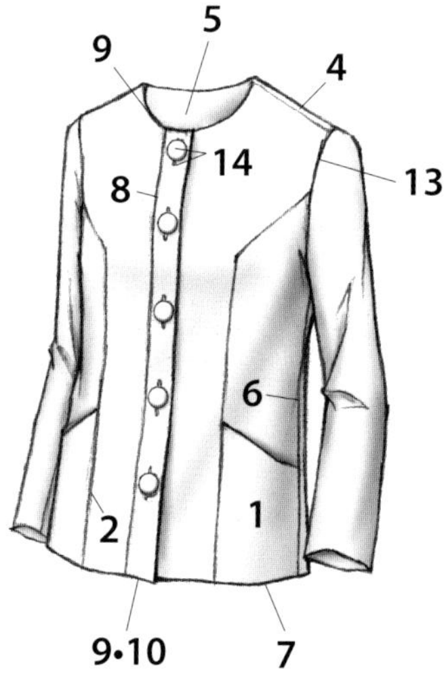

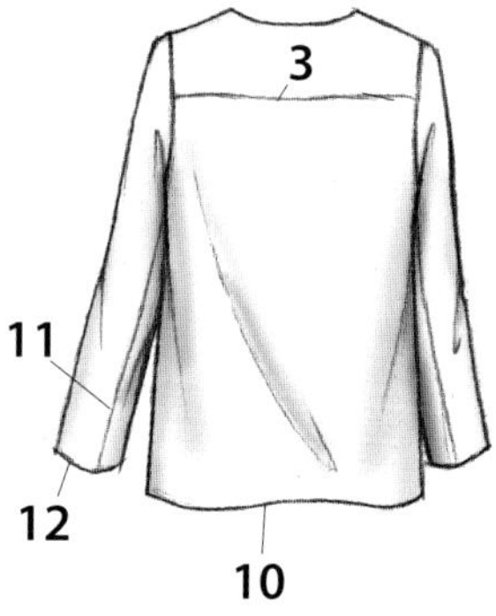

재단 배치도

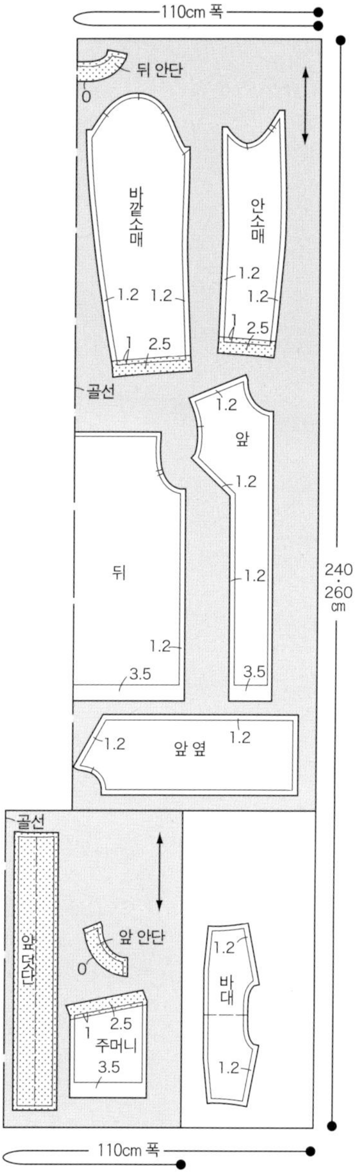

1,2 재봉법

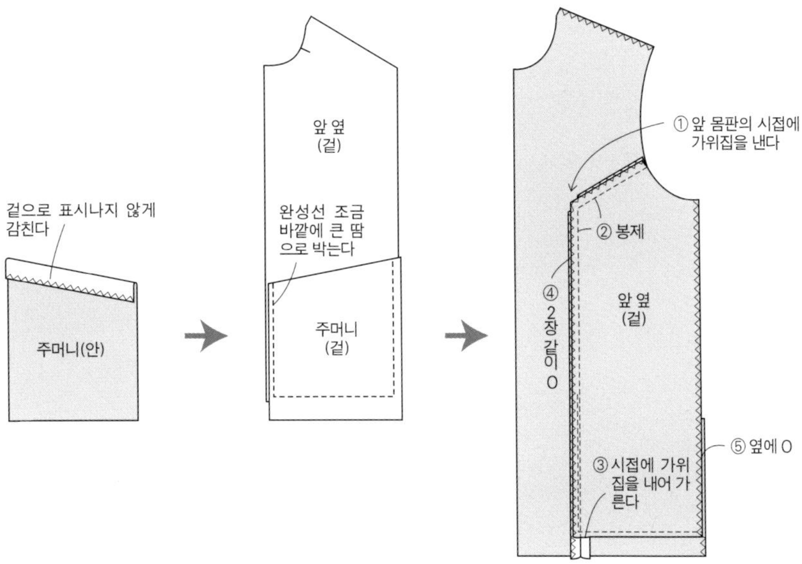

겉으로 표시나지 않게 감친다
주머니(안)
앞 옆 (겉)
완성선 조금 바깥에 큰 땀으로 박는다
주머니 (겉)
① 앞 몸판의 시접에 가위집을 낸다
② 봉제
④ 2장 같이 O
앞 옆 (겉)
⑤ 옆에 O
③ 시접에 가위집을 내어 가른다

8,9 앞 덧단, 안단 다는 법

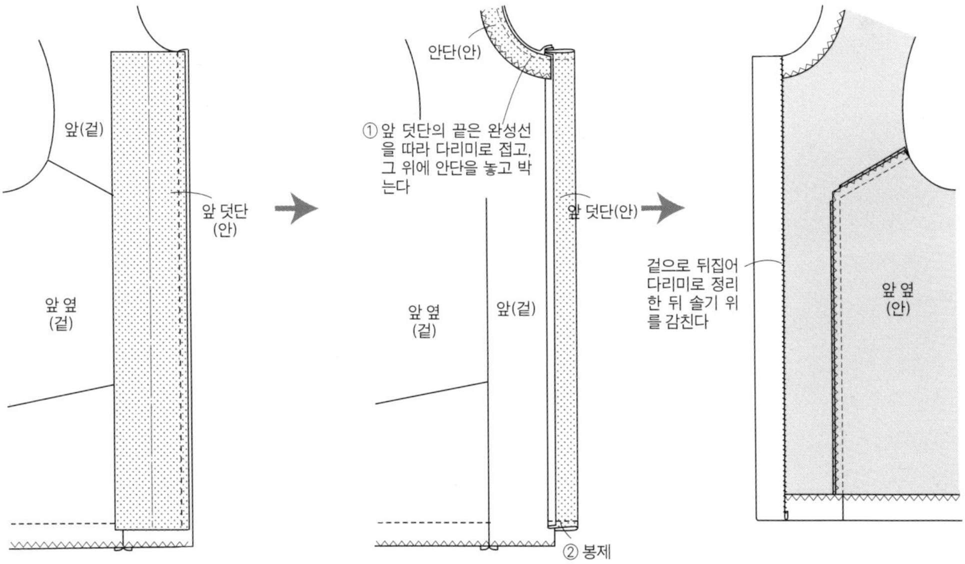

앞(겉)
앞 덧단 (안)
앞 옆 (겉)
안단(안)
① 앞 덧단의 끝은 완성선을 따라 다리미로 접고, 그 위에 안단을 놓고 박는다
앞 덧단(안)
앞 옆 (겉)
앞(겉)
② 봉제
겉으로 뒤집어 다리미로 정리한 뒤 솔기 위를 감친다
앞 옆 (안)

Box-jacket

Style 1 박스 재킷

응용 2 190쪽

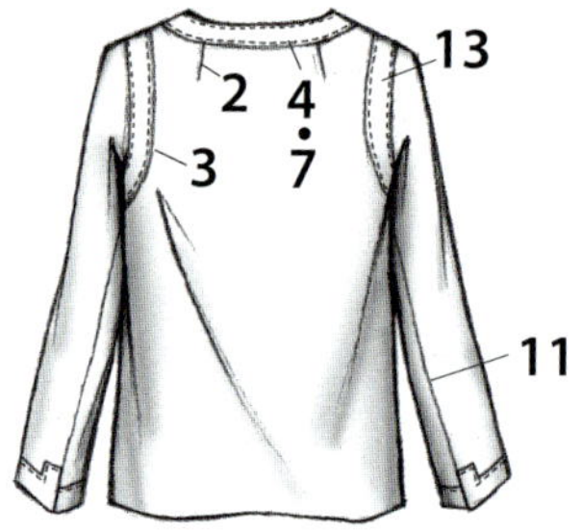

재단 배치도(겉감)

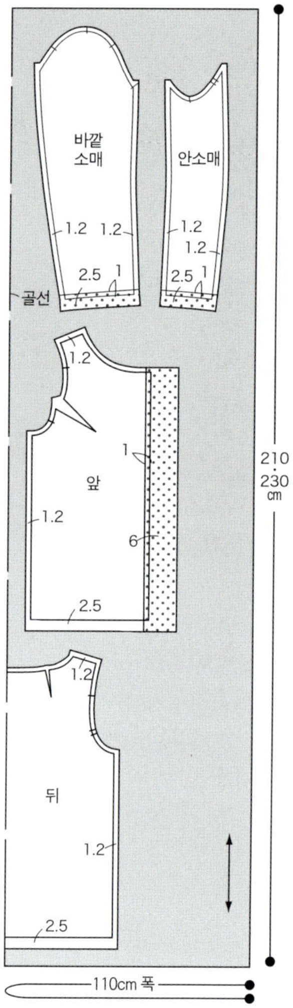

(별도 원단)

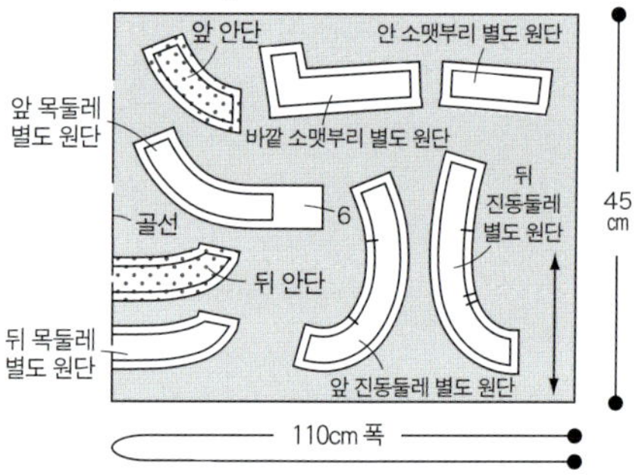

●필요한 패턴(C-1)

뒤, 앞, 안소매, 바깥소매, 앞 목둘레의 별도 원단, 뒤 목둘레의 별도 원단, 앞 안단, 뒤 안단, 뒤 진동둘레의 별도 원단, 앞 진동둘레의 별도 원단, 바깥 소맷부리의 별도 원단, 안 소맷부리의 별도 원단

●재료

겉감= 110cm 폭
(S, M) 2m10cm
(ML, L) 2m30cm
별도 원단= 110cm 폭 45cm
접착심= 90cm 폭 60cm
지름 2cm 단추 6개

●준비

앞뒤 안단, 소맷부리에 접착심을 붙인다.

●만드는 순서

1 앞 몸판의 다트를 박고 위쪽으로 접는다.
2 뒤 몸판의 다트를 박고 중심 쪽으로 접는다.
3 앞뒤 몸판에 진동둘레의 별도 원단을 댄다.
4 앞뒤 몸판에 목둘레의 별도 원단을 댄다(앞뒤 몸판의 어깨 · 옆, 앞 몸판의 안단 안쪽에 O).
5 앞뒤 안단의 어깨를 박고 시접을 가른다. 안단 안쪽을 완성선을 따라 다리미로 접는다.
6 몸판과 안단을 겉끼리 맞대어 목둘레를 박는다. 안단의 밑단도 박는다.
7 겉으로 뒤집어 정리한 뒤, 목둘레 안단을 별도 원단의 솔기 가장자리에 감친다.
8 옆을 박은 다음 시접을 가른다.
9 몸판의 밑단에 O를 한다. 밑단을 접어 올려 감친다.
10 안소매와 바깥소매의 소맷부리 별도 원단을 3과 같은 방법으로 단다(각진 시접에는 가위집을 낸다). 소매산 이외에 O를 한다.
11 안소매, 바깥소매를 이어 박고 시접을 가른다.
12 소맷부리를 접어 올려 감친다.
13 소매를 단다. 시접은 2장 같이 O를 한다.
14 앞 중심에 단춧구멍을 만들고 단추를 단다.

3 진동둘레 별도 원단 다는 법

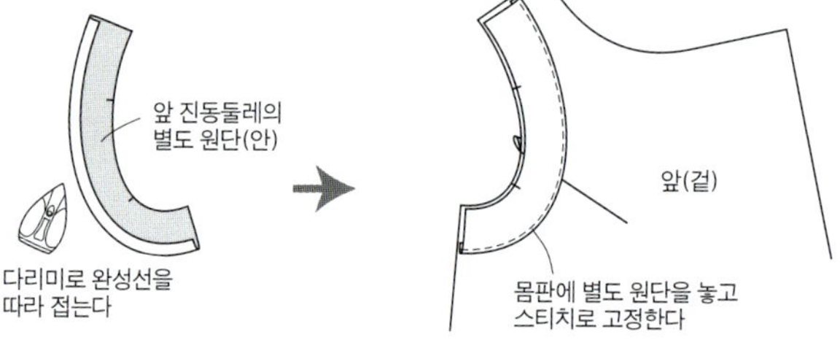

4 목둘레 별도 원단 다는 법

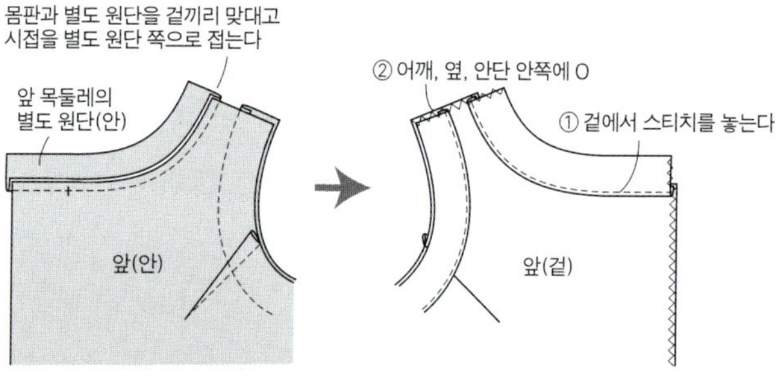

Box-jacket

Style 1 박스 재킷

응용 3 191쪽

● 필요한 패턴(C-1)

뒤, 앞, 안소매, 바깥소매, 뒤 바대, 앞 바대, 뒤 안단, 앞 안단

● 재료

겉감= 110cm 폭
(S, M) 2m10cm
(ML, L) 2m30cm
접착심= 90cm 폭 50cm
지름 1.5cm 단추 2개

● 준비

앞뒤 안단, 소맷부리에 접착심을 붙인다. 앞뒤 몸판의 어깨, 옆, 소매의 소매산 이외의 시접에 O를 한다.

● 만드는 순서

1 뒤 바대의 다트를 박고 중심 쪽으로 접는다.
2 앞뒤 바대의 어깨를 박고 시접을 가른다.
3 앞뒤 안단의 어깨를 박고 시접을 가른다. 안단 안쪽에 O를 한다.
4 바대와 안단을 겉끼리 맞대어 목둘레를 박는다.
5 겉으로 뒤집어 정리한다.
6 앞뒤 바대의 옆을 박고, 시접을 가른다. 바대 밑단에 O를 한다.
7 앞뒤 몸판의 옆을 박고, 시접을 가른다. 몸판 밑단에 O를 한다.
8 몸판의 위 가장자리에 인터로크 처리를 한다. 완성선에 주름을 잡기 위해 큰 땀으로 박는다.
9 몸판에 주름을 잡고 바대 위에 올린 다음, 완성선을 맞춰 박는다. 밑단을 접어 올린 뒤 감친다.
10 안소매, 바깥소매를 이어 박고 시접을 가른다.
11 소맷부리를 접어 올려 감친다.
12 소매를 단다. 시접은 2장 같이 O를 한다.
13 앞 중심에 단춧구멍을 만들고 단추를 단다.

재단 배치도

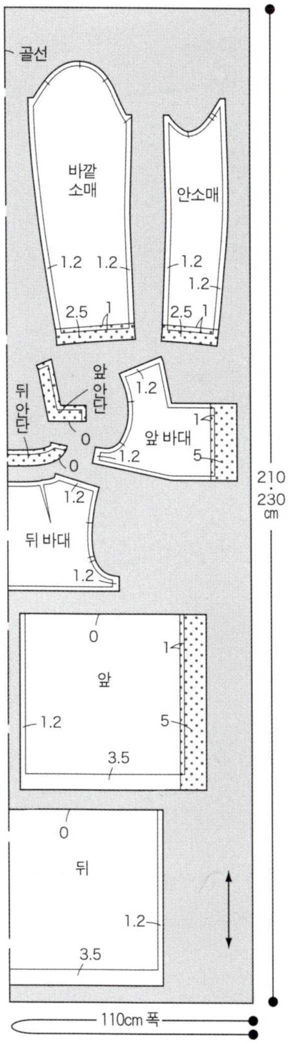

9 바대와 몸판 연결하는 법, 안단 안쪽과 밑단 처리 방법

안단을 펼쳐서 몸판을 바
대 위에 올리고 완성선을
박는다

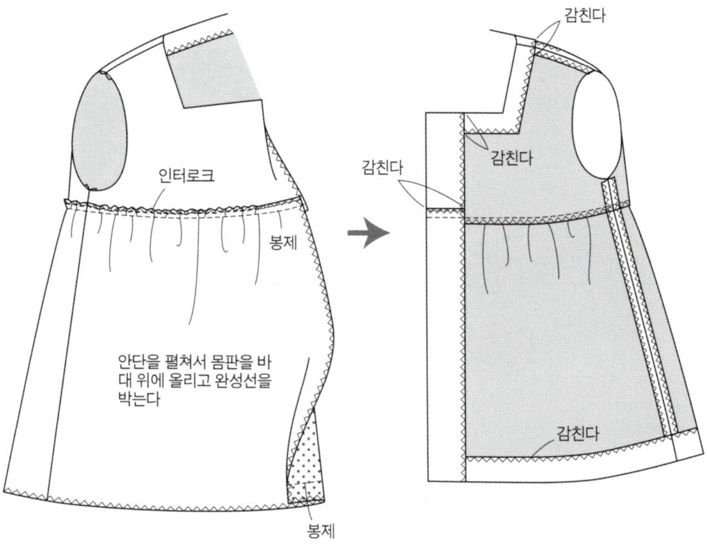

Box-coat

Style 2 박스 코트

기본 194쪽

● 필요한 패턴(C-1)

뒤, 앞, 안소매, 바깥소매, 앞 안단, 뒤 목둘레 안단, 장식 벨트

● 재료

겉감= 110cm 폭

(S, M) 2m30cm | (ML, L) 2m50cm

접착심= 90cm 폭 60cm | 지름 2cm 단추 6개

● 준비

앞뒤 안단, 소맷부리, 장식 벨트에 접착심을 붙인다. 뒤 몸판의 어깨, 옆, 앞 몸판의 옆, 소매의 소매산 이외의 시접에 O를 한다.

● 만드는 순서

1 앞 몸판의 다트를 박은 다음 O를 한다. 시접을 중심 쪽으로 접는다. 어깨에 O를 한다.

2 앞뒤 몸판의 옆을 박고, 시접을 가른다.

3 몸판의 밑단에 O를 한다.

4 장식 벨트를 완성선을 따라 접는다.

5 몸판에 장식 벨트를 단다.

6 앞뒤 몸판의 어깨를 박고, 시접을 가른다.

7 앞뒤 안단의 어깨를 박고 시접을 가른다. 안단의 안쪽에 O를 한다.

8 몸판과 안단을 겉끼리 맞대어 안단의 밑단, 앞단, 목둘레를 이어 박는다.

9 겉으로 뒤집어 안단을 조금 당겨 정리한다.

10 밑단을 접어 올려 감친다.

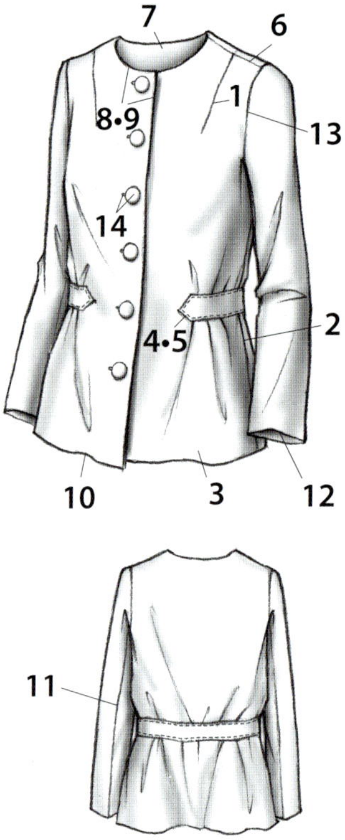

11 안소매, 바깥소매를 이어 박고 시접을 가른다.

12 소맷부리를 접어 올려 감친다.

13 소매를 단다. 시접은 2장 같이 O를 한다.

14 앞 중심에 단춧구멍을 만들고 단추를 단다.

재단 배치도

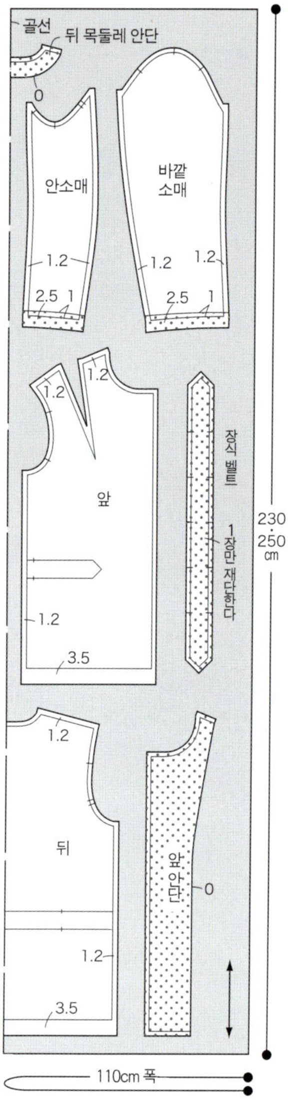

4 장식 벨트 접는 법

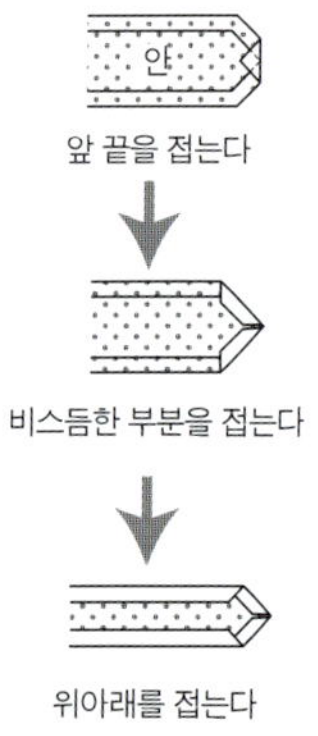

5 장식 벨트 다는 법

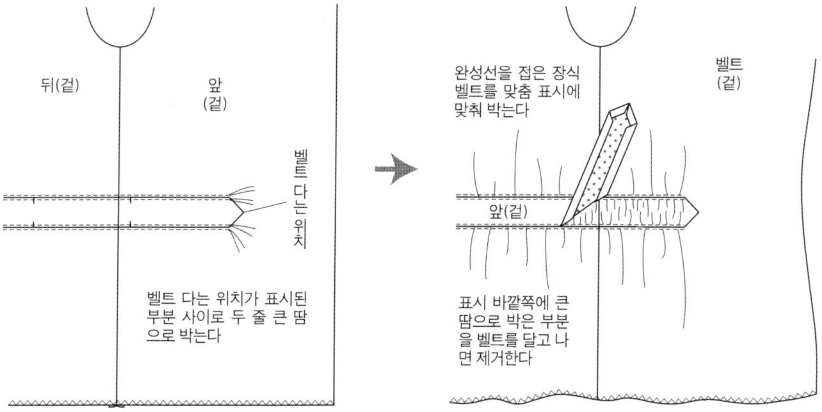

Box-coat

Style 2 박스 코트

응용 195쪽

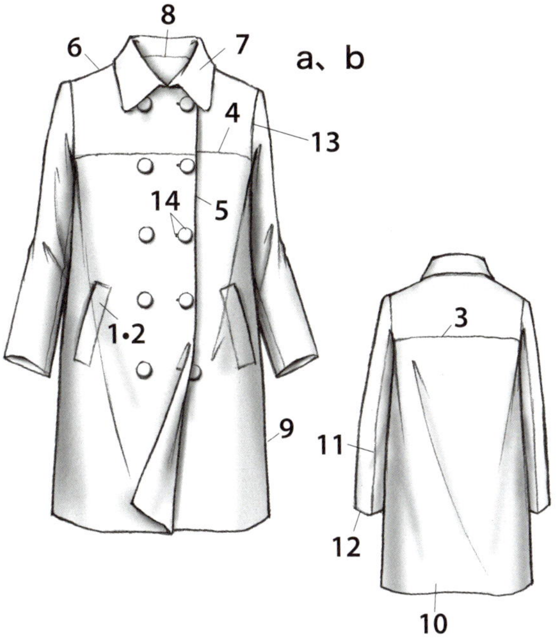

●필요한 패턴(C-1 · a, b 공통)

뒤, 앞, 바깥소매, 안소매, 앞 안단, 옷깃, 뒤 바대, 앞 바대, 주머니 자루, 주머니 입술

●재료(a)

겉감= 110cm 폭
(S, M) 2m50cm | (ML, L) 2m70cm
별도 원단= 110cm 폭 70cm

●재료(b)

겉감= 110cm 폭
(S, M) 3m20cm | (ML, L) 3m40cm

●재료(a, b 공통)

슬리크= 70×30cm | 접착심= 90cm 폭 1m20cm
지름 1.5cm 단추 10개

●준비

앞 몸판의 주머니 다는 위치, 앞 안단, 옷깃, 소맷부리, 주머니 입술에 접착심을 붙인다.
앞뒤 몸판의 어깨, 옆, 주머니 입술의 2cm 시접 쪽, 소매산 이외의 시접, 앞 안단의 안쪽에 O를 한다.

●만드는 순서

1 주머니 입술을 겉끼리 맞대어 접고, 위아래를 박은 다음 겉으로 뒤집어 정리한다.
2 주머니를 단다(235쪽 참고).
3 뒤 몸판과 뒤 바대를 박은 다음 2장 같이 O를 한다. 시접은 바대 쪽으로 접는다.
4 앞 몸판과 앞 바대를 3과 같은 방법으로 박는다.
5 앞 몸판에 안단을 단다.
6 앞뒤 몸판의 어깨를 박은 다음 시접을 가른다.
7 옷깃을 만든다.
8 옷깃을 단다(233쪽 참고).
9 앞뒤 몸판의 옆을 박고 시접을 가른다.
10 몸판의 밑단에 O를 한다. 밑단을 접어 올려 감친다. 안단과 주머니 자루가 겹치는 부분을 감침질로 고정한다.
11 안소매, 바깥소매를 이어 박고 시접을 가른다.
12 소맷부리를 접어 올려 감친다.
13 소매를 단다. 시접은 2장 같이 O를 한다.
14 앞 중심에 단춧구멍을 만들고 단추를 단다.

재단 배치도(겉감 · a, b 공통)

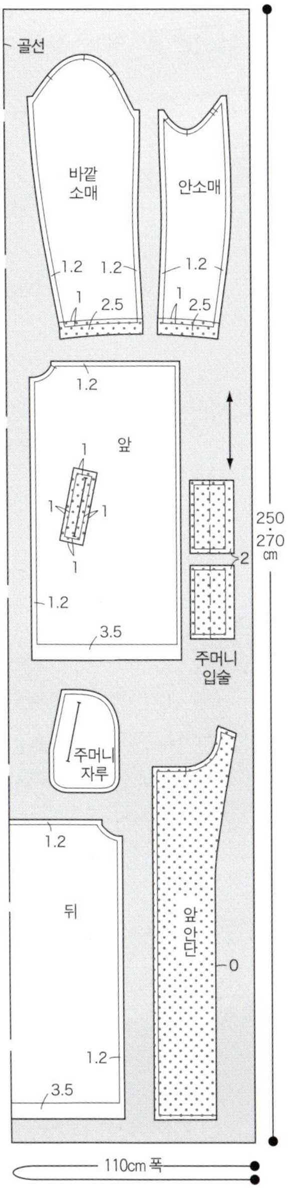

슬리크

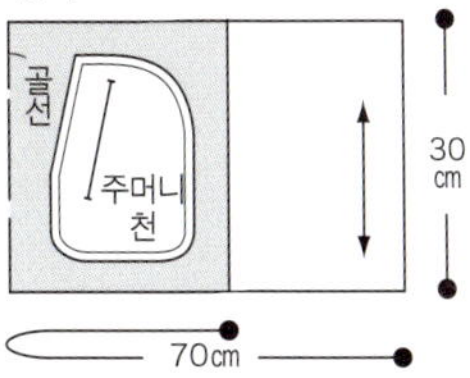

5 앞 안단 다는 법

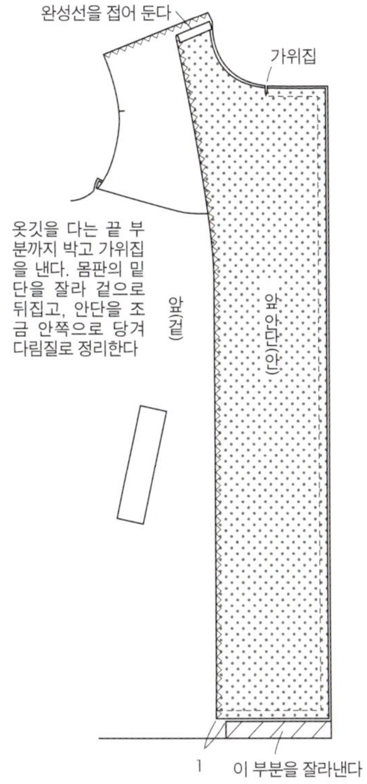

재단 배치도(별도 원단 · a, 겉감 b)

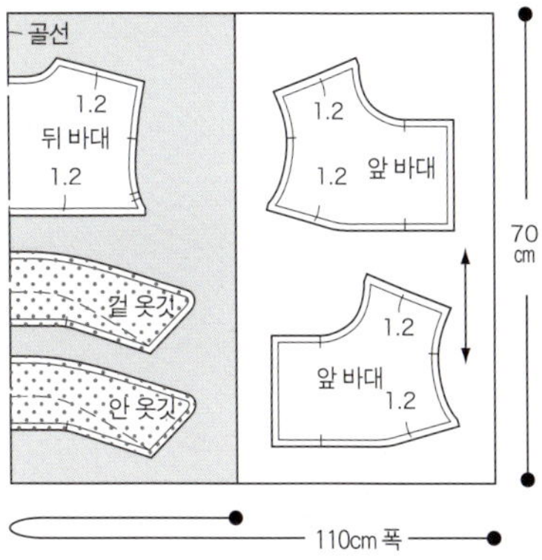

Box-coat

Style 2 박스 코트

응용 2 196쪽

● 필요한 패턴(C-1)

뒤, 앞, 안소매, 바깥소매, 앞 덧단, 옷깃, 견장, 장식 천, 장식 벨트

● 재료

겉감= 110cm 폭
(S, M) 2m30cm | (ML, L) 2m50cm
별도 원단(인조 가죽)= 135cm 폭
(S, M) 30cm | (ML, L) 40cm
접착심= 90cm 폭 1m | 지름 2cm(앞단) 단추 5개
지름 1.8cm(견장) 단추 2개 | 버클 2개

● 준비

앞 덧단, 옷깃, 소맷부리에 접착심을 붙인다. 앞뒤 몸판의 옆, 소매의 소매산 이외의 시접에 O를 한다.

● 만드는 순서

1 앞뒤 몸판의 옆을 박고 시접을 가른 다음 밑단에 O를 한다.
2 장식 벨트를 단다.
3 앞 몸판 다트를 박는다. 시접을 가르고 O를 한다.
4 장식 천을 앞 몸판의 시접에 임시로 고정한다.
5 오른쪽 앞 덧단을 단다.
6 왼쪽 앞 덧단을 완성선까지 접어 왼쪽 몸판과 겉끼리 맞대어 박는다. 시접을 앞 덧단 쪽으로 접고 겉끼리 맞대어 옷깃을 다는 끝 부분까지 앞 덧단의 밑단을 박는다.
7 밑단을 접어 올려 감친다.
8 앞뒤 몸판의 어깨를 박고 3장 같이 O를 한다. 시접은 뒤쪽으로 접는다.
9 옷깃을 만든다.
10 옷깃을 달고 앞 덧단 안쪽을 감친다.
11 안소매, 바깥소매를 이어 박고 시접을 가른다.
12 소맷부리를 접어 올려 감친다.
13 견장을 만들어 몸판의 어깨에 임시 고정한다.
14 소매를 단다. 시접은 2장 같이 O를 한다.
15 왼쪽 앞 덧단에 단추를 단다.
16 견장에 장식 단추를, 장식 천에 버클을 단다.

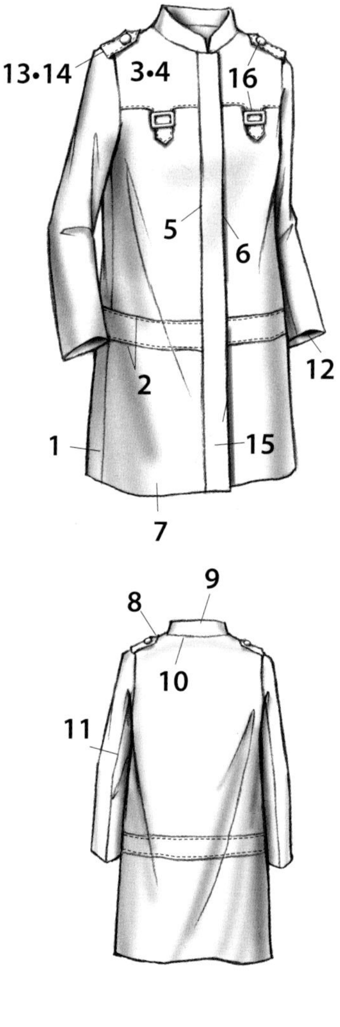

재단 배치도(겉감)

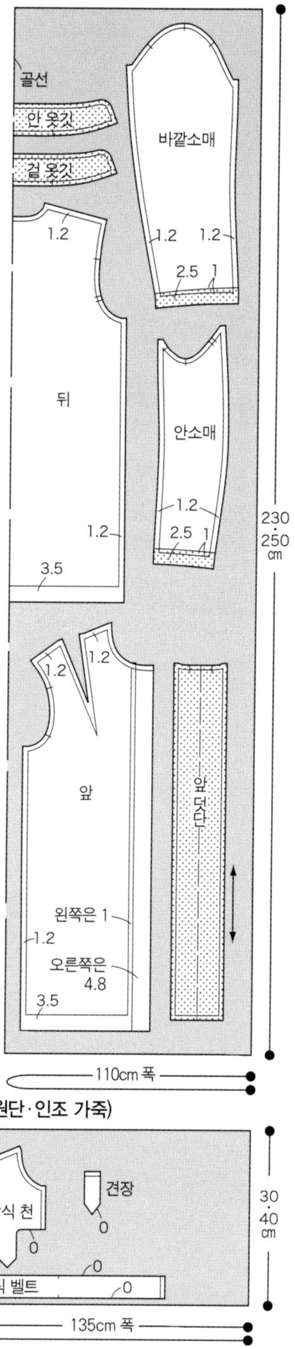

(별도 원단·인조 가죽)

5 오른쪽 앞 덧단 다는 법

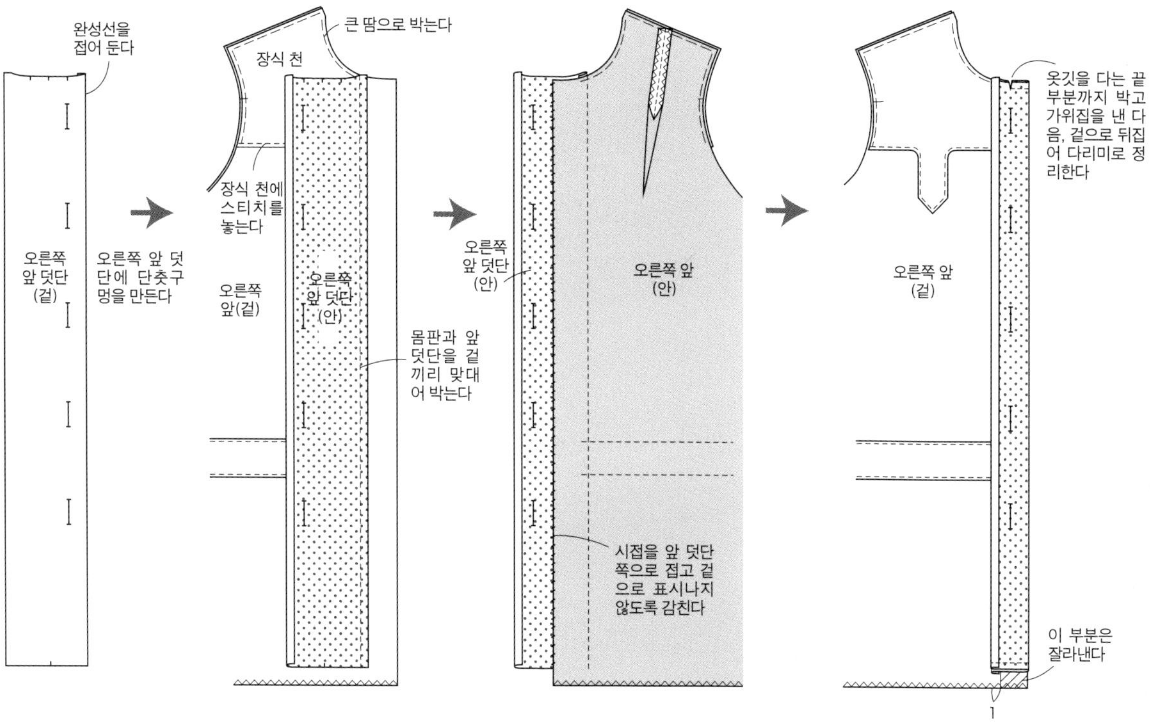

완성선을
접어 둔다
오른쪽
앞 덧단
(겉)
오른쪽 앞 덧
단에 단춧구
멍을 만든다
큰 땀으로 박는다
장식 천
장식 천에
스티치를
놓는다
오른쪽
앞(겉)
오른쪽
앞 덧단
(안)
몸판과 앞
덧단을 겉
끼리 맞대
어 박는다
오른쪽
앞 덧단
(안)
오른쪽 앞
(안)
시접을 앞 덧단
쪽으로 접고 겉
으로 표시나지
않도록 감친다
옷깃을 다는 끝
부분까지 박고
가위집을 낸 다
음, 겉으로 뒤집
어 다리미로 정
리한다
오른쪽 앞
(겉)
이 부분은
잘라낸다
1

231쪽 8 옷깃 다는 법

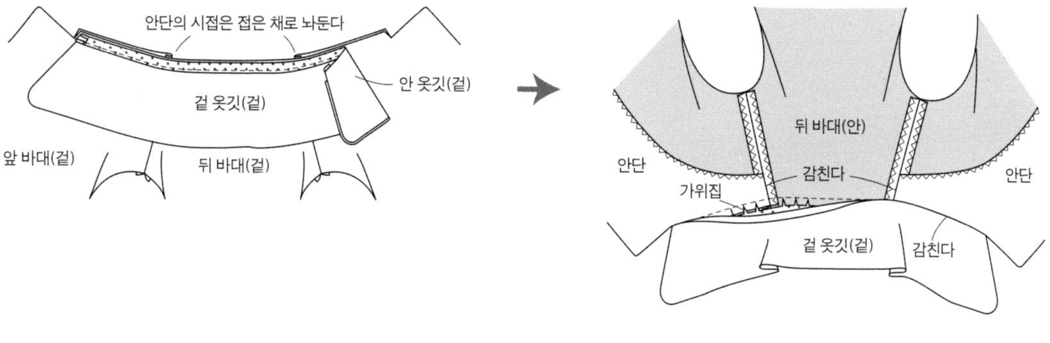

안단의 시접은 접은 채로 놔둔다
안 옷깃(겉)
겉 옷깃(겉)
앞 바대(겉)
뒤 바대(겉)
뒤 바대(안)
안단
감친다
안단
가위집
겉 옷깃(겉)
감친다

Box-coat

Style 2 박스 코트

응용 3 197쪽

● 필요한 패턴(C-1)

뒤, 앞, 안소매, 바깥소매, 뒤 옷깃 안단, 앞 안단, 주머니 입술, 주머니 자루, 플랩

● 재료

겉감= 110cm 폭
(S, M) 2m50cm
(ML, L) 2m70cm
접착심= 90cm 폭 1m20cm
슬리크= 70×30cm
지름 1.5cm 단추 7개

● 준비

앞 몸판의 주머니 다는 위치, 안단, 플랩, 주머니 입술, 소맷부리에 접착심을 붙인다.
뒤 몸판의 어깨, 옆, 앞 몸판의 옆, 안주머니 입술을 다는 위치 쪽, 소매의 소매산 이외에 O를 한다.

● 만드는 순서

1 겉주머니 입술과 안주머니 입술을 겉끼리 맞대어 박는다.
2 앞 몸판에 주머니를 단다.
3 주머니 입술과 같은 방법으로 플랩을 만든다.
4 플랩을 끼우면서 앞 몸판 다트를 박은 다음 시접에 O를 한다. 시접은 중심 쪽으로 접는다. 어깨에 O를 한다.
5 앞뒤 몸판의 어깨를 박고, 시접을 가른다.
6 앞뒤 몸판의 옆을 박고 시접을 가른다.
7 몸판의 밑단에 O를 한다.
8 앞뒤 안단의 어깨를 박고, 시접을 가른다. 안단의 안쪽에 O를 한다.
9 몸판과 안단을 겉끼리 맞대어 안단의 밑단, 앞단, 목둘레를 이어서 박는다.
10 겉으로 뒤집어 안단을 조금 당겨 정리한다.
11 밑단을 접어 올려 감친다.
12 안소매, 바깥소매를 연결하고 시접을 가른다.
13 소맷부리를 접어 올려 감친다.
14 소매를 단다. 시접은 2장 같이 O를 한다.
15 앞 중심에 단춧구멍을 만들고 단추를 단다. 플랩과 주머니 입술에 장식 단추를 단다.

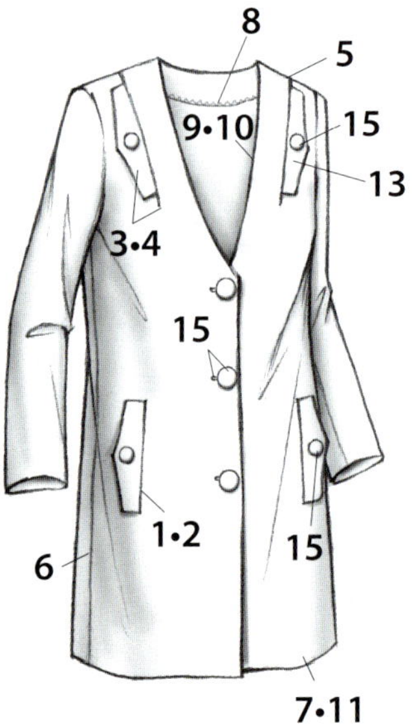

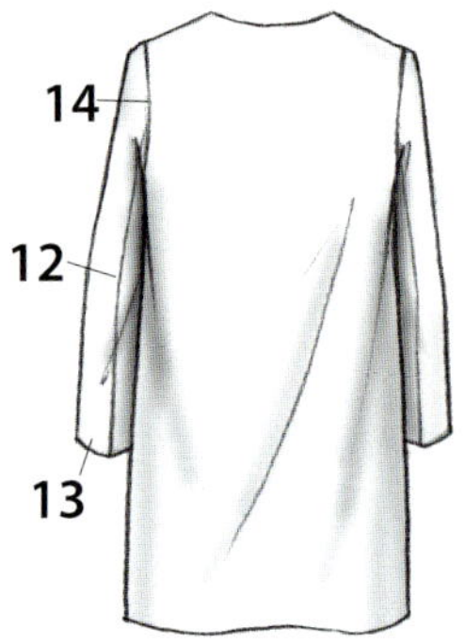

재단 배치도(겉감)

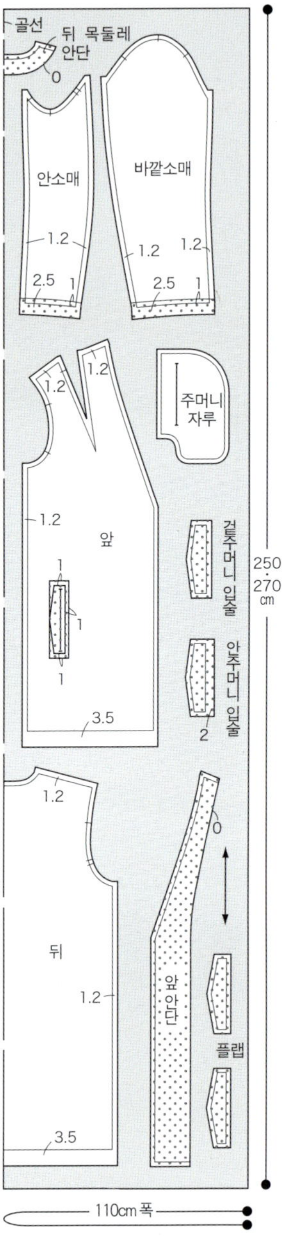

(슬리크)

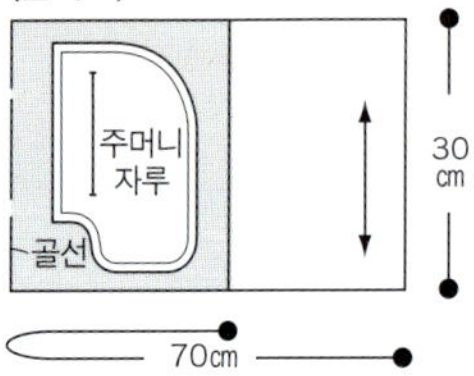

2 주머니 다는 법

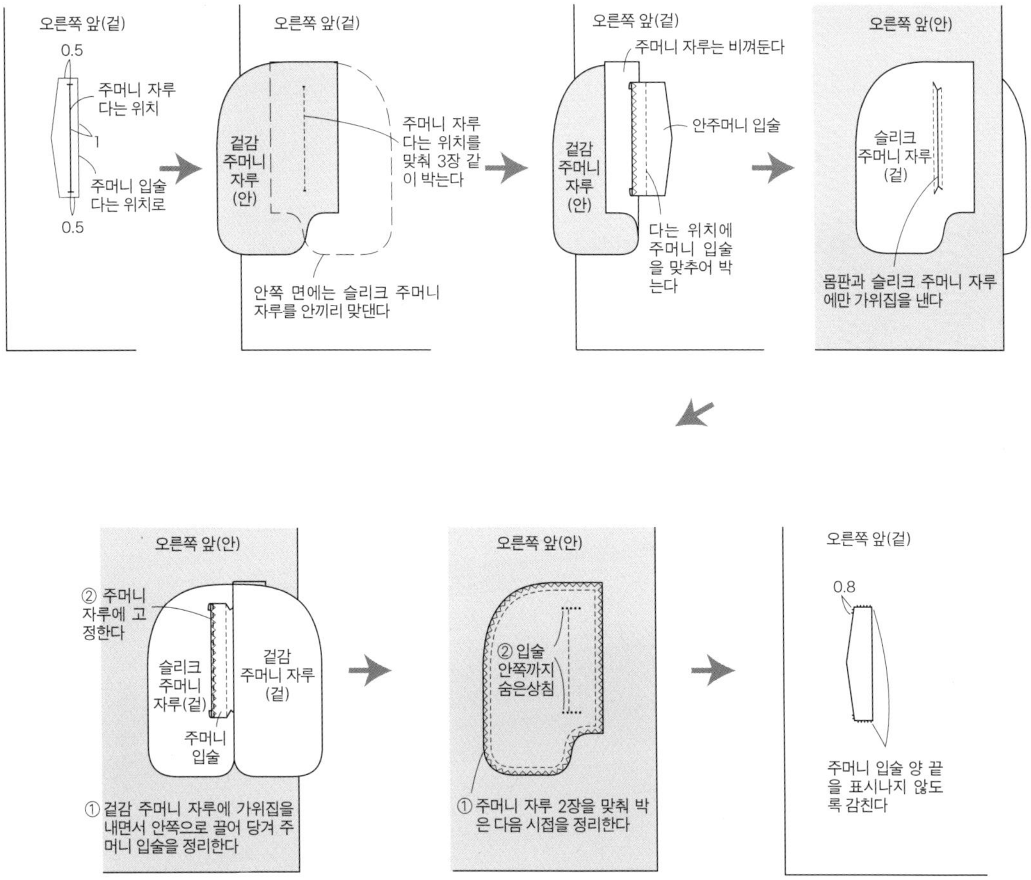

오른쪽 앞(겉)
0.5
주머니 자루 다는 위치
1
주머니 입술 다는 위치로
0.5
오른쪽 앞(겉)
겉감 주머니 자루(안)
주머니 자루 다는 위치를 맞춰 3장 같이 박는다
안쪽 면에는 슬리크 주머니 자루를 안끼리 맞댄다
오른쪽 앞(겉)
주머니 자루는 비껴둔다
안주머니 입술
겉감 주머니 자루(안)
다는 위치에 주머니 입술을 맞추어 박는다
오른쪽 앞(안)
슬리크 주머니 자루(겉)
몸판과 슬리크 주머니 자루에만 가위집을 낸다
오른쪽 앞(안)
② 주머니 자루에 고정한다
슬리크 주머니 자루(겉)
겉감 주머니 자루(겉)
주머니 입술
① 겉감 주머니 자루에 가위집을 내면서 안쪽으로 끌어 당겨 주머니 입술을 정리한다
오른쪽 앞(안)
② 입술 안쪽까지 숨은상침
① 주머니 자루 2장을 맞춰 박은 다음 시접을 정리한다
오른쪽 앞(겉)
0.8
주머니 입술 양 끝을 표시나지 않도록 감친다

Vest

Style 3 베스트

기본 1 200쪽

●필요한 패턴(C-2)

뒤, 앞, 뒤 옆, 앞 옆, 앞 안단, 뒤 목둘레 안단, 앞 진동둘레 안단, 뒤 진동둘레 안단, 장식 벨트

●재료

겉감= 110cm 폭
(S, M) 1m90cm
(ML, L) 2m10cm
접착심= 90cm 폭 70cm
지름 2cm 단추 4개

●준비

안단, 장식 벨트에 접착심을 붙인다. 뒤 중심, 앞뒤 몸판 옆의 시접에 O를 한다.

●만드는 순서

1 장식 벨트를 만든다.
2 뒤 중심을 박고, 시접을 가른다. 장식 벨트를 임시로 고정한다.
3 벨트를 끼우고 뒤 몸판과 뒤 옆을 박은 다음, 2장 같이 O를 한다. 시접은 옆쪽으로 접는다. 어깨에 O를 한다.
4 앞 몸판과 앞 옆을 박고, 2장 같이 O를 한다. 시접은 중심 쪽으로 접는다. 어깨에 O를 한다.
5 앞뒤 몸판의 어깨를 박은 다음 시접을 가른다.
6 앞뒤 목둘레 안단의 어깨를 박은 다음 시접을 가른다. 안단의 안쪽에 O를 한다.
7 몸판과 안단을 겉끼리 맞대어, 안단의 밑단, 앞단, 목둘레를 이어서 박는다.
8 겉으로 뒤집어, 안단을 조금 당겨 정리한다.
9 앞뒤 진동둘레 안단의 어깨를 박고, 시접을 가른다. 안단의 안쪽에 O를 한다.
10 몸판과 진동둘레 안단을 겉끼리 맞대어 진동둘레를 박는다.
11 겉으로 뒤집어 안단을 조금 당겨 정리한다.
12 몸판과 진동둘레 안단의 옆을 이어서 박는다. 시접은 가른다. 밑단에 O를 한다.
13 밑단을 접어 올려 감친다.
14 앞 중심에 단춧구멍을 만들고 단추를 단다.

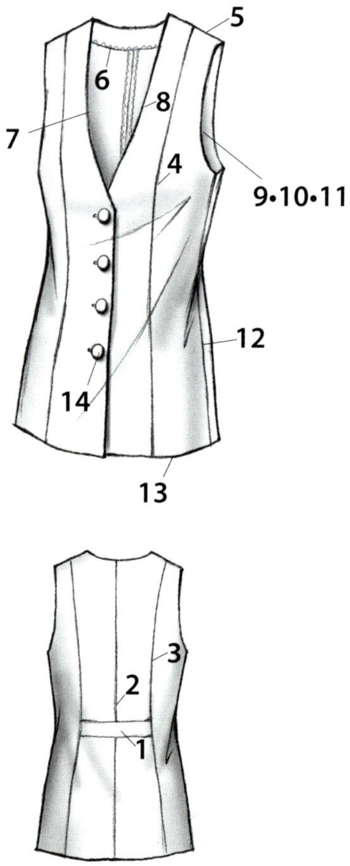

재단 배치도

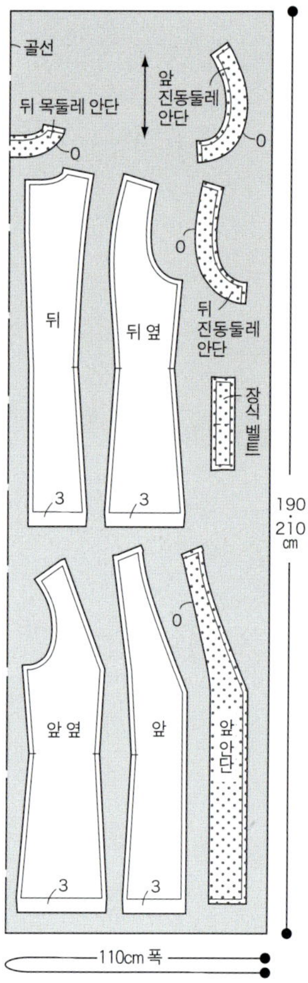

10～12 진동둘레 재봉법

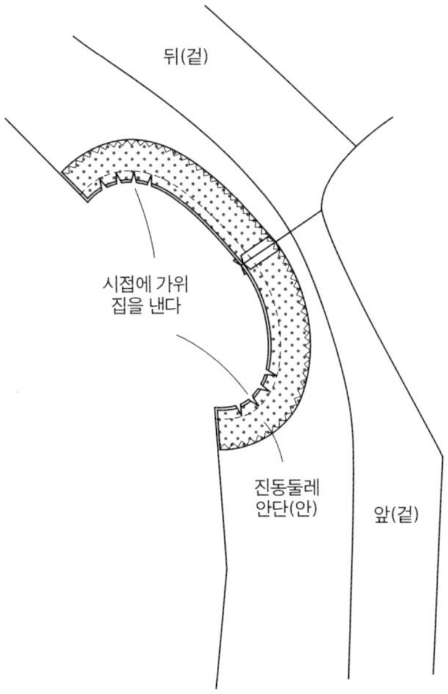
뒤(겉)
시접에 가위
집을 낸다
진동둘레
안단(안)
앞(겉)

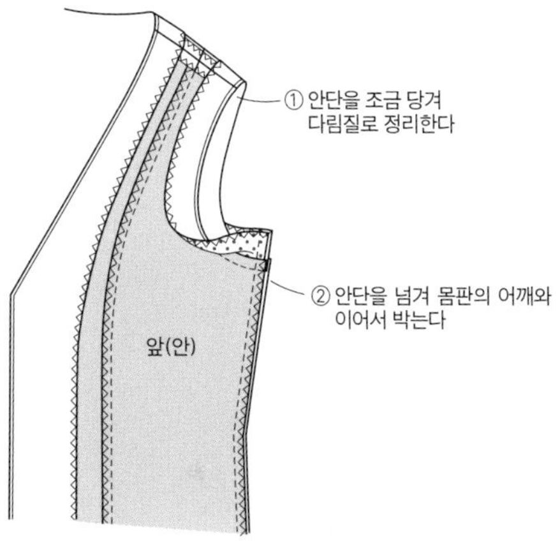
①안단을 조금 당겨
다림질로 정리한다
②안단을 넘겨 몸판의 어깨와
이어서 박는다
앞(안)

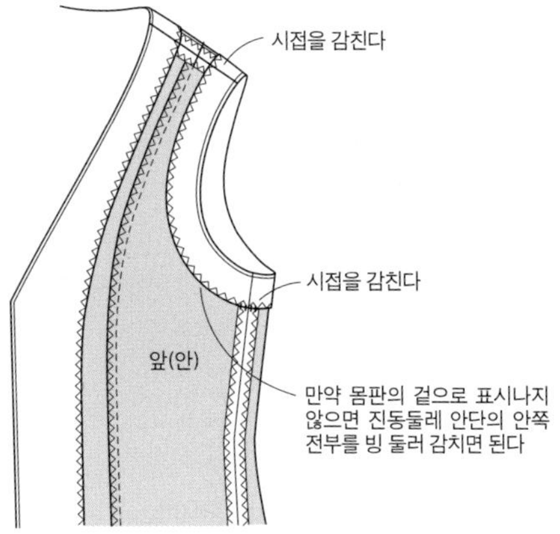
시접을 감친다
시접을 감친다
앞(안)
만약 몸판의 겉으로 표시나지
않으면 진동둘레 안단의 안쪽
전부를 빙 둘러 감치면 된다

Vest

Style 3 베스트

응용 1 201쪽

● 필요한 패턴(C-2)

뒤, 앞, 뒤 옆, 앞 옆, 앞 안단, 뒤 목둘레 안단, 뒤 진동둘레 안단, 앞 진동둘레 안단, 장식 천

● 재료

겉감= 110cm 폭
(S, M) 2m20cm
(ML, L) 2m40cm
접착심= 90cm 폭 70cm
지름 1.5cm 단추 4개

● 준비

안단에 접착심을 붙인다. 뒤 중심, 앞뒤 몸판의 옆, 앞 몸판의 밑단 시접에 O를 한다.

● 만드는 순서

1 장식 천의 밑단 부분을 처리한다.
2 뒤 몸판, 뒤 옆, 장식 천을 박은 다음 시접을 처리한다. 어깨에 O를 한다.
3 뒤 중심을 박은 다음 시접을 가른다. 뒤 몸판의 밑단에 O를 한다.
4 앞 몸판, 앞 옆, 장식 천을 박은 다음 시접을 처리한다. 어깨와 앞 몸판의 밑단에 O를 한다.
5 앞뒤 몸판의 어깨를 박고 시접을 가른다.
6 앞뒤 목둘레 안단의 어깨를 박은 다음 시접을 가른다. 안단의 안쪽에 O를 한다.
7 몸판과 안단을 겉끼리 맞대어 안단의 밑단, 앞단, 목둘레를 이어 박는다.
8 겉으로 뒤집어 안단을 조금 당겨 정리한다.
9 앞뒤 진동둘레 안단의 어깨를 박고 시접을 가른다. 안단의 안쪽에 O를 한다.
10 몸판과 진동둘레 안단을 겉끼리 맞대어 진동둘레를 박는다.
11 겉으로 뒤집어 안단을 조금 당겨 정리한다.
12 몸판과 진동둘레 안단의 옆을 이어 박고 시접은 가른다. 앞뒤 옆의 밑단에 O를 한다.
13 밑단을 접어 올려 감친다.
14 앞 중심에 단춧구멍을 만들고 단추를 단다.

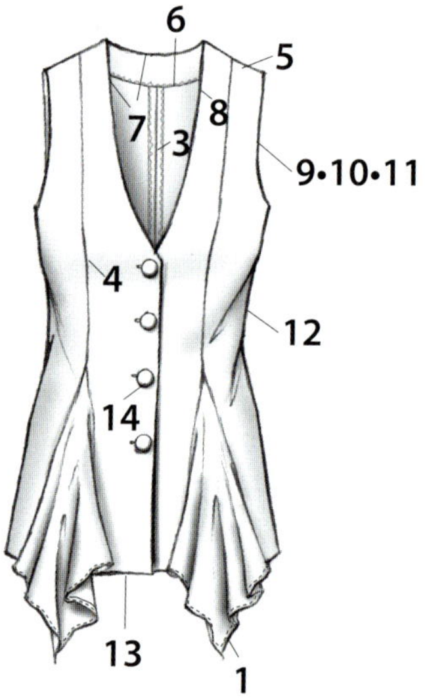

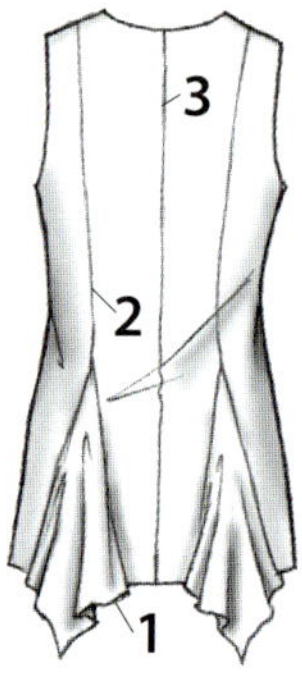

재단 배치도

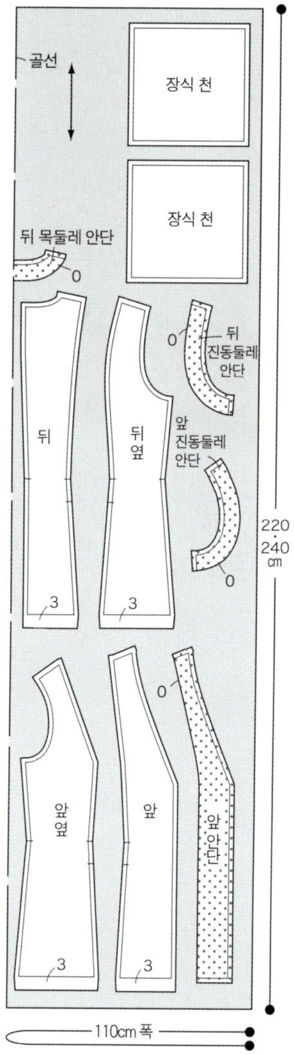

1,2 장식 천 재봉법

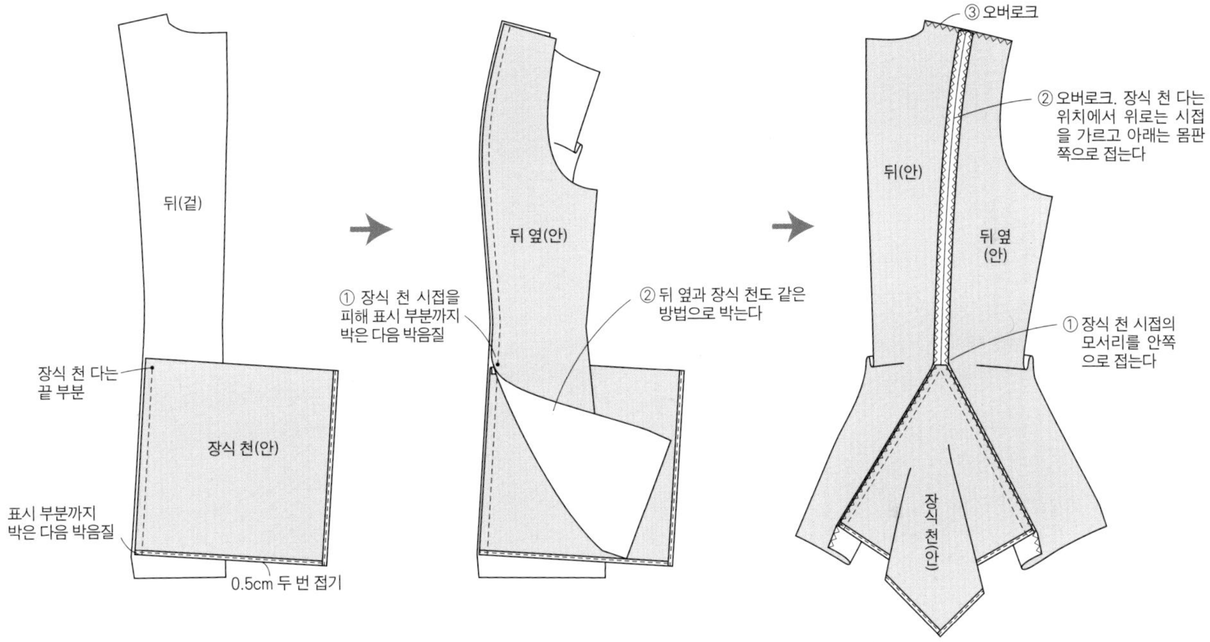
뒤(겉)
장식 천 다는 끝 부분
장식 천(안)
표시 부분까지 박은 다음 박음질
0.5cm 두 번 접기
뒤 옆(안)
① 장식 천 시접을 피해 표시 부분까지 박은 다음 박음질
② 뒤 옆과 장식 천도 같은 방법으로 박는다
③ 오버로크
② 오버로크. 장식 천 다는 위치에서 위로는 시접을 가르고 아래는 몸판 쪽으로 접는다
뒤(안)
뒤 옆 (안)
① 장식 천 시접의 모서리를 안쪽으로 접는다
장식 천(안)

13 밑단 처리

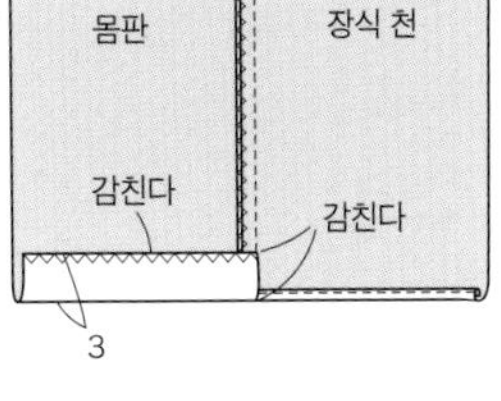
몸판
장식 천
감친다
감친다
3

Vest

Style 3 베스트

응용 2 202쪽

●필요한 패턴(C-2)

뒤, 앞, 뒤 옆, 앞 옆, 앞 안단, 옷깃, 앞 진동둘레 안단, 뒤 진동둘레 안단

●재료

겉감= 110cm 폭
(S, M) 2m
(ML, L) 2m20cm
접착심= 90cm 폭 70cm
지름 2cm 단추 4개
파이핑 테이프= 0.3cm 폭 1m30cm

●준비

옷깃, 안단에 접착심을 붙인다. 뒤 중심, 뒤 몸판 · 뒤 옆의 절개선, 앞뒤 몸판 옆의 시접, 앞 안단의 안쪽에 O를 한다.

●만드는 순서

1 앞 몸판에 파이핑 테이프를 단다. 어깨에 O를 한다.
2 뒤 몸판과 뒤 옆을 박고, 시접을 가른다. 어깨에 O를 한다.
3 뒤 중심을 박고 시접을 가른다.
4 앞뒤 몸판의 어깨를 박은 다음, 시접을 가른다.
5 몸판과 안 옷깃을 겉끼리 맞대어 박는다.
6 안단과 겉 옷깃을 겉끼리 맞대어 박는다.
7 몸판과 안단을 겉끼리 맞대고, 안단의 밑단, 앞단, 옷깃 둘레를 이어서 박는다.
8 겉으로 뒤집어 안단과 안 옷깃을 각각 조금씩 당겨 정리한다.
9 앞뒤 진동둘레 안단의 어깨를 박고, 시접을 가른다. 안단의 안쪽에 O를 한다.
10 몸판과 진동둘레 안단을 겉끼리 맞대고 진동둘레를 박는다.
11 겉으로 뒤집어 안단을 조금 당겨 정리한다.
12 몸판과 진동둘레 안단의 옆을 이어서 박는다. 시접은 가른다. 밑단에 O를 한다.
13 밑단을 접어 올려 감친다.
14 앞 중심에 단춧구멍을 만들고 단추를 단다.

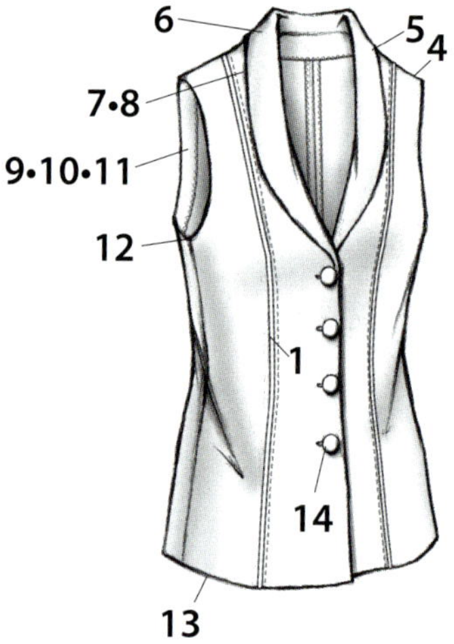

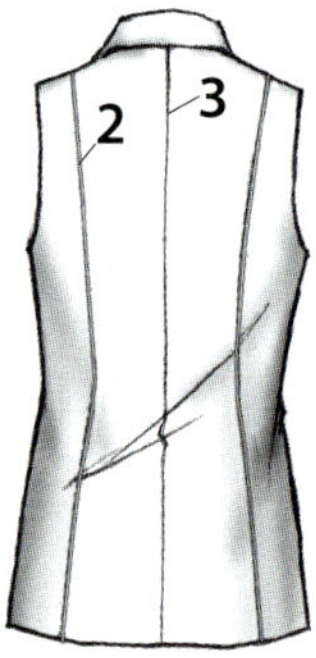

재단 배치도

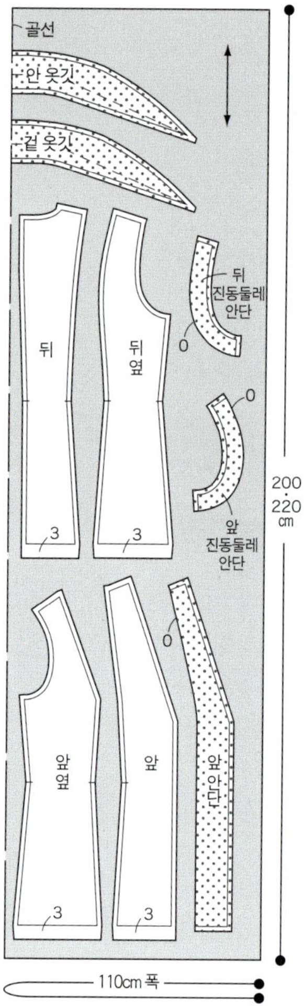

1 파이핑 테이프 다는 법

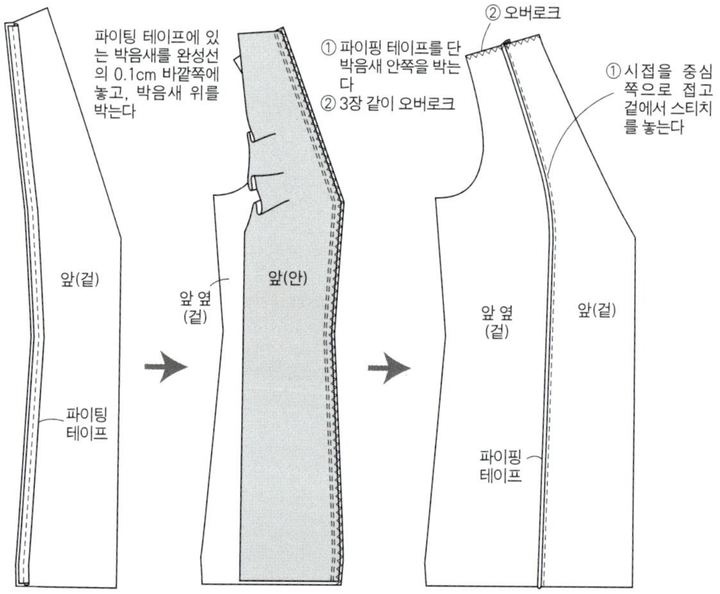

Vest

Style 3 베스트

응용 3 203쪽

●필요한 패턴(C-2)

뒤, 앞, 뒤 옆, 앞 옆, 앞 안단, 뒤 목둘레 안단, 뒤 진동둘레 안단, 앞 진동둘레 안단, 뒤 바대, 앞 바대, 주머니, 주머니 입술

●재료

겉감(합성 피혁)= 135cm 폭
(S, M) 1m50cm | (ML, L) 1m70cm
별도 원단(합성 피혁)= 135cm 폭 30cm
접착심=90cm 폭 70cm
지름 1.5cm 단추 4개
프린지(술장식) 테이프= 5cm 폭 적당량

●준비

안단, 주머니 입술에 접착심을 붙인다.

●만드는 순서

1 주머니에 프린지와 주머니 입술을 단다.
2 앞 옆에 주머니를 임시로 고정한다.
3 주머니를 끼우고 앞 몸판과 앞 옆을 박는다.
4 앞 몸판에 프린지를 임시로 고정한다.
5 앞 몸판에 앞 바대를 단다. 시접은 바대 쪽으로 접고 스티치를 놓는다.
6 뒤 중심을 박는다. 시접은 오른쪽으로 접고 스티치를 놓는다.
7 뒤 몸판과 뒤 옆을 박는다. 시접은 중심 쪽으로 접고 스티치를 놓는다. 프린지를 임시로 고정한다.
8 뒤 몸판에 뒤 바대를 단다. 시접은 바대 쪽으로 접고 스티치를 놓는다.
9 앞뒤 몸판의 어깨를 박은 다음 시접을 가른다.
10 앞뒤 목둘레 안단의 어깨를 박고, 시접을 가른다.
11 몸판과 안단을 겉끼리 맞대어 안단의 밑단, 앞단, 목둘레를 이어서 박는다.
12 겉으로 뒤집어 안단을 조금 당겨 스티치를 놓는다.
13 앞뒤 진동둘레 안단의 어깨를 박고, 시접을 가른다.
14 몸판과 진동둘레 안단을 겉끼리 맞대어 진동둘레를 박는다.
15 겉으로 뒤집어 안단을 조금 당겨 정리한다.
16 몸판과 진동둘레 안단의 옆을 이어서 박는다. 시접은 가른다.
17 진동둘레에 스티치를 놓는다.
18 밑단을 접어 올려 감친다.
19 앞 중심에 단춧구멍을 만들고 단추를 단다.

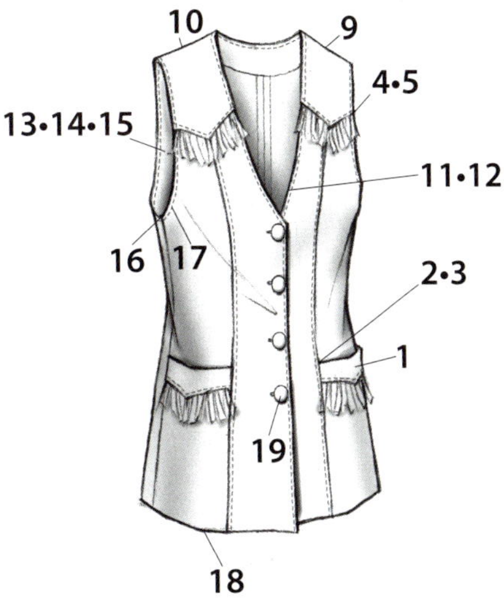

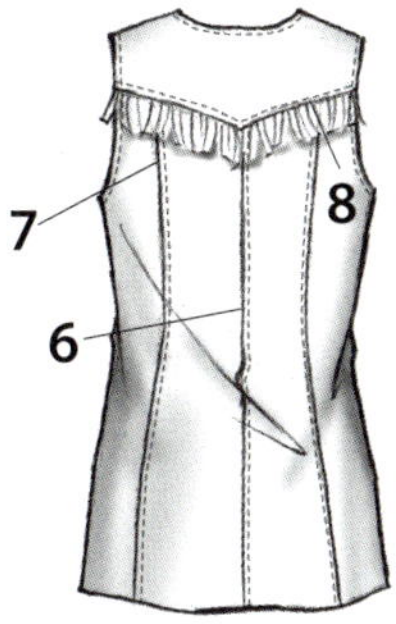

재단 배치도(겉감·합성 피혁)

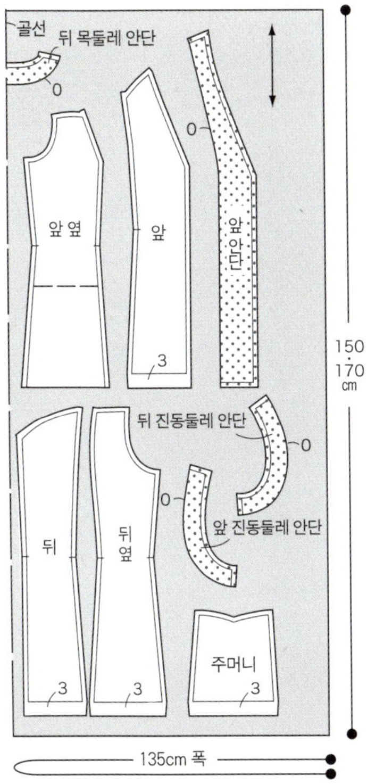

(별도 원단·합성 피혁)

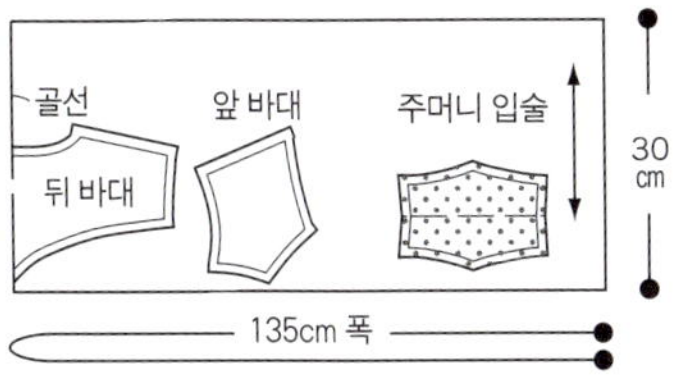

1 주머니 재봉법

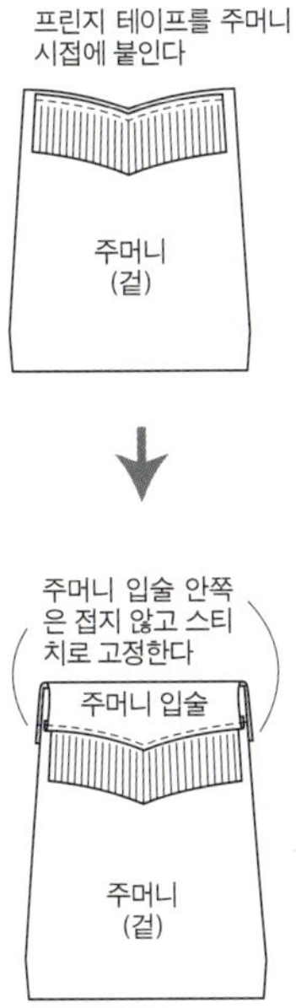

3 몸판과 주머니 재봉법

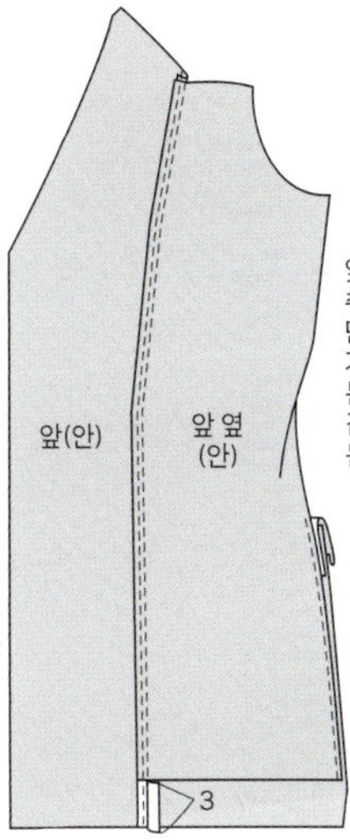

앞 몸판과 앞 옆을 맞춰 박고 나면 주머니 단에서 3cm 부분에 가위집을 낸다. 그 부분만 시접을 가르고 겉에서 스티치를 놓는다

Panel-jacket

Style 4 패널 재킷

기본 206쪽

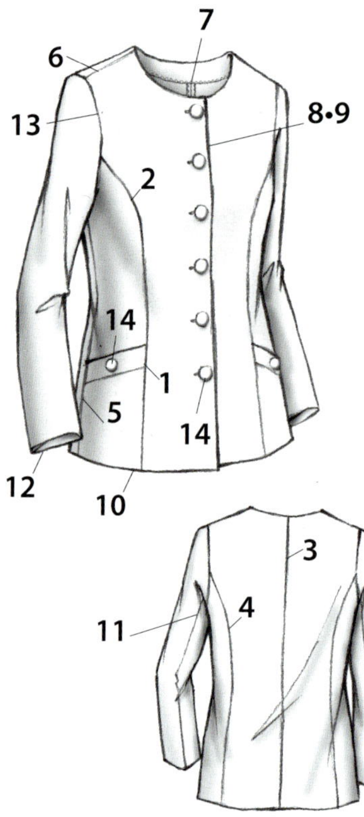

●필요한 패턴(C-2)

뒤, 앞, 뒤 옆, 앞 옆, 앞 안단, 뒤 목둘레 안단, 바깥소매, 안소매, 주머니, 주머니 입술

●재료

겉감= 110cm 폭
(S, M) 2m20cm
(ML, L) 2m40cm
접착심= 90cm 폭 60cm
지름 2cm 단추 6개
지름 1.5cm 단추 2개(주머니 입술)

●준비

안단, 소맷부리, 주머니 입술에 접착심을 붙인다. 뒤 중심, 앞뒤 몸판의 어깨, 패널 라인, 옆, 소매의 소매산 이외에 O를 한다.

●만드는 순서

1 주머니를 만들어 앞 옆에 고정한다.
2 앞 몸판과 앞 옆의 패널 라인을 박은 다음 시접을 가른다.
3 뒤 중심을 박고 시접을 가른다.
4 뒤 몸판과 뒤 옆의 패널 라인을 박은 다음 시접을 가른다.
5 앞뒤 몸판의 옆을 박고 시접을 가른다. 밑단에 O를 한다.
6 앞뒤 몸판의 어깨를 박은 다음 시접을 가른다.
7 앞뒤 안단의 어깨를 박고, 시접을 가른다. 안단의 안쪽에 O를 한다.
8 몸판과 안단을 겉끼리 맞대어 안단의 밑단, 앞단, 목둘레를 이어서 박는다.
9 겉으로 뒤집어 안단을 조금 당겨 정리한다.
10 밑단을 접어 올려 감친다.
11 안소매, 바깥소매를 맞춰 박고 시접을 가른다.
12 소맷부리를 접어 올려 감친다.
13 소매를 단다. 시접은 2장 같이 O를 한다.
14 앞 중심에 단춧구멍을 만들고 단추를 단다. 주머니 입술에 장식 단추를 단다.

재단 배치도

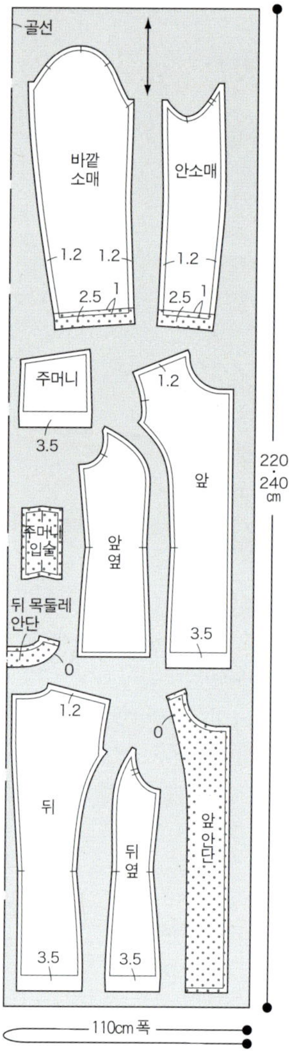

1 주머니 재봉법

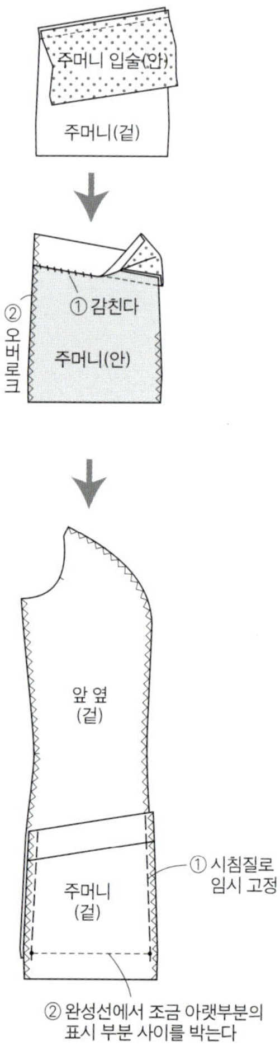

2 패널 라인 재봉법

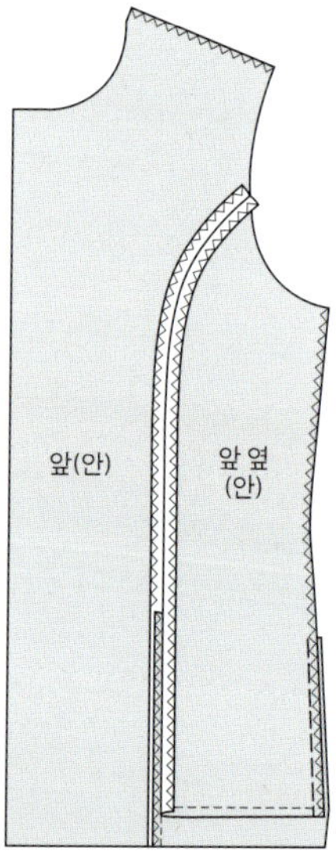

앞, 앞 옆의 시접은 가르지만 주머니 시접은 시침실을 뽑은 뒤 가르지 않고 앞쪽으로 접는다. 옆을 박을 때도 같은 방법으로 한다

Panel-jacket

Style 4 패널 재킷

응용 1 207쪽

●필요한 패턴(C-2)

뒤, 앞, 뒤 옆, 앞 옆, 앞 안단, 옷깃, 바깥소매, 안소매

●재료

겉감= 110cm 폭
(S, M) 2m50cm
(ML, L) 2m70cm
접착심= 90cm 폭 60cm
지름 1.5cm 단추 3개

●준비

앞 안단, 옷깃, 소맷부리에 접착심을 붙인다. 뒤 중심, 앞뒤 몸판의 패널 라인, 어깨, 옆, 앞 안단의 안쪽, 소매의 소매산 이외에 O를 한다.

●만드는 순서

1 앞뒤 패널 라인을 각각 박고 시접을 가른다.
2 뒤 중심을 박은 다음 시접을 가른다.
3 앞뒤 몸판의 어깨를 박고, 시접을 가른다.
4 몸판과 안 옷깃을 겉끼리 맞대어 박는다.
5 앞 안단과 겉 옷깃을 겉끼리 맞대어 박는다.
6 몸판과 안단을 겉끼리 맞대고 안단의 밑단, 앞단, 옷깃의 바깥둘레를 이어서 박는다.
7 겉으로 뒤집어 안단과 안 옷깃을 각각 조금씩 당겨 정리한다. 겉 옷깃을 뒤 목둘레의 솔기의 가장자리에 감친다.
8 옆을 박고 시접을 가른다. 밑단 O를 한다.
9 밑단을 접어 올려 감친다.
10 안소매, 바깥소매를 맞추어 박은 다음 시접을 가른다.
11 소맷부리를 접어 올려 감친다.
12 소매를 단다. 시접은 2장 같이 O를 한다.
13 앞 중심에 단춧구멍을 만들고 단추를 단다.

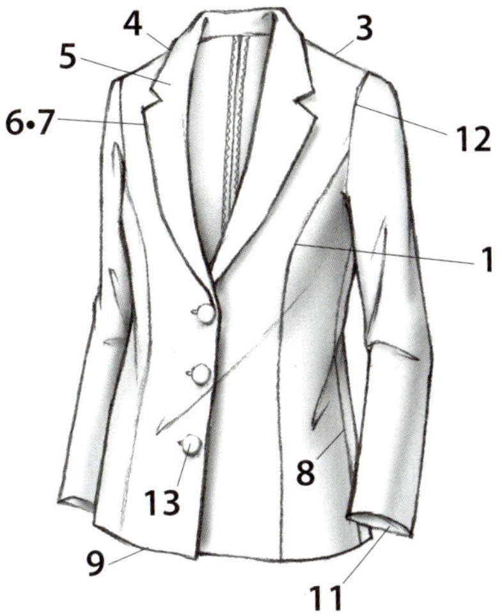

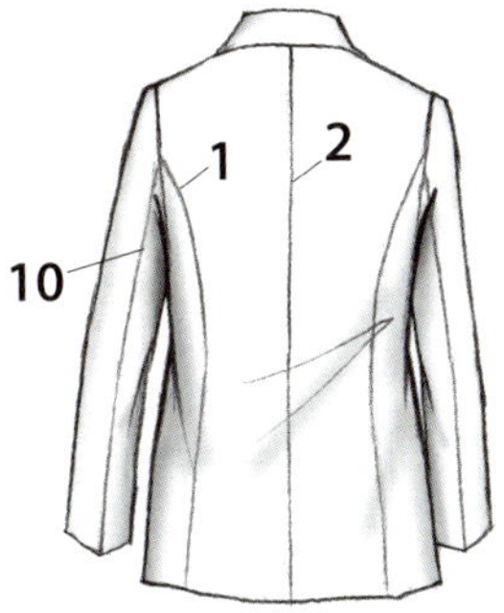

재단 배치도

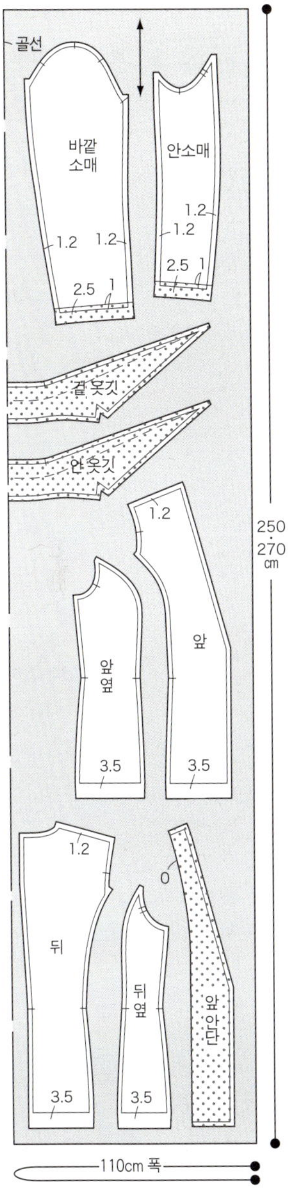

6 옷깃 재봉법

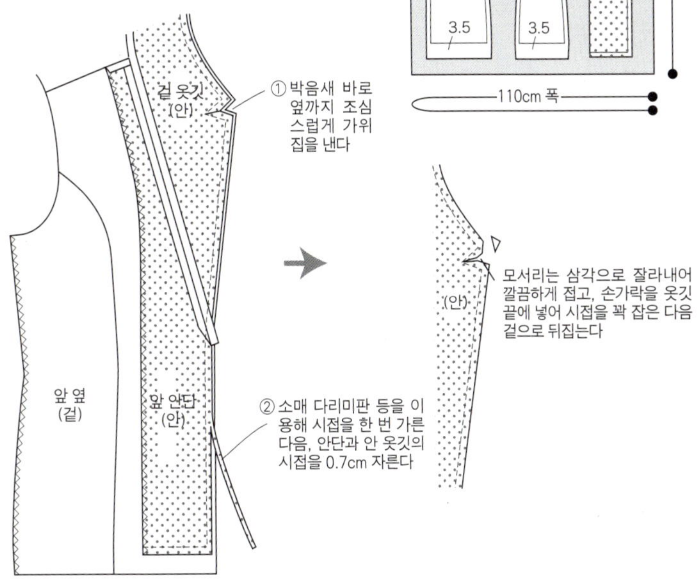

Panel-jacket

Style 4 패널 재킷

응용 2 208쪽

● 필요한 패턴(C-2)

뒤, 앞, 뒤 옆, 앞 옆, 뒤 페플럼, 앞 페플럼, 앞 안단, 뒤 목둘레 안단, 바깥소매, 안소매

● 재료

겉감= 110cm 폭

(S, M) 2m20cm

(ML, L) 2m40cm

접착심= 90cm 폭 60cm

오픈파스너 56cm 1개

● 준비

안단, 소맷부리에 접착심을 붙인다. 앞뒤 몸판의 어깨, 소매의 소매산 이외에 O를 한다.

● 만드는 순서

1. 앞뒤 패널 라인을 각각 박은 다음 2장 같이 O를 한다. 시접을 중심 쪽으로 접어 겉에서 스티치를 놓는다.
2. 앞뒤 페플럼과 앞뒤 몸판을 각각 박은 다음 2장 같이 O를 한다. 시접을 페플럼 쪽으로 접어서 스티치를 놓는다. 옆에 O를 한다.
3. 뒤 중심을 박고, 2장 같이 O를 한다. 시접을 오른쪽 몸판 쪽으로 접어 겉에서 스티치를 놓는다.
4. 앞 중심을 겉끼리 맞대어 큰 땀으로 박고 시접을 가른다.
5. 파스너를 시침질로 고정한다.
6. 앞뒤 몸판의 어깨를 박고 시접을 가른다.
7. 앞뒤 안단의 어깨를 박은 다음 시접을 가른다. 안단의 안쪽에 O를 한다.
8. 몸판과 안단을 겉끼리 맞대어 목둘레와 안단의 밑단을 박는다.
9. 겉으로 뒤집어 목둘레의 안단을 조금 당겨 정리한다. 파스너를 스티치로 고정한다.
10. 앞뒤 몸판의 어깨를 박고, 시접을 가른다. 밑단에 O를 한다.
11. 밑단을 접어 올려 감친다.
12. 안소매, 바깥소매를 맞춰 박고 시접을 가른다.
13. 소맷부리를 접어 올려 감친다.
14. 소매를 단다. 시접은 2장 같이 O를 한다.

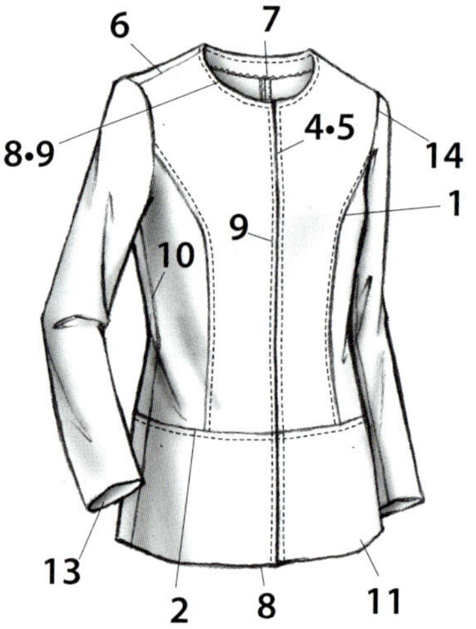

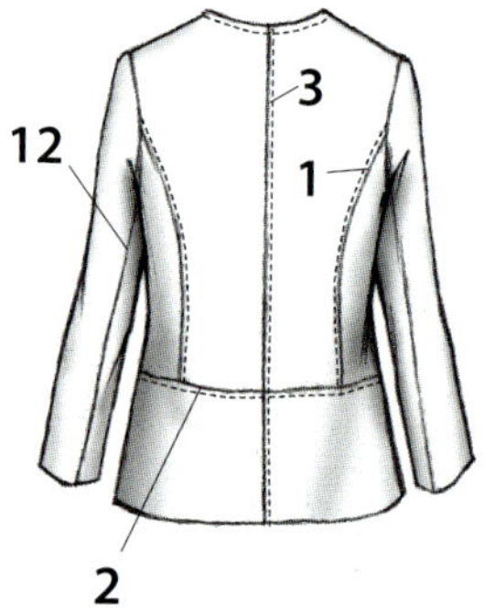

재단 배치도

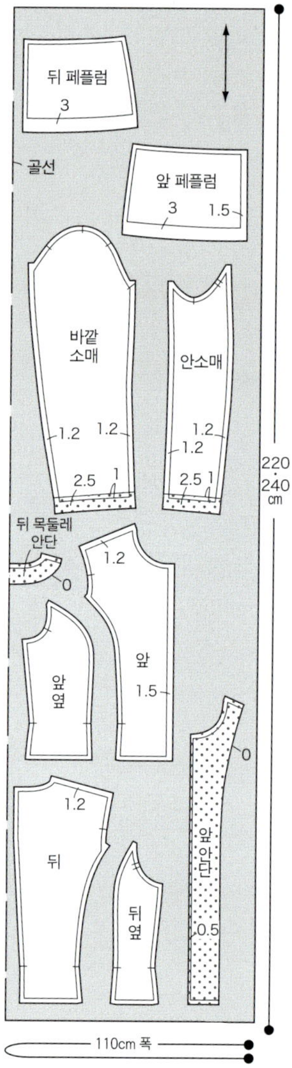

5 파스너 임시 고정하는 법

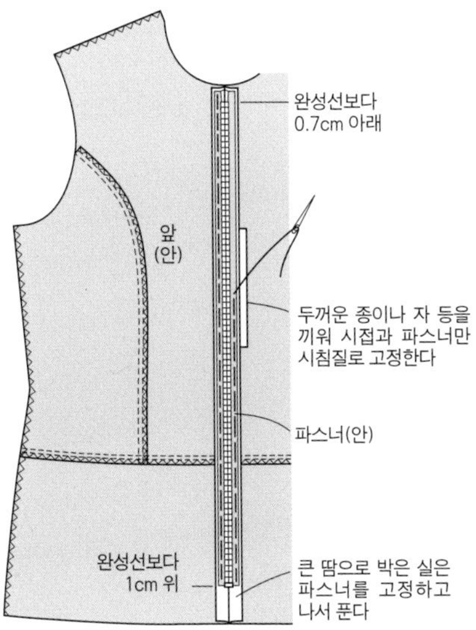
완성선보다
0.7cm 아래
앞
(안)
두꺼운 종이나 자 등을
끼워 시접과 파스너만
시침질로 고정한다
파스너(안)
완성선보다
1cm 위
큰 땀으로 박은 실은
파스너를 고정하고
나서 푼다

8,9 파스너 다는 법

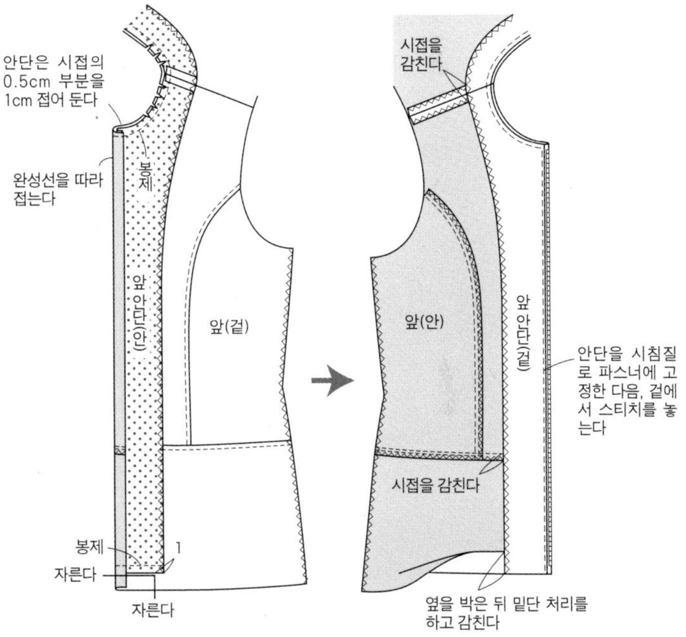
안단은 시접의
0.5cm 부분을
1cm 접어 둔다
완성선을 따라
접는다
봉제
앞 안단(안)
앞(겉)
봉제
1
자른다
자른다
시접을
감친다
앞(안)
앞 안단(겉)
안단을 시침질
로 파스너에 고
정한 다음, 겉에
서 스티치를 놓
는다
시접을 감친다
옆을 박은 뒤 밑단 처리를
하고 감친다

Panel-jacket

Style 4 패널 재킷

응용 3 209쪽

● 필요한 패턴(C-2)

뒤, 앞, 뒤 옆, 앞 옆, 뒤 페플럼, 앞 페플럼, 앞 안단, 뒤 목둘레 안단, 앞 옷깃, 뒤 옷깃, 바깥소매, 안소매

● 재료

겉감= 110cm 폭
(S, M) 2m30cm
(ML, L) 2m50cm
접착심= 90cm 폭 50cm
갈고리단추 4쌍

● 준비

안단에 접착심을 붙인다. 뒤 중심, 앞뒤 몸판의 패널 라인, 어깨, 옆, 소매의 소매산 이외, 페플럼의 옆, 옷깃의 어깨에 O를 한다.

● 만드는 순서

1 앞 옆의 다트를 박은 다음 시접을 중심 쪽으로 접는다.
2 앞뒤 패널 라인을 각각 박고 시접을 가른다.
3 뒤 중심을 박고 시접을 가른다.
4 앞뒤 몸판의 어깨를 박은 다음 시접을 가른다.
5 앞뒤 안단의 어깨를 박고, 시접을 가른다. 안단의 안쪽에 O를 한다.
6 앞 옷깃과 뒤 옷깃의 어깨를 박은 다음 시접을 가른다. 옷깃의 바깥둘레를 소재에 맞게 처리한다.
7 옷깃을 단다.
8 앞뒤 페플럼의 옆을 박은 다음 시접을 가른다.
9 페플럼 앞단과 밑단을 두 번 접어 감친다.
10 몸판과 페플럼을 겉끼리 맞대어 2장 같이 O를 한다. 시접을 몸판 쪽으로 접어 안단의 밑단을 감친다.
11 안소매, 바깥소매를 맞추어 박고 시접을 가른다.
12 소맷부리를 접어 올려 감친다.
13 소매를 단다. 시접은 2장 같이 O를 한다.
14 앞 중심에 갈고리단추를 단다.

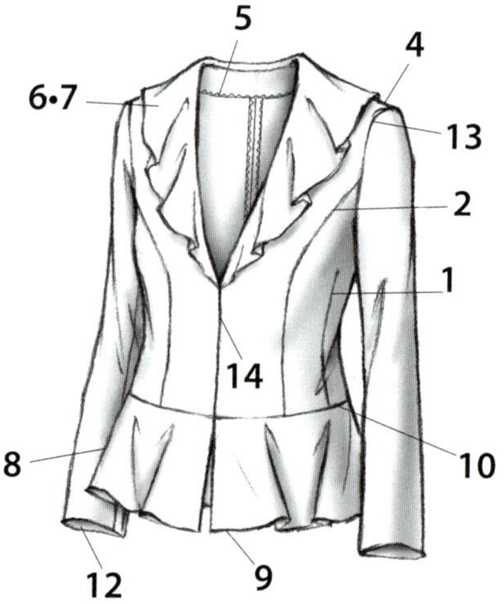

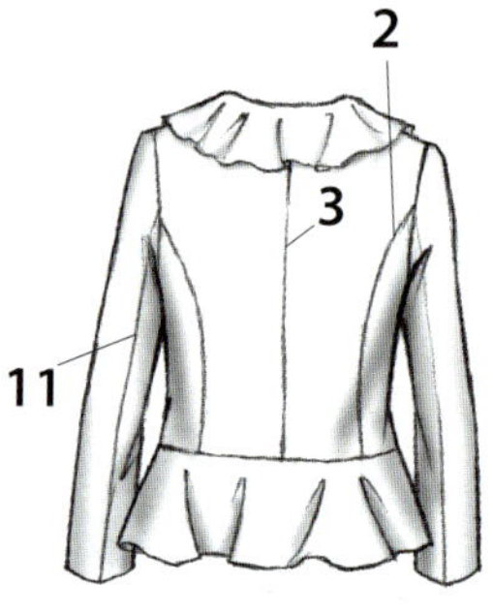

재단 배치도

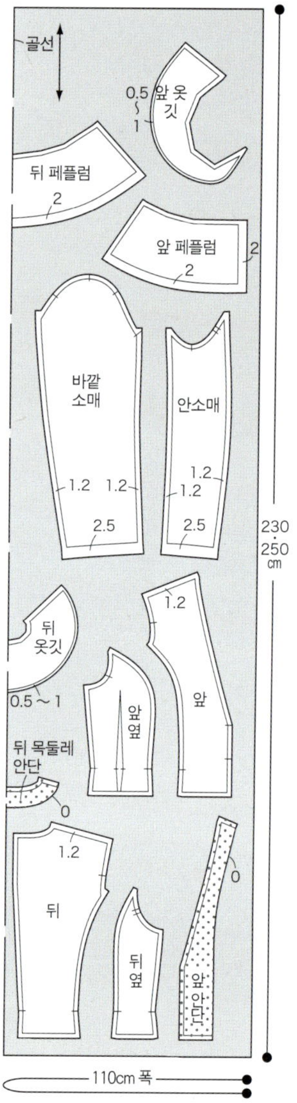

6,7 옷깃 재봉법

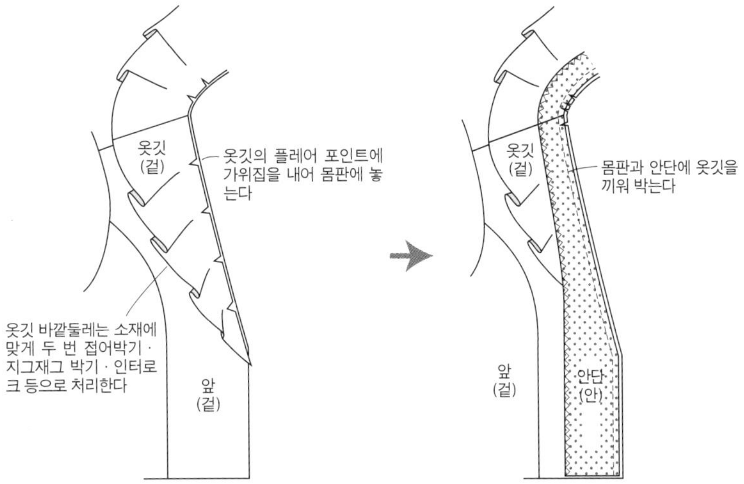
옷깃
(겉)
옷깃의 플레어 포인트에 가위집을 내어 몸판에 놓는다
옷깃 바깥둘레는 소재에 맞게 두 번 접어박기 · 지그재그 박기 · 인터로크 등으로 처리한다
앞
(겉)
옷깃
(겉)
몸판과 안단에 옷깃을 끼워 박는다
앞
(겉)
안단
(안)

8,9 페플럼 재봉법

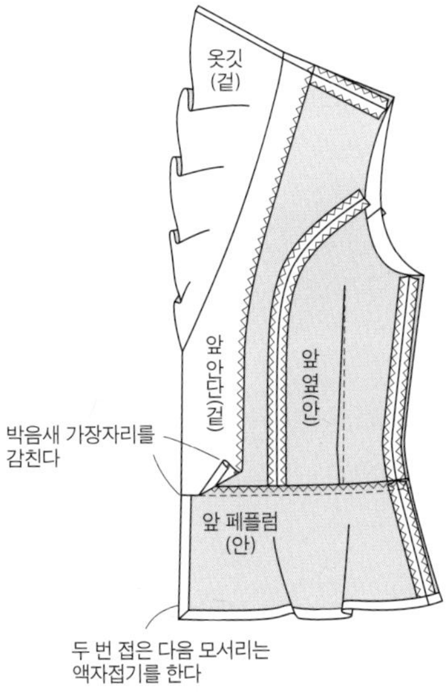
옷깃
(겉)
앞 안단(겉)
앞 옆(안)
박음새 가장자리를 감친다
앞 페플럼
(안)
두 번 접은 다음 모서리는 액자접기를 한다

14 갈고리단추 다는 법

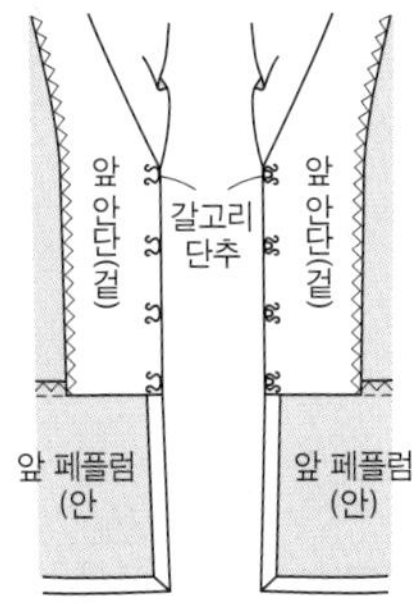
앞 안단(겉)
갈고리
단추
앞 안단(겉)
앞 페플럼
(안
앞 페플럼
(안)

Cape

Style 5 케이프

기본 212쪽

●필요한 패턴(C-1)

뒤, 앞, 앞 안단, 뒤 목둘레 안단

●재료

겉감= 140cm 폭
(S, M) 90cm
(ML, L) 1m
접착심= 90cm 폭 50cm
지름 2cm 단추 1개

●준비

안단에 접착심을 붙인다. 앞뒤 몸판의 어깨에 O를 한다.

●만드는 순서

1 앞뒤 몸판의 맞춤 표시를 맞춰 입체감이 살도록 어깨를 박는다. 시접은 가른다. 밑단에 O를 한다.
2 앞뒤 몸판의 어깨를 박은 다음 시접을 가른다. 안단의 안쪽에 O를 한다.
3 몸판과 안단을 겉끼리 맞대어 안단의 밑단, 앞단, 목둘레를 이어 박는다.
4 겉으로 뒤집어 안단을 조금 당겨 정리한다.
5 밑단을 접어 올려 감친다.
6 앞 중심에 단춧구멍을 만들고 단추를 단다.

재단 배치도

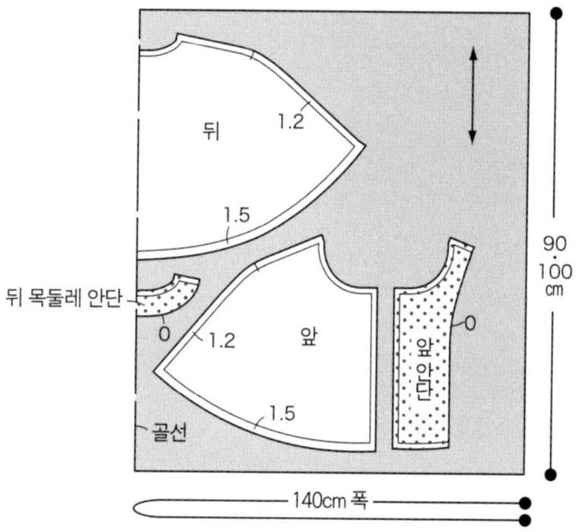

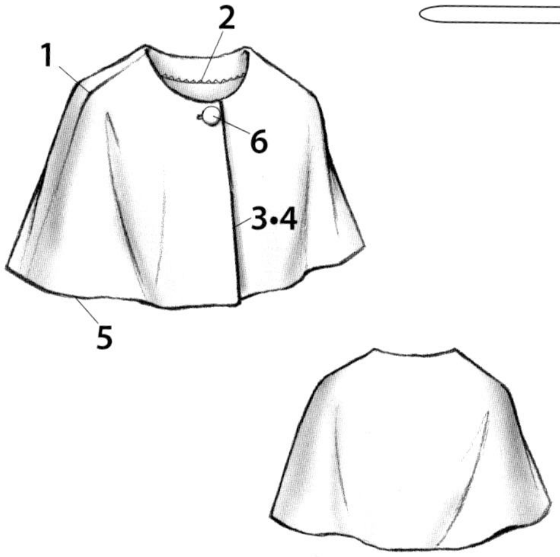

5 밑단 재봉법

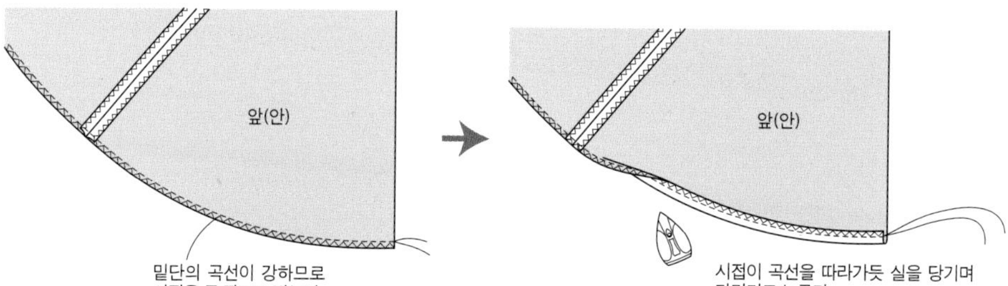

Cape

Style 5 케이프

응용 1 213쪽

●필요한 패턴(C–1)

뒤, 앞, 뒤 바대, 앞 바대, 뒤 목둘레 안단

●재료

겉감= 140cm 폭
(S, M) 90cm
(ML, L) 1m
접착심= 90cm 폭 25cm
지름 1.5cm 단추 2개

●준비

안단에 접착심을 붙인다. 앞뒤 바대의 어깨, 앞뒤 몸판의 어깨에 O를 한다.

●만드는 순서

1 앞뒤 바대의 맞춤 표시를 맞춰 입체감이 살도록 어깨를 박는다. 시접은 가른다.
2 앞뒤 몸판의 어깨를 박은 다음 시접을 가른다. 밑단에 O를 한다.
3 바대와 몸판을 맞춰 박는다. 2장 같이 O를 한다. 시접은 바대 쪽으로 접는다.
4 앞뒤 안단의 어깨를 박은 다음 시접을 가른다. 안단의 안쪽에 O를 한다.
5 바대와 안단을 겉끼리 맞대어 목둘레를 박는다.
6 겉으로 뒤집어 안단을 조금 당겨 정리한다.
7 밑단을 접어 올려 감친다.
8 앞 중심에 단춧구멍을 만들고 단추를 단다.

재단 배치도

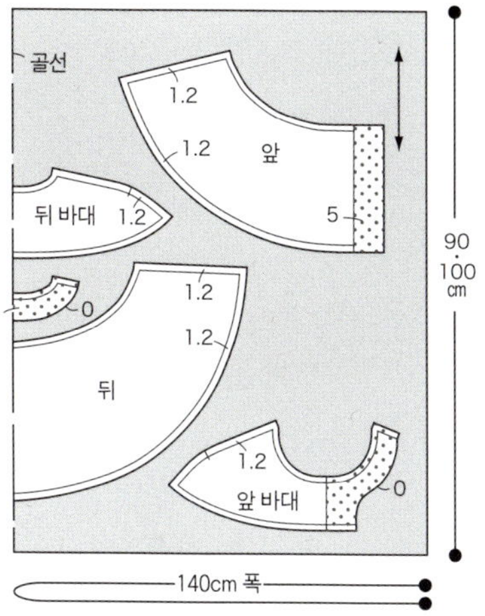

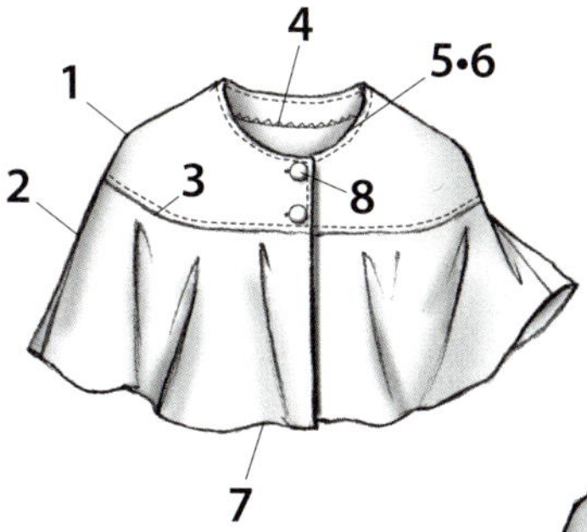

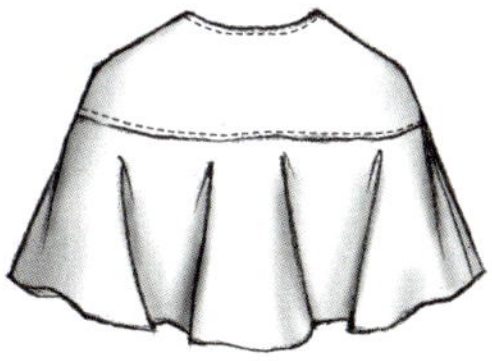

3 바대와 몸판 재봉법

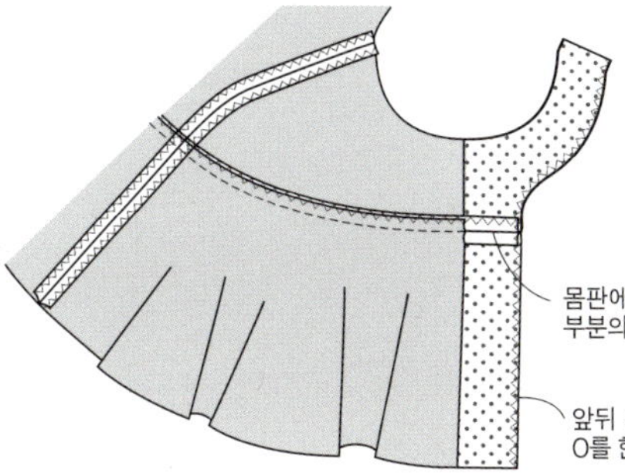

Cape

Style 5 케이프

응용 2 214쪽

● 필요한 패턴(C-1)

뒤, 앞, 앞 안단, 뒤 목둘레 안단, 소매

● 재료

겉감= 140cm 폭

(S, M) 90cm | (ML, L) 1m

접착심= 90cm 폭 40cm

지름 2cm 단추 3개

● 준비

안단에 접착심을 붙인다. 앞뒤 몸판의 어깨에 O를 한다.

● 만드는 순서

1 앞뒤 몸판의 어깨를 박고 시접을 가른다.

2 앞뒤 안단의 어깨를 박은 다음 시접을 가른다. 안단의 안쪽에 O를 한다.

3 몸판과 안단을 겉끼리 맞대어 안단의 밑단, 앞단, 목둘레를 이어 박는다.

4 겉으로 뒤집어 안단을 조금 당겨 정리한다.

5 소매를 단다. 2장 같이 O를 한다. 시접은 소매 쪽으로 접는다. 밑단에 O를 한다.

6 밑단을 접어 올려 감친다.

7 앞 중심에 단춧구멍을 만들고 단추를 단다.

재단 배치도

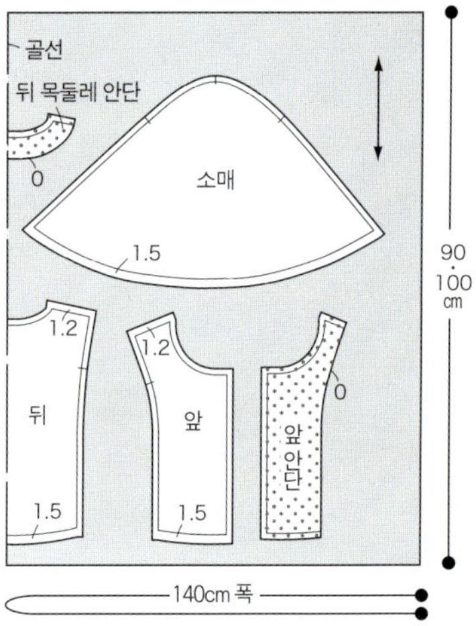

골선
뒤 목둘레 안단
0
소매
1.5
1.2
뒤
1.5
1.2
앞
1.5
0
앞 안단
90
100
cm
140cm 폭

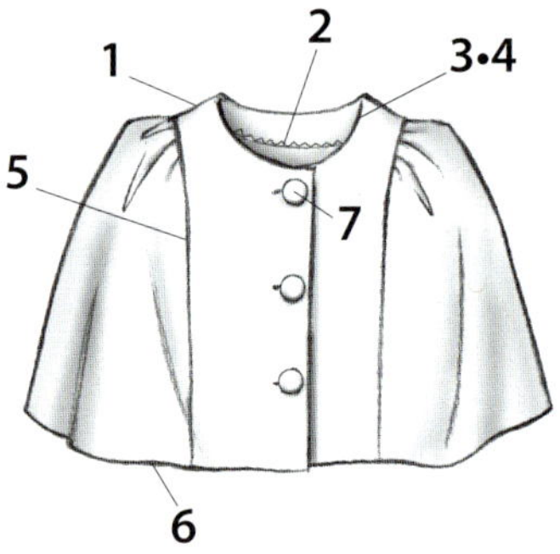

1
2
3•4
5
7
6

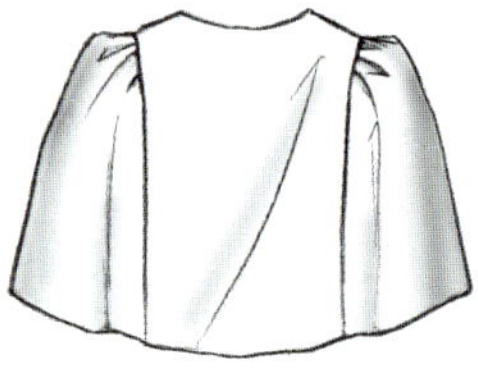

5 소매 재봉법

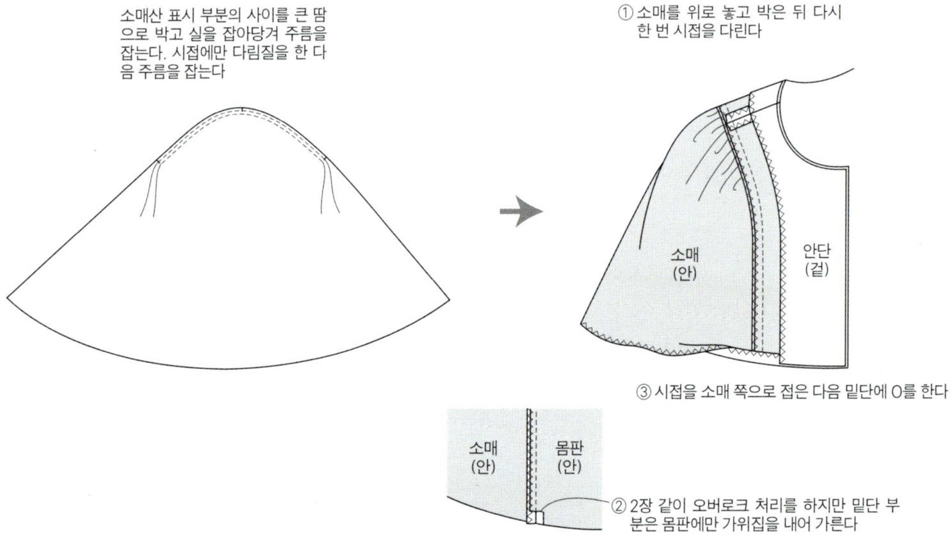

소매산 표시 부분의 사이를 큰 땀으로 박고 실을 잡아당겨 주름을 잡는다. 시접에만 다림질을 한 다음 주름을 잡는다
① 소매를 위로 놓고 박은 뒤 다시 한 번 시접을 다린다
소매 (안)
안단 (겉)
③ 시접을 소매 쪽으로 접은 다음 밑단에 O를 한다
소매 (안)
몸판 (안)
② 2장 같이 오버로크 처리를 하지만 밑단 부분은 몸판에만 가위집을 내어 가른다

Cape

Style 5 케이프

응용 3 215쪽

●필요한 패턴(C-1)

뒤, 앞, 앞 안단, 옷깃, 깃고대, 견장, 견장 고리

●재료

겉감= 140cm 폭
(S, M) 1m10cm | (ML, L) 1m30cm
접착심= 90cm 폭 40cm
지름 1.5cm 단추 4개(앞단)
지름 1cm 단추 2개(견장)

●준비

옷깃, 깃고대, 앞 안단, 견장에 접착심을 붙인다. 앞뒤 몸판의 어깨, 안단의 안쪽에 O를 한다.

●만드는 순서

1 앞뒤 몸판의 맞춤 표시에 맞춰 입체감이 살도록 어깨를 박는다. 시접은 가른다. 밑단에 O를 한다.
2 몸판과 안단을 겉끼리 맞대어 목둘레를 다는 끝 부분까지 박는다. 가위집을 내어 겉으로 뒤집은 다음 안단을 조금 당겨 정리한다.
3 밑단을 접어 올려 감친 다음 앞단에 스티치를 놓는다.
4 옷깃을 만든다.
5 옷깃을 단다.
6 견장과 견장 고리를 만든다.
7 견장 고리를 몸판에 달고 견장을 끼운 다음 단추로 고정한다.
8 단춧구멍을 만들고 단추를 단다.

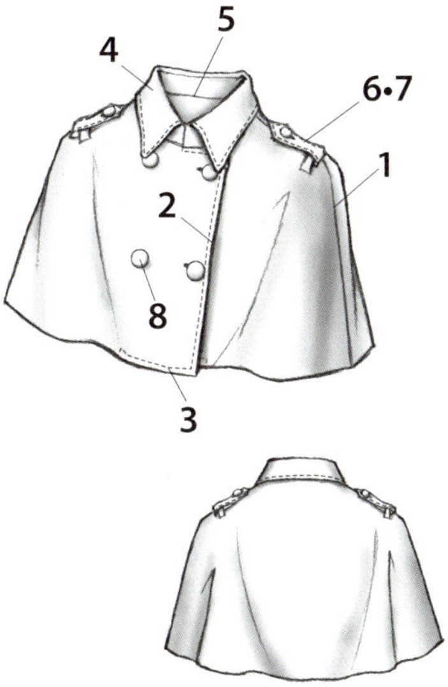

4
5
6•7
1
2
8
3

재단 배치도

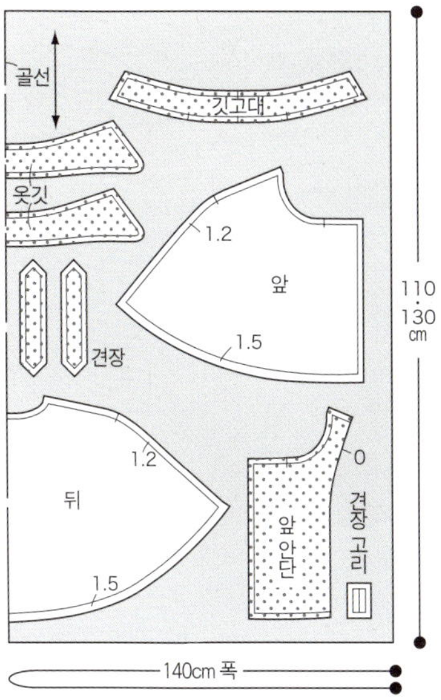

골선
깃고대
옷깃
1.2
앞
1.5
견장
1.2
뒤
1.5
0
앞 안단
견장 고리
110
130
cm
140cm 폭

4 옷깃 재봉법

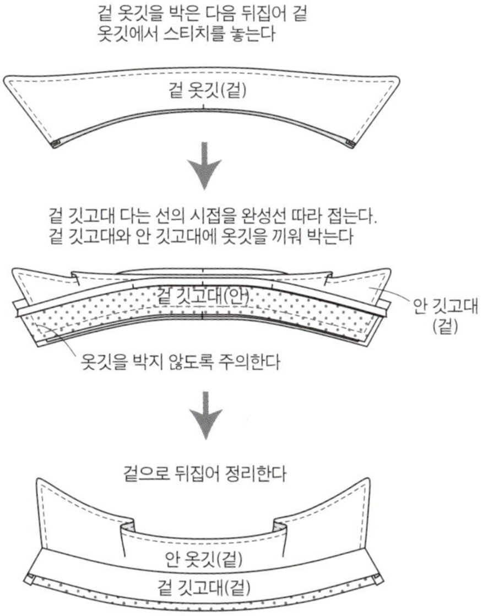

겉 옷깃을 박은 다음 뒤집어 겉 옷깃에서 스티치를 놓는다
겉 옷깃(겉)
겉 깃고대 다는 선의 시접을 완성선 따라 접는다.
겉 깃고대와 안 깃고대에 옷깃을 끼워 박는다
겉 깃고대(안)
안 깃고대
(겉)
옷깃을 박지 않도록 주의한다
겉으로 뒤집어 정리한다
안 옷깃(겉)
겉 깃고대(겉)

5 옷깃 다는 법

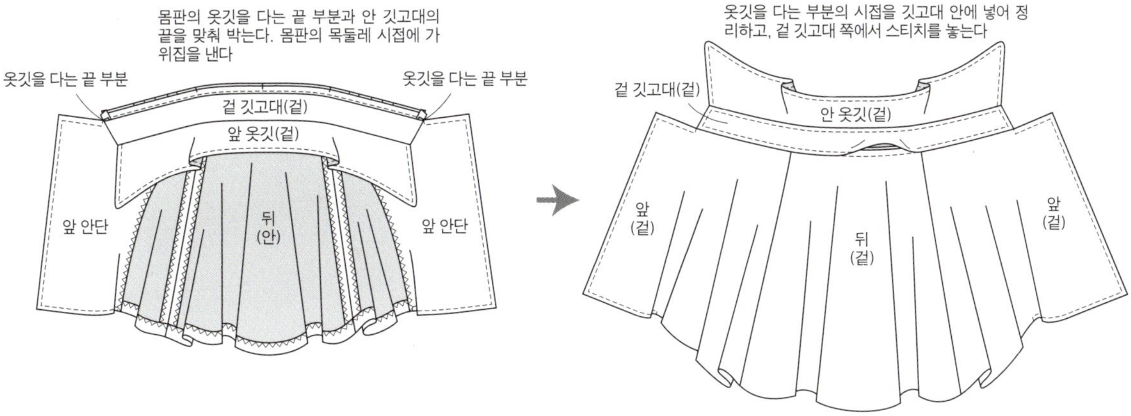

몸판의 옷깃을 다는 끝 부분과 안 깃고대의 끝을 맞춰 박는다. 몸판의 목둘레 시접에 가위집을 낸다
옷깃을 다는 끝 부분
옷깃을 다는 끝 부분
겉 깃고대(겉)
앞 옷깃(겉)
앞 안단
뒤
(안)
앞 안단
옷깃을 다는 부분의 시접을 깃고대 안에 넣어 정리하고, 겉 깃고대 쪽에서 스티치를 놓는다
겉 깃고대(겉)
안 옷깃(겉)
앞
(겉)
뒤
(겉)
앞
(겉)

Flared-coat

Style 6 플레어 코트

기본 218쪽

● 필요한 패턴(C-2)

뒤, 앞, 앞 안단, 소매, 옷깃

● 재료

겉감= 140cm 폭

(S, M) 2m40cm | (ML, L) 2m60cm

접착심= 90cm 폭 80cm | 지름 2cm 단추 5개

● 준비

앞 안단, 옷깃, 소맷부리에 접착심을 붙인다. 앞뒤 몸판의 어깨, 옆, 소매밑, 소맷부리, 안단의 안쪽에 O를 한다.

● 만드는 순서

1 앞 몸판과 안단을 박는다. 옷깃을 다는 부분에 가위집을 내고 겉으로 뒤집은 다음, 안단을 조금 당겨 정리한다.

2 앞뒤 몸판의 어깨를 박고 시접을 가른다.

3 옷깃을 만든다.

4 옷깃을 단다.

5 앞뒤 몸판의 옆을 박은 다음 시접을 가른다.

6 몸판의 밑단에 O를 한다. 밑단을 접어 올려 감친다.

7 소매의 다트를 박는다.

8 소매밑을 박고 시접을 가른다.

9 소맷부리를 접어 올려 감친다.

10 소매를 단다. 시접은 2장 같이 O를 한다. 시접은 소매 쪽으로 접는다.

11 앞 중심에 단춧구멍을 만들고 단추를 단다.

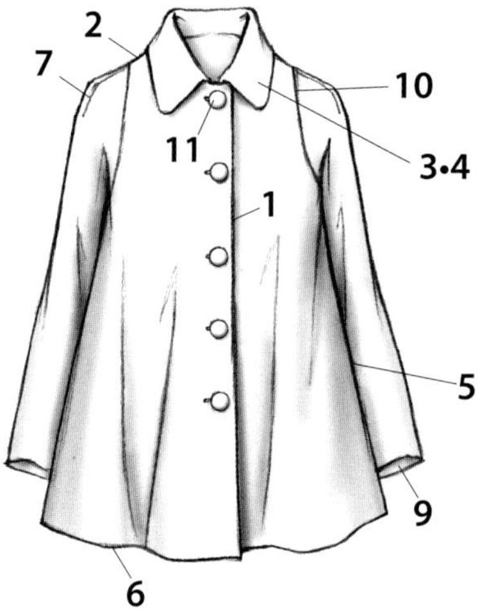

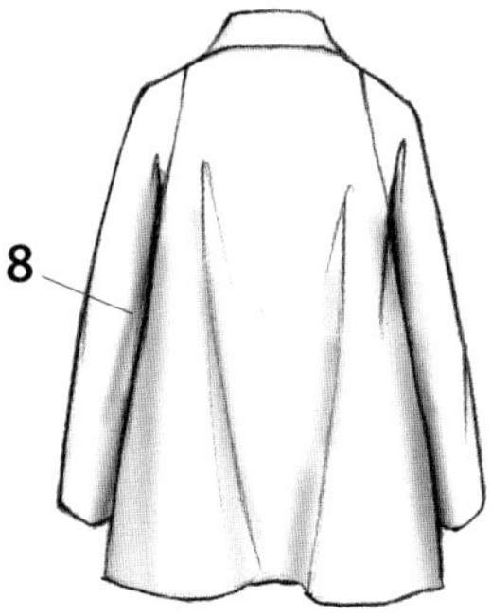

재단 배치도

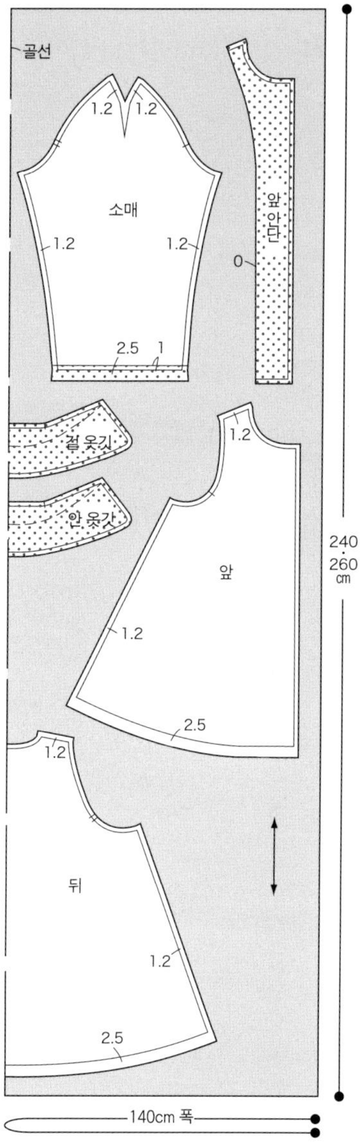

3 옷깃 재봉법

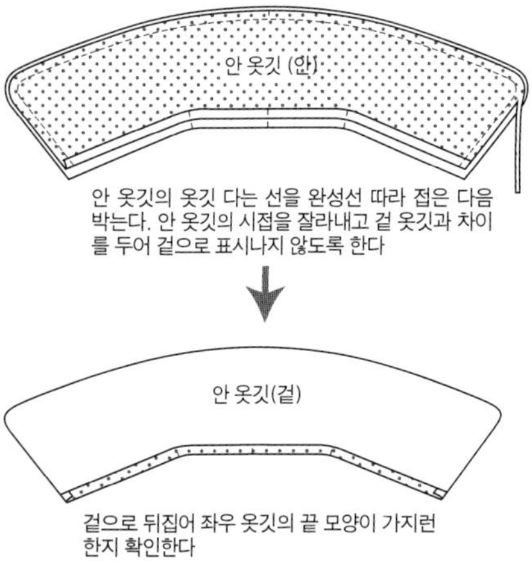

7 소매 다트 재봉법

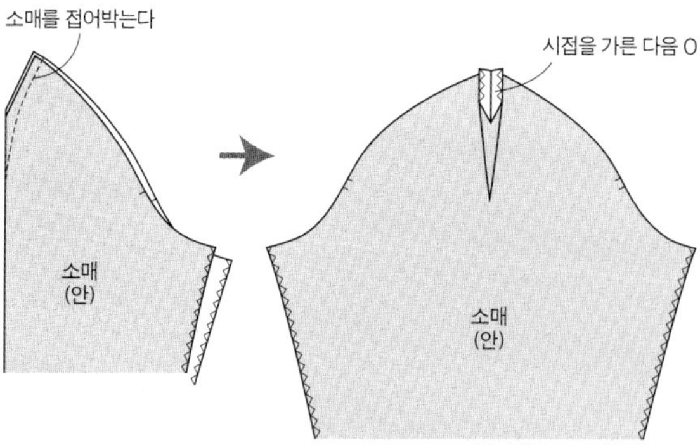

Flared-coat

Style 6 플레어 코트

응용 1 219쪽

●필요한 패턴(C-2)

뒤, 앞, 앞 안단, 뒤 목둘레 안단, 소매

●재료

겉감= 140cm 폭

(S, M) 2m20cm | (ML, L) 2m40cm

접착심= 90cm 폭 70cm

지름 1.5cm 단추 5개

●준비

안단, 소맷부리에 접착심을 붙인다. 뒤 중심, 앞뒤 몸판의 어깨, 옆, 밑단, 소매밑, 소맷부리에 O를 한다.

●만드는 순서

1 뒤 중심을 박고 시접을 가른다.
2 앞뒤 몸판의 어깨를 박고 시접을 가른다.
3 앞뒤 안단의 어깨를 박은 다음 시접을 가른다. 안단의 안쪽에 O를 한다.
4 몸판과 안단을 겉끼리 맞대어 안단의 밑단, 앞단, 목둘레를 이어 박는다.
5 겉으로 뒤집어 안단을 조금 당겨 정리한다.
6 앞뒤 몸판의 옆을 박은 다음 시접을 가른다.
7 밑단을 접어 올려 감친다.
8 소매 다트를 박는다(252쪽 참고).
9 소매밑을 박은 다음 시접을 가른다.
10 소맷부리를 접어 올려 감친다.
11 소매를 단다. 시접은 2장 같이 O를 한다. 시접은 소매 쪽으로 접는다.
12 앞 중심에 단춧구멍을 만들고 단추를 단다.

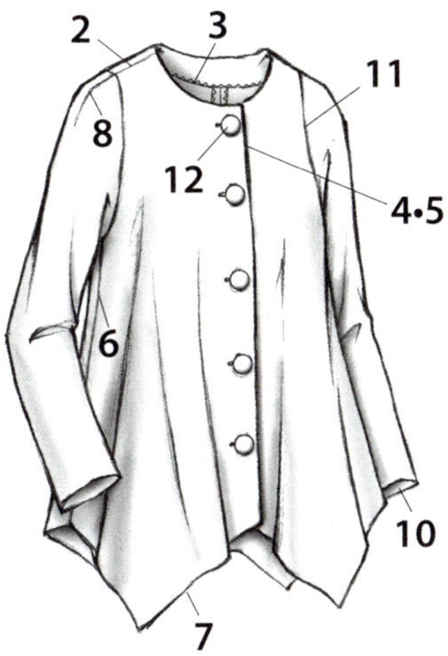

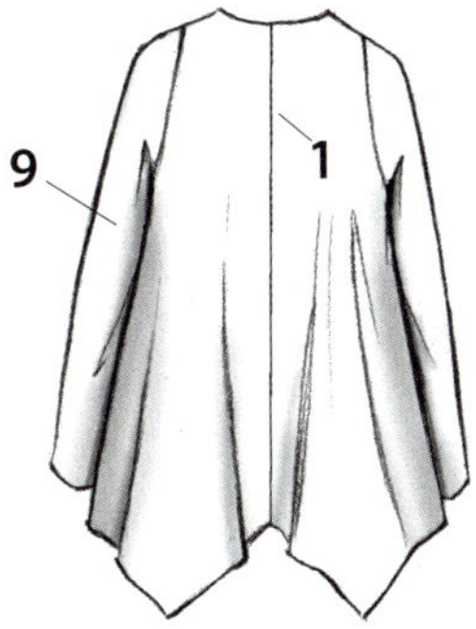

재단 배치도

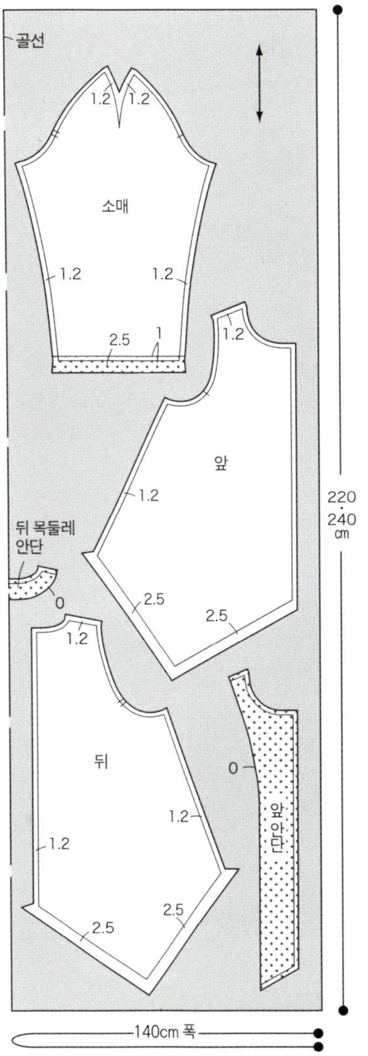

밑단 시접 다는 법

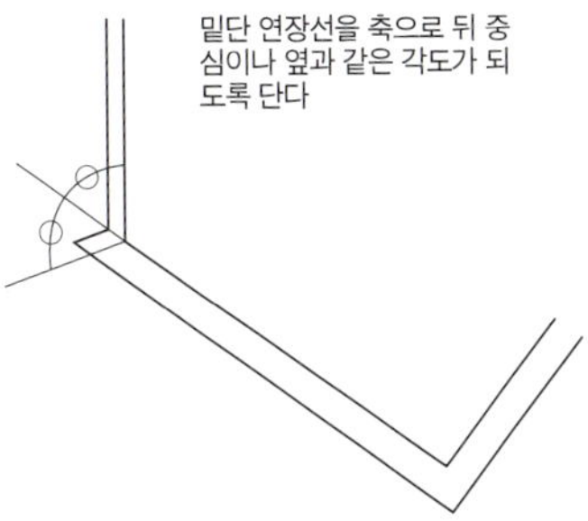

6,7 밑단 재봉법

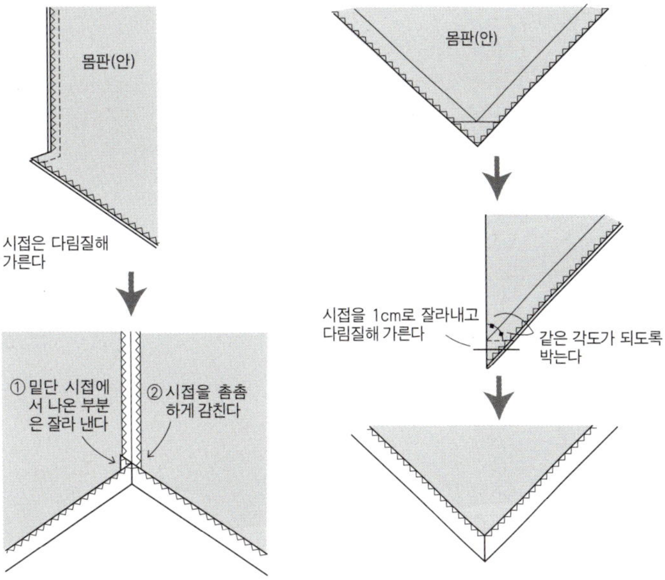

Flared-coat

Style 6 플레어 코트

응용 2 220쪽

●필요한 패턴(C-2)

뒤, 앞, 뒤의 별도 원단, 앞의 별도 원단, 소매, 보강천, 끈

●재료

겉감= 140cm 폭
(S, M) 2m10cm
(ML, L) 2m30cm
접착심= 90cm 폭 80cm
지름 2cm 단추 5개

●준비

별도 원단, 앞 안단, 소맷부리에 접착심을 붙인다. 앞뒤 몸판의 옆, 안단의 안쪽, 소매밑, 소맷부리에 O를 한다.

●만드는 순서

1 앞뒤 몸판의 옆을 박은 다음 시접을 가른다. 밑단에 O를 한다.
2 보강천을 완성선을 따라 접어 몸판에 단다.
3 소매 다트를 박고 시접을 가른다(252쪽 참고).
4 소매밑을 박은 다음 시접을 가른다.
5 소맷부리를 접어 올려 감친다.
6 소매를 단다. 시접은 2장 같이 O를 한다. 시접은 소매 쪽으로 접는다.
7 앞뒤 별도 원단의 어깨를 박은 다음 시접을 가른다. 안의 별도 원단도 같은 방법으로 박는다.
8 겉의 별도 원단과 안의 별도 원단을 겉끼리 맞대어 박는다.
9 겉으로 뒤집어 안의 별도 원단을 조금 당겨 정리한다.
10 안단을 완성선을 따라 접은 몸판과 별도 원단을 겉끼리 맞대어 박는다. 시접은 별도 원단 쪽으로 접는다.
11 별도 원단에 스티치를 놓는다.
12 밑단을 접어 올려 감친다.
13 앞 중심에 단춧구멍을 만들고 단추를 단다.
14 끈을 만들어 보강천에 끼운다.

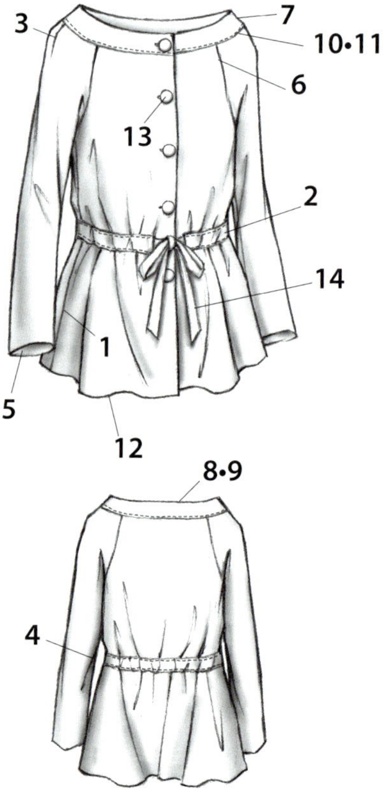

재단 배치도

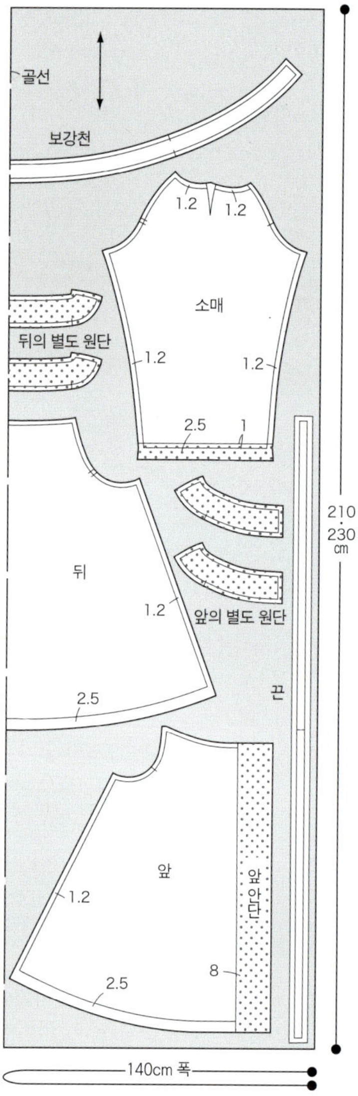

2 보강천 재봉법

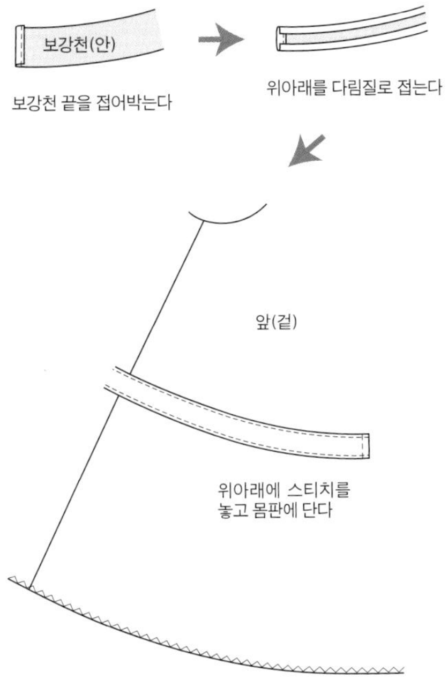
보강천(안)
보강천 끝을 접어박는다
위아래를 다림질로 접는다
앞(겉)
위아래에 스티치를
놓고 몸판에 단다

8,9 별도 원단 재봉법

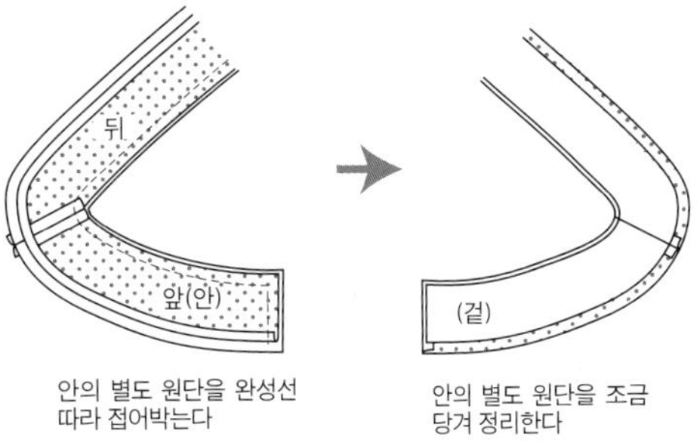
뒤
앞(안)
(겉)
안의 별도 원단을 완성선
따라 접어박는다
안의 별도 원단을 조금
당겨 정리한다

10,11 별도 원단을 다는 법

몸판과 별도 원단을 겉끼리 맞대어 박은 다음
시접을 별도 원단 쪽으로 접는다. 안의 별도 원
단을 솔기 가장자리에 시침질로 고정한다

별도 원단에 겉에서
스티치를 놓는다

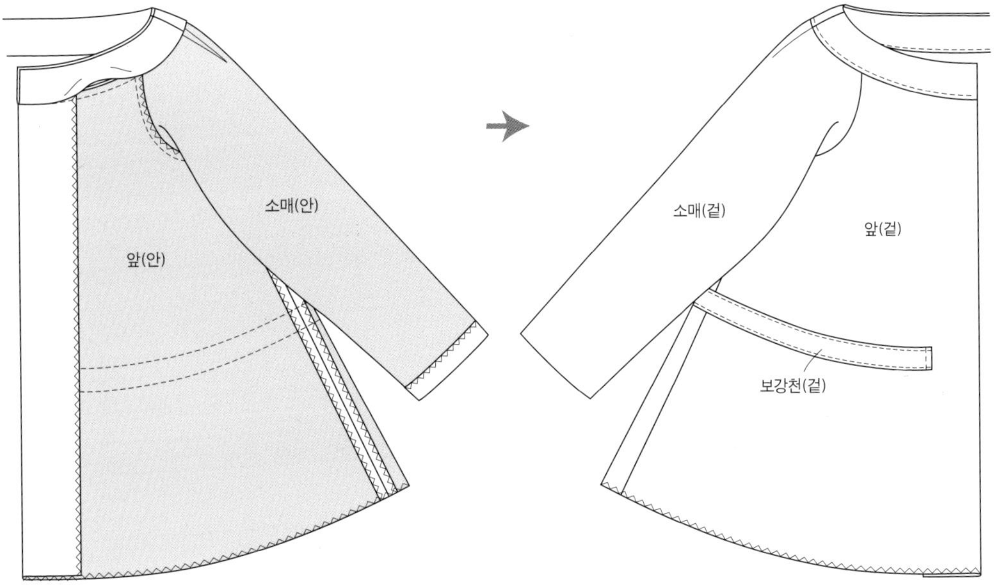
소매(안)
앞(안)
소매(겉)
앞(겉)
보강천(겉)

Flared-coat

Style 6 플레어 코트

응용 3 221쪽

● 필요한 패턴(C–2)

뒤, 앞, 소매, 목둘레용 바이어스 천

● 재료

겉감= 140cm 폭
(S, M) 2m80cm
(ML, L) 3m

● 준비

앞뒤 몸판의 옆, 소매밑에 O를 한다.

● 만드는 순서

1 앞 몸판을 안끼리 맞대어 옷깃의 뒤 중심을 쌈솔한다.
2 옷깃 둘레, 앞단을 두 번 접어 감친다.
3 앞뒤 몸판의 어깨를 박고, 시접을 2장 같이 O를 한다. 시접은 뒤쪽으로 접는다.
4 뒤 목둘레에 바이어스 천을 사용해 옷깃을 단다.
5 앞뒤 몸판의 옆을 박고 시접을 가른다.
6 밑단을 두 번 접어 감친다.
7 소매의 다트를 박은 다음 O를 한다. 시접은 앞 소매 쪽으로 접는다.
8 소매밑을 박고 시접을 가른다.
9 소맷부리를 두 번 접어 감친다.
10 소매를 단다. 시접은 2장 같이 O를 한다. 시접은 소매 쪽으로 접는다.

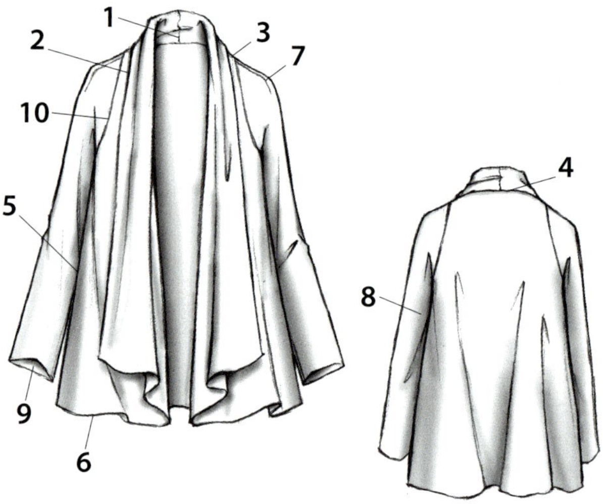

재단 배치도

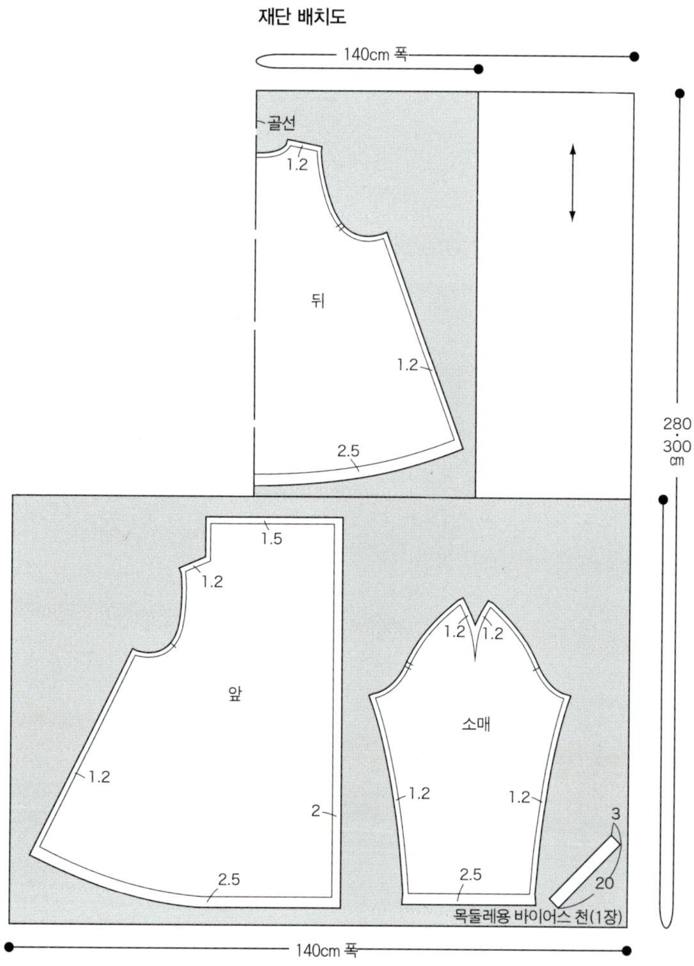

1～3 옷깃 재봉법

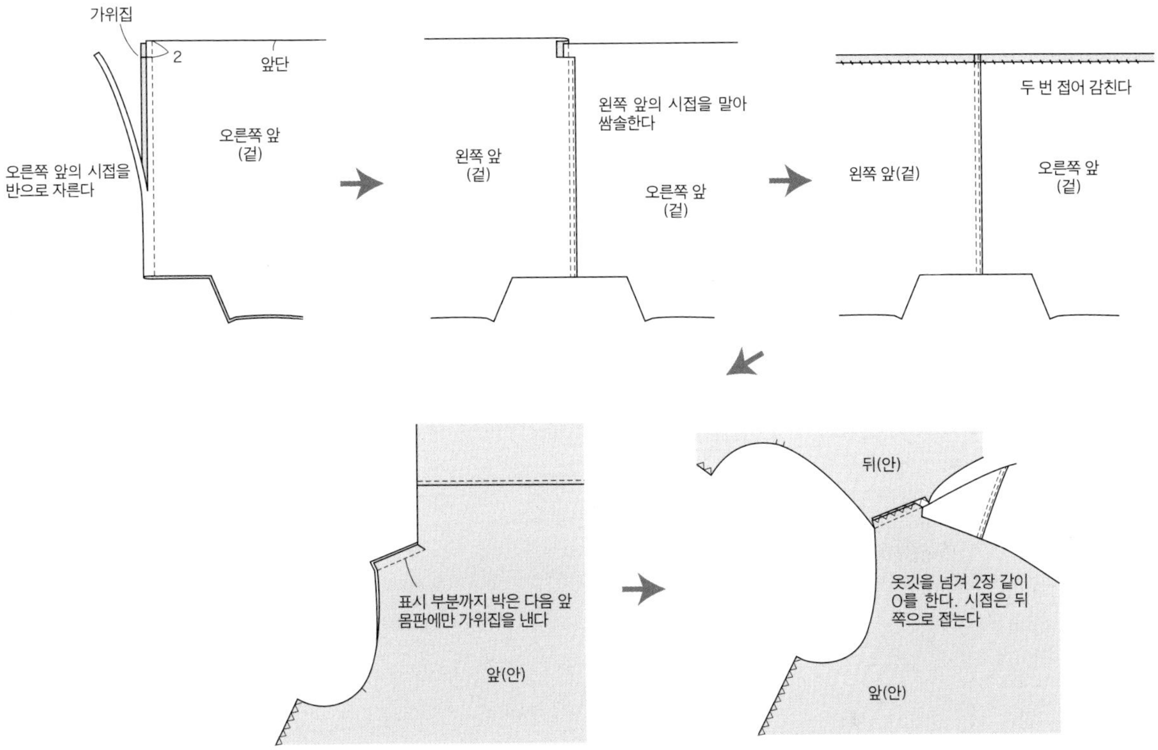
가위집
2
앞단
오른쪽 앞
(겉)
오른쪽 앞의 시접을
반으로 자른다
왼쪽 앞
(겉)
왼쪽 앞의 시접을 말아
쌈솔한다
오른쪽 앞
(겉)
두 번 접어 감친다
왼쪽 앞(겉)
오른쪽 앞
(겉)
표시 부분까지 박은 다음 앞
몸판에만 가위집을 낸다
앞(안)
뒤(안)
옷깃을 넘겨 2장 같이
O를 한다. 시접은 뒤
쪽으로 접는다
앞(안)

4 뒤 목둘레 재봉법

뒤 목둘레와 앞 옷깃 다는 선을 겉끼리 맞대고,
그 위에 바이어스 천을 겹쳐 표시 부분의 사이를
박는다. 목둘레에 가위집을 낸다

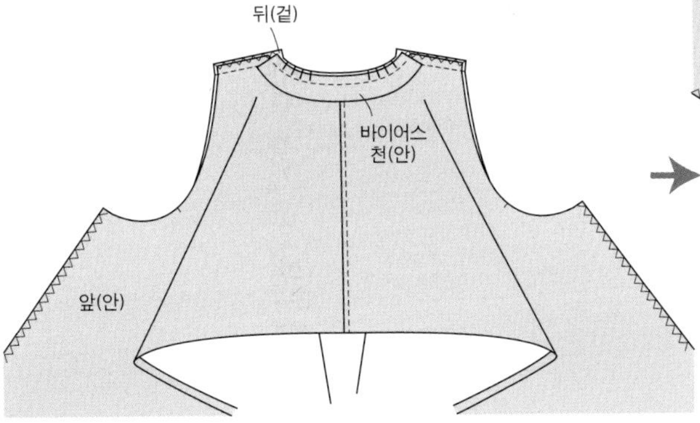
뒤(겉)
바이어스
천(안)
앞(안)

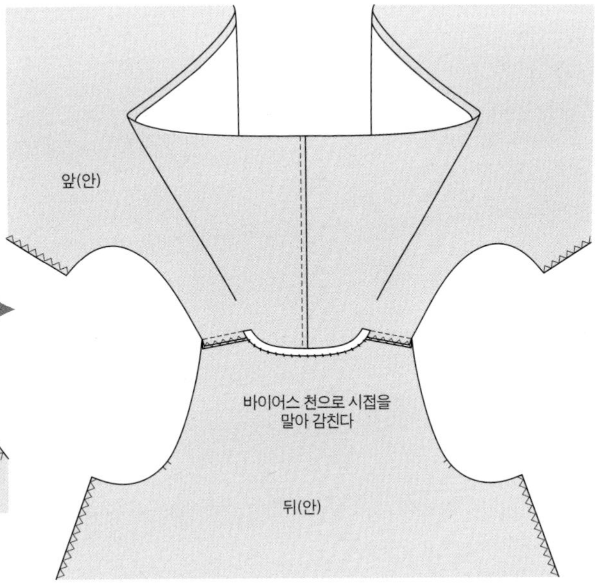
앞(안)
바이어스 천으로 시접을
말아 감친다
뒤(안)

Chapter 1 • Dress

원피스

Book design: Tomoko Okayama
Proofreading: Masako Mukai
Pattern grading: Kazuhiro Ueno
Cooperation: BUNKA GAKUEN Fashion Resource Center
Editorial cooperation: Maika Yamazaki
Editor: Nobuko Hirayama(BUNKA PUBLISHING BUREAU)
Publisher: Onuma Sunao

Chapter 2 • Blouse, Skirt & Pants

블라우스 , 스커트 & 팬츠

Book design: Tomoko Okayama
Fabric shooting: Josui Yasuda(BUNKA PUBLISHING BUREAU)
Digital tracing: Tomoko Fukushima
Pattern grading: Kazuhiro Ueno
Proofreading: Masako Mukai
Recipe explanations: Kumiko Kurokawa
Cooperation: BUNKA GAKUEN Fashion Resource Center
Editorial cooperation: Maika Yamazaki
Editor: Nobuko Hirayama(BUNKA PUBLISHING BUREAU)
Publisher: Onuma Sunao

Chapter 3 • Outer & Top

아우터 & 탑

Book Design: Okayama Tomoko
Digital Tracing: Usui Toshio
Pattern Grading: Ueno Kazuhiro
Revision: Mukai Masako
Recipe Explanations: Kobayashi Ryoko
Cooperation: BUNKA GAKUEN FASHION RESOURCE CENTER
Editorial Cooperation: Yamazaki Maika
Editor: Hirayama Nobuko(BUNKA PUBLISHING BUREAU)
Publisher: Onuma Sunao

[완전판] 재봉틀로 쉽게 만드는

80 의상 패턴 대백과

1판 1쇄 발행 | 2024년 4월 30일
1판 2쇄 발행 | 2025년 9월 19일

지은이 노나카 게이코, 스기야마 요코
옮긴이 이은정(4~181p), 김나영(182~257p)
감수 크래프트하우스(4~181p)
펴낸이 김기옥

라이프스타일팀장 이나리
편집 장윤선, 김민주
마케터 이지수
지원 고광현, 김형식

디자인 푸른나무디자인
인쇄 · 제본 민언프린텍

펴낸곳 한스미디어(한즈미디어(주))
주소 121-839 서울시 마포구 양화로 11길 13(서교동, 강원빌딩 5층)
전화 02-707-0337 | 팩스 02-707-0198 | 홈페이지 www.hansmedia.com
출판신고번호 제 313-2003-227호 | 신고일자 2003년 6월 25일

ISBN 979-11-93712-29-0 13590

책값은 뒤표지에 있습니다.
잘못 만들어진 책은 구입하신 서점에서 교환해 드립니다.